Ruth Elias
Die Hoffnung erhielt mich am Leben

Serie Piper
Band 1286

Zu diesem Buch

Ruth Elias, die in diesem Buch die Geschichte ihres Überlebens in Theresienstadt und Auschwitz erzählt, hat alle Stationen der Hölle des SS-Staates durchlitten. Nach dem deutschen Einmarsch in ihre mährische Heimat als Jüdin verfolgt, wird sie aufgrund einer Denunziation nach Theresienstadt »verbracht«. Dort versucht sie mit ihrem Mann ein möglichst »normales« Leben zu führen – ein seltener Einblick in das Innenleben eines Ghettos. 1943 wird sie nach Auschwitz deportiert, wo es nur noch um das nackte Überleben geht. Hier sieht sie Tausende ihrer Mitgefangenen verhungern, sterben, zu Tode gequält, vergast werden; hier bekommt sie – und verliert durch den KZ-Arzt Dr. Mengele – ein Kind.

Viele haben versucht, Auschwitz – »das Unverständliche, das niemand verstehen kann« (Elias) – zu schildern, es »den anderen« nahezubringen. Soweit dies überhaupt möglich ist, ist es Ruth Elias in diesem Bericht gelungen. Gerade weil sie keine Schriftstellerin und ihre Sprache einfach und unverstellt ist, gewinnt ihre Darstellung Authentizität, läßt den Leser teilhaben an dem, was da einer jungen Frau geschieht. Klar und gleichzeitig bewegend, sachlich, aber nicht leidenschaftslos beschreibt Ruth Elias ihre Erlebnisse.

Für ihre Enkel hat sie nun, nach über 40 Jahren, diesen Bericht geschrieben, damit dies nicht nur ein Stück Historie bleibt, sondern nachvollziehbar wird. Wer diesen Bericht gelesen hat, kann erahnen, was Holocaust bedeutet hat.

Ruth Elias, geboren 1922 in Mährisch-Ostrau, 1942 Theresienstadt, 1943/44 Auschwitz, 1944/45 Arbeitslager in Taucha bei Leipzig. Nach ihrer Befreiung 1945 zunächst Rückkehr in die Tschechoslowakei, 1949 Auswanderung nach Israel. Ruth Elias lebt seitdem in Beth Jitzchak in der Sharon-Ebene.

RUTH ELIAS

Die Hoffnung erhielt mich am Leben

Mein Weg von Theresienstadt und Auschwitz nach Israel

Mit einem Nachwort zur Taschenbuchausgabe

Piper
München Zürich

Mit acht Abbildungen

ISBN 3-492-11286-2
Neuausgabe 1990
4. Auflage, 27.–34. Tausend November 1990
(1. Auflage, 1.–8. Tausend dieser Ausgabe)

Umschlag: Federico Luci,
unter Verwendung einer Zeichnung von Alfred Kantor
Satz: H. Mühlberger, Gersthofen
Druck und Bindung: Clausen & Bosse, Leck
Printed in Germany

Inhalt

Gewidmet
meiner kleinen und herrlichen Familie

Die Zeit läuft mit ganz großen Schritten voran. Immer schau' ich nach vorne, denn die Jahre haben mich gelehrt, nicht zurückzublicken. Wenn ich das doch tue, dann ist mein erstes Gefühl – Konzentrationslager. Es verfolgt mich, es hat seine tiefen Spuren hinterlassen. Ich kann es nicht loswerden, auch wenn ich mein ganzes Leben bestrebt war, es wegzuschieben. Es kommt immer wieder zurück, und so bin ich eben dazu verurteilt, damit zu leben. Ich kann dieses Gefühl niemandem, welcher nicht selbst durch diese Hölle gegangen ist, schildern, denn niemand kann dieses Unverständliche verstehen. Ja, es ist meinen Verfolgern gelungen, mich auch weiter zu verfolgen, und um dieses Gefühl wenigstens teilweise loszuwerden, laufe ich eben voran. Mein ganzes Leben seitdem war ein Voran, ein Laufen, ohne viel nachzudenken. Laufen. Ich bin überzeugt, daß mir dadurch viel Schönes verloren gegangen ist, denn so konnte ich mich mit Dingen, welche ich gerne hätte tun wollen, nie intensiver beschäftigen. Diese Unruhe. Wie wird man sie nur los? Die einzigen Mußestunden, welche ich finden kann, sind die mit meinen Enkelkindern. Wenn ich sie sehe, möchte ich am liebsten weinen. Es kommt mir manchmal wie ein Traum vor, daß mir diese Freude vergönnt ist, das zu erleben, von dem ich dachte, daß es mir nie vergönnt sein wird. Meine Enkelkinder sind mein Sieg über meine Verfolger, und ich bin glücklich, daß es mir gelungen ist, eine neue Familie zu gründen, mit den Wurzeln in meiner Heimat, in Israel.

Meine geliebten Enkelkinder,

diese und die folgenden Zeilen sind Euch, meinen geliebten Enkelkindern, gewidmet. Eure Väter sind ohne Familie aufgewachsen, und das Herz blutete mir immer wieder, wenn ich von Euren Vätern, als diese noch klein waren, hörte: »Warum haben wir keinen Opa und keine Oma? Warum haben wir keinen Onkel und keine Tante? Warum erhalten alle unsere Freunde Geschenke von Verwandten, nur wir nicht? Warum feiern wir unsere Feiertage ohne Familie?« Diese Worte taten weh, sehr weh. Wie konnte ich

Euren Vätern, als diese noch Kinder waren, verständlich machen, warum sie all dies entbehren mußten? Opa und ich begingen in der Erziehung Eurer Väter den großen Fehler, daß wir ihnen über unsere Vergangenheit nichts erzählen wollten. Wir wollten sie damit nicht belasten. Sie sollten im freien Israel als freie Bürger aufwachsen, ohne an diesem Schicksal ihrer Eltern teilnehmen zu müssen. Es entstand aber dadurch ein gewisser Abstand, eine Unverständnis, welches erst jetzt, da unsere Söhne selbst Väter sind, zu weichen beginnt.

Ihr werdet das, was ich eben geschrieben habe, erst viel später verstehen können, wenn Ihr, meine geliebten Enkel, selbst erwachsen sein werdet. Ihr werdet in der Schule davon hören, Ihr werdet Bücher darüber lesen, Ihr werdet Filme sehen, und für Euch wird dies alles wie ein Stück Historie klingen.

Wann immer Ihr mit dem Thema der »Judenverfolgung in der Nazizeit« konfrontiert werdet, denkt an Saba Kurt und an Sabta Ruth, Eure Großeltern väterlicherseits, welche selbst durch diese Hölle gegangen sind, und denen es, den Nazis zum Trotz, gelungen ist, zu überleben und an die folgenden Generationen die Wahrheit über die erlebten Grauen weiterzugeben. Meine Generation jedoch wird bald aussterben, denn das ist das Gesetz der Natur; nur dieser Bericht wird dann noch ein Zeugnis von dem Geschehenen geben können.

Ich bin glücklich, daß ich diese Zeilen für Euch schreiben kann. Ich bin glücklich, daß Ihr Großeltern, Onkel, Tanten und Cousins habt. Bitte schätzt das Band, welches Familie heißt. Es soll nie reißen, auch wenn es manchmal Unstimmigkeiten gibt. Dieses Band hielt meine Kraft zum Überleben so lange aufrecht, bis ich aus dem Konzentrationslager zurückkam. Ja, ich überlebte, doch erst dann kam mir ganz zu Bewußtsein, daß ich allein war. Alleine.

I Jugend in Mährisch-Ostrau

Ein kleines Haus, vorne ein kleiner Laden, hinten ein großer Hof mit einem riesigen Kastanienbaum, und das alles von einem Holzlattenzaun umgeben. Die große Küche, wo wir uns wochentags zum Essen versammelten, der große, längliche Tisch mit dem gemusterten, blauweißen Wachstuch bedeckt. Dazu Herminka, unsere Köchin, die sich ärgerte, wenn ich ihr gutes Essen ablehnte. Vater, Mutter, die so wunderschön war, und meine Schwester Edith, welche die Schönheit meiner Mutter geerbt hatte: eine rassige Schönheit, die so ausgeprägt war, daß sich die Menschen auf der Straße umblickten. Dazu ich, ein normales kleines Kind, das sich dafür schämte, daß es nicht so schön war und sich deshalb immer im Schatten hielt. Dies ist meine Familie. Eine ganz normale, kleine Familie, welche Gutes und Böses zusammen ertrug.

Großmutter mütterlicherseits, Fanny Ringer, wohnte in der Nähe. Wir Schwestern wurden einmal in der Woche feierlich angezogen, um zu ihr zu Besuch zu gehen. Wir verbrachten dort schön brav ein bis zwei Stunden, schluckten enorme Mengen von Süßigkeiten herunter und waren froh, wieder in unseren großen Hof zurückkehren zu können.

Unsere Großmutter väterlicherseits, Emilie Huppert, wohnte in Marienberg (Marianské Hory). Das war auch ein Vorort von Ostrau (Ostrava). Um dorthin zu gelangen, mußten wir mit der Straßenbahn fahren. Das konnte der Entfernung und des Zeitverlustes wegen nicht so oft geschehen. Doch dorthin fuhren wir immer mit ganz großer Begeisterung. Ich erinnere mich an ein großes, niedriges Haus mit vielen kleinen Zimmern und einem Laden nach vorne, auf die Straße zu, in welchem man alles kaufen konnte. Lebensmittel, Gewürze, Süßigkeiten, scharfe Getränke, Seife, Schnürsenkel und noch vieles mehr. Der Geruch dort war köstlich. Das Bild meiner Großmutter hat sich mir tief eingeprägt. Sie war eine stattliche, sehr energische Frau, saß da und waltete über alles. Nichts entging ihrem scharfen Blick. Äußerlich streng, innerlich weich, gut und liebevoll. Als Begrüßung erhielten wir zuerst eine kleine, bunte, oben zugespitzte Bonbonstange, welche wir leckten und bald rote, blaue oder orange Lippen davon hatten. Je mehr wir leckten, desto kleiner und scharf-spitziger wurde die Stange. Nachdem wir unser Begrüßungsgeschenk erhalten hatten, liefen Edith und ich in den großen Hof mit dem riesigen lila- und weißblühenden Fliederbusch. Im Frühjahr konnte ich mich kaum von diesem Busch trennen. Der herrliche Geruch, die reichen Blütendolden! Unweit davon der Lindenbaum mit dem kleinen, runden Bänkchen um den Stamm. Lindenblüte, wieder dieses herrliche Aroma. Immer zur Zeit der Blüte mußten wir zu unserer unermeßlichen Freude öfter zu Oma fahren. Die Lindenblüten mußten ja eingesammelt und getrocknet werden. Daraus wurde dann Lindenblüten-Tee gebraut, welcher statt anderen Tees getrunken wurde. Ja, man mußte sparen, denn es war ein ärmliches Haus. Ein kleiner Acker lag unweit, und dort wurde für das Pferd Grünfutter angebaut, welches dann auch getrocknet und für den Winter in der Scheune aufbewahrt wurde. Hühner liefen auf dem Hof herum, und Oma wußte genau, wo die Eier zu finden waren. Gänse und Enten gab es, und Oma »stopfte« diese Gänse. Mir taten die Geschöpfe immer leid, wenn man ihnen Omas selbstgemachte »Schlischken« in den Hals drückte und nachher den dünnen Hals so lange massierte, bis dieser Teig unten war. Die arme Gans. Nach einiger Zeit konnte sie sich nicht mehr bewegen, und da saß sie dann, in einem großen, mit Stroh ausgelegten flachen Korb. Worauf wartete sie bloß? Fachgemäß stopfte Oma weiter und balancierte die Gans bei jedem Hochheben, um das Gewicht zu prüfen. Manchmal waren es zwei bis drei Gänse auf einmal, die so behandelt wurden. Wenn ich die Gänse beim nächsten Besuch nicht mehr sah, so wußte ich, daß sie geschlachtet waren, was mir immer wehe tat. Doch da wurde mir die von einem Riesenlaib heruntergeschnittene Scheibe Brot vorgesetzt, mit Gänsefett beschmiert und mit Gänseleber und Zwiebeln belegt. Wie köstlich das schmeckte! Das Fett lief mir am Kinn hinunter – und vergessen war die arme, geschlachtete Gans.

Die Küche war der größte Raum in dem kleinen Häuschen. In der Mitte stand der aus grobem Holz hergestellte ausladende Tisch, welcher jeden Tag nach dem Essen mit einer Reisbürste gescheuert wurde. Der große Ofen, an der Seite zwei Backrohre (oder war es nur eins?), wo das Brot gebacken wurde, ringsherum Kacheln. Eine Kochplatte, ich glaube aus Schiefertafeln, welche in der Mitte zwei runde Ausschnitte mit Deckeln hatte. Diese konnte man abheben, um das Feuer von innen aufzustöbern. Rings um diese Platte, auf welcher vier bis fünf große Töpfe Platz hatten, lief ein Rand aus irgendeinem Metall, welcher jeden Tag mit Schmirgelpapier bearbeitet wurde, denn das war der Stolz der Hausfrau und das Zeichen ihrer Sauberkeit – dieser Rand mußte glänzen! An der Seite unten waren zwei Türen angebracht, welche verzierte Griffe hatten; von dort aus wurde das Feuer angefacht. Dieses Feuermachen forderte fachmännisches Können. Zuerst legte man ein zusammengeknülltes Stück Papier hinein, darauf wurden Holzspäne geschichtet, welche man am Abend zuvor mit einem Messer vorbereitet hatte. Nachdem man das angezündet hatte, mußte man etwas abwarten, um dann dickere Hölzer und später Kohle daraufzulegen. An Kohle fehlte es nie, denn Ostrau ist eine Kohlenstadt, und diese wurde billig ins Haus geliefert. Wenn aber kein Geld da war, kaufte man eben nur Kohlenstaub, doch dann mußte der Kaminfeger öfter kommen, um den Rauchfang, welcher vom Ofen auf das Dach hinausführte, sauberzumachen.

Ja, der Kaminfeger. War er schwarz angezogen, oder wurde seine Kleidung durch die Arbeit schwarz? Nie werde ich das herausbekommen. Er war ein sehr geehrter Gast im Hause der Oma und wurde immer nach seiner Arbeit mit Wurst, Brot und Bier bewirtet, denn dieser Rauchfang war ja ein sehr wichtiger Teil des Hauses. In jedem Zimmer stand ein Kachelofen, welcher im Winter herrliche Wärme spendete, doch der Rauchfang eines jeden Ofens mußte saubergehalten werden. Der Kaminfeger kam mit einer schwarzen Leiter und mit einem um die Schulter geschlungenen Seil, an dessen Ende ein runder, schwarzer Besen und ein Stein festgemacht waren. Alle Kaminfeger, welchen ich je begegnet bin, waren sehr schlank, weil, so sagte man, sie manchmal in den Rauchfang hineinklettern müßten, um dort Rußklumpen zu entfernen. Die schwarzen Kleider schmiegten sich eng an seinen Körper, und den Kopf bedeckte ein kleines, schwarzes Barett. Sein Gesicht war, wenn er ganz früh zur Arbeit kam, sauber gewaschen, doch die Augenränder waren immer schwarz. Das war das Kennzeichen seines Berufes. Man konnte diese Augenränder nie saubermachen, denn die Seife brannte in den Augen. Nachdem er den ersten Rauchfang geputzt hatte, war das ganze Gesicht schwarz, und man sah nur das Weiß der Augen. Der Aberglaube sagt, daß man jeden Rauchfangkehrer mit dem Zeigefinger berühren muß, denn das bringt angeblich Glück. Dadurch erfreute er sich einer ganz besonderen Popularität. Wenn er mit seiner Arbeit anfing, stieg er zunächst aufs Dach und ließ den runden Besen mit Stein und Seil in den Rauchfang hinunter, so daß sich Rußwolken in Küche und Zimmern ausbreiteten; deshalb wurde danach immer gründlich geräumt.

An Omas Haus in Marienburg erinnere ich mich ganz besonders genau, denn als ich beinahe sechs Jahre alt war, ließen sich Vater und Mutter scheiden. Was das bedeutete, konnten wir zwei Schwestern, so jung wie wir waren, weder verstehen noch begreifen. Ich weiß nur, daß wir für eine gewisse Zeit in Omas Obhut gegeben wurden und daß wir darüber glücklich waren, denn wir hielten uns in diesem Haus gerne auf.

Im Haus von Oma gab es kein Badezimmer, und deshalb wurde ein Badetag pro Woche eingeführt. Ein großer Wassertrog wurde in die Küche gebracht und auf zwei Holzgestelle gesetzt. In einer Ecke hatte dieser Trog eine Öffnung, welche mit einem Holzstöpsel geschlossen war. In diesen Trog wurde aus Riesentöpfen heißes Wasser gegossen, das am Ofen erhitzt worden war. Edith und ich badeten eine nach der anderen in demselben Wasser, nur mußte immer wieder heißes Wasser nachgeschüttet werden. Nachdem uns Oma mit einer Bürste richtig fest abgeschrubbt hatte, trocknete sie uns mit einem großen Leinentuch ab. Das Wasser wurde dann in Eimern, welche man unter dem Trog aufgestellt hatte, aufgefangen. Ja, eine Wasserleitung gab es da nicht. Im Hof stand dieser herrliche Brunnen, aus welchem man mit einem Eimer, der mit einem Seil festgemacht war, Wasser schöpfte. Dieser Eimer wurde mit einer Handkurbel in den Brunnen hinuntergelassen. Wie schwer war diese Arbeit im Winter! Bis heute weiß ich nicht, wie man bei großem Frost Wasser schöpfte. Ich weiß nur, daß man zum Wäschewaschen entweder Schnee oder Regenwasser benutzte, welches in Fässern aufgefangen wurde. Am Ende des großen Hofes lagen ein Pferdestall, eine Scheune und noch ein kleines Häuschen für Magd und Kutscher. Opa – Heinrich Huppert – fehlte in dieser Szenerie. Viel später erfuhr ich, daß er Oma mit zwölf Kindern alleine gelassen hatte und nach Bielitz (Bielsko) in Polen gegangen war. So hatte eben Oma für alle selbst zu sorgen, sie zu ernähren und einzukleiden, was bei dem spärlichen Einkommen vom Krämerladen absolut nicht einfach war. Das Einkleiden war eigentlich gar nicht so schwierig, denn der älteste Junge und das älteste Mädchen erhielten immer die neuen Kleider, welche später an die Jüngeren weitergegeben wurden.

Oma konnte ihren und ihrer vielen Kinder Lebensunterhalt nur bestreiten, indem sie die Knaben, als diese das vierzehnte Lebensjahr erreicht hatten, in die Lehre aus dem Hause schickte. Jeder mußte ein Handwerk lernen, denn es gab kein Geld, um die Kinder weiter zur Schule zu schicken. So kam es, daß mein Vater Fritz Huppert in die Lehre nach Wien geschickt wurde, um das Schlosserhandwerk zu lernen. Dort wurde er bei einem Schlossermeister in dessen Werkstatt untergebracht. Eine Ecke dieser Werkstatt war durch Bretter abgeteilt und ein Bett für Vater dort aufgestellt worden. Verpflegung bekam er auch vom Meister, doch war diese so sparsam, daß Vater Hunger litt. Ein kleines, wöchentliches Taschengeld half auch nicht, um den Hunger zu stillen und sich etwas Kleidung zu kaufen. Vater suchte nach einem Ausweg, um sich das Leben ein bißchen angenehmer zu gestalten.

So erfuhr er, daß Opernsänger Claqueure anheuern. Ein Claqueur hatte, nach jeder von seinem Brotgeber gesungenen Arie, tüchtig und sehr lange in die Hände zu klatschen. Jeder Sänger hatte einige Claqueure angestellt. Der Erfolg des Sängers wurde durch das am längsten anhaltende und lauteste Händeklatschen bestimmt. So kam es, daß Vater sich etwas dazuverdienen, sich sattessen und sich kleiden konnte. Außerdem saß er in dem herrlichen Operngebäude, sah die so gediegen und elegant gekleideten Leute. Es war seine erste Begegnung mit dieser Kultur, hauptsächlich natürlich mit der Musik. Vater arbeitete bei Enrico Caruso und Maria Jeritza. Diese Arbeit war der Beginn seiner großen Liebe zur Musik, welche er der ärmlichen Verhältnisse wegen nicht selbst ausüben konnte; sie bereicherte aber sein ganzes späteres Leben.

Nach Beendigung der Lehre fing Vater als Schlosser zu arbeiten an. Zuerst blieb er in Wien, doch später zog es ihn nach Ostrau zu seiner Familie zurück. Als Schlosser verdiente er sehr spärlich und wollte deshalb etwas anderes unternehmen. Er erwarb ein kleines Geschäft in einem kleinen Häuschen mit einem großen Hof. Dort richtete er unter sehr großen Schulden einen kleinen Fleischerladen ein.

Vater stand um vier Uhr früh auf, denn der Laden war an einer Stelle, wo die Eisenbahnarbeiter vorbei mußten, um in die Arbeit zu gelangen. Diese fingen um fünf Uhr früh zu arbeiten an und kauften im Vorbeigehen ihre Wurst- oder Fleischportion, so daß um diese Zeit in dem kleinen Laden Hochbetrieb herrschte. Erst ganz spät abends wurde der Laden geschlossen. Vater arbeitete sehr, sehr schwer, um die drückende Schuldenlast zu begleichen. Als ihm dies halbwegs gelungen war, begann er, ans Heiraten zu denken.

Meine Mutter Malvine, geborene Ringer, deren märchenhafte, rassige semitische Schönheit berühmt war, war erst sechzehn Jahre alt, als sie Vater heiratete. Sie mußte sofort nach der Heirat die Leitung des Haushaltes übernehmen und wurde auch bald schwanger. Ein Jahr nach ihrer Heirat kam meine Schwester Edith zur Welt.

Bei der Geburt half eine Hebamme, welche ins Haus kam, denn damals ging man nicht zur Entbindung ins Krankenhaus. Dieselbe Hebamme half auch zwei Jahre später bei meiner Geburt. Diese kleine, zarte Frau kam häufig zu Besuch, um den Fortschritt »ihrer« Kinder zu verfolgen. Sie wurde immer mit Wurst und Fleisch beschenkt, was ihre Besuche auch einträglich machte.

Das Haus, welches wir bewohnten, lag in Oderfurt (Přívoz), einem Vorort von Ostrau, und war von einem großen Hof und einem Lattenzaun umgeben. In der Mitte des Hofes stand ein mächtiger Kastanienbaum. Es war dort auch ein Stall für unser Pferd und das Unterdach für den Pferdewagen. Manchmal wurde dieser Wagen zu einem Ausflug in Großmutters Haus nach Marienberg benutzt.

Edith und ich wurden immer öfter zu Oma nach Marienberg gefahren. Wir verstanden nicht, warum; erst als man uns eines Tages mitteilte, daß Mutter von zu Hause fort sei, und wir von nun an bei Oma wohnen würden. Ich wollte Mutter bei mir haben und konnte nicht verstehen, warum sie mich nicht wollte. Mein Vater erklärte uns, daß Mutter nie mehr wieder zu uns kommen würde. Wir konnten damals selbstverständlich nicht begreifen, warum andere Kinder Mütter hatten, nur wir nicht. Ich war damals noch nicht ganz sechs Jahre alt. Doch der Aufenthalt bei Oma in Marienberg war so aufregend und ereignisvoll, daß ich bald

Oderfurt und Mutter vergaß. Die Freude, bei Oma zu sein, dauerte jedoch nicht lange, denn Oma wurde krank und starb bald darauf.

Wir beiden Mädchen wurden nun zu Onkel Hugo, Vaters Bruder, und Tante Irma gebracht, welche kinderlos waren und von diesem Zeitpunkt an die Erziehung übernahmen. Der Verlust der zwei von mir geliebten Menschen, meiner Mutter und meiner Oma, hat sich wahrscheinlich auf mein Gefühlsleben ausgewirkt. Ich wurde trotzig und unfolgsam, bekam oft Strafen, wurde in die Ecke gestellt und mußte manchmal ohne Essen zu Bett gehen. In dieser Zeit begann Onkel Hugo, sich meiner anzunehmen und mich grenzenlos zu verwöhnen, womit wieder Tante Irma, welche Mutterstelle bei uns vertreten wollte, nicht übereinstimmte.

Ich verargte Vater immer, daß er Mutter fortgeschickt hatte, und dankte Onkel Hugo für seine Liebe, indem ich diese ganz warm erwiderte. In dieser für uns Schwestern so schweren Zeit liebte ich, glaube ich, Onkel Hugo mehr als meinen Vater. Er ersetzte mir die Mutterliebe, welche mir in so frühem Kindesalter genommen worden war. Vor Vater hatte ich Respekt, wenn nicht sogar Furcht. Ich kann mich kaum an eine Liebkosung von Vater erinnern. Hingegen waren Onkel Hugos Arme immer weit ausgestreckt, wenn er mich nur erblickte, und ich konnte mich da immer hineinwerfen und einkuscheln. Bei ihm fühlte ich das Geborgensein und die Sicherheit, welche man mir durch das zerrissene Elternhaus genommen hatte.

Tante Irma übernahm nun ganz energisch die Aufsicht über unsere Entwicklung. Zuerst wurden Kinderfrauen angestellt, welche meinetwegen öfter wechselten, weil ich so unartig war. Keiner verstand, daß ich eben Mutter bei mir haben wollte, und daß mein unartiges Benehmen tiefere Wurzeln hatte. Ich wurde sehr oft bestraft, und ich weiß nicht, was aus mir geworden wäre, hätte nicht Onkel Hugo mich beschützt. Tante Irma sagte immer wieder häßliche Worte über meine Mutter, welche ich am Anfang nicht glauben wollte und jedenfalls nicht hören wollte. Doch langsam wurde ich von Tante Irma beeinflußt. Immer wieder wurde mit gesagt, daß meine Mutter mich nicht haben wolle, sonst wäre sie wohl gekommen. Deshalb dürfe auch ich meiner Mutter keine Zuneigung entgegenbringen, falls ich ihr einmal begegnen sollte.

Ich weiß nicht, wo meine Mutter zu dieser Zeit lebte. Doch als ich eines Tages von der Schule nach Hause ging, packte mich jemand und drückte mich ganz fest an sich. Ich höre noch heute die von Tränen erstickte Stimme: »Meine Rutinko, meine Rutinko!« und spüre die Küsse, welche mein Gesicht bedeckten. Ich war damals sieben oder acht Jahre alt. Als ich erkannte, wer es war, fing ich verzweifelt an, mich aus der Umarmung zu befreien und schrie: »Geh weg, du bist doch meine Mutter! Geh weg, laß mich los!« Mit hysterischem Schluchzen kam ich zu Hause an und war nicht bereit, jemandem, ob Vater, Tante Irma oder Onkel Hugo, von dieser Begegnung zu berichten. Ja, ich schämte mich dafür, vielleicht fürchtete ich mich auch vor der Reaktion meines Vaters oder Tante Irmas. Ich weiß es nicht. Im ersten Augenblick meiner Rückkehr sah mich niemand. Ich hatte nämlich ein Geschenk von meiner Mutter bekommen. Sie mußte von meinem Klavierunterricht erfahren haben und hatte mir bei der Umarmung ein Walzer-Album für Klavier in die Hände gedrückt, welches ich bei meiner Rückkehr ins Haus noch immer ganz festhielt. In meiner Panik versteckte ich es irgendwohin, und als es später entdeckt wurde und man mich nach der Herkunft dieses Albums ausfragte, log ich eben etwas vor. In späteren Jahren spielte ich häufig aus diesem Album, und dies rief in mir die Erinnerung an meine Mutter wach. Nach dieser letzten Begegnung sah ich Mutter nie mehr, hörte nie mehr von ihr. Nur einmal kam mir ein Gerücht zu Ohren, daß Mutter aus Gram nach Palästina ausgewandert sei, dort einen Griechen geheiratet habe und mit ihm nach Saloniki gegangen sei.

Bei Onkel Hugo und Tante Irma wohnten wir einige Jahre. Vater hatte inzwischen sein kleines Haus verkauft und fing an, gemeinsam mit Onkel Hugo einen großen Betrieb zu errichten. In Onkel Hugos Haus gab es einen Laden, und Vater kaufte einen zweiten dazu.

Onkel Hugos Haus war sehr geräumig. Im Hinterhof war ein ein Stock hohes Gebäude zur Unterbringung des Personals errichtet worden. Bald arbeiteten im Betrieb, welcher sich auch auf den Hinterhof erstreckte, 35 Arbeiter. Unsere Köchin Herminka mit noch zwei Mägden kochte für die Familie sowie auch für das ganze Personal. Ein Dienstmädchen sorgte für die Sauberkeit der Wohnräume, denn alle Familienangehörigen arbeiteten im Betrieb und Geschäft. Außer der Familie wohnte noch Ženka Frischler, heute Langer, im Hause, ein Mädchen, welches aus der Heimatstadt von Tante Irma, aus Skotschau (Skoczow) bei Bielitz in Polen stammte. Ženka arbeitete zwar als Verkäuferin in einem der zwei Geschäfte, doch gehörte sie sehr bald unserer Familie an.

Im Hinterhof standen zwei Pferdewagen, und ein Gaul war im Stall. Der eine Wagen war für die Geschäfte bestimmt, während der zweite, hellgelb, für Spazierfahrten genommen wurde. Für Pferd und Wagen sorgte ein Kutscher. Zu einem späteren Zeitpunkt wurden die Pferdewagen gegen ein Auto ausgetauscht, und ein Chauffeur wurde angestellt, welcher immer eine Chauffeur-Schildmütze trug.

Dieses Auto war ein Exemplar für sich. Es war schon eine Sensation, daß wir ein Auto in dieser Zeit der Pferdefuhrwerke und -kutschen besaßen. Es war dies ein Lastauto, dessen Lastwagenkarosserie mit vier großen Schrauben an die Chauffeur-Kabine angeschraubt war. Am Wochenende wurden diese vier Schrauben abgeschraubt, die Lastwagen-Karosserie auf Böcke nebenan gestellt, und von anderen Böcken wurde auf zwei Stangen, von vier Männern getragen, eine Personenwagen-Karosserie mit vier Schrauben an die Chauffeur-Kabine angeschraubt. In diese Personen-Karosserie war eine Bank eingebaut, auf welcher entweder drei Erwachsene oder vier Kinder Platz hatten, vor der noch eine zusammenklappbare Sitzfläche für ebenfalls drei Personen angebracht war. Beim Chauffeur war nochmals Platz für drei Erwachsene. Es war dies also ein Auto für neun bis zehn Personen; wir nannten es den Familienautobus. Lada, unser Chauffeur, polierte es immer auf Hochglanz. An der Führerkabine hinten war ein Schiebefenster, welches während der Familienfahrten meist offenstand, damit man zueinander Verbindung hatte. An allen Fenstern der Personenkabine waren herunterziehbare Vorhängchen angebracht. Die Scheinwerfer waren alleinstehend an den Kotflügeln und die Hupe war draußen befestigt. Wollte man hupen, so mußte man einen Gummiballon quetschen, und durch einen kleinen, vergoldeten Trichter kam dann der Laut heraus. Wenn Familienausflug war, kam Lada immer in seinen Stulpen-Handschuhen stolz an, was seinem Aussehen eine gewisse Wichtigkeit verlieh.

In den Hinterhof gelangte man durch ein großes Eisentor. Unweit davon war auch unsere große, schwarzweiß gefleckte Dogge Bella mit ihrer Hundehütte untergebracht. Wir liebten uns sehr, Bella und ich. Wenn ich zu ihr kam, sprang sie mit den Vorderpfoten auf meine Schultern und warf mich, da sie größer und stärker war als ich, sehr oft um. Mir wurde immer wieder verboten, an Bella vorbeizugehen, damit sie meine Kleider nicht schmutzig mache, doch dieses Verbot beachtete ich nie. Wahrscheinlich brauchte ich die Anhänglichkeits- und Liebesbezeugungen des Hundes und nahm dafür gerne die Tadel entgegen.

An der einen Seite des Hauses, besser gesagt unter dem Küchenfenster, befand sich ein schmaler Garten mit einer grün angestrichenen Bank und einem ganz großen Birnenbaum. Soweit ich zurückdenken kann, buddelte ich immer im Garten herum und versuchte dort, mein erstes Gemüse und Blumen anzubauen, was mir nie gelingen wollte. Das Küchenfenster war so niedrig, daß ich mich auf den Sims setzen konnte, die Beine herüberschwang und schon stand ich im Garten. So köstlich wie die Birnen, welche ich durch Klettern vom Baum herunterholte, waren nur noch die Früchte eines Stachel- und eines Ribisbeerenstrauches.

Hinten um das Haus waren die Werkstätten untergebracht, welche immer wieder modernisiert wurden, so daß bald eine kleine Wurstfabrik entstand. Neue Maschinen, welche schnitten, mischten und füllten, wurden angeschafft. Alles wurde elektrisch betrieben. Eine drei Zimmer große Eishalle wurde errichtet, damit alles frisch blieb, und etwas abseits davon war die Selcherei, in welcher Adolf herrschte. Er war ein ganz großer Holzexperte und wußte genau, für welche Wurstwaren welches Holz am geeignetsten war, damit die Wurst das nötige Aroma erhielt. In zwei riesigen Öfen hatten unzählige Stangen mit aufgefädelten Würstchen, Klobassen, Würsten, Schinken und Rollschinken, Speckschwarten und noch vieles andere mehr Platz. Zu dieser Domäne hatte nur Adolf Zutritt. Ich kann mich nicht entsinnen, je jemand anderen dort gesehen zu haben. Wir Kinder waren immer glücklich, wenn Adolf uns ein Stück Wurst, heiß, direkt aus dem Selchofen heraus, zu kosten gab. Nichts schmeckte besser als das. Ob Sommer oder Winter, Adolf stand immer mit entblößtem, vom Schweiß glänzenden Oberkörper da. Wo immer er auch hinkam, sein Körper strömte einen Selchgeruch aus.

Vater hatte einen Gehilfen von seinem kleinen Geschäft in den Betrieb von Onkel Hugo mitgenommen und diesen, da er so treu und anhänglich war, in alle Geheimnisse der Wursterzeugung und deren Rezeptur eingeführt. Alfred Klatt, bei uns aus Ehrfurcht vor seinem Wissen »Herr Klatt« gerufen, wurde der Vorarbeiter und der Verantwortliche für den Betrieb. Als er heiratete, verhalfen ihm Vater und Onkel Hugo zu einer Wohnung. Sie waren immer um seine Familie bemüht und standen ihm mit Rat und Tat zur Seite.

Um das Bild vollständig zu machen, muß ich noch Herrn Müller, unseren Buchhalter, erwähnen. Neben dem Geschäft lag ein etwas kleinerer Raum mit einer großen Eisenkasse, Schreibtisch und Regalen. Die Kasse öffnete man durch Drehen eines Eisenringes, was mich immer wieder faszinierte. Was in dieser Kasse war, wußte ich nie, doch sah ich, wie man den Tageserlös zuerst zählte und dann darin verstaute, um diesen den nächsten Tag zur Bank zu bringen.

Pünktlich erschien jeden Morgen Herr Müller zur Arbeit. Hager, hochgewachsen, mit einem Zwicker auf der Nase, sehr pedant angezogen und immer, auch bei hellem Sonnenschein, mit einem Regenschirm ausgestattet. Das morgendliche Ritual begann: Mantel, Hut und Schirm wurden abgelegt, dann streifte er sich Ärmelschoner aus schwarzem Material entweder über die Rock-, oder im Sommer über die Hemdärmel. Herr Müller war verheiratet, hatte aber keine Kinder und hatte deshalb Edith und mich sehr ins Herz geschlossen. Doch wir beide konnten seine pedantischen Buchhaltermanieren nicht verstehen und machten uns sehr oft über ihn lustig, besonders über seine Ärmelschoner.

Im Hauptgeschäft war eine Abteilung für koscheres Fleisch eingerichtet. Diese Abteilung lag abseits, damit das koschere Fleisch nicht mit dem nicht koscheren in Berührung kam. Sie war nur zwei bis drei Stunden täglich geöffnet. Oberkantor Schimkowitz hatte die Aufsicht über diese Abteilung und erschien pünktlich jeden Tag. Es waren nicht viele Kunden da, und so hatte der Oberkantor, welcher auf einer weißen Sitzbank saß, immer Zeit, sich entweder mit Vater oder Onkel Hugo in tiefere jüdisch-philosophische Gespräche einzulassen. Das Haus und der Betrieb befanden sich direkt hinter der Kirche und Pfarre von Oderfurt, und wenn der Herr Pfarrer, welcher ein guter Freund meines Vaters war, Zeit hatte, kam auch dieser herüber, um sich an den Gesprächen zu beteiligen. Dadurch entwickelte sich eine christlich-jüdische Freundschaft, welche sich auch auf die anderen Familienmitglieder übertrug. Edith und ich wurden manchmal vom Herrn Pfarrer eingeladen, und dieser erzählte uns dann über den christlichen Glauben, und manchmal führte er uns bei der Hand haltend durch die Kirche. Von Oberkantor Schimkowitz hingegen lernten wir viel über unsere Religion; er gab uns viele Lebensregeln mit auf den Weg. Erst in späteren Jahren begriff ich die Bedeutung seiner Aussprüche.

Der Betrieb vergrößerte sich immer mehr, und bald kauften Vater und Onkel Hugo ein Buffet auf der Hauptstraße in

Ostrau. Noch mehr Angestellte, noch mehr Arbeit, und aus dem kleinen Geschäft wurde eine Wurstfabrik. Täglich kamen einige Lastwagen, welche unsere Wurstwaren in Buffets, Geschäfte, Restaurants und Gasthäuser lieferten. Aus der Schule mußten Edith und ich zur Mittagszeit ins Buffet, um dort, in dem zu dieser Stunde überfüllten Lokal, auszuhelfen. Für mich war es nie Zwang, ich arbeitete dort leidenschaftlich gerne.

Viele kleine, runde Tischchen waren aufgestellt, von kleinen Hockern in den buntesten Farben umgeben. Rot, gelb, grün und blau. Das Buffet war durch seine Gulaschsuppe berühmt geworden. Angestellte von allen umliegenden Geschäften kamen in der Mittagspause, um einen Teller Gulaschsuppe mit zwei Brötchen, die wir Kaisersemmeln nannten, zu kaufen. Das ganze kostete nur 1,20 Kronen, was sehr billig, aber hauptsächlich sehr sättigend war. Der ganze umliegende Straßenzug strömte einen Gulaschsuppen-Geruch aus, von welchem die Leute angezogen wurden. Zur Mittagszeit war kaum ein Plätzchen in diesem Lokal zu finden. In der Suppe schwammen große Fleischstücke und Kartoffelwürfel, alles hatte eine schöne, rotbraune Farbe, oben waren Fettringe, und alles zusammen schmeckte köstlich. Da dieses Buffet sehr viel Arbeit und Kopfzerbrechen verursachte, beschlossen Vater und Onkel Hugo, als sie die viele Arbeit nicht mehr bewältigen konnten, das Buffet an ihre Schwester Hanca zu verkaufen. Der Gulaschsuppen-Duft verschwand, es roch nun nach Fisch, und auf dem Nachhauseweg aus der Schule dachte ich immer an die schönen Stunden, welche ich dort verbracht hatte.

Vater, Edith und ich bewohnten zwei Zimmer in Onkel Hugos Haus. Vater sahen wir während der Woche kaum. Er überließ Tante Irma die volle Verantwortung für Ediths und meine Erziehung. Tante Irma verstand es auch ganz ausgezeichnet, uns Kinder an sich zu ziehen, uns zu beeinflussen und uns zu leiten. Wir befanden uns außerdem unter ständiger Aufsicht des jeweiligen Kindermädchens, welches für Ordnung der Zimmer, Kleidung und Beschäftigung zu sorgen hatte. Der Tag hatte für uns eine ganz genaue Einteilung. Ein fester Bestandteil waren die Spaziergänge, für die wir fein angezogen wurden. Wenn Vater, Onkel Hugo oder Tante Irma unseren Weg kreuzten, mußten wir einen Knicks machen und einen Abschiedskuß geben. Tante Irma begutachtete unsere Kleidung und hatte immer etwas auszusetzen. Die Familie achtete sehr streng darauf, daß die Huppert-Mädchen immer tadellos aussahen und sich auch so benahmen, damit ja niemand die Familie »bereden« konnte, was nach Vaters Scheidung, welche in den damaligen Zeiten ungewöhnlich war, sehr oft der Fall war. Als ich zur Schule ging, fanden diese Spaziergänge jeden Nachmittag statt. Immer mit einem Spielzeug ausgestattet, Sandeimer, Ball oder Diabolo, gingen wir in einen der nahegelegenen Parks, manchmal auch auf einen Friedhof. Das Kindermädchen setzte sich auf eine Bank, nahm ein Romanheft heraus und überließ uns Kinder unserem Spiel. Nach pünktlich einer Stunde wurden wir zurückgebracht, und auf dem Programm standen Abendbrot und Schlafengehen. Wenn zufällig jemand von der Familie anwesend war, bekamen wir sogar einen Gute-Nacht-Kuß. Dies war aber selten der Fall, denn zu der Zeit hatten die Geschäfte ja noch geöffnet.

Am glücklichsten war ich, wenn ich krank war, denn da waren alle um mich besorgt und ich konnte Vater, Onkel Hugo oder Tante Irma mindestens zweimal am Tage sehen. Dann kam auch Dr. Gessler, unser Hausarzt, mit seiner braunen, länglich-ovalen Ledertasche, welche oben eine Eisenschiene zum Zusammenklappen als Verschluß hatte. In dieser Tasche befanden sich alle möglichen Fläschchen, Spachteln und andere mysteriöse Dinge. Dr. Gessler betreute die ganze Familie, kannte nicht nur eines jeden Körper, sondern auch eines jeden Seele. Er war die Güte in Person und brachte mir immer viel Liebe und Verständnis entgegen. Soweit ich mich erinnern kann, benutzte er nie ein Stethoskop, sondern legte zuerst sein Ohr, dann seine Hand flach auf meinen Körper und klopfte mit dem Knöchel des Zeigefingers darauf. Es mußte mäuschenstill im Zimmer sein, denn Dr. Gessler hörte mit diesem Klopfen Tonnuancen, und dies ermöglichte es ihm, eine Diagnose zu stellen, welche sich erstaunlicherweise immer als richtig herausstellte. Nach der Untersuchung, wenn ich schön brav gewesen war und nicht geweint hatte, bekam ich ein Bonbon, auf welches ich immer wartete und deshalb nie weinte. Nachher zog Dr. Gessler seinen Rezeptblock hervor, und das Kindermädchen ging in die Apotheke, um die vorgeschriebene Medizin, welche nach dem Rezept erst hergestellt und gebraut werden mußte, zu holen. Ich schluckte nur Dr. Gesslers wegen, welchen ich liebte, diese grauenhaften Gebräue. Wenn ich hohes Fieber hatte, schrieb Dr. Gessler meistens keine Medikamente, sondern einen Priesnitz-Wickel vor. Davor hatte ich wahre Angst. Auf das Leintuch im Bett wurden zwei dicke Wolldecken gelegt und darauf kam ein in kaltes Wasser getauchtes Leintuch. Mit meinem heißen Körper mußte ich mich darauf legen, was in meinen Augen sadistisch war. Manchmal mußten zwei Leute Gewalt anwenden, um mich auf dieses eiskalte Leintuch zu schaffen, denn ich strampelte und schrie. Ich wurde in dieses Leintuch und in die Wolldekken eingewickelt, die Hände innen verstaut, so daß ich mich nicht rühren konnte. Auf das alles wurde noch ein Federbett gelegt. Ich begann fürchterlich zu schwitzen und mußte in diesem Zustand mindestens eine halbe Stunde, vielleicht auch länger aushalten. Welche Erleichterung, wenn alles von mir heruntergenommen wurde! Die Decken waren unten – und mit ihnen das hohe Fieber.

Mein erster Schultag ist mir unvergeßlich. Im dunkelblauen Matrosenkleid mit dem viereckigen Matrosenkragen, besetzt mit drei weißen Tressen, die braunen Zwirnstrümpfe, die hohen schwarzen Schnürschuhe (damit die Füße schlank blieben, was aber nichts nützte), und schließlich der dunkelblaue Matrosenmantel mit Samtkragen. Am Rücken eine Schultasche, an deren Seite eine Schiefertafel mit Schwamm und Griffel baumelte. Hefte gab es in der ersten Klasse nicht, da wurde nur auf die Schiefertafel mit dem Griffel geschrieben, und wenn kein Platz mehr da war, wurde alles mit dem feuchten Schwamm weggewischt. Diese Tafel hatte sogar kleine rote Linien, so daß wir fein ordentlich lernten, alles in einer Linie zu halten. Aufwärts mußten wir jeweils ganz dünne Striche ziehen, Schattenstriche genannt, hinunter mußte aufgedrückt werden. So erhielt die Schrift ein plastisches Gepräge.

An diesem ersten Schultag wurde ich mit der Britschka, vom Kutscher feierlichst kutschiert und vom Kindermädchen begleitet, zur Jüdischen Volksschule in der Kirchengasse (Kostelní Ulice) gebracht. Mein Stolz und meine Freude schmolzen jedoch bald dahin, denn als ich in Begleitung des Kindermädchens die mir angewiesene Schulklasse betrat, sah ich, daß alle Kinder ausnahmslos von ihren Müttern begleitet wurden. Ich fing sofort bitterlich zu weinen an und floh aus der Klasse. Das sah der Schuldiener, er hielt mich auf, brachte mich mit Gewalt zurück, und so bekam ich meine erste Strafe. Alle Erwachsenen behaupteten, ich hätte »Schulangst«, deshalb wurde ich eine ganze Zeitlang unter Protest zur Schule gebracht. Nur dank meiner so geliebten Klassenlehrerin Grete Groß, welcher es gelang, mich zu verstehen und mir ihre Zuneigung vor allen meinen Mitschülern zu zeigen, begann ich, die Schulstunden gerne zu haben. In diesen ersten Tagen ersetzte mir Lehrerin Grete Groß meine Mutter und ich fühlte mich deshalb die ganzen vier Jahre, welche ich in dieser Schule verbrachte, zu ihr hingezogen.

Wenn ich am Morgen das Haus verließ, mußte ich zunächst ins Geschäft, um mich mit einem Kuß und Knicks zu verabschieden. Dort wurde ich zuerst begutachtet, ob ich auch ordentlich aussähe, dann wurde mir mein Frühstückspaket ausgehändigt, welches aus einem mit sehr viel guter Wurst belegten Brötchen und einem Apfel oder einer Orange bestand. Es dauerte nicht lange, und ich wurde durch dieses Frühstückspaket Favoritin in der Klasse. Ich war mit Wurst übersättigt und wünschte mir nichts mehr als ein einfaches Brot mit Butter, wogegen sich meine Klassenkameraden nach Wurst sehnten. Es entstand dadurch ein regelrechtes

Tauschgeschäft, und jeder wollte gut Freund mit mir sein, nur um die Möglichkeit zu haben, Butter gegen Wurst zu tauschen.

Die Schule war etwa vier Kilometer von unserem Haus entfernt, und ich legte diesen weiten Weg täglich zu Fuß zurück. Nur an Regen- oder ganz kalten Frosttagen wurde ich dorthin zuerst per Pferdewagen, später aber per Auto gefahren. Auch deshalb wurde ich von vielen beneidet oder bewundert, und wenn ich am Schulweg einen Mitschüler sah, wurde der auf meine Bitte vom Kutscher oder vom Chauffeur mitgenommen. Diese kleinen Aufmerksamkeiten halfen mir, das Gefühl der Minderwertigkeit, da ich ohne Mutter war, leichter zu nehmen. Doch dieser Komplex erschien wieder bei anderen Anlässen. So wurde ich zum Beispiel nie zu Geburtstags-Parties oder zum Besuch einer Freundin in ihr Haus eingeladen. Erst viel später kam mir der wahre Grund dafür zu Bewußtsein. Ich stammte ja aus einer geschiedenen Familie, was zu dieser Zeit absolut nicht akzeptabel war. Ich war zwar der Wurst wegen Favoritin in der Klasse, doch außerhalb der Schule war ich es nicht, was auf den elterlichen Einfluß meiner Mitschüler zurückzuführen war.

Auf Anraten von Grete Groß, welche bei mir ein gutes Gehör und Begeisterung in den Gesangsstunden entdeckte, bekam ich ein Klavier und fing mit meinen Klavierstunden bei Aranka Wasserberger an. Damit änderte sich mein Tagesplan drastisch. Morgens Schule, nach dem Mittagessen Hausaufgaben, zweimal in der Woche Klavierstunden und jeden Tag üben. Nie mußte man mich zum Üben anhalten, im Gegenteil, man mußte mich vom Klavier fortreißen, denn dieses wurde meine so ersehnte Freundin und mein Freund. Viele Stunden verbrachte ich da, lachte oder weinte mit ihm. Mein Klavier ließ mich alles vergessen, und Aranka verstand es ganz ausgezeichnet, das herauszufinden und mich in dieser Richtung zu fördern. Bei ihren Hauskonzerten exzellierte ich immer, und jedes Jahr zeichnete mich Aranka als ihre beste Schülerin aus. Aranka faßte nach einigen wenigen Jahren Unterrichts den Beschluß, mich auf die Aufnahmeprüfung für das Konservatorium in Prag vorzubereiten, was bei mir noch mehr Ehrgeiz hervorrief und mich zu noch mehr Üben veranlaßte. Leider sollte es zu einer Aufnahme und zum Studium dort nie kommen.

Vater und Onkel Hugo sowie alle Geschwister stammten von einer Priester-Familie ab, genannt Cohanim. Da beide wohlhabend waren, hatten sie den Ehrenplatz im Tempel in der ersten Reihe inne. Zu den hohen Feiertagen Rosch ha-Schan'ah, unserem Neujahr, und am Versöhnungstage, Jom Kippur, waren unsere Geschäfte geschlossen. Die ganze Familie bekam neue Kleider, und alle gingen in den Tempel. Oberkantor Schimkowitz leitete sehr feierlich die Andacht, und Vater wurde immer zur Thora, zur heiligen Lade, aufgerufen, was eine besondere Ehre war. Die Thora wurde im Tempel herumgetragen, und wir Kinder durften sie berühren, was als ein großes Privileg angesehen wurde. Das war auch der Augenblick, in welchem wir vom Balkon, wo nur Frauen separiert von Männern saßen, herunter durften. In späteren Jahren fingen Edith und ich im Tempelchor zu singen an. Im Tempel befand sich eine Orgel, auf welcher ein Nicht-Jude spielte, da die Religion den Juden jedwede Arbeit am Sabbat und an Feiertagen untersagt. Die Gesänge wurden von Oberkantor Schimkowitz selbst einstudiert. Ich verließ diesen Chor sehr bald, da ich als die Jüngste nicht bereit war, mit den Erwachsenen die Abende dort zu verbringen.

Für uns Kinder waren die Feiertage eine sehr willkommene Abwechslung, denn selbstverständlich gingen wir nicht zur Schule. Wir hatten sowohl zu den jüdischen als auch zu den christlichen Feiertagen schulfrei. Wir Kinder hielten es auf dem uns zugewiesenen Frauenbalkon nie sehr lange aus und liefen in unseren neuen Kleidern auf den Tempelhof, fingen dort zu spielen an, was selbstverständlich nie leise vonstatten ging. Wir spielten Fangen und Verstecken, und ach, wie oft mußte der Tempeldiener kommen, um uns fortzujagen. Der Tempeldiener holte manchmal zur Verstärkung unseren Vater heraus, dieser mahnte uns streng zur Ruhe, welche aber, nachdem er gegangen war, nur ein paar Minuten anhielt. Das Resultat war, daß wir am Abend in den schmutzigen, neuen Kleidern nach Hause kamen und ausgeschimpft wurden, daß wir Schande auf die Familie brächten.

Am Jom Kippur fiel uns Kindern eine große Aufgabe zu. Wir besteckten zu Hause schöne Äpfel mit Nelken und verteilten diese an die fastenden Frauen im Tempel, welche daran nur riechen durften. Dieser Geruch vertrieb auf eine gewisse Zeit den Hunger. Da unser Haus ganz in der Nähe der Synagoge gelegen war, kamen immer eine ganze Menge Freunde und Bekannter nach Beendigung des Gottesdienstes »zum Anbeißen« in unser Haus. Zuerst trank jeder ein Gläschen Kümmellikör, dann gab es Salzhering. Nachher wurden große Kannen von duftendem Kaffee serviert, und dazu aß man Hefekuchen-Rollen, mit viel Mohn und Rosinen gefüllt. Dies war die Spezialität unserer Herminka, welche viel Lob dafür an diesem Tag einsteckte. So gestärkt konnten dann unsere Gäste den Heimweg antreten, und Vater erklärte uns jedesmal, daß Ausgehungerte zu sättigen eine »Mizveh« (gute Tat) sei, welche jeder gute Jude tun muß. Wie tief prägte sich dieser Satz in meine Erinnerung ein. Wie oft war es mir vergönnt, nach diesem Satz zu handeln. So kam tagtäglich eine andere Familie, welche Unterstützung brauchte, zu uns nach Hause zum Mittagstisch, oder sie holten sich das Essen, wenn sie zu stolz waren, um bei uns mit an der Tafel zu sitzen.

Mein Vater gehörte der zionistischen Bewegung an, und er bestand darauf, daß auch Edith und ich zionistische Erziehung erhielten. Bei uns im Hause und in den Geschäften befanden sich an sehr sichtbaren Stellen die blauen Sammelbüchsen mit dem »Magen David« (Davidstern), in welche die verschiedenen Kunden reichlich, und wir Kinder einen Teil unseres Taschengeldes spendeten. In unserem Hause wurde viel über den Aufbau eines Judenstaates gesprochen. Edith und ich wurden in die Maccabi-Hazair-Bewegung aufgenommen, in der sich Sport und Zionismus verbanden. Mit großer Begeisterung nahmen wir dort am Sport und an den Vorträgen teil, denn dadurch kamen wir mit anderer jüdischer Jugend in engeren Kontakt. Doch durften wir nie an den Zusammenkünften außerhalb der Stadt oder gar an einem Zeltlager teilnehmen, was uns wieder von ihnen distanzierte. Tante Irma verlangte, daß wir sehr streng überwacht würden. Wir mußten immer spätestens um acht Uhr abends zu Hause sein. Von den Zusammenkünften wurden wir zuerst von unserem Kindermädchen, später von unserer Erzieherin abgeholt, was Edith und mir sehr peinlich war. Doch Tante Irma behauptete immer, daß sie auf unseren guten Ruf achten müsse.

Ostrau liegt am Fuße der Beskiden, einem Vorläufer des großen Gebirgszuges, der Tatra. Bei gutem Wetter fuhren wir mit unserem Familienautobus, dem umstellbaren Ford, ins Grüne zu Wanderungen. Dadurch lernte ich die Natur kennen und lieben. Das waren die wenigen Stunden, welche Vater mit uns verbrachte, und in denen er sich nur uns widmete. Im Sommer, wenn es heiß war, fuhren wir an einen der Flüsse in der Umgebung zum Baden, und bei dieser Gelegenheit brachte mir mein Vater das Schwimmen bei. Er nahm einen langen Stock, an welchem ein noch längeres Seil angebracht war. Über meine Brust legte er ein Handtuch, verknüpfte dieses auf meinem Rücken zu einem festen Knoten und befestigte daran das Seil. Er befahl mir, ins Wasser zu steigen und mich in Richtung flußabwärts zu legen, während er mich mit dem Stock hielt und am Ufer nebenherlief. Das Wasser trug mich herrlich und ich spürte kaum, als Vater den Stock senkte, und ich selbständig zu schwimmen begann. Noch zwei oder drei Mal wurde dieses Spiel wiederholt, bis ich mir bewußt wurde, daß ich wirklich ohne Hilfe schwamm. Vater stieg dann ohne Seil zu mir ins Wasser, und wir zwei schwammen ganz alleine, Seite an Seite, eine lange Strecke stromabwärts und mußten selbstverständlich diese Strecke wieder zu Fuß zurückgehen. Das waren die wenigen glücklichen Stunden, in welchen ich Vaters Nähe verspürte und mir wünschte, daß diese Zeit kein Ende nehmen möge.

Im Winter gingen Edith und ich zum Schlittschuhlaufen, an welchem ich aber kein Vergnügen fand, denn da umlief ich ständig im Kreis die Eisbahn. Mir fehlte bei diesem Sport die Weite und die Natur. Eines Tages, ich war etwas über sechs Jahre alt, kaufte Vater Edith und mir ganz kurze Kinderskier und nahm uns mit zu unserem ersten Ski-Ausflug auf den niedrigsten Berg der Beskiden, den Ondřejnik. Die Ski und ein Stock, welcher am Ende einen kleinen Teller hatte, waren zusammengebunden, den anderen Stock bekam ich in die freie Hand, die Ski auf die Schultern und die Besteigung des Berges begann. Skilift gab es damals keinen. Vater schritt voran, und Edith und ich traten in seine Fußstapfen. Der Aufstieg war für mich sehr schwierig, doch Vater ließ nicht locker. Wir kamen zu dem letzten, kleinen, sehr steilen Stück und sahen schon die Skihütte ganz in der Nähe, da rutschte ich das so schwer erstiegene kleine Stück wieder hinunter. Vater stand schon oben am Waldrand und rief mir zu: »Aufstehen und noch einmal herauf!« Ich fing zu weinen an, wollte es nicht noch einmal versuchen, doch Vater blieb hart und half mir nicht. Er sagte mir ganz einfach, ich könnte ja da warten, bis alle wieder zurückkämen, und so blieb mir nichts anderes übrig, als diesen Aufstieg doch alleine zu bewältigen. Diese kleine Szene ist ganz fest in meiner Erinnerung eingeprägt und belehrte mich, nie aufzugeben, alles noch einmal zu versuchen, um alles bis zum Erfolg durchzuführen.

Nach einigen Jahren beschloß Vater, ein Bauernhaus auf der Visalaja zu mieten, einem niedrigeren Berge in den Beskiden. Bis an den Fuß des Berges konnte man mit dem Auto gelangen. Etwa eine Stunde dauerte die Fahrt aus Ostrau, und eine weitere Stunde benötigte man für den Aufstieg bis zu dem Bauernhaus. Es war eigentlich die schönste Zeit meiner Jugend. Jedes Wochenende, wenn es das Wetter erlaubte, und alle Schulferien verbrachten wir dort. Am Samstag, sofort nach Geschäftsschluß, hinein ins Auto und weg aus der Stadt. Jeder von uns hatte einen Rucksack mit Proviant oder mit anderen auf der Hütte benötigten Sachen auf dem

Rücken. Auf der Brust, an einen Knopf geknöpft, hatten wir eine Taschenlampe, welche uns den Weg während des Nachtaufstieges beleuchtete. Im Sommer ging's zu Fuß hinauf, für den Winter kaufte Vater uns allen Seehundsfelle, welche unter die Ski gespannt wurden, damit man beim Aufstieg nicht zurückrutschte. Oben angelangt, wurde zuerst Licht in der Petroleumlampe entzündet, welche einen großen, hellgrünen, mit Blumen bemalten Lampenschirm hatte. Dann wurde Holz aus dem Schuppen geholt, und der große, breite Kachelofen eingeheizt. Bald knisterte das Holz im Ofen, wohlriechender heißer Tee wurde herumgereicht, und eine gemütliche, friedliche Stimmung breitete sich aus.

Vater hatte auf die Hütte ein Grammophon geschafft, welches man mit einer Kurbel aufziehen mußte. Das Grammophon hatte einen großen Trichter als Lautsprecher, welcher dunkelgrün gestrichen war; ein weißer Hund war darauf abgebildet, und darunter stand »His master's voice« geschrieben. Nach einer oder zwei Platten mußte die Nadel ausgetauscht werden. Jedesmal brachten wir Reservenadeln und neue Platten mit, und bald befand sich auf der Hütte eine ganz beachtliche Plattensammlung. Alle Opern waren vertreten, welche überhaupt auf Grammophon-Platten existierten, denn Vaters Vorliebe für Opern war seit seiner Lehrzeit in Wien besonders groß. Das berühmte Wiener Kabarett war vollständig vertreten, und ganz langsam hielt durch meine Musikausbildung auch die klassische Musik ihren Einzug. Was mir in späteren Jahren da oben fehlte, war mein Klavier, besonders, wenn ich die langen großen Ferien mit der Erzieherin dort verbrachte. Aber ein Klavier auf die Hütte zu schaffen, das war unmöglich, und deshalb bat ich meinen Vater, mir wenigstens eine Ziehharmonika zu kaufen, damit ich ein Musikinstrument oben hätte. Nach einigem Zögern willigte Vater ein, und mit diesem Akkordeon zog auch noch viel Gesang und frohe Stimmung in die Hütte ein. Doch als Oberkantor Schimkowitz, welcher meine gute jüdische Erziehung überwachte, vom Kauf des Akkordeons erfuhr, war er ganz entsetzt und verlangte, daß es

Vater sofort verkaufen sollte. Sein Argument war: »Aber Herr Huppert, das paßt sich doch nicht für ein jüdisches Mädel – ein Akkordeon.« Kein noch so großer Protest vom Oberkantor nützte, das Akkordeon blieb, und es trug viel zu den wunderschönen, gemeinsam verbrachten Stunden auf der Hütte bei, die mit Gesang und Tanz ausgefüllt waren.

Oben auf der Hütte waren wir Schwestern der Mittelpunkt von Vaters Leben, und Vater war für uns der beste Freund. Im Sommer unternahmen wir lange Wanderungen durch die Wälder, Vater lehrte uns Pilze sammeln, denn er war ein ausgezeichneter Pilz-Experte. Auf der Hütte angekommen, wurden die Pilze geputzt, geschnitten und auf Zwirn aufgefädelt, so daß lange Ketten entstanden, welche zum Trocknen aufgehängt wurden. Im Sommer aßen wir beinahe täglich auf verschiedene Arten zubereitete Pilze: Pilze mit Ei, Pilzsuppe mit Kartoffelwürfeln, Pilzomelette oder auch als Beilage zum Fleisch.

Vater machte uns mit allen Waldpflanzen bekannt. Wir zogen mit großen Kannen los, um Blaubeeren, Himbeeren, Erdbeeren oder Brombeeren einzusammeln. Aus Blaubeeren wurde ein Hefekuchen, oben mit Streusel bedeckt, zubereitet, oder sie wurden frisch mit süßer Sahne vermischt verzehrt. Unsere Lippen, Zähne und Zungen waren dann ganz dunkelblau gefärbt.

Im Sommer sammelten wir Tannenholzspäne zum Anzünden des Feuers. Vater kaufte große Holzstücke von den Holzfällern im Wald, welche in kleinere Stücke zersägt werden mußten. Dazu wurde eine Holzsäge mit einem Bogen oben benutzt, welche von zwei Menschen bedient werden mußte. Wie schön war es doch, wenn Vater und ich diese Säge bedienten und im Takt hin und her zogen und sich unter unseren Füßen Holzspäne ansammelten. Das Holz wurde dann in der Scheune aufgestapelt, damit es trocknete und so für den Winter vorbereitet war. Auf der Hütte gab es immer etwas zu tun. Aus dem nächsten Bauernhof, welcher etwa eine Viertelstunde entfernt war, mußten wir Milch und Eier holen. Obgleich Tante Irma und Onkel Hugo immer da waren, war mir Vater dort am nächsten. Auch wenn wir nicht sprachen, fühlte ich mich in seiner Nähe ganz geborgen. Die Visalaja-Zeit ist mit Vater ausgefüllt.

Unweit unserer Hütte stand die Hütte von Vaters Cousin Friedel Wurzel, welcher ein besonders guter Skiläufer war, und Edith und mich im Wett-Skilauf unterrichtete. Auf der Visalaja gab es große Wiesen, welche ideal für Übungszwekke waren. Friedel trainierte mich für Slalom-Fahrten, und als ich bei einem Schulwettbewerb im Slalom den ersten Preis gewann, waren meine Familie und ich sehr stolz. Von dieser Zeit an nahm ich an allen Slalom-Läufen teil, was mir einige Pokale einbrachte.

Nach Beendigung der Volksschule wurde beschlossen, mich aufs Lyzeum, das heißt auf das Deutsche Mädchen-Reform-Real-Gymnasium in der Matiční Ulice zu schicken. Dieses Gymnasium hatte seines hohen Niveaus wegen einen besonders guten Ruf. Ich wollte zwar auf eine tschechische Schule, doch Tante Irma ließ sich nicht dazu bewegen. Anstatt eines Kindermädchens wurde eine Erzieherin angestellt, welche meine Schulaufgaben überwachen mußte, und immer wieder wurde mir ans Herz gelegt, daß ich beweisen müsse, daß ich aus gutem Hause stamme.

Wie sehnte ich mich nach Grete Groß, meiner Klassenlehrerin, nach Lehrer Panzer und sogar nach dem strengen Oberlehrer Kraus. Alle sind mir in diesen ersten Schuljahren sehr ans Herz gewachsen. In der Jüdischen Volksschule waren wir mit Jungen zusammen in der Klasse, und ich beteiligte mich mit großer Begeisterung an deren Spielen. Besonders liebte ich Fußball und war immer sehr stolz, wenn man mich zum Mitspielen aufforderte. Nun war ich in einem Mädchen-Gymnasium, ein völlig neues Milieu umgab mich, wir wurden mit »Sie« angesprochen, was uns ein Gefühl des Erwachsenseins gab. Trafen wir einen unserer Professoren auf der Straße, durften wir nicht laut grüßen, sondern nur mit dem Kopf ehrfurchtsvoll nicken. Der Schuldirektor war Jude, Prof. Dr. Holz, aber sonst gab es kaum jüdische Professoren. Während des christlichen Religionsunterrichts gingen wir jüdischen Mädchen in den nahegelegenen Park spazieren. Unser Unterricht fand erst am Nachmittag statt, und ein kleiner, sehr netter, äußerst gebildeter Herr, Dr. Färber, erschien, welcher sich redlich um uns junge Mädchen bemühte. Seine Religionsstunden waren ein wahres Erlebnis, und wir freuten uns immer darauf. In dieser Schule wurden kaum Freundschaften zwischen jüdischen und christlichen Mädchen geschlossen, sogar in den Pausen separierten wir uns. Dies war ein ungeschriebenes Gesetz. Vielleicht lag es daran, daß die christlichen Mädchen von deutschen Eltern stammten und sie schon damals eine antisemitische Erziehung erhielten.

Von Tante Irma und meiner Erzieherin wurde ich ständig zu besseren Noten und Resultaten angetrieben, nicht nur beim Lernen, sondern auch beim Sport und Klavierspiel. Ich beteiligte mich an Leichtathletik-Wettbewerben, wurde im Schwimmen trainiert, turnte in der Schule und im Maccabi-Verein. Meine Zeit war völlig ausgefüllt mit all diesen Tätigkeiten.

Unser Familienleben verlief in den gewohnten Bahnen. Wochentags Arbeit, Wochenende auf der Visalaja, an Regensonntagen Familienzusammenkünfte, welches für mich wirklich schöne Stunden waren. Wir kamen mit unseren Cousins und Cousinen zusammen, und das Familienband zerriß nie. An Feiertagen gab es bei uns immer Familientreffen, oder wir fuhren über die Grenze nach Bielitz in Polen, um unseren Großvater zu besuchen. Er besaß eine Restauration im Zigeunerwald bei Bielitz, einem sehr beliebten Ausflugsort. Er war ein sehr frommer Mann und hatte, da er weit entfernt von einer Synagoge wohnte, in seinem Hause eine Betstube mit einer Thorarolle. Es war uns Kindern nicht gestattet, dieses Heiligtum zu betreten. Großvater war ein grauhaariger Herr mit einem Spitzbart, schritt immer mit Würde umher. Seine Kinder sprachen mit großer Ehrfurcht mit ihm. Wir Enkel tobten zwar im Zigeunerwald umher, doch kann ich mich nicht entsinnen, je mit Opa gespielt oder gar geredet zu haben. Bei unserer Ankunft bekamen wir zwar einen Begrüßungskuß, doch Opa kam uns nie näher. Vielleicht rührte dieser Abstand daher, daß wir nur sehr selten zu ihm zu Besuch fuhren und deshalb keinen Kontakt zu ihm hatten.

Viel Kontakt hingegen hatten wir mit allen Geschwistern von Vater. In einer Vorstadt von Ostrau, Svinov, wohnte Vaters älteste Schwester, Tante Resi, mit Onkel Julius Färber, wo sie ein Gasthaus ganz in der Nähe des Bahnhofes hatten. Dort angekommen bekamen Edith und ich Orangeade mit Sodawasser vermischt, welche so köstlich war, daß ich dieses Getränk bis heute in Erinnerung habe. Doch den Geschmack von Tante Resis Orangeade haben die heutigen Getränke nicht. Zu Tante Resi fuhr ich deshalb so gerne, weil sie Oma ganz ähnlich sah und für Edith und mich immer viel Verständnis hatte. Sie selbst hatte zwei Kinder, Stella und Jackie, welche aber viel älter waren als wir. Stella heiratete, verließ Ostrau und wanderte später nach England aus.

Tante Messner, welche eigentlich Irma Messner hieß, doch von uns immer Tante Messner gerufen wurde, damit wir sie nicht mit Tante Irma, Onkel Hugos Frau, verwechselten, wohnte in Hruschau (Hrušov), auch einem Vorort von Ostrau. Sie hatte dort ein Textilgeschäft. Um in diesen Laden zu gelangen, mußte man einige Stiegen hinabsteigen; dann befand man sich in einem dunklen, schlecht beleuchteten Verkaufslokal, wo ringsum an den Wänden die mit Stoffen beladenen Regale standen. Tante Messner sah ich von allen Schwestern meines Vaters am häufigsten, denn dorthin konnte ich nach etwa einer Dreiviertelstunde Fußwegs gelangen, der mich auch an den Kohlenhalden vorbeiführte. Da ich immer die freie Natur liebte, ging ich oft mutterseelenallein zu Tante Messner oder nach Hruschau, denn dort befand sich ein Schwimmbad, und ich liebte das Schwimmen. Das Schwimmbad war ganz aus Holz errichtet, das Schwimmbecken war aus Holz und umgeben war es von Holzplanken, welche eine Holzbarriere hatten, damit man nicht ins Wasser fiel. Auch die Männer trugen Badeanzüge und nicht nur Badehosen; die Badeanzüge der Damen reichten bis zu den Knien. Bald wurden mir meine Ausflüge dorthin verboten, denn für ein junges Mädchen galt es als unpassend, ganz alleine durch die Halden zu gehen.

Tante Alma Spitzer, die jüngste Schwester von Vater, sahen wir nur ganz selten, da sie in Brünn (Brno) wohnte, einer weit von Ostrau entfernten Stadt. Tante Alma hatte zwei Söhne, Theo und Lixi, welche in unserem Alter waren. In späteren Jahren war es gerade Tante Alma, welche wir sehr oft sahen, und sie und ihre Familie spielten eine sehr wichtige Rolle in unserem Leben.

Tante Hanča, eine sehr stattliche, hochelegante Frau, wohnte direkt in Ostrau, wo sie in der Nähe der Hauptstraße ein Delikatessengeschäft hatte. Sie bewegte sich in den damals sogenannten höheren Kreisen, ging oft ins Kaffeehaus Palace, einem Treffpunkt der eleganten Juden in Ostrau. Mit ihren beiden Söhnen hatte ich wenig Kontakt, denn diese waren viel älter als ich. Aber wenn mich mein Weg trotzdem am Delikatessengeschäft vorbeiführte, ging ich hinein, denn dort war es ganz aufregend. Es lagen auf Platten arrangiert Sandwiches, welche ganz bunt und mit vielen guten Sachen belegt waren. Wurstplättchen, in Trichterform gerollt, Ei, Lachs oder Sardine, Käse, etwas Kaviarkörnchen auf dem Ei, saure Gurken in kleine Fächer geschnitten – kurz, eine Pracht, das anzusehen, geschweige denn, das zu essen. In Schüsseln waren wunderschön garnierte Salate aufgereiht, von welchen der Heringssalat mit Majonaise mir der liebste war. Tante Hanča gab mir bei meinem Besuch immer ein Sandwich und etwas zu trinken, und war sie besonders gut gelaunt oder wenn ich ganz besonders höflich zu ihr war, bekam ich obendrein noch etwas von dem Heringssalat. Später war sie es, welche unser Buffet auf der Hauptstraße kaufte, es Buffet »Anka« benannte und unsere Gulaschsuppe gegen Fisch und andere Delikatessen austauschte.

Zwei Brüder von Vater, Onkel Emil und Onkel Otto, wohnten in Marienberg, ganz in der Nähe von Großmutters

Haus, welche ich viel seltener sah, denn Marienberg war etwas abgelegen. Onkel Emil war kinderlos, und Onkel Otto, der jüngste Bruder, hatte eine Tochter, Alenka, doch war diese viel jünger als ich, so daß ich keinen Kontakt zu ihr hatte. Tante Regina Heitlinger wohnte in einer kleinen Stadt, Třinec, nahe der polnischen Grenze. Wir sahen sie, wenn wir zu Besuch zu Opa nach Bielitz fuhren, oder bei einem Familientreffen. Sie hatte zwei Söhne, von denen Heini in unserem Alter war. Bei den Familientreffen hatten wir deshalb immer jemanden zum Spielen, später zum Diskutieren. Tante Regina besaß ein großes, elegantes Textilgeschäft, und es ging ihnen finanziell sehr gut. Sie hatte das Glück, mit ihrer ganzen Familie noch rechtzeitig nach Palästina auszuwandern. Außer den Geschwistern Vaters gab es noch unzählige Cousins und Cousinen. Großmutter war eine geborene Wurzel, hatte auch viele Geschwister, und beinahe alle dieses Namens, welche aus Ostrau und Umgebung stammten, waren mit Vater verwandt.

Wir waren also eine riesige Familie, welche trotz der Entfernungen sehr zusammenhielt, und wenn die jüdischen Feiertage kamen, war das Haus immer voll mit Besuchern. Besonders in Erinnerung ist mir der Seder-Abend, vor welchem ich immer sehr aufgeregt war, da ich, weil ich lange Jahre die Jüngste war, die »Mah nishtanah« aufsagen mußte. Die Riesentafel war mit dem besten Rosenthal-Service, Silberbesteck und Kristallbechern gedeckt. Vater saß an der Spitze der Tafel und leitete das Zeremoniell. Während des Anfangsgebetes guckte unsere Köchin Herminka herein, um ein Zeichen zu erhalten, wann sie die Mazzeh-Knödel einkochen sollte, denn diese mußten frisch gekocht serviert werden. Diese Knödel waren ihr besonderer Stolz, sie waren leicht wie eine Feder und hatten ein Muskatnuß-Aroma. Nach der Knödel-Suppe wurden die herrlichsten Gerichte aufgetragen, welche jedoch kaum verzehrt wurden, da die meisten von der Suppe schon satt waren. Es mußte dazu immer viel Wein getrunken werden, denn das schreibt der Ritus vor. Wir Kinder bekamen immer gute Laune davon, fingen zu spielen, zu lachen und herumzustrolchen an, zum Ärger der Erwachsenen. Vater war deshalb gezwungen, das Ritual bald nach dem Essen zu beenden, denn die Kinder hielten es nicht aus, so lange still zu sitzen, bis die Hagadah zu Ende gelesen war. Trotzdem sind mir diese Seder-Abende tief in Erinnerung geblieben, denn das Schöne daran war, daß dies ein großes Familientreffen war, das ein Gefühl der Zusammengehörigkeit hervorrief. Was wir Kinder noch ganz besonders gerne hatten, war das große Aufräumen vor Pessach, und das Suchen nach den verbotenen Brotkrümeln. Es wurden dann große Mazzeh-Pakete ins Haus geliefert, und an alle Angestellten wurde Mazzeh verteilt, welches sie »Judenbrot« nannten, das für sie eine Delikatesse war. Für die Familie kamen noch einige Pakete Eier-Mazzeh an, welche zum Naschen bestimmt waren. Da diese sehr teuer waren, durften wir uns davon nicht alleine nehmen. Gerne möchte ich wieder so eine Mazzeh essen, doch habe ich bis heute vergebens danach gesucht.

Als ich dreizehn Jahre alt war, wurden Edith und ich, aus mir unverständlichen Gründen, in ein Mädchenpensionat nach Troppau (Opava) geschickt, einer Kleinstadt, etwa eine Stundenfahrt von Ostrau entfernt. Uns Mädchen wurde gesagt, daß wir da eine bessere Erziehung genießen und auf das große Leben draußen vorbereitet würden. Nach Hause fuhren wir nur zu Ostern und Weihnachten, und nur selten kamen Vater und Onkel Hugo, um uns zu besuchen.

Das Gymnasium lag genau gegenüber dem Pensionat, und ich war gezwungen, mich an die neuen Lehrer, die neue Umgebung und noch zwei mir fremde Mädchen im Zimmer zu gewöhnen. Was mir aber am meisten fehlte, war Aranka Wasserberger und ihr Klavierunterricht. Obwohl Edith mit mir war, fühlte ich mich sehr vereinsamt und ausgestoßen. Ich haßte es, dort zu sein, und sah nicht, warum ich dort eine bessere Erziehung genießen könnte als zu Hause. Wie zu Hause mußte auch dort ein ganz genauer Tagesplan eingehalten werden. Doch mußte vor jedem Essen gebetet werden, und da Edith und ich die einzigen Jüdinnen dort waren, mußten wir nicht die Hände falten und standen stumm neben den anderen da, was uns öfter Spott von seiten der Christinnen eintrug. Da ich eine gute Schülerin war, fiel mir das Lernen nicht schwer, aber trotzdem gingen meine Noten herunter. Erst heute weiß ich, daß dies nicht auf meine Unfähigkeit zurückzuführen war.

Wenn am Abend die Lichter gelöscht waren, und eine diensthabende Erzieherin die Runde durch die Zimmer beendet hatte, wurde ich manchmal von anderen Zöglingen aus dem Bett geholt und zu allerlei verbotenen Sachen aufgefordert. Zum Beispiel mußte ich meine Angstlosigkeit dadurch beweisen, daß ich auf einem zusammengebundenen Leintuch aus dem Fenster hinunter- und wieder hinaufkroch. Auch zum Rauchen einer Zigarette wurde ich gezwungen, was bei mir einen Hustenanfall, Ekel und Erbrechen hervorrief, während die anderen mich dafür verspotteten. War das die gute Erziehung, welche ich im Pensionat genießen sollte?

An Sonntagen unternahmen wir oft Spaziergänge in die Umgebung. Troppau lag knapp an der deutschen Grenze, und unser Weg führte uns öfter dorthin. Ob dies von unseren Erzieherinnen beabsichtigt war, liegt mir fern zu beurteilen. Aber immer, wenn wir an die deutsche Grenze kamen, lösten sich einige Zöglinge von der Gruppe, liefen über die Grenze, knieten sich auf den Boden und küßten die »deutsche Erde«. Zuerst verstand ich diese Handlung nicht, doch später erfuhr ich, daß dies Kinder von Volksdeutschen waren, welche zur Liebe zu Deutschland und zum Haß gegenüber der Tschechoslowakei, in welcher sie lebten, erzogen wurden. War dies die gute Gesellschaft, in welche mich mein Vater hatte bringen wollen?

Bevor man uns nach Ablauf eines Jahres aus dem Pensionat herausholte, erschien Vater eines Sonntags alleine, holte uns zu einem Spaziergang ab und teilte uns mit, daß er wieder heiraten würde. Ich war schon vierzehn, und Edith sechzehn Jahre alt. Nun verstand ich endlich den wahren Grund unseres Exils. Das Unterbewußtsein fing sofort zu arbeiten an, und noch bevor ich Lore kennenlernte, die zukünftige Gattin meines Vaters, nahm ich gegen sie Stellung. Die Beweggründe waren ja ganz einfach – Lore hatte mir meinen Vater weggenommen, das waren meine Gedanken. Hätte Vater nach seiner Scheidung oder etwas später geheiratet, hätten wir uns, da wir noch klein waren, daran gewöhnt. Doch jetzt, da wir schon halb erwachsen waren, fiel es uns sehr schwer. Wir hatten mit unserem Vater, seit wir größer waren, ein sehr schönes, auf Freundschaft aufgebautes Verhältnis entwickelt. Unserem Vater war sehr daran gelegen, daß wir uns immer gut benahmen, gut lernten und ihm Freude bereiteten. Er widmete uns seine freie Zeit, lehrte uns die Musik und die Natur lieben, hielt uns zum Sport an, lehrte uns die ersten Tanzschritte, nahm uns zu seinem Skiurlaub in die Hohe Tatra mit und war sehr stolz auf seine zwei Töchter. Ein inniges, liebevolles Verhältnis fehlte zwar, doch wurde dies durch viele andere Werte ersetzt. Jetzt sollte uns dies alles von einer anderen Frau genommen werden. Als Vater uns an diesem Tage verließ, weinte ich bitterlich; ich wußte nicht, was uns nun erwartete.

Das erste, als wir aus dem Pensionat nach Ostrau zurückkamen, war, daß wir das Haus von Onkel Hugo und Tante Irma verließen und in eine große Mietwohnung, ebenfalls in Oderfurt, umzogen. In dieser Wohnung bekamen Edith und ich ein gemeinsames Zimmer, in welchem auch mein Klavier stand. Die Wohnung wurde nach dem Geschmack von Lore eingerichtet, eine Köchin und ein Dienstmädchen wurden angestellt. Dadurch war ich plötzlich von dem so bunten und betriebsamen Leben, von den vielen, mir so ans Herz gewachsenen vertrauten Sachen gewaltsam entfernt worden, von Onkel Hugo und seiner Liebe zu mir, vom Hunde Bella. Diesen Verlust schob ich selbstverständlich Lore zu, welche ich zu hassen begann.

Dieser Haß wurde durch eine große Unüberlegtheit seitens meiner Erzieher, also Vaters und Tante Irmas, noch verstärkt. Als ich aus dem Pensionat nach Hause kam, wurde ich wieder in dasselbe Lyzeum geschickt, welches ich ein

Jahr vorher verlassen hatte. Mein Klassenzimmer war so gelegen, daß ich die Uhr, die an dem viereckigen Rathausturm angebracht war, sehen konnte. Eines Tages wurde mir mitgeteilt, daß Vater heute um elf Uhr heirate – und ich? Ich wurde, so wie jeden anderen Tag, zur Schule geschickt. Die Unterrichtsstunde um elf Uhr fing an. Mein Blick fiel auf die Rathausuhr. Und ich? Ich begann zu weinen. Mein Professor fragte mich nach dem Grund, welchen ich ihm doch nicht sagen konnte. Ich konnte ihm doch nicht vor der ganzen Klasse erklären, daß mein Vater gerade heirate und ich mich wie von der Familie ausgestoßen fühle. Vater und Lore sah ich an diesem Tage nicht wieder, denn sie fuhren sofort nach der Hochzeit auf ihre Hochzeitsreise. Edith und ich waren mit Köchin und Dienstmädchen in dem uns fremden Haus alleine und fingen an Pläne zu schmieden, wie wir Lore am meisten ärgern könnten, was uns auch sehr gut gelang. Was wir nur konnten, stellten wir an, und ich glaube, daß ich dieser Frau, welche bestimmt meinem Vater eine gute Ehefrau sein wollte, das Leben fürchterlich verbittert habe. Es gab unendlich viel Streitigkeiten zu Hause, welche so weit gingen, daß Edith und ich mit Lore nicht ein Wort tauschten. Diese Situation war besonders bei den gemeinsamen Mahlzeiten peinlich. Edith und ich liefen immer wieder zu Tante Irma, um uns bei ihr zu beschweren. Doch auch Tante Irma hegte keine Sympathie für Lore, denn auch sie fühlte, daß ihr nach den vielen Jahren Autorität, wie im Geschäft, so auch über uns Schwestern, genommen wurde und daß sie sie jetzt mit jemandem teilen mußte. Das führte so weit, daß sie Edith und mir immer und in allem recht gab und damit unsere Abneigung gegen Lore noch verstärkte. Bei Familienausflügen war Vater mit Lore häufig abseits, während wir immer von einem Kreis der anderen Familienangehörigen umgeben waren.

Meine Schwester Edith wuchs inzwischen zu einer wahren Schönheit heran. Sie verließ mit siebzehn Jahren die Schule, um den Schneiderinnen-Beruf bei einer sehr bekannten Modeschneiderin in Ostrau zu erlernen. Edith hatte einen ganz ausgeprägten Mode-Geschmack und wußte schon als kleines Kind immer, was sie gut kleidete. Wir mußten jedoch bis zum Gymnasium immer in Matrosenkleidung gehen, denn Tante Irma bestand darauf. Außerdem war sie sehr darauf bedacht, daß wir zwei Schwestern immer haargenau dieselben Kleider trugen. Auch später, als die Matrosenkleidung abgelegt wurde, mußten wir immer das gleiche tragen. So ergab es sich, daß ich, welche ein sportlicher Typ war, dieselben Kleider wie meine Schwester Edith tragen mußte, welche ein ausgesprochen fraulicher Typ war. Mir paßten keine Rüschchen, am besten fühlte ich mich in Rock und Bluse, doch das paßte wieder Edith nicht. Ich war dadurch gezwungen, in dem herumzulaufen, was Edith stand. Das rief in mir Komplexe hervor, ich fühlte mich elend und hätte mich oft am liebsten verkrochen. Ich sehe Ediths strahlende Schönheit vor mir, als sie in die Tanzstunde ging und ihr erstes, aus hellblauem Organdi hergestelltes Abendkleid trug. Zu dieser Gelegenheit wurde sie selbstverständlich von Tante Irma und in deren Haus angekleidet, gepudert und bewundert. Der ganze Haushalt stand kopf. Vater holte sie im Auto ab, und Edith fuhr in seiner und Tante Irmas Begleitung zu ihrem ersten Ball. In dieser Zeit mußte jedes junge Mädchen eine Garde-Dame bei sich haben. Die Garde-Damen saßen abseits und mußten das Benehmen der jungen Damen beaufsichtigen. Gewöhnlich war die Garde-Dame die Mutter, welche wir nicht hatten, und Lore wollten wir nicht. Bei allen solchen Ereignissen wurde uns immer das Fehlen unserer Mutter bewußt.

Wie stolz waren wir auf Edith und ihre Schönheit! Sie wurde von allen verehrt, und die schönsten jungen Männer liefen ihr buchstäblich nach. Bald erlebte Edith ihre erste große Liebe. Diese Geheimnisse wurden mir und Tante Irma anvertraut. Ich erfuhr von ihrer ersten Umarmung, von ihrem ersten Kuß und etwas später von der großen Enttäuschung, als dieser Flirt zu Ende ging. Doch sehr bald tröstete sich Edith, nachdem Ernstl sie verlassen hatte, mit einem jungen Medizinstudenten, Fredy Schöngut. Beide dachten ans Heiraten, was jedoch von beiden Elternteilen strikt abgelehnt wurde, weil sie noch zu jung seien.

Immer wenn ich neue Klaviernoten brauchte, mußte ich diese in dem großen Buchladen von Buchsbaum auf der Bahnhofstraße in Oderfurt kaufen. In der Musikabteilung dort arbeitete als Lehrling Willi Morgenstern, welcher später ein ganz großer Experte für Musikliteratur wurde. Nach einiger Zeit fügte es sich immer so, daß er mich bediente, mich über die soeben erschienenen Neuausgaben informierte und mir die ersten Jazzmusik-Noten verkaufte. Als er mich einmal fragte, ob er mich abends nach der Arbeit abholen und zu einem Spaziergang einladen dürfe, wurde ich zuerst vor lauter Verlegenheit ganz rot, doch sagte ich zögernd zu. Ich war mir meines Benehmens den Jungens gegenüber nie sicher, denn immer klang die Mahnung in meinen Ohren, daß ich doch aus einer geschiedenen Familie stamme und meiner Familie keine Schande antun dürfe. Dieser Satz war ganz fest in mich eingetrichtert worden.

Aus Willi und mir wurden zwei unzertrennliche Kameraden, wirklich reine Freundschaft herrschte zwischen uns. Willi, welcher aus sehr armen Verhältnissen stammte, wurde zu unseren Familienausflügen eingeladen und war nach kurzer Zeit ein richtiges Familienmitglied geworden. Durch Willi, der ja im Buchladen an der Quelle saß, erhielt ich immer Bücher, welche empfohlen waren, so daß ich außer der Schullektüre auch die neueste Belletristik las. Willi trug sehr viel zu meiner Allgemeinbildung bei und lud mich oft zu verschiedenen Vorträgen ein. An einen Vortrag erinnere ich mich ganz besonders. Es war einer der damals sogenannten Utopie-Vorträge, welcher erklärte, daß Bilder durch den Äther ausgestrahlt und empfangen werden könnten. Wir lachten den Redner aus, denn wie soll denn so etwas möglich sein? Musik konnte man damals durch den Äther empfangen. Als ich noch sehr klein war, kaufte Vater unser erstes Radio. Es bestand aus einem länglichen schwarzen Kasten der Marke »Radione«. Vorne waren fünf oder sechs Stecker angebracht, welche mit Kopfhörern verbunden waren. Wollten wir Musik hören, so saßen wir alle nebeneinander mit den Kopfhörern. Lautsprecher wurden erst viel später eingebaut. Wie sollte etwas ähnliches aber mit Bildern möglich sein?

Willi war es, welcher mir erst viel später, als ich schon sechzehn Jahre alt war, den ersten Kuß gab. Er war redlich bemüht, mir Zärtlichkeit zu geben, doch ich wußte nicht, wie diese zu erwidern. Er verstand mich, und ihm konnte ich alle meine Gefühle anvertrauen. Er drang nicht in mich, und wir blieben unzertrennliche Freunde. Er fing an, andere Mädchen zu verehren, erzählte mir über seine Erlebnisse, was unsere Freundschaft noch mehr stärkte. Trotz seiner Mädchen war ich es, welche Willi ins Kino, Theater und zu Konzerten begleitete. Nie waren wir um ein Gesprächsthema verlegen, denn Willi und ich dürsteten nach Wissen, welches er sich seiner Armut wegen ohne Hilfe aneignen mußte.

Willi wußte von allem, was mich umgab. Von dem schönen Leben eines Mädchens aus reichem Hause einerseits und von den zerrissenen Familienverhältnissen andererseits. Willis Mutter war Witwe, und er war ihr guter, einziger Sohn, welcher seine Mutter versorgte und diese nie verlassen würde. Mein Vater war inzwischen sehr krank geworden, er hatte Tuberkulose und mußte eine Zeitlang in einem Lungensanatorium in der Hohen Tatra zubringen. Eine Lunge wurde stillgelegt, um sie heilen zu lassen, und als Vater nach einigen Monaten nach Hause kam, mußte er viel ruhen und durfte nicht mehr so schwer arbeiten. Lore war sehr um Vater bemüht und pflegte ihn aufopfernd. Doch auch Edith und ich sorgten uns sehr um Vaters Gesundheit und beschlossen, was immer auch geschehe, nie unseren Vater zu verlassen.

Als sich am politischen Himmel die Wolken zusammenzogen, verging kein Tag, an dem man nicht die Situation besprach und diskutierte. Wir waren ganz genau über Hitlers Aufstieg in Deutschland informiert. Die Zeitungen und im Kino die Wochenschauen barsten von den Nachrichten, im

Radio wurden Hitlers Hetzreden gegen die Juden übertragen. Juden aus Deutschland flohen über die Grenze, viele von ihnen zu uns in die Tschechoslowakei, und versuchten, von da weiter zu fliehen. Sie informierten uns über das Geschehen in Deutschland, doch lebten viele von uns tschechischen Juden in dem Glauben, daß sich das alles in Deutschland abspiele und es uns in der Tschechoslowakei ja nicht betreffen werde. Die Flüchtlinge bekamen keine Aufenthaltsbewilligung in der Tschechoslowakei. Ein Teil blieb auf eigene Gefahr, ohne angemeldet zu sein, anderen gelang es, nach Palästina auszuwandern, doch einige mußten, nachdem sie von den tschechischen Behörden entdeckt und ausgewiesen worden waren, wieder nach Deutschland zurückkehren. In den tschechischen jüdischen Familien fing man an, von Auswanderung zu sprechen. Auch in unserer Familie diskutierte man viel, doch der Schluß war immer, daß man an Auswanderung, unseres kranken Vaters wegen, überhaupt nicht denken könne.

Österreich wurde von den Deutschen besetzt und ein Cousin Vaters, Artur Wurzel, und seine Frau Karla flüchteten und kamen zu uns ins Haus. Artur war Kaffeehausbesitzer. Das »Café Schlösselhof« in der Schlösselgasse in Wien gehörte ihm, wohin wir auch einmal in der »guten alten Zeit« als Kinder zu Besuch gefahren waren. Meinem Vater gelang es irgendwie, für Artur eine Aufenthaltsbewilligung in Ostrau zu beschaffen und ihm später auch eine kleine Wohnung zu mieten.

Die »Volksdeutschen«, welche in der Tschechoslowakei ein wirklich gutes Leben führten, organisierten sich und fingen ganz öffentlich an, sich gegen die Tschechoslowakei zu wenden. In der Tschechoslowakei wurde aufgerüstet, die Grenzen wurden von tschechischem Militär besetzt und der Slogan geschrien: »Kein Fleck tschechischer Erde darf abgegeben werden«. Doch bald wurde das Sudetengebiet ohne einen einzigen Schuß an Deutschland abgegeben. Die Volksdeutschen jubelten.

Bei uns brach ein Chaos aus. Die ersten jüdischen Flüchtlinge aus dem Sudetenland kamen, und es erging ihnen genauso wie ihren deutschen und österreichischen Vorgängern, mit dem einen Unterschied, daß bleiben durfte, wer eine tschechische Staatsbürgerschaft nachweisen konnte, alle anderen wurden des Landes verwiesen.

Eines Tages erreichte unsere Ženka der Ausweisbefehl der tschechischen Behörden. Sie besaß die polnische Staatsbürgerschaft, und niemand in unserer Familie hatte je daran gedacht, diese gegen eine tschechische zu vertauschen. Ženka war als fünfzehnjähriges Mädchen zu uns gekommen, um in den Geschäften als Verkäuferin ausgebildet zu werden und dort auch zu arbeiten. Sie stammte aus dem Geburtsort von Tante Irma, welche sie aus den ärmlichen Verhältnissen zu uns nach Ostrau brachte. Ženka war nach ganz kurzer Zeit in unsere Familie als Familienmitglied aufgenommen worden. Sie erwies sich nicht nur als ausgezeichnete Kraft im Geschäft, sondern auch als zuverlässiger und treuer Mensch. Sie war zwar sieben Jahre älter als ich, doch war sie Edith und mir sofort eine gute Freundin und wuchs mit uns wie eine Schwester heran. Was immer wir Schwestern erhielten oder unternahmen, bekam oder unternahm Ženka mit uns. Sie wohnte in Onkel Hugos Haus, wo auch wir wohnten, doch auch, als wir wegen Vaters Heirat wegzogen, blieb unser enger Kontakt weiter erhalten. Es war absolut undenkbar, daß Ženka uns verlassen könnte. Vater und Onkel Hugo unternahmen alles nur Mögliche, um eine Aufenthaltsbewilligung für Ženka zu erhalten, doch alle Mühe war vergeblich. Wir waren alle untröstlich, und wir Kinder weinten bitterlich, am meisten von uns allen aber weinte Ženka. Mit Ženka verließ uns ein Stück Familie.

In unserer Fabrik war ein einziger jüdischer Geselle angestellt, Artur Eichner, welcher ebenfalls aus Skotschau in Polen stammte. Genau wie Ženka war er bei uns schon einige Jahre, wohnte in dem Haus am Hof mit allen anderen Arbeitern und war ebenfalls mit uns sehr verbunden. Auch Artur besaß nur die polnische Staatsangehörigkeit und wurde, genau wie Ženka, des Landes verwiesen.

Herr Alfred Klatt, der bei Vater als Lehrling, dann als Geselle und in letzter Zeit als Vorarbeiter gearbeitet hatte und welcher das volle Vertrauen von Vater und Onkel Hugo genoß, fing an, sich von uns zu distanzieren. Er, der nicht nur für sich, sondern auch für seine Familie so viel von uns bekommen hatte, erwies sich als unser Feind. Ganz offen gab er nun zu, »Volksdeutscher« und unser Gegner zu sein. Bis heute wundere ich mich, warum ihn Vater und Onkel Hugo nicht entlassen haben. Vielleicht schien es so besser, denn wer konnte wissen, wie er sich dafür in der Zukunft rächen würde.

Der Abschied von Ženka und Artur, der Verrat von Alfred Klatt, all dies wirkte sich auf die Stimmung in unserer Familie aus. Es waren Schicksalsschläge, welche den Ernst der Situation immer klarer vor Augen führten. Die Abgabe des Sudetenlandes, der Flüchtlingszustrom der Juden aus Deutschland und Österreich, die Hetzreden Hitlers gegen die Juden, die Erzählungen der Flüchtlinge über die Judenverfolgung, über Schläge, Verhaftungen, Einschlagen der Fensterscheiben ihrer Geschäfte und noch vieles andere mehr – alle diese Nachrichten erreichten uns, doch immer noch wiegten wir uns in dem Glauben, daß ja Deutschland Österreich und die Sudeten mit all ihren Deutschen erhalten hatte und daß sie uns in der Tschechoslowakei nichts antun könnten. Bis auf die wenigen Volksdeutschen sind wir doch ein tschechischer Staat, die Deutschen hatten erreicht, was sie wollten, und sie werden uns nun nicht weiter behelligen. Trotzdem dachten alle Juden an Auswanderung und begannen, sich intensiv mit dieser Frage zu beschäftigen. Wir hatten keine Verwandten im Ausland, an welche wir uns um Hilfe hätten wenden können. Vater versuchte vergebens, ein Zertifikat nach Palästina zu erhalten. An ein illegales Auswandern nach Palästina war bei Vaters Tuberkulose nicht zu denken. Es wurde über Santo Domingo, Amerika und England gesprochen, doch gab es in Ostrau keine Konsulate dieser Staaten, und um Informationen zu erhalten, mußte man schon nach Prag reisen. Auch diesen Gedanken gaben wir auf, da wir von den Riesenschlangen von Wartenden hörten und von der Aussichtslosigkeit, ein Visum in diese Staaten zu erhalten.

Vater gab den Gedanken an eine gemeinsame Familienauswanderung völlig auf und fing an, sich mit der Frage der Unterbringung seiner beiden Töchter im Ausland zu beschäftigen. Vater wollte unbedingt Edith und mich nach England schicken. Er verschaffte mir einen Platz in einer Boarding-school, Edith sollte als Au-pair bei einer Familie arbeiten und für ihren Lebensunterhalt alleine sorgen. Sie war damals schon 18 Jahre alt. In dieser Situation kam Fredy, die heiße Liebe von Edith, und verkündete, daß er nach England führe und Edith nachkommen lassen würde. Vater nahm diese Gelegenheit wahr, kaufte für sehr viel Geld 300 englische Pfund und bat Fredy, dieses Geld mitzunehmen und dafür zu sorgen, daß es für meine Boarding-school verwendet würde. Fredy schrieb noch, daß er und das Geld gut angekommen seien, daß er das Geld gut angelegt habe, aber bald darauf teilte er Edith mit, daß er sein Versprechen, sie zu heiraten, zurückziehe. Trotzdem arbeitete Vater an unserer Auswanderung weiter und konnte kaum erwarten, Edith und mich in England zu wissen. Doch dann kam der 14. März 1939.

II Untertauchen in Posorschitz

Ostrau war die einzige Stadt, welche bereits am 14. März 1939 von den Deutschen besetzt wurde; am nächsten Tag folgte die Besetzung von ganz Böhmen und Mähren. Es war gegen sechs oder sieben Uhr abends, wir starrten fassungslos auf die Straße, als Welle um Welle von Militär, teils zu Fuß, teils auf Motorrädern mit Beiwagen, mit Gesang, »Sieg-Heil«- und »Heil Hitler«-Rufen an uns vorbeidefilierte. Weder die Tageszeitung noch Radionachrichten verkündeten an dem Tage die Gefahr einer eventuellen Besetzung. Bis zu dieser Stunde haben wir ein absolut normales Leben geführt und waren uns der Gefahr nicht bewußt. Wir wußten von der Abgabe der Sudeten, die Chamberlain gegen ein Versprechen Hitlers, keine weiteren Besetzungen anderer Ländern vorzunehmen, verkauft hatte. Wir wiegten uns in dem festen Glauben, daß mit der Abgabe der Sudeten Hitlers Habgier gesättigt wäre. Wir wußten, daß die tschechische Grenze von unserem Militär streng bewacht war, und konnten deshalb absolut nicht verstehen, warum sich die Tschechoslowakei ohne einen einzigen Verteidigungsschuß ergab. Wir telefonierten nach Brünn zu Tante Alma, um zu erfahren, ob auch dort Truppen eingezogen wären. Tante Alma wußte von nichts. Das Radio brachte in seinen Abendnachrichten nichts von einer Besetzung. Am Morgen kamen die ersten Nachrichten durch. Böhmen und Mähren wurden von den Deutschen »befreit«, und Hitler hielt seinen Einzug auf der Prager Burg. Präsident Benesch fuhr noch vor der Besetzung nach London. Auch einigen Mitgliedern der tschechischen Regierung sowie dem Geheimdienst gelang es, noch rechtzeitig nach England zu entkommen.

Am Morgen, als Vater die Fabrik öffnen wollte, stand Herr Alfred Klatt in einer braunen SA-Uniform mit dem Hakenkreuz auf dem Ärmel da und verkündete meinem Vater, daß er ab heute mit der Leitung des Betriebes betraut sei, und Vater dort nichts mehr zu suchen habe. Wir sahen plötzlich, wie gut sich die Volksdeutschen schon vor der Besetzung organisiert hatten, wie alles geplant und vorbereitet war. Vater hatte keine andere Möglichkeit, als seinem Lebenswerk den Rücken zu kehren. Onkel Hugo und Tante Irma mußten ihr Haus, welches mit der Fabrik verbunden war, räumen. Sie mieteten eine Wohnung in Marienberg. Sofort wurden die zwei Lastautos und die zwei Personenautos als betriebswichtig requiriert. Damit fanden auch unsere Wochenendausflüge ein Ende. Durch Zufall hatte ich mein Akkordeon von der Hütte heruntergeschafft, doch all die herrlichen Schallplatten, welche einen richtigen Sammlerwert hatten, blieben dort. Wer weiß, was damit geschah.

Unser Leben änderte sich mit einem Schlage. Sofort mußte ich die Schule verlassen, denn es war eine deutsche Schule, zu der nun nur noch Arierinnen Zutritt hatten. Der jüdische Schuldirektor mußte sofort seine Stelle aufgeben. Die ersten Anordnungen gegen die Juden kamen heraus.

Wir bekamen Identitätskarten mit einem innen aufgedruckten »J« für Jude. Wir durften nach acht Uhr abends nicht auf die Straße. An allen öffentlichen Gebäuden, an Kinos, Theatern, Restaurants und an vielen Geschäften waren Plakate mit der Aufschrift »Juden und Zigeunern der Eintritt verboten« angebracht. Straßenbahnen, Autobusse und Eisenbahnen hatten einige Plätze für Juden mit der Aufschrift »Nur für Juden« reserviert, was den Vorteil hatte, daß bei überfüllten Transportmitteln immer Platz für Juden war, denn ein Arier würde sich doch auf keinen Juden-Platz setzen! Später, ab 1941, mußten alle Juden einen gelben Stern auf ihrer Oberkleidung tragen, welcher den Aufdruck »Jude« hatte. Die gelbe Farbe ist ja sehr auffällig, und man konnte deshalb schon von weitem sehen, wenn ein Jude auf der Straße ging. Alle anderen Menschen, ob Tschechen oder

Deutsche, vermieden es, auch nur ein Wort auf der Straße mit uns zu wechseln. Alle hatten Angst, deshalb angezeigt zu werden.

Meine erste Begegnung mit der Gestapo fand ganz wenige Wochen nach der Besetzung statt. Ein Aufruf ging an alle Juden, sämtliche Wertsachen wie Schmuck, Pelze, Bilder, Teppiche, Musikinstrumente und Radios selbst zur Gestapo zu bringen und diese dort abzugeben. Eine fieberhafte Tätigkeit ergriff uns, denn wir wollten die Sachen nicht an die Gestapo, sondern lieber an tschechische Freunde geben. In Marienberg wohnte einer unserer Gesellen, Gustav, zu welchem wir einzeln fuhren und ihm etwas von unseren Wertsachen übergaben. Gustav versicherte uns jedesmal, daß er die Sachen gut aufbewahren und uns alles nach der Befreiung wieder zurückgeben werde. Mit einigen weniger wertvollen Sachen gingen wir zur Gestapo. Wir mußten stundenlang in einer Schlange warten, bevor wir eingelassen wurden. Niemand durfte diese Schlange verlassen, und wenn Alte oder Kranke austreten wollten oder nicht mehr stehen konnten, wurden sie durch Schläge wieder zum Stehen gezwungen. Als wir endlich in das Gebäude eingelassen wurden, mußten wir uns jeder ganz genau in die Mitte einer schwarzweißen Fliese stellen, und wehe dem, welcher wankte. Sofort wurde er mit Schlägen und Schreien an die Anordnung, nur auf dieser Fliese zu stehen, erinnert. Die Gestapo-Leute, mit Stahlblick und unbeweglichen Gesichtern, gingen furchterregend um uns herum. Kein Wort durfte gesprochen werden, kein Laut durfte fallen. Was mit unseren Sachen geschah, weiß ich nicht, auch erinnere ich mich nicht daran, ob wir eine Bestätigung für die abgegebenen Sachen erhielten. Ich kann mich nur an das Schreien erinnern und an das ständig ausgesprochene Wort »Saujude«, mit dem wir angesprochen wurden. Die Gestapo glaubte selbstverständlich nicht, daß die Juden nur so wenige Wertsachen hätten.

Von den abgegebenen Sachen vermißten wir am meisten unser Radio. Niemand von uns Juden konnte sich erlauben, ein Radio im Hause zu halten, denn bei einer zufälligen

Razzia wäre dieses sofort entdeckt worden und einer von unserer Familie hätte ins Gefängnis gehen müssen. Das Radio war unsere Quelle der wahren Information gewesen. Das Radio hatte uns mit dem Ausland verbunden, und wir hatten abwechselnd Dienst gemacht, um die wahren Nachrichten über die politische Lage zu hören. Wir hegten die Hoffnung, daß die deutsche Besetzung von nur ganz kurzer Dauer sein würde, daß dieser Zustand ja bald ein Ende haben müsse, daß die uns befreundeten Staaten uns helfen würden, daß unsere Exil-Regierung in London etwas zu unserer Befreiung beisteuern würde, kurz, daß das Ende der Besetzung vor der Tür stehe. Die lokalen Zeitungen brachten selbstverständlich zensurierte Nachrichten; wir konnten diesen Informationen keinen Glauben schenken, denn die Zeitungen mußten ja nach dem Diktat der nationalsozialistischen Propaganda schreiben.

Wir Juden gewöhnten uns langsam an die Situation und trachteten, unser Leben danach einzurichten. In große Wohnungen wurden Familien einquartiert, denn es war verboten, große Wohnungen zu besitzen. Wir jungen Leute begannen, jüdische Kinder, welche die Schule verlassen mußten, zu unterrichten. Ein jüdischer Betrieb nach dem anderen wurde »arisiert«, und ein »Treuhänder«, welcher meistens ein Volksdeutscher war, wurde eingesetzt. Die Auslagenfenster der jüdischen Geschäfte wurden mit einem Hakenkreuz und dem Wort »Jude« beschmiert. Fenster wurden sehr oft eingeschlagen. Unsere Synagoge wurde ausgeplündert und die Thorarollen geschändet. Verhaftungen von Juden, welche meistens grundlos waren, wurden vorgenommen, und diese wurden in den Gefängnissen mit den inzwischen bekannten Gestapo-Methoden verhört und gemartet. Sie unterschrieben oft Geständnisse, welche durch Foltern erzwungen waren, und welche gar nicht auf Wahrheit beruhten. Sie erhofften sich davon etwas Erleichterung, aber genau das Gegenteil geschah. Aufgrund dieses »Geständnisses« wurden sie in verschiedene Konzentrationslager überführt, aus welchen sie nie mehr zurückkamen. Wir versuchten, möglichst nicht aufzufallen, ganz zurückgezogen zu leben und abzuwarten, ob etwas zu unserer Rettung geschehen wird. Alle unsere Männer mußten arbeiten, und die schwersten und schmutzigsten Arbeiten wurden Juden zugeteilt. Mein Vater wurde Straßenkehrer, er mußte die Arbeit bei Regen oder Sonnenschein unter deutscher Aufsicht verrichten, und wehe, wenn er ausruhen wollte! Wir bangten in dieser Zeit sehr um seine Gesundheit.

Unsere zweite Begegnung mit der Gestapo fand statt. Vater hatte mit ganz großer Mühe durchgesetzt, daß Edith und ich die Ausreisebewilligung aus der Tschechoslowakei nach England erhielten. Edith und ich mußten nun zur Gestapo, um dort die Pässe ausgehändigt zu bekommen und zu unterschreiben, daß wir das »Protektorat Böhmen und Mähren«, wie jetzt die deutsch besetzten Gebiete hießen, verlassen und nie mehr zurückkehren würden. Wieder das grauenerfüllte Warten auf der Gestapo, bis wir vorgelassen wurden. Zu unserem Erstaunen verlief alles ganz glatt, und nun stand unser Weg in die Freiheit offen. Es mußte schnell gehandelt werden, um aus der Tschechoslowakei herauszukommen. Jeder beglückwünschte Vater zu seinem Erfolg, und viele waren es, welche uns auch beneideten. Eine Ausreisebewilligung von der Gestapo zu erhalten, das gelang nicht jedem. Edith und mir aber kamen plötzlich Zweifel. Wie konnten wir unseren kranken, tuberkulösen Vater zurücklassen und auswandern? Würden wir ihn je wiedersehen? Was wird aus ihm werden? Es dauerte genau zwei Tage, und Edith und ich beschlossen, unseren kranken Vater nicht zu verlassen. Vater war unglücklich, er und die ganze Familie redeten uns zu, sofort abzureisen, doch wir blieben fest in unserem Entschluß: Wir fahren nicht und lassen unseren Vater in diesen Zeiten nicht alleine. Vater stand nun vor einem neuen Problem. Wir hatten doch bei der Gestapo unterschrieben, daß wir das Protektorat verlassen und nie mehr zurückkehren würden. Es kostete Vater viel Geld, um durch jemanden bei der Gestapo diese Papiere verschwinden zu lassen.

Die Juden in Ostrau ergriff eine Auswanderungspanik.

Auswandern war das einzige Gesprächsthema, welches uns beherrschte. Für Edith und mich war dieses Thema nicht beendet, denn wir wollten auch auswandern, aber nur unter der Bedingung, daß die ganze Familie zusammenbliebe. Wie kommt man zu einem Affidavit[1] nach Amerika? Wie kommt man über die polnische Grenze? Wie bekommt man Geld hinaus? Bei uns wurde dieses Thema immer wieder diskutiert, doch sofort auch, Vaters Krankheit wegen, fallengelassen. Das Palästina-Amt in Ostrau arbeitete auf Hochtouren, um junge Leute zuerst auf Hachscharah (Ausbildung) auf irgendeinem landwirtschaftlichen Gut unterzubringen, damit diese später geeignet wären, Palästina aufzubauen. Von diesem Amt bekam man ganz spärlich Zertifikate nach Palästina, denn die Engländer erlaubten nur einer kleinen Quote einzuwandern. Viele junge Leute verließen, nur mit einem Rucksack ausgerüstet, die Tschechoslowakei, um dann über die Slowakei illegal nach Palästina zu gelangen. Die Überfahrt fand zusammengedrängt auf ganz kleinen Schiffen statt, welche dafür absolut nicht geeignet waren. Die Kapitäne nutzten die Notlage aus, indem sie wahnsinnige Preise für diese Fahrt verlangten. Wenn die Auswanderer bei ihrer Ankunft in Palästina von den Engländern geschnappt wurden, wurden sie entweder interniert oder in ein Lager nach Zypern gebracht, was aber unvergleichlich besser war als ein Ghetto oder ein Konzentrationslager der Deutschen.

Unsere Familie zerfiel langsam. Tante Resis Tochter wanderte nach England aus, Tante Resi selbst mußte das Gasthaus und ihr Haus verlassen und übersiedelte in eine kleine Stadt, Wischau (Výškov), wo sie als Nichtjüdin untertauchen konnte. Tante Regina erhielt ein Zertifikat nach Palästina, und die ganze Familie konnte dorthin auswandern. Tante Messner verschaffte sich und ihrer Familie arische Papiere und durfte von nun an keinen Kontakt mit uns mehr haben. Verschiedenen Cousins von Vater gelang es, auszu-

1 Ein Affidavit (eigentlich »er hat geschworen«) bezeichnet die für die Einwanderung in die Vereinigten Staaten notwendige Bürgschaftserklärung. (Anm. des Verlages)

wandern oder illegal das Land zu verlassen. Onkel Hugo und Tante Irma blieben in Ostrau, denn Onkel Hugo fühlte sich nicht gut. Nach einer Untersuchung wurde bei ihm Krebs diagnostiziert. Wir waren unglücklich über seine Krankheit und wußten, daß er sich bald einer Operation würde unterziehen müssen.

Eines Tages wurde Vater von zwei SA-Männern abgeholt und zur Gestapo zum Verhör gebracht. Uns wurde nicht gesagt, wohin man Vater nimmt, und so warteten wir zu Hause und trauten uns nicht, das Haus zu verlassen. Es wurde schon Abend, und Vater war noch nicht zurückgekehrt. Erst sehr spät, vielleicht war es sogar schon nach acht Uhr abends, wo doch schon alle Juden in den Häusern sein mußten, kam Vater an. Sein Gesicht war aschgrau, und ein fürchterlich trauriger Blick war in seinen Augen. Er erzählte nur ganz wenig, daß er geschlagen worden war und man von ihm Informationen über eventuell verstecktes Vermögen wollte. Wir waren glücklich, daß Vater zu Hause war. Für Edith und mich war dies ein weiterer Grund, warum wir Vater nicht verlassen durften. Gleichzeitig kamen aber auch Zweifel auf, denn niemand wußte, was die Zukunft bringen würde und ob es nicht doch besser wäre zu flüchten.

1. September 1939. Deutschland wollte Polen besetzen. Die Polen wehrten sich, und dies war der Anfang des Zweiten Weltkrieges. Wir bewunderten die Polen, denn sie leisteten den Deutschen Widerstand, während die Tschechen völlig gefechtslos ihr Land an Deutschland abgegeben hatten. Es nützte den Polen nicht viel, denn die Deutschen überrannten Polen und besetzten es so wie die Tschechoslowakei. Viele Juden, welche bis dahin noch an eine Flucht über Polen gedacht hatten, mußten ihre Pläne aufgeben, denn seit der Besetzung war auch dieser Weg versperrt. Offen war nur noch die slowakische Grenze, dort aber herrschten schon Tiso und Tuka, und die Hlinka-Garde[2] kollaborierte mit den

2 In der von Nazi-Deutschland abhängigen Slowakei war Jozef Tiso, geb. 1887, seit 6. 10. 1938 Ministerpräsident, seit 26. 10. 1939 Staatspräsident. Als Ministerpräsident folgte ihm der bisherige In-

Deutschen, haßte Juden, und wenn denen Flüchtlinge in die Hände fielen, wurden sie oft den Deutschen übergeben oder erschossen. Wir sahen nun ein, daß an eine Ausreise oder Flucht nicht mehr zu denken war, denn wir hatten nirgendwohin mehr zu laufen. Es war schon zu spät.

Wenige Wochen nach Ausbruch des Weltkrieges bekamen unsere Männer in Ostrau den Auftrag, sich in einigen wenigen Tagen zu einem Transport, welcher nach Nisko fahren sollte, zu stellen. Niemand wußte, was Nisko ist, wo Nisko liegt, was man in Nisko machen wird. Auf der Landkarte war kein Ort dieses Namens eingezeichnet. Es wurde das Gerücht verbreitet, daß Nisko ein Arbeitslager an der russischen Grenze sei. Wir wußten nur eines: Vater durfte auf keinen Fall zu diesem Transport antreten. Ein kurzer Familienrat beschloß, daß Vater trachten sollte, zu Tante Alma nach Brünn zu gelangen. Es wurde noch kein Entschluß gefaßt, was weiter geschehen sollte. Onkel Hugo überwies man zunächst in ein Krebs-Krankenhaus in Brünn; wir zurückgebliebenen Frauen bekamen den Auftrag, soweit es ginge den Haushalt aufzulösen, ohne daß man auffällt. Dann sollte jede einzeln versuchen, nach Brünn zu Tante Alma zu kommen. Edith und ich sollten aber zuerst zu Tante Resi nach Wischau, damit nicht zu viele Flüchtlinge auf einmal bei Tante Alma wären. Vater fuhr nach Brünn, und wir atmeten alle erleichtert auf, als die Nachricht kam, daß er schon bei Tante Alma eingetroffen sei.

Edith und ich fingen an, unsere Wäsche und Kleider in kleinen Päckchen ins Haus zu Gustav, unserem Gesellen, zu schaffen. Er bekam auch die Schlüssel zu unserer Wohnung, und er sowie seine Frau kamen, um uns bei der Übersiedlung zu helfen. Nach den Kleidern kamen unser Porzellan, Eßbestecke etc. daran. Das alles mußte in drei Tagen beendet sein, denn der Nisko-Transport ging in weiteren vier Tagen

nenminister Vojtěch Tuka, geb. 1880. Beide wurden nach dem Krieg in der Tschechoslowakei hingerichtet. Die Hlinka-Garde war, ähnlich der SA, die paramilitärische Truppe der Slowakischen Volkspartei, der Staatspartei des Tiso-Regimes. (Anm. des Verlages) ab, und bis zu diesem Zeitpunkt mußten wir Frauen schon aus Ostrau weg sein, damit man uns nicht schnappte.

Tante Irma hatte uns beiden Schwestern, wie es sich in der Zeit vor dem Krieg gehörte, eine komplette Ausstattung angeschafft, damit alles, wenn wir einmal heirateten, vorhanden wäre. Zwei große, schöne Truhen, speziell zu diesem Zwecke gezimmert, waren mit den schönsten und besten Sachen gefüllt worden. Alles mußte selbstverständlich für beide Schwestern ganz gleich sein. Handgestickte Monogramme, EH und RH, schön verschnörkelt, prangten auf allem, Bettwäsche aus Damast, Tischtücher aus Damast und Leinen in allen Größen, einige mit herrlicher Stickerei versehen, Hand- und Badetücher, Hemden aus Batist mit Spitze, Nachthemden und Pyjamas, sogar einige Dutzend Geschirrtücher. Schweren Herzens übersiedelten Edith und ich all diese so schönen Sachen zu Gustav, welcher uns jedesmal tröstete, daß er sehr gut auf alles aufpassen werde, damit wir es tadellos wieder zurückerhielten. Wir baten Gustav, nach unserer Abfahrt aus der Wohnung alles, was er nur kann und will, herauszunehmen. Ich legte ihm speziell ans Herz, mein Klavier von dort herauszubekommen, denn mein Akkordeon war schon bei ihm.

In diesen hektischen Tagen fand ich trotz allem die Zeit, so oft ich nur konnte zu Willi und seiner Mutter zu laufen. Willi vertraute ich unter dem Siegel der Verschwiegenheit unsere Fluchtpläne an, und wir beide dachten fieberhaft an irgendeine Möglichkeit für ihn und seine Mutter, auch aus Ostrau zu verschwinden. Aber wir fanden keinen Ausweg und wußten, daß Willi zu dem Transport antreten mußte, denn er wollte seine Mutter durch eine eventuelle Flucht mit uns nicht in Gefahr bringen. Der Abschied von Willi, meinem einzigen, besten und treuesten Freund, welchen ich je gehabt hatte, fiel mir ganz besonders schwer. Wir weinten beide, denn wir wußten nicht, ob wir uns noch einmal im Leben wiedersehen würden. Willi bat mich, mich nach seiner Abfahrt, soweit ich könnte, um seine Mutter zu kümmern. Dieses Versprechen gab ich ihm zwar, doch wußte ich, daß ich log, da ich doch morgen schon nicht mehr in Ostrau sein würde. Willi sollte sich vormittags melden; aber ganz zeitig früh war ich schon bei ihm, um Abschied zu nehmen. Ich sehe ihn noch heute vor mir, den hageren, großen Willi, in seinem mit einem Gürtel zusammengehaltenen Wintermantel mit dem großen Rucksack auf dem Rücken. Das war alles, was er mitnahm. Alle drei, Willi, seine Mutter und ich, weinten und schwiegen, denn was hätte man schon für Worte gebrauchen können. Hand in Hand gingen wir bis zur Sammelstelle, eine letzte Umarmung, ein letzter Kuß, und so ist mein bester Freund von mir gegangen. Ich kam in unsere halbleere Wohnung zurück, wo Edith auf mich wartete, und wir besprachen, wie wir mit dem Abendzug nach Wischau zu Tante Resi fahren würden. In der Wohnung konnten wir nicht mehr bleiben, denn wir hatten Angst, daß man unseren Vater für den Transport suchen wird. Wir gaben unseren kleinen Koffer im Bahnhof ab und strolchten in der Bahnhofsumgebung umher. Da erfuhr ich, daß außerhalb des Bahnhofs in einen Zug Juden geladen würden. Ich lief bis zu einer Kohlenhalde, und von da aus sah ich den Zug und konnte ganz ungestört das »Aufladen« beobachten. Ich war viel zu weit entfernt, um die Gestalten zu erkennen, ich wußte, ich konnte Willi nicht sehen, doch war dies die letzte Gelegenheit, wenigstens in Gedanken ganz in seiner Nähe zu sein. Weinend und frierend kam ich zu Edith zum Bahnhof, und wir beschlossen, zuerst zu versuchen, nach Brünn zu fahren, um unseren Vater zu sehen.

Wir stiegen jede in ein anderes Abteil und beteten im stillen, daß keine Razzia kommen und uns ohne Papiere vorfinden und verhaften möge. Wir hatten Glück. Wir kamen nach einigen Stunden Bahnfahrt sicher in Brünn an und gingen zu Tante Alma. Dort fanden wir Vater mit Lore und Tante Irma vor. Wir waren glücklich, wieder mit der Familie vereint zu sein, doch wußten wir, daß dies für nur ganz kurze Zeit sein würde, denn wir konnten nicht alle in der Wohnung von Tante Alma bleiben. Am nächsten Tag ging ich Onkel Hugo, dessen Gesundheitszustand sich sehr verschlechtert hatte, ins Krebs-Krankenhaus besuchen. Erschüttert kam ich von dort zurück. Das Aussehen von Onkel Hugo, den ich doch so heiß liebte, dann diese fürchterliche Umgebung mit den vielen Krebskranken. Zum ersten Mal in meinem jungen Leben wurde ich mit dieser schrecklichen Krankheit konfrontiert. Zum Schluß kam wieder der Abschied. Ich wußte, daß Onkel Hugo das Krebs-Krankenhaus in Brünn verlassen wird, um ins Jüdische Krankenhaus nach Oderfurt zu gehen und sich dort einer Operation zu unterziehen. Wann werde ich Onkel Hugo wiedersehen? Wird er wieder gesund werden? Was ist aus unserer Familie geworden? Ich durfte vor Onkel Hugo nicht weinen, wir hielten uns lange umschlungen, und immer noch höre ich: »Meine Rutinko, meine Rutinko«. Er streichelte mein Haar und meine Wange, so wie in den frühen Kindertagen, und nur bei ihm fühlte ich wieder diese Geborgenheit und Liebe. Nur bei ihm habe ich Zärtlichkeit in meinen lieblosen Kindertagen erhalten, und ich wußte, wenn ich Onkel Hugo verliere, verliere ich mit ihm den einzigen Menschen, welcher mich verstanden hat. In zwei Tagen von zwei mir so nahestehenden Menschen Abschied zu nehmen, das war für mich zuviel. Onkel Hugo und meinem besten Freund Willi. Werden wir uns je im Leben wiedersehen?

Am Abend fuhren Edith und ich nach Wischau zu Tante Resi, welche mit Mann und Sohn in einer kleinen Mietswohnung wohnte. Tante Resi hatte für sich und ihre Familie Identitätskarten ohne »J« für Jude beschafft und lebte mit der Familie völlig zurückgezogen. Sie wollten nicht die Aufmerksamkeit der Einwohner auf sich lenken und gingen nur aus der Wohnung heraus, wenn sie etwas benötigten. Auch Edith und ich wurden aufgefordert, so wenig als möglich auf die Straße zu gehen. Tante Resi glich sehr unserer Großmutter, war auch sehr gütig und liebevoll zu Edith und mir, doch war es für uns alle eine nervenaufreibende Zeit, den ganzen Tag in dieser kleinen Wohnung zu verbringen.

Nach beinahe einem Monat kam von Vater ein Brief, in welchem er uns aufforderte, nach Brünn zu Tante Alma zu kommen. Wir waren froh und glücklich, aus der Halb-Gefängnis-Wohnung von Tante Resi herauszukommen; aber erst mußten wir uns wieder angsterfüllt in den Zug setzen, um ohne Ausweise, was ein immer größeres Risiko wurde, nach Brünn zu reisen. Vater verkündete uns, daß es ihm gelungen sei, Identitätskarten ohne »J« für sehr viel Geld bei einem Pfarrer zu beschaffen, und daß wir auf ein kleines Dorf in der Nähe von Brünn gehen würden, um dort bei Bauern zu arbeiten und zu wohnen. Begeistert waren wir über die Aussicht, endlich wieder etwas Freiheit atmen zu können und nicht unter der Judenverfolgung leiden zu müssen. Etwas später erfuhren wir, daß Vater mit dem Bauern ein Abkommen getroffen hatte: Wir mußten ihm nicht nur für die Wohnung, sondern auch für die Gelegenheit, bei ihm arbeiten zu dürfen, zahlen. Wir fingen sehr bald an, uns an das Landleben zu gewöhnen und es sogar gerne zu haben.

Posorschitz (Pozořice u Brno) war ein kleines, malerisches Dörfchen, auf einem hügeligen Gelände gelegen, mit völlig landwirtschaftlichem Charakter und Bauern, welche nur von dem, was ihnen der Hof gab, ganz bescheiden lebten. Jedes Haus hatte einen langen Hinterhof, wo die Pferde- und Kuhställe, Scheunen und Geräteschuppen lagen. Dazwischen tummelten sich alle Arten von Geflügel, Gänse, Hühner und Enten, ein Wachhund in seiner Hütte und am Ende das große, eiserne Tor, welches die eigentliche Einfahrt zum Hof war. Ging man aus diesem Tor hinaus, stand man sofort auf einer steilen Wiese mit einigen Büschen und Haselnußsträuchern.

Nach etwa einer halben Stunde Fußwanderung gelangte man in die herrlichsten, dichtesten Wälder. Diese Wälder ersetzten mir die Visalaja, und ich nützte jeden arbeitsfreien Augenblick aus, um in diesen Wäldern herumzustrolchen. Später kaufte mir mein Vater ein Fahrrad, und damit kam ich noch weiter und tiefer in diese Wälder hinein. Eine Forstverwaltung, an deren Spitze Forstdirektor Žalman stand, war für die Bewirtschaftung der Wälder, welche zu den Liechtensteinschen Forstrevieren gehörten, verantwortlich.

Die Žalmans bewohnten eine sehr hübsche, große Villa in Posorschitz und gehörten zur Elite des Dorfes. Zu dieser Elite gehörten selbstverständlich auch der Pfarrer, der Doktor, der Apotheker und der Lehrer, welche sich immer Sonntag morgens nach dem Kirchengottesdienst im Gasthaus trafen. Frau Žalman, eine sehr gütige, rundliche Dame, konnte man schon ganz früh am Morgen in ihrem wunderschönen Garten sehen. Sie war speziell auf ihren so berühmten Gemüsegarten stolz, wo sämtliches nur erdenkliches Gemüse, von ihr selbst angebaut, wuchs. Die Žalmans hatten zwei Kinder, Mařenka und Miloš, welche etwas älter waren als Edith und ich.

Es gab ganz wenige Läden im Dorfe. Der faszinierendste war der Lebensmittelladen, welcher nicht nur Lebensmittel, sondern alles bunt durcheinander verkaufte. Dieser Laden war groß und dunkel und bestand aus einigen Räumen mit einem Gemisch von ganz besonderen Waren und Gerüchen. Alle Gewürze, Mehl, Petroleum und Spiritus samt ihren Kochern, Holz und Kohle, Töpfe und Pfannen, welche von der Decke baumelten, Pfeffer- und Mohnmühlen, Kartoffeln und Zwiebeln, Haarnadeln und Lockenwickler, Zwirn und Nadeln, Seife und Waschsoda, Bier und Likör und vieles andere mehr konnte man da kaufen. Hinter dem Ladentisch saß der Ladenbesitzer, vor sich eine zweiarmige Handwaage mit zwei abnehmbaren Waagschalen, auf welche er mit Sidol polierte Messing-Gewichte legte und die beiden Spitzen so ausbalancierte, daß die Zeiger parallel nebeneinander standen. Reis, Bonbons, Linsen etc. wurden in Zeitungspapier eingepackt, welches mit der Hand zu Konussen gedreht wurde. Oh, welche Handfertigkeit hatte der Ladenbesitzer im Anfertigen dieser Tüten! Diese wurden, je nach Gebrauch, groß oder klein hergestellt, damit ja kein Stückchen Zeitungspapier verschwendet würde, denn man mußte immer sparen.

Im Dorfe bewegten wir uns völlig frei, und uns war wirklich nicht klar, inwieweit die Bewohner wußten oder nicht wußten, daß wir Juden waren. Wir wurden toleriert und freundeten uns sogar mit einigen an. Alle jungen Dorfbewohner waren in der Turnerorganisation Sokol organisiert, welche ihres antisemitischen Charakters wegen bekannt war. Edith und ich wurden aufgefordert, dieser Organisation beizutreten und am Turnen teilzunehmen. Nach einer fieberhaften Familienberatung kamen wir zu dem Schluß, daß wir das trotz unseres Abscheus gegenüber dieser Organisation tun müßten, damit wir nicht auffielen. Außer Turnen gab es im Sokol-Haus noch verschiedene andere Aktivitäten. Es gab da eine Tanzkapelle, welche einmal in der Woche zusammenkam und probte, was für mich ein ganz großer, unwiderstehlicher Anziehungspunkt war. Ich ließ keine Probe aus, hörte immer fasziniert zu, bis man mich eines Tages fragte, ob auch ich irgendein Instrument spiele, was ich bejahte. Mit großer Begeisterung wurde ich als Mitglied in diese Tanzkapelle aufgenommen und spielte dort Klavier und Akkordeon. Vater protestierte gegen diese Tätigkeit, denn er wollte auf keinen Fall, daß wir auffielen. Doch junge Leute erkennen keine Gefahren. Es kam zu großen Auseinandersetzungen, aber Musik war mein Leben, und ich war davon nicht abzubringen. Schließlich gab es Vater auf und kaufte mir sogar ein gebrauchtes Akkordeon. Es waren etwa zehn Orchester-Mitglieder, welche zum Tanz aufspielten, und ich das einzige Mädchen. Wir spielten an Sonntagen von vier Uhr nachmittags bis in die späten Nachtstunden. Nicht nur in unserem Dorf spielten wir, sondern wir wurden auch in die Nachbardörfer engagiert und zogen mit unseren Instrumenten in der Hand zu Fuß los. Ich trug die leichten Instrumente, Geigen oder Klarinette, während mein Akkordeon seines Gewichtes wegen von den Jungen getragen wurde. Für mich waren es die schönsten Stunden unserer Zeit des Untertauchens, welche ich für nichts in der Welt eintauschen möchte. Die Orchester-Mitglieder erwiesen sich als richtige Kameraden, und oft geschah es, daß sie mich vor Betrunkenen beschützen mußten, wenn diese mich belästigten.

Eines unserer Orchester-Mitglieder war der Sohn des

Forstdirektors, Miloš Žalman, welcher Medizin in Brünn studierte und bei uns im Orchester Fagott spielte. Er war ein ganz ausgezeichneter und begabter Musiker und kam immer öfter in unser Haus. Ich dachte, daß diese Besuche mir, der Musik wegen, galten, doch sehr bald kam ich darauf, daß dieses Interesse meiner schönen Schwester Edith galt. Es dauerte nicht lange, und zwischen den beiden entwickelte sich eine ganz große und heiße Liebe. Miloš war täglicher Gast bei uns, und nach kurzer Zeit wurde die ganze Familie ins Haus Žalman eingeladen, was als ganz große Ehre galt. Wieder protestierte Vater, denn er wollte, daß wir ein ganz zurückgezogenes, stilles und unauffälliges Leben im Dorfe führten, doch mit zwei Teenagern, welche das Leben vor sich hatten, konnte er nicht viel erreichen, geschweige denn seine in unseren Augen veralteten Methoden durchsetzen. Uns blieb nichts anderes übrig, als Miloš in unser Geheimnis einzuweihen und ihn vor einer Verbindung mit uns zu warnen. Es nützte nichts, im Gegenteil, dieses Geheimnis verband die zwei Liebenden noch fester, und sie wurden ein unzertrennliches Paar. Edith begann, zu Vaters Entsetzen, zu schneidern und wurde durch ihre Geschicklichkeit und ihren guten Geschmack bald sehr beliebt unter den Dorffrauen. Die Tätigkeit Ediths und mein Spielen in der Tanzkapelle trugen dazu bei, daß wir immer mehr bekannt und anerkannt im Dorfe wurden, was selbstverständlich unerwünscht war. Edith und ich genossen diese Freiheit und übersahen willkürlich die Sorgenfalten auf Vaters Gesicht. Trotz aller Sorgen, welche Vater hatte, bin ich glücklich, daß es Edith gelungen war, leider nur für eine sehr kurze Zeit, Liebe und Lieben kennenzulernen. Dadurch strahlte ihr schönes Gesicht, und sie ging wie im Traume umher, ohne die drohenden Wolken, welche sich über uns zusammenzogen, zu sehen.

Da die tschechischen Hochschulen gesperrt waren, hielt sich Miloš immer mehr bei uns auf und plante für jede freie Minute Ausflüge in die Wälder. Miloš, da er in diesen Wäldern aufgewachsen war, kannte jeden Weg, jeden Baum, und jeden Sonntag unternahmen wir lange Touren; zuerst legten wir einen Teil unseres Weges auf Rädern zurück, um nachher weiter zu wandern. In den Wäldern gab es zwei Holzhütten für Holzfäller, welche uns bei eventuellem Regen Schutz boten. Dorthin zogen sich im allgemeinen Edith und Miloš zurück; ich ging dann alleine und strolchte durch die Wälder oder fischte Forellen in einem der vielen Bäche, welche durch diese Wälder flossen. Hätte dies Tante Irma gewußt, wäre sie entsetzt gewesen, denn sie war es, welche mich zwang, Edith und Miloš zu begleiten. Sie konnte auch in dieser Zeit ihre Grundsätze der Erziehung nicht aufgeben und verlangte von mir, überallhin mit den Liebenden als Garde-Dame zu gehen, denn: Es paßt sich für ein junges Mädchen nicht, mit ihrem Verehrer alleine zu sein. Wenn wir in der Nähe der Hütten waren, fachten wir dort ein Feuer an und bereiteten meine Forellenbeute zu. Waren wir draußen in der herrlichen Natur, hatten wir immer eine Pfanne und etwas Butter bei uns, brieten die Forellen auf einem Feuerchen, und als Teller dienten uns Farnkrautblätter. Als Nachspeise hatten wir im Sommer selbstgepflückte Erdbeeren, Brombeeren, Himbeeren oder Blaubeeren. Welcher Friede herrschte dort im Wald!

Ich selbst arbeitete in dieser Zeit beim Bauern Buchta. Ganz zeitig früh mußte ich da sein, denn die Kühe, drei bis vier an der Zahl, mußten zuerst gemolken werden. Das Melken lernte ich sehr bald, besonders nachdem ich einige Male von den Kühen einen guten Stoß bekommen und mit meinem niedrigen, dreifüßigen Schemel umgeworfen worden war. Die Milch ergoß sich auf das der Kuh unterlegte Stoh und Bauer Buchta schimpfte und fluchte. Doch nach einiger Zeit ging das Melken schon sehr gut, und ich fand sogar Freude daran, wenn die körperwarme Milch von dem Holzgefäß unter der Kuh aufgefangen wurde und sich ein hoher Schaum entwickelte. Die Milch füllte ich dann in einen größeren Holzeimer, und nach dem Melken brachte ich die ganze Milch ins Bauernhaus. Nachdem sie dort einige Zeit gestanden hatte, wurde die oben angesammelte Sahne mit flachen, großen Löffeln heruntergenommen. Nach dem Melken mußte ich alle Gefäße gut auswaschen und Eier einsammeln gehen. Bis zu dieser Zeit wußte ich gar nicht, daß Hühner so viel Phantasie haben. Was für Verstecke sie sich doch für ihre Eier ausdachten! Nachher ging es mit einem Leiterwagen, von zwei braunen, starken Pferden gezogen, hinaus aufs Feld. Je nach der Saison mußten wir Kartoffeln einsammeln, Heu trocknen, Garben aus dem mit einer Sense gemähten Getreide binden oder im Herbst in Regen und Kälte Rüben und Zuckerrüben ernten. Zum Mittagessen brachte uns dann die Bäuerin das Essen aufs Feld. Es bestand aus einer Suppe und frisch gebackenen Buchten, welche entweder mit Quark, Povidl oder Mohn gefüllt waren. Oh, wie gut schmeckten diese! Fleisch fehlte uns zu diesen Mahlzeiten gar nicht; dieses gab es nur sonntags. Wenn es draußen zu sehr regnete und wir nicht aufs Feld konnten, mußte ich im Bauernhaus aushelfen. Es mußte das Haus gescheuert, Wäsche gewaschen oder gebügelt werden. Wir mußten die geernteten Mohnkapseln ihres Inhalts entleeren, welcher dann getrocknet und aufbewahrt wurde. Von allem Geflügel, welches am Hof je geschlachtet wurde, wurden die Federn aufbewahrt, und wenn Zeit war, wurden diese gerupft und Federn von Daunenfedern getrennt, aus welchen nachher, in Inletts gefüllt, herrliche warme Oberbetten sowie Kopfkissen hergestellt wurden.

Das Dorf hatte einen einzigen Dorfpolizisten, dessen Aufgabe es auch war, Anordnungen und verschiedene Nachrichten der Dorfleitung den Einwohnern zu übermitteln. Zu diesem Zwecke nahm er eine Trommel, welche er sich um die Hüfte band, und fing an einigen Stellen im Dorfe das Austrommeln an. Man hörte ihn schon von weitem, und sein Trommeln hielt so lange an, bis aus jedem Hause wenigstens ein Vertreter herauskam, um zuzuhören. Dann nahm der Dorfpolizist feierlichst ein Papier zur Hand, und seine Eröffnungsworte waren immer dieselben: »Hiemit benachrichtigt man, daß ...« (Na vědomost se dává ...). Er zog auf diese Weise im ganzen Dorf umher, so lange, bis in jedes

Haus die Nachrichten gelangt waren. Wir bekamen jedesmal einen Schreck, wenn Anordnungen in bezug auf Juden verlesen wurden. Wir sahen jedoch bald, daß diese Nachrichten von den so schwer arbeitenden Bauern ignoriert wurden, deshalb fingen auch wir diese zu ignorieren an, und wir lebten recht sorglos weiter.

Eines Tages bekamen wir unerwarteten Besuch. Willi erschien. Ein veränderter Mensch, abgemagert, aschgrau im Gesicht, was aber das ärgste war, einen unbeschreiblich traurigen Blick in seinen Augen. Es war Ende April oder Anfang Mai 1940. Er war aus Nisko weggelaufen, und es war ihm gelungen, über die Grenze zurück in die Tschechoslowakei zu kommen. Er kam zu seiner Mutter, welche überglücklich war, ihn wiederzusehen, aber sofort auch verängstigt. In der Tschechoslowakei herrschte Polizeimeldepflicht. Wie konnte sich Willi anmelden? Was würde geschehen, wenn man Willi ohne Personalausweis erwischen würde? Wie konnte Willi zu Lebensmittelkarten gelangen? Willi sah, daß er eine Gefahr für seine eigene Familie bedeutete, und dachte nach, was er unternehmen könnte, damit er niemandem schade. Er interessierte sich für unser Schicksal und erfuhr, daß Onkel Hugo in Oderfurt im Krankenhaus war. Sofort fuhr Willi zu ihm, und dieser, welcher bisher keiner Menschenseele verraten hatte, wo wir uns befanden, gab Willi unsere Adresse. Mit Onkel Hugo hatten wir durch Tante Alma Verbindung, und Onkel Hugo war der festen Überzeugung, daß Vater für Willi alles tun würde, um diesem Ausweise zu verschaffen. Wie Willi die Bahnfahrt ohne Ausweise hinter sich gebracht hatte, weiß ich nicht. In der damaligen Zeit war dies ein mit großen Gefahren verbundenes Unternehmen.

Willis Geschichte klang uns damals unglaubwürdig. Nachdem alle Männer in der Sammelstelle waren, erzählte er, habe die Registrierung angefangen, und die Nazis hätten gesehen, daß nicht alle Männer zum Transport angetreten waren. Man begann in den Häusern nach Fehlenden zu suchen. Ein Glück, daß Vater, Onkel Hugo und so auch wir

Frauen schon die Wohnungen verlassen hatten. Erst gegen Abend setzte sich der Zug ostwärts nach Polen in Bewegung; jeder wußte, daß man nach Nisko fuhr, doch niemand wußte, wo dieses Nisko sein sollte. Am nächsten Tag kam der Zug zum Stillstand, alle wurden ausgeladen, und man stand auf einem freien Terrain, von irgendeinem Ort, einer Unterkunft, einer Behausung – keine Spur. Jetzt erst wurde allen bewußt, daß dieses Nichts Nisko ist. Es war Oktober, also schon sehr kalt in Polen. Ich weiß nicht, wieviel hundert Männer dort waren, ich weiß nicht, in welchem Alter sie waren, ich weiß nicht, in welchem Gesundheitszustand sie waren. Ich weiß nur, daß sie in einer ganz kahlen Gegend, ohne Essen, ohne Wasser waren, auf der Erde schliefen und fürchterlich litten. Erst nach einigen Tagen wurden Bretter abgeladen und mit der Errichtung von Baracken angefangen. So entstand ganz langsam Nisko; kein Ort, sondern ein Lager, und niemand wußte, warum und wofür es errichtet wurde. Viele, sehr viele, hauptsächlich ältere und kranke Männer starben, einigen gelang es, nach Rußland zu fliehen, wo sie zunächst aufgefangen und wieder inhaftiert wurden. Auch auf dieser Flucht starben viele, doch einige wenige schafften es, in der Roten Armee unterzukommen und zurückzukehren. Wieder andere flohen und kamen in ihre Heimatstadt Ostrau zurück, aber da sie die Personalausweise, als sie zum Transport angetreten waren, hatten abgeben müssen, besaßen sie keine Identitätskarten, konnten sich polizeilich nicht anmelden und mußten aus Ostrau wieder fliehen, damit sie nicht geschnappt würden. Zu bleiben wäre für sie und auch ihre Angehörigen viel zu riskant gewesen. Deshalb entschloß sich Willi sofort, seine Mutter keiner Gefahr auszusetzen und Ostrau zu verlassen.

Wenn Willi von Nisko erzählte, war sein Blick düster, seine Stimme traurig, und wir, welche zwar untergetaucht, doch andererseits normal lebten, konnten uns all das nicht vorstellen und konnten auch Willi nicht verstehen. Wir fragten ihn ständig: »Warum? Weshalb? Was haben wir Schlechtes angestellt?« Unser großes Vergehen war nur, daß wir

Juden waren. Die Freundschaft, welche mich mit Willi verband, wechselte zu tiefem Mitleid und Mitgefühl. Ich wollte ihm helfen, all das Schreckliche zu vergessen, doch seine Wunden konnten in dieser kurzen Zeit nicht heilen. Wir verbrachten lange gemeinsame Stunden, in welchen Willi redete und redete und über Nisko erzählte, und ich muß eingestehen, daß mir das damals wirklich unglaubwürdig klang. Dennoch waren wir uns in diesen Stunden sehr nahe und dachten, daß uns die große Liebe verbinde. Bald aber kamen wir zu dem Schluß, daß Mitleid nicht Liebe bedeutet, sondern daß das Band, welches uns so eng verknüpfte, doch Freundschaft, tiefe, redliche Freundschaft ist, und gaben den Gedanken an eine Liebesverbindung auf.

Willi verbrachte etwa drei Monate in Posorschitz, nahm an Gewicht zu, sein Gesicht war nicht mehr aschfahl, sondern sonnenverbrannt, sein Blick viel klarer. Die Familie war über seine Veränderung glücklich. Wenn ich nicht arbeitete, verbrachten wir lange Stunden miteinander, strolchten in den Wäldern herum und redeten über die Zukunft, welche völlig unklar und ungewiß war. Wir waren in ständiger Verbindung mit Onkel Hugo, welcher an Tante Alma nach Brünn schrieb, und so erfuhren wir, daß das Lager Nisko aufgelöst wurde und diejenigen, welchen es gelang, zu überleben, nach Ostrau zurückkehrten. Als uns diese Nachricht erreicht hatte, entschloß Willi sich sofort, nach Ostrau zu seiner Mutter zurückzukehren, damit er nicht mehr als Gehetzter leben mußte.

Wir dachten über eine Möglichkeit nach, ohne Gefahr nach Ostrau zu kommen. Doch sahen wir, daß Willi nicht zu Fuß den so sehr langen Weg gehen konnte und wieder eine Bahnfahrt riskieren mußte. Posorschitz ist als Kirschengegend bekannt, und der zwei Stunden lange Weg führte uns durch die herrlichsten Kirschenalleen. Es war Ende Juni, die Bäume bogen sich vom Obst, wir pflückten aus Verlegenheit Kirschen, denn es wollten uns nicht die richtigen Worte aus dem Mund kommen. Jeder von uns war mit seinen Gedanken alleine. Was in Willi vorging, weiß ich nicht, denn er schwieg, und wieder war sein Blick so traurig. Meine Gedanken hingegen waren, daß ich wieder von meinem Freund Abschied nehmen mußte, es war dies das zweite Mal. Wann werde ich ihn wiedersehen? In meinen Gefühlen kamen Zweifel auf. Liebe ich ihn vielleicht wirklich? Ist das Liebe?

In diesem Augenblick kam mir wieder zu Bewußtsein, wie sehr mir die Liebe meiner Mutter, wie sehr mir deshalb auch das Geben und Empfangen von Liebe fehlten. Ich fing bitterlich zu weinen an, konnte oder wollte aber Willi mit meinen Gefühlen in dieser Abschiedsstunde nicht belasten. Von weitem wurde der Bahnhof sichtbar. Ich durfte nicht bis dorthin gehen, denn ich wußte nicht, ob nicht Deutsche dort waren. Wir hielten uns ganz fest umschlungen, gaben uns den Abschiedskuß, kein Wort fiel, und Willi ging mit seinem Köfferchen dem Bahnhof entgegen. Ich kletterte auf einen Kirschenbaum, hielt dort Ausschau und wartete, bis ich sah, daß Willi eingestiegen und der Zug abgefahren war. Die Kirschen, welche ich geistesabwesend pflückte, schmeckten salzig von meinen Tränen.

Willi erreichte unbehindert Ostrau, meldete sich bei der Polizei, bekam ohne weiteres Personalausweise und Lebensmittelkarten. Er wurde, so wie alle anderen Juden, wieder zu schweren Arbeiten eingeteilt. Nach einigen weiteren Monaten kam die Nachricht, daß er ein Mädchen, Elischka, kennengelernt habe und diese wahrscheinlich heiraten werde. Freute ich mich oder war ich mit dieser Nachricht traurig? Wieder kam dieser Zweifel in meine Gefühle, doch beschloß ich nach einigem Nachdenken, daß ich Willi von ganzem Herzen wünschen wollte, glücklich zu sein, denn er, welcher schon so viel mitgemacht hatte, hatte sich das ehrlich verdient. Einige Monate später kam die Nachricht von seiner Hochzeit.

Wir waren manchmal gezwungen, Besorgungen in der Stadt zu machen, was selbstverständlich immer mit Gefahr verbunden war. Wir fuhren im Autobus von Posorschitz nach Brünn, gingen sofort zu Tante Alma, tätigten die nötigen Einkäufe. Durch diese Besuche in Brünn erfuhren wir vom Leben der Juden in den Städten. Noch immer war der Traum eines jeden Juden, das Protektorat zu verlassen und auszuwandern. Je später es wurde, desto schwieriger wurde es. Die Grenzen waren hermetisch gesperrt. Juden mußten schwere körperliche Arbeiten verrichten, Straßenkehren, Schneeschaufeln und ähnliches, und sehr oft wurden Razzien auf Juden und jüdische Kaffeehäuser gemacht und die Juden direkt von dort aus in Konzentrationslager verschleppt. Die Unsicherheit der Zukunft trieb viele zur Verzweiflung, niemand wußte, wann dieser Zustand enden würde und was die Juden noch erwartete. Schulen durften von Juden nicht besucht werden, keine Radios, keine Reisen, um acht Uhr abends zu Hause sein und die vielen anderen Restriktionen den Juden gegenüber trieben alle an, etwas zu tun oder zu erlernen. Viele junge Leute gingen auf Hachscharah, in dem Glauben, doch noch nach Ablauf dieser Zeit nach Palästina auswandern zu können. Doch auch die Plätze auf Höfen oder einem Gut waren sehr spärlich, denn niemand wollte Juden beschäftigen. Juden fingen an, sich umzuschulen, um irgendeinen Beruf oder ein Handwerk zu erlernen. Plötzlich gab es eine Unmenge von Umschulungskursen. Frauen begannen Kunstblumen, Ledergürtel oder Feinbäckerei herzustellen, Kunst- oder Maschinenstricken zu lernen. Niemand wußte, ob er diese Berufe je würde ausüben können, doch war dies eine Beschäftigung für viele, auch um die langen Abende ausfüllen zu können.

Unser Leben in Posorschitz war eigentlich ereignislos und wurde nur durch unsere seltenen Fahrten nach Brünn ereignisreicher. Wir bereiteten uns auf den zweiten Winter unseres Untertauchens 1940/41 vor. Vater erwarb für Edith und mich Skier und Skischuhe, damit wir auch im Winter aus dem Dorf heraus könnten, um die herrlichen Wälder zu genießen. Bei einem dieser Ausflüge erlitt ich einen Beinbruch, und der Dorfarzt steckte mein Bein in einen riesigen Gipsverband. Wir trauten diesem Dorfarzt nicht, doch konnten wir es uns aus Angst vor Verhaftung nicht leisten, in die Stadt oder ins Krankenhaus zu gehen. Der Dorfarzt hatte im Dorf kaum Arbeit, darum hielt er sich meistens im Gasthaus auf, wo man ihn immer in einem Zustand leichter Betrunkenheit fand, wenn man ihn brauchte. Ein Röntgenbild konnte er nicht machen, denn im Dorf befand sich kein solcher Apparat, und er behauptete, daß seine Hände und Augen einen solchen Apparat ersetzten. Wir mußten uns auf seine Kunst verlassen, und erstaunlicherweise hat er recht behalten. Nachdem er den Verband heruntergenommen hatte, mußte ich den Fuß in rotem Viehsalz baden, und nach zwei bis drei Monaten konnte ich wieder laufen. Ähnlich war es mit dem Zahnarzt. Dieser erschien nur einmal in der Woche, und wenn man das Pech hatte, einen Tag nach seiner Abfahrt Zahnschmerzen zu bekommen, mußte man eben eine weitere Woche mit diesen Schmerzen aushalten. Dies geschah mir; ich konnte nicht nach Brünn zur Zahnbehandlung fahren. Die jüdischen Zahnärzte ordinierten nicht mehr, und zu einem Nichtjuden zu gehen war gefährlich. Meine Backe schwoll an, ich hatte fürchterliche Schmerzen und war fünf Tage lang entweder über unseren Ofen gebeugt oder in der Nacht mit einer Heißwasser-Flasche im Bett, um meine Backe zu erwärmen. Endlich kam der Arzt und behandelte mich, so daß wirklich die Schmerzen und die Geschwulst nachließen. Seine Zahnpraxis befand sich über dem Gasthaus und ich dachte, daß von da herauf der Alkoholgeruch in die Praxis strömte. Doch bald bekam ich heraus, daß dies nicht ein Ausströmen aus dem Gasthaus, sondern aus dem Munde des Arztes war. Sein ganz moderner Bohrapparat bestand aus einem Bohrer, welcher mit einem Fußhebel angetrieben wurde. Aber, oh Wunder, Fußhebel oder nicht, die Zahnschmerzen verschwanden.

Der Frühling 1941 hielt seinen Einzug und mit ihm die Kirschenblüte: eine herrliche Zeit mit schwerer Arbeit, doch auch wieder mit Streifzügen in die Wälder und durch die blühenden Wiesen. Bei einer meiner Fahrten nach Brünn erfuhr ich von einem Maschinenstrickkurs und wollte unbedingt diesen Beruf erlernen. Ich schrieb mich ein, und von nun an fuhr ich jede Woche nach Brünn. Bald machte ich gute Fortschritte. Manchmal fehlte es schon an Wolle, welche ich aber bei unserem Lebensmittelhändler in Posorschitz noch auftreiben konnte. Der Besitzer der Maschinen, ein Jude, erzählte häufig von seinem Sohn, welcher sich auf Hachscharah befände. Eines Tages lernte ich Koni, den Sohn, kennen. Ein junger Mann, Textilingenieur, welcher etwa sieben Jahre älter war als ich. Wir fanden bald Gefallen aneinander und von nun an galten meine Fahrten nicht nur dem Kurs, sondern auch Koni. Meine Eltern wußten selbstverständlich nichts davon und waren ganz stolz auf mich, daß ich mit so einer Ausdauer und Begeisterung an diesem Kurs teilnahm. Ich bin überzeugt, wenn Tante Irma davon gewußt hätte, hätte sie mir bestimmt Edith als Garde-Dame angehängt.

Koni erzählte mir viel von seiner Hachscharah, von seiner Gruppe von sechs Jungen und zwei Mädchen, und ich bedauerte, daß ich nicht an so einer Hachscharah teilnehmen konnte. Nicht lange danach berichtete mir Koni, daß sie den großen Bauernhof, auf welchem die Gruppe arbeitete, verlassen müßten, da die Besitzer Juden nicht mehr haben wollten. Die Gruppe war verzweifelt, denn sie wollte doch nach Palästina, aber ohne die Hachscharah-Zeit waren die Hoffnungen aussichtslos. Ich fragte Koni, ob es der Gruppe nützen würde, wenn sie als Holzfäller in den Wäldern arbeiten würden, und ob damit die Hachscharah-Zeit anerkannt wäre. Nach einer kurzen Zeit bekam ich die Zustimmung der Gruppe und brachte mein Anliegen zuerst Miloš vor. Wir arbeiteten mit ihm einen ganz genauen Plan aus, und ich machte den Vorschlag, daß die Gruppe in den beiden Holzhütten wohnen könnte, was wieder den Protest von Edith und Miloš auslöste. Die beiden Hütten waren doch ihr heimliches Liebesnest. Mit einiger Überredung gelang es mir doch, Edith und Miloš von der Notwendigkeit, diese Gruppe zu retten, zu überzeugen. Miloš legte nach einer kurzen Zeit seinem Vater unseren Plan vor, dieser willigte ein und eine Gruppe von acht Jungen und zwei Mädchen hielt Einzug in die Holzhütten. Die Mädchen kochten und die Jungen arbeiteten wirklich schwer als Holzfäller, doch waren auch sie froh, der Stadt mit ihren Judengesetzen und Verfolgungen entronnen und in einem freien und sorgenlosen Milieu leben zu können.

Unser Leben änderte sich mit dem Einzug der Gruppe sofort. Es verging kein Tag, an welchem nicht jemand aus der Hütte bei uns weilte. Man mußte alle Lebensmittel aus dem Dorfe hinaufschaffen und auch mit der Forstverwaltung in Verbindung bleiben. Meistens kamen zur Verwunderung aller Koni und Franta Munk herunter. Franta verliebte sich augenblicklich in Edith, doch als er von ihrer so großen Liebe zu Miloš erfuhr, hörten seine Wanderungen zu uns bald auf. Es blieb also nur Koni, welcher sehr oft zu uns kam. Bald wußten alle, daß seine Besuche mir galten. Inzwischen war ich 19 Jahre alt. Alles hatte eigentlich mit einer Kameradschaft begonnen, welche sich bald zu einer Liebe entwickelte.

Meinen Umschulungskurs setzte ich weiter fort, und ich war es, welche Briefe aus der Hütte nach Brünn zu den Eltern von Koni brachte und wieder Post nach den Hütten mitnahm. Die Eltern von Koni freuten sich immer auf meine Besuche und fingen an, mich als zukünftige Schwiegertochter allen ihren Bekannten vorzustellen. Mir war dies sehr peinlich, doch mußte ich es hinnehmen.

Bis heute wundere ich mich über meinen Mut und die Sorglosigkeit, mit welcher ich meine Busfahrten nach Brünn antrat. Ich ließ bei mir gar nicht den Gedanken zu, daß ich gefaßt werden könnte. Immer hatte ich auch Konterbande, Fleisch, Eier und Fett bei mir, welche ich Tante Alma brachte. Die Rationierung von Lebensmitteln war in den Städten bereits sehr stark, aber es war noch immer nicht so schwer, auf dem Dorfe Lebensmittel schwarz zu erwerben.

Von einer meiner Fahrten nach Brünn kam ich mit der Nachricht nach Hause, daß Judentransporte zusammengestellt und diese nach Polen geschickt würden. Später sickerten die ersten Nachrichten über die Errichtung eines Ghettos zu uns durch. Keiner wußte etwas genaues, waren wir doch so separiert, und auch in Brünn hatte man nur Vermutungen. Wir waren alle sicher, daß der Krieg ein baldiges Ende haben würde, daß die Deutschen die Tschechoslowakei wieder verlassen würden, doch diese Gedanken waren Wunschträume. Es wurde kaum über die Zukunft in unserer Familie gesprochen. Wie sollte man auch, denn wer konnte schon ahnen, was der Morgen bringen würde? Wir lebten in den Tag hinein. Eines wußten wir bestimmt. Ein Hinaus aus der Tschechoslowakei gab es schon nicht mehr, und wir würden entweder unbemerkt in Posorschitz den Krieg überleben oder das Schicksal aller Juden teilen. Erstaunlicherweise fühlte sich Vater gesundheitlich gut, was wahrscheinlich auf den so guten und betrunkenen Dorfarzt zurückzuführen war. Vater arbeitete zwar bei den Bauern hart, war aber den ganzen Tag in der frischen Luft, was ihm wahrscheinlich wohltat. Es war für Edith und mich sehr erstaunlich, daß Lore sich mit Tante Irma zu vertragen begann. In dieser Zeit der Verfolgung gab es kaum Familienstreitigkeiten, welche vorher so häufig vorgekommen waren. Tante Irma war in ständiger Sorge um Onkel Hugo, welcher noch immer nicht operiert war, doch im Krankenhaus in Oderfurt lag. Vielleicht waren es diese Sorgen, welche Nichtigkeiten zur Seite drängten?

Der Winter 1941/42 brachte sehr viel Schnee. Die Gruppe nahm sich ihre Ski von zu Hause in die Hütten mit, denn sie waren notwendige Verkehrshilfen. War das vielleicht der Grund, warum man auf uns so aufmerksam wurde? Zu Silvester wurden wir auf die Hütten eingeladen. Wir stiegen alle schwer beladen mit Fleisch, Kuchen, Obst, Wein und meinem Akkordeon auf eine der Hütten, verbrachten da einen wirklich schönen und unvergeßlichen Abend mit viel Gesang und dachten nicht an die bittere Gegenwart oder Zukunft. Wir gingen mit dem Wunsch auseinander, daß der Krieg bald zu Ende sein möge, und dann: den ersten Silvester nach dem Krieg auf Wiedersehen auf einer der Hütten. Dazu sollte es aber nie kommen, denn nur vier überlebten.

Koni kam immer öfter zu Besuch zu uns, und wir zwei

verbrachten viele gemeinsame, glückliche Stunden. Wir wußten, daß wir uns liebten und bei der ersten Gelegenheit heiraten würden. Tante Irma hatte sich auch daran gewöhnt, daß ihre zwei Nichten eigentlich schon erwachsene Menschen waren, und stellte ihre Ermahnungen ein, fand sich langsam damit ab, daß wir mit unseren Verehrern alleine waren.

Bei meinen wöchentlichen Besuchen in Brünn hörte ich von den ersten Transporten aus Prag nach Ghetto Theresienstadt und sah die Verzweiflung, welche die Juden befiel, denn es kamen Gerüchte auf, daß Brünn die erste Stadt sein sollte, welche »judenrein« gemacht werden würde, was denn auch wirklich geschah.

Die Holzfällergruppe wurde aufgelöst, denn alle, auch Koni, bekamen im März die Einberufung zum Transport. Am Tage vor seinem Antritt zum Transport kam Koni nach Posorschitz, um sich zu verabschieden. Wir wanderten zum letzten Male zur Hütte und nahmen dort schweren Herzens voneinander Abschied. Der Gedanke, ob wir uns je wiedersehen würden, hing wie ein Damoklesschwert über uns. Ich weinte bitterlich, Koni versuchte mich zu trösten, was ihm aber nicht gelang. Schließlich hatte auch diese Stunde ihr Ende, und wir mußten den schweren Rückweg antreten. Doch suchten wir vorher eine Stelle, wo man ein bißchen Schmuck und Wertsachen, welche Koni aus Brünn mitgebracht hatte, verstecken könnte. In Brünn konnten die Eltern von Koni diese Sachen niemandem anvertrauen, und wir dachten, daß es am sichersten wäre, diese einzugraben. Wir nahmen einen Spaten, gingen zu einem stattlichen Baum am Rande des Waldes und gruben dort alles ein. Wir gelobten einander, daß der, welcher zurückkehren würde, die Sachen ausgraben würde. Es war die letzte Habe und Familienerinnerungen von Konis Eltern.

Als ich eines Tages von meiner Arbeit auf dem Feld zurückkehrte, fand ich meine Familie in heller Aufregung vor. Es war Gestapo-Besuch im Dorfe gewesen, denn es war ihnen zu Ohren gekommen, daß Juden in Posorschitz lebten.

Die Gestapo kam aus einem mir unerklärlichen Grund nicht zu uns, dafür aber der Bürgermeister, welcher uns nahelegte, sofort aus dem Dorfe zu verschwinden, da wir eine Gefahr für die Einwohner seien. Wohin sollen wir laufen? Wer würde uns aufnehmen? Wer hat uns verraten? Lange brauchten wir uns keine Gedanken darüber zu machen, denn wenige Tage später, noch bevor wir losziehen konnten, bekamen wir aus Brünn die Einberufung zum Transport nach Theresienstadt. Wer hatte unsere Namen bekanntgegeben? Wieso wußte die Kultusgemeinde[3] von uns? Diese Fragen sind bis heute unbeantwortet. Wir mußten am 2. April 1942 in der Sammelstelle in Brünn sein, also hatten wir noch vier Tage Galgenfrist. Als wir die Einberufung erhielten, ging uns aber doch ein erlösender Gedanke durch den Kopf: Wir brauchen nicht mehr wie gejagtes Wild laufen, endlich haben wir einen Ort gefunden, wo wir hingehören.

Ein fieberhaftes Überlegen setzte bei uns ein. Miloš wollte unter allen Umständen verhindern, daß Edith nach Terezin ging, er wollte sie heiraten und mit ihr untertauchen. Das war aber ein so gefährliches Unternehmen für beide, daß alle ihnen von diesem Schritt abrieten. Das Ausschlaggebende war, daß dann wahrscheinlich Miloš' Familie verhört und eventuell gefoltert werden würde und unter diesen Strafen schwer zu leiden hätte. Edith verschwand mit Miloš, um nur einen Tag vor dem Antritt zum Transport doch noch zurückzukommen. Beide waren untröstlich, auch Miloš' Familie, denn sie wußten, es war nur ihretwegen, daß Edith ins Ghetto ging.

Bauer Buchta erschien und brachte uns eine große Menge Mehl, damit wir etwas zum Essen backen könnten. Wir

3 Die jüdischen Kultusgemeinden wurden von den zuständigen SS-Dienststellen dazu aufgefordert, Namenslisten für die vorgesehene »Umsiedlung« der Juden bereitzustellen und sich an der Vorbereitung der Transporte zu beteiligen. Die Hoffnung, in Einzelfällen eine Zurückstellung von den Transporten zu erreichen bzw. das gesamte Verfahren bei einer Beteiligung jüdischer Stellen humaner durchführen zu können, veranlaßte die Kultusgemeinden, sich dieser Aufforderung zu fügen. (Anm. des Verlages)

buken eine Riesenmenge von Keksen als eiserne Reserve, wenn wir großen Hunger haben sollten. Das war außer dem Packen eigentlich die einzige wirkliche Vorbereitung. Wir dachten in diesen letzten Stunden der Freiheit viel an Onkel Hugo, welcher immer noch im Krankenhaus lag, und es tat uns besonders weh, daß wir uns von ihm nicht verabschieden konnten. Auf der anderen Seite waren wir froh, daß ihm all diese Aufregungen erspart bleiben würden.

Wir begannen die Sachen, welche wir mitnehmen durften, zu sortieren. 25 Kilo Gepäck waren erlaubt. Was nimmt man da mit? Kleidung und Schuhe für Sommer und Winter? Ein oder zwei Bücher? Lebensmittel? Etwas Eßgeschirr? Fotografien? Erstaunlich, wie wenige Sachen diese 25 Kilo enthalten. Aufs neue mußten wir uns von dem trennen, was wir uns teilweise wieder angeschafft hatten, und diese Dinge irgendwo hinterlassen. Mein Akkordeon gab ich dem Bauern Buchta zur Aufbewahrung, und meine Familie packte noch einen oder zwei Koffer mit verschiedenen Sachen. Bauer Buchta versprach, auf alles gut aufzupassen und uns alles nach unserer Rückkehr zurückzuerstatten.

2. April 1942. Angezogen mit drei Lagen Kleidern, Mantel und Skischuhen, in der Hand unser 25-Kilo-Gepäck und eine Wolldecke, welche auch erlaubt war, traten wir unseren Weg nach Theresienstadt an. Am Abend vor unserem Verlassen des Dorfes kamen viele Dorfbewohner, um sich von uns zu verabschieden, und so erfuhren wir, daß die meisten von ihnen von Anfang an gewußt hatten, daß wir Juden waren. Wir kamen aus dem Staunen nicht heraus, denn wir waren von unserem gut gehüteten Geheimnis überzeugt gewesen. Ich wundere mich bis heute, daß uns nicht schon viel früher jemand angezeigt hatte. Am Morgen unserer Abfahrt aus Posorschitz kamen sie noch bis zur Bushaltestelle, um uns ein letztes Lebewohl zuzuwinken. Wir konnten durch unsere tränenverschleierten Augen nicht sehen, wie viele es waren, aber daß es viele waren, steht fest. Miloš führte Edith fest umarmt bis zum Autobus, welcher uns nach Brünn bringen sollte. Ein letzter Kuß, ein letztes Winken und die zum

Segen erhobenen Hände des Dorfpfarrers. Das war das letzte Bild und der Abschied von Posorschitz, dem friedlichen kleinen Dörfchen in Mähren, welches uns unser Leben in der Zeit der Verfolgung um eineinhalb Jahre verschönert hatte.

Ostrau, unseren Heimatort, wo wir geboren waren und wo unsere Familie durch Generationen gelebt hatte, mußten wir verlassen. Verschwinden. Niemand winkte uns zu oder trauerte um uns. Doch dieses kleine Dorf Posorschitz wußte uns den Abschied zu erleichtern, weil es uns das Gefühl seiner Anteilnahme gab.

Miloš wurde einige Tage, nachdem wir Posorschitz verlassen hatten, von der Gestapo abgeholt und interniert. Doch Edith und unsere Familie erfuhren es nie.

Meine letzte Fahrt im Autobus nach Brünn. Der Judenstern leuchtete auf der linken Brustseite. Ich mußte nicht mehr fürchten, von der Gestapo wegen unerlaubten Reisens gefaßt und eingesperrt zu werden. Ja, diesmal reiste ich mit Genehmigung, denn so reiste man ins Ghetto.

Zur Sammelstelle mußten wir zu Fuß gehen, dorthin gab es keine Busverbindung. Es war ein sehr mühsamer Weg, mit all dem Gepäck und den Kleidern beladen. Die Sammelstelle war ein großes Haus mit großen Sälen, und sofort nach unserem Eintritt konnten wir uns von der tadellosen Organisation, welche ja bei den Deutschen so sagenhaft ist, überzeugen. Es war für uns sogar schon eine Schlafstelle im Saal reserviert, welcher mit dem Buchstaben »H« bezeichnet war. Diese Schlafstelle befand sich jedoch auf dem Fußboden, welcher aus Fliesen bestand und eine eisige Kälte ausströmte.

Nach einem ganz genauen Plan wurden wir registriert. Alle Personalien mußten genau angegeben werden, letzter Wohnort und Adresse. Die Identitätskarten, diesmal wiesen wir die richtigen mit dem Aufdruck »J« vor, sowie die Lebensmittelkarten mußten abgegeben werden. Unser Gepäck wurde genau untersucht und auf eventuelle Konterbande, eingenähte Wertsachen oder Geld geprüft. Es gab Juden, welche bei dem früheren Abgabezwang von Wertsachen ihre Eheringe, ihr teuerstes Gut, nicht abgegeben hatten. Wenn diese oder andere Wertsachen jetzt gefunden wurden, wurden sie nicht nur weggenommen, sondern die Besitzer wurden von den Nazis geschlagen und gedemütigt. »Du Saujude«, das war ein ganz geläufiger Ausdruck und Name für uns. Die Ansprache »Sie« verschwand ganz aus dem Wörterbuch der Nazis. In dieser Sammelstelle wurde uns das Hors d'œuvre unserer Zukunft serviert.

Die erste Nacht verbrachten wir schlaflos, zusammengedrängt auf dem eiskalten Boden. Alle jammerten, und Edith weinte ohne Unterlaß um ihren Miloš. Jeder von uns hing seinen eigenen Gedanken nach und ich glaube, ich war die einzige, welche schon in Terezin sein wollte, denn dort erwartete mich ja Koni. Die Aussicht auf ein baldiges Wiedersehen mit ihm erleichterte mir die trübe Gegenwart.

Am nächsten Morgen weitere Registrierung. Ich bekam ein Kärtchen, welches an einer Schnur baumelte, und auf welchem meine Transportnummer stand. Ah 4. Dieses Kärtchen sowie der Judenstern waren meine ständigen Begleiter, welche in der Sammelstelle nicht abgelegt werden durften. Wenn ich nach meinem Namen gefragt wurde, mußte ich ab heute antworten: Ah 4. Das also war mein Name.

Auf unser Gepäck aber mußten wir außer der Transportnummer auch unseren Namen mit weißer Farbe schreiben. Unsere Namen wurden verlängert. Frauen mußten nach ihrem Namen »Sarah« hinzufügen, während Männer den Beinamen »Israel« erhielten. Also bin ich an diesem Tage reich geworden, denn ich hieß nun Ruth Sarah, besaß also zwei Namen. Ruth Sarah, Ah 4. Wie reich bin ich geworden!

Eine weitere Nacht in der Sammelstelle. Die Zeit dort wurde zur Qual. Viele ältere und kranke Leute litten unbeschreiblich. Es gab nur eine einzige Waschgelegenheit, die Toiletten waren überfüllt, das Essen, welches man uns gab, war nicht zu genießen und ein ständiges Jammern, welches von den Schreien der Gestapo unterbrochen wurde, war zu hören. Was aber am Unerträglichsten war, das war das Weinen der Kinder. Was konnten diese kleinen, unschuldigen Geschöpfe dafür, daß sie als Juden geboren waren? Noch gestern schliefen sie in ihren Bettchen, von Spielzeugen, aber hauptsächlich von der liebenden Obhut ihrer Eltern umgeben, und heute mußten sie dies Bettchen mit den kalten Fliesen vertauschen. Das Kindergeschrei nahm kein Ende; die Eltern versuchten, die Kinder zu trösten, doch es gelang ihnen nicht. Mir taten diese kleinen, unschuldigen Geschöpfe schrecklich leid.

In der Sammelstelle waren Juden aus Brünn versammelt, und jeder traf dort einen Bekannten oder Verwandten. Wir aber waren Außenseiter, denn unsere Freunde und Bekannten lebten ja in Ostrau, und wir hatten in Brünn außer mit Tante Alma und später mit Konis Familie keinen Kontakt. Es berührte uns schmerzlich, doch konnten wir an der Tatsache nichts ändern und mußten eben versuchen, neue Bekanntschaften zu machen, was unter diesen Umständen gar nicht schwer war. Edith und ich boten den leidenden Müttern an, ihnen die Kinder abzunehmen und mit ihnen zu spielen, damit sich die Mütter etwas ausruhen konnten. Wir waren mit dieser kleinen Hilfe sofort sehr beschäftigt, was uns unser eigenes Leid vergessen ließ.

Am nächsten Morgen wurden wir noch vor Tagesanbruch geweckt und auf ging es zum Bahnhof. Wir waren froh, daß wir diese Sammelstelle endlich verlassen konnten. Am Wege sah ich Tante Alma abseits stehen und uns zuwinken. Einige Passanten, vielleicht Tschechen, vielleicht Deutsche, blieben stehen, sahen sich diesen Umzug an, nahmen davon Notiz und gingen weiter. Was wohl in ihren Köpfen vorging? Wußten sie, daß dieser Umzug aus Juden bestand, welche zum Abschlachten bestimmt waren? Regte sich kein Mitleid und kein Wille in ihnen, um zu helfen? Angst hatten sie, Angst, daß vielleicht ihnen selbst etwas zustoßen könnte. Und – eines Juden wegen sich in Gefahr zu begeben, das steht doch nicht dafür. Es war ein trauriger Zug, wortlos, jeder in seine eigenen Gedanken versunken, im Herzen aber die Unsicherheit der Zukunft. Diesen traurigen Umzug begleiteten SS-Leute, ihre Gewehre schießbereit in den Händen. Sie mußten uns nicht so gut bewachen, denn diejenigen, welchen es gelungen war, wegzulaufen, waren ja nicht mehr unter uns. Und wir, welche geblieben waren, hatten nirgendwohin zu gehen, denn niemand wollte uns, niemand reichte uns seine Hand zur Hilfe.

Wir wurden auf normale Personenwagen-Abteile verteilt und kamen nach wenigen Stunden Bahnfahrt im Ghetto Theresienstadt an.

III Im Ghetto Theresienstadt

Bohušovice, der Bahnhof von Theresienstadt, lag außerhalb des Ghettos, vielleicht zwei, vielleicht drei Kilometer oder mehr vom Ghetto entfernt. Für uns waren es nicht einige Kilometer, sondern eine Ewigkeit. Es empfingen uns am Bahnhof junge Männer, welche Regenmäntel mit einem in der Taille gebundenen Gürtel, Schildmützen und Stiefel anhatten. Diese Gruppe, »Spedition« genannt, war bei jedem Transport, welcher ankam oder auch abfuhr, anwesend und hatte auch alle ins Ghetto kommenden Waren abzuladen und ins Ghetto zu schaffen. Außer der Speditions-Gruppe waren noch tschechische Gendarmen, welche auch den Zug begleitet hatten, und deutsche SS-Männer anwesend. Wir mußten eine Schlange bilden, zu dritt oder zu viert nebeneinander gehen, und jeder mußte selbst sein Gepäck tragen. Im Transport waren Alte, welche unter der Last zusammenbrachen, nicht mit uns Schritt halten konnten und, wenn sie zurückblieben, von den SS-Leuten mit Gewehrkolben geschlagen wurden. Um dies zu vermeiden, halfen wir Jüngeren diesen armen Menschen und hatten so außer unserem Gepäck auch noch deren Gepäck zu tragen. Am ärgsten aber war es mit den Kindern. Diese weinten unaufhörlich, wurden von den Eltern auf die Arme genommen, und der andere Elternteil half dann mit dem Gepäck aus. Wir selbst halfen in diesem traurigen Zug wie wir nur konnten mit, doch brach uns das Herz, dies alles mit ansehen zu müssen. Wir näherten uns einem Wall, besser gesagt einer Steinmauer, vor welcher ein großer Wassergraben gezogen war. Über eine Brücke gelangten wir zu einer Öffnung, einem Tor in diesem Wall. Wir waren eine ganze Schlange von Menschen, alle mit unserer Nummer, welche sichtbar um den Hals hing, und dem gelben Fleck auf unserer Herzseite am Mantel angebracht. An unseren Seiten gingen SS-Männer und Gendarmen. Wir hatten unser Gepäck in der Hand, den Rucksack auf dem Rücken und noch eine zusammengebundene Decke, welche auch auf dem Rücken baumelte.

Wir kamen alle in die Hohenelbe-Kaserne, eine von den elf Kasernen des Ghettos, und unser Wohnraum wurde uns angewiesen. Zwei Matratzen, welche nicht auf einer Bettstelle, sondern auf der Erde lagen, das war von nun an unser Wohnraum. Ein Zwischenraum von etwa 20 cm trennte uns von unserem Nachbarn auf der Erde. Es war dies ein ganz großer Raum, in welchem 50 bis 60 Menschen untergebracht wurden. Wir fingen an, uns »häuslich« einzurichten. Koffer und Rucksack dienten als Rückenlehne und Kopfkissen, und die Wolldecke deckte all das Gepäck zu. Endlich waren wir von den schweren Lasten befreit und konnten auch die drei Lagen Kleider, welche wir anhatten, ablegen. Wir waren damals noch mit unseren Männern gemeinsam untergebracht. Nachdem uns eine Flüssigkeit, welche Kaffee genannt wurde, gereicht worden war, fielen wir in einen festen Schlaf. Wir waren schon froh, daß wir auf einer wenn auch kurzen Matratze schliefen und nicht auf den so kalten Steinfliesen der Sammelstelle. Am nächsten Morgen fing von neuem die unvermeidliche Registration an, verbunden mit einem langwierigen bürokratischen Aufwand. Wir erfuhren, daß wir uns in der sogenannten »Schleuse« befanden, das ist eine Art Auffanglager, und daß wir später unsere Wohnplätze erhalten würden. Das Durchschleusen dauerte einen ganzen Tag, und wir bekamen heraus, daß es den im Ghetto Lebenden strengstens verboten war, mit den Neuangekommenen Kontakt aufzunehmen. Vater, Lore und Tante Irma waren ganz unglücklich, und Edith und ich waren außerstande, sie zu trösten. Vater konnte sehr schwer in diesem überfüllten und nicht gelüfteten Raum atmen. Er hatte einen ganzen Vorrat an Medikamenten mit, doch diese halfen nichts, und er benötigte dringend einen Arzt, welcher nicht gerufen wurde. Man sagte ihm, daß ihm ein Arzt sowieso nicht würde helfen können, denn es herrsche ein großer Mangel an Medikamenten im Ghetto. Wir machten mit dem Essen in Theresienstadt unsere erste Bekanntschaft. Wir konnten es nicht über uns bringen, dieses herunterzuschlukken, und griffen auf die Reserven zurück, welche wir in unserem Gepäck hatten. Wieder wurde unser Gepäck nach Konterbande und unerlaubtem Schmuck durchsucht. Endlich bekamen wir den nächsten Morgen die Anweisungen für unseren ständigen Wohnraum. Mit Entsetzen stellten wir fest, daß Vater sich von uns trennen mußte, er wurde in die Sudeten-Kaserne geschickt, während wir Frauen Plätze in der Hamburger-Kaserne angewiesen bekamen. Schweren Herzens ließen wir Vater zurück, denn wir wußten nicht, wie er sich in seiner Krankheit alleine würde helfen können.

Wir kamen in die Hamburger-Kaserne, an deren Eingangstor zwei Männer, die Ghetto-Wache, standen. In dieser Kaserne waren nur Frauen untergebracht, Männer hatten keinen Zutritt. Es wurden aber Ausnahmen gemacht. Um hineinzukommen mußte man einen Durchlaßschein erhalten, was äußerst schwierig war. Uns wurde wieder ein Wohnplatz auf der Erde mit zwei Matratzen in einem großen Raum zugewiesen, wo wir uns so gut es ging einrichteten. In diesem Raum, »Ubikation« im Theresienstädter Dialekt genannt, waren noch etwa 40 Frauen untergebracht. Der Sauerstoffmangel und die verbrauchte Luft waren trotz offener Fenster sehr zu spüren.

Plötzlich stand Koni vor uns. Ich traute kaum meinen Augen. Endlich jemand, welcher mir nahestand. Gleichzeitig überlegte ich, wieso Koni in die Frauenkaserne kommen konnte, wo es doch den Männern strengstens verboten war? Die Antwort war ganz einfach. Koni wurde sofort nach seiner Ankunft der Ghetto-Wache zugeteilt, welche auch Dienst in den Frauenkasernen versah, das heißt, sie hatte Torwache vor den Kasernen. In Ausnahmefällen durfte er in die Ubikationen kommen, doch war dies mit einer gewissen Gefahr verbunden, falls er von einem SS-Mann oder einer

SS-Frau gesehen würde. Besonders schlimm waren die SS-Frauen. Meistens waren sie jung und sehr sadistisch veranlagt – sonst hätten sie sich wohl auch kaum in die Reihen der SS gemeldet. Diese SS-Frauen machten Razzien und tauchten ohne vorherige Warnung an verschiedenen Plätzen auf, um Untersuchungen nach unerlaubtem Gut vorzunehmen. Sie durchsuchten nicht nur die wenigen Sachen, welche uns erlaubt waren mitzunehmen, unser letztes Hab und Gut, sondern beschlagnahmten für sich, falls ihnen etwas gefiel oder brauchbar erschien. Es waren regelrechte Diebinnen, und wir nannten sie im Ghetto Beruschky, was vom Worte bere (bráti), das heißt nehmen, stammt.

Wir Frauen und Koni fielen einander in die Arme, doch mußte er so schnell wie möglich aus unserer Ubikation verschwinden. Er teilte uns nur kurz mit, daß er in derselben Kaserne wie unser Vater wohne, der Sudeten-Kaserne, und daß er schon Verbindung zu Vater aufgenommen habe. Dadurch gehörten wir zu den wenigen Glücklichen, welche von ihrem Vater wußten, und Koni fiel die Aufgabe zu, nicht nur der Verbindungsmann von uns, sondern auch der der anderen Zimmerinsassinnen zu sein. Koni versah auch Tordienst in der Hamburger Kaserne, welcher vier Stunden dauerte, doch konnte er während des Dienstes nicht mit mir sprechen, da dies viel zu gefährlich gewesen wäre. Unsere wenigen Gelegenheiten zum Sprechen waren immer ganz kurz, doch waren wir schon für diese kurzen Gespräche dankbar, denn dies war nicht jedem Insassen des Ghettos vergönnt.

Theresienstadt war eine kleine Stadt mit etwa 3000 Einwohnern, in der Kaiser Joseph II. elf Kasernen hatte erbauen lassen. Die Stadt wurde so zu einer Garnisonsstadt gemacht. Benannt war sie nach der Mutter Kaiser Josephs, Maria Theresia. Die Einwohner hatten ihren guten Erwerb. Die ganze Stadt wurde mit einem Schutzwall mit einigen Ein- und Ausgängen umgeben, und vor diesem Wall war ein großer Graben, welchen man mit Wasser, als Schutz vor dem Feinde, füllen konnte. Alle Tore wurden bis auf eines hermetisch geschlossen, und so war Theresienstadt der ideale Platz zur Konzentrierung der Juden. Die tschechischen Einwohner mußten die Stadt verlassen, und Gendarmen bewachten den Ausgang. Sie waren die einzige Verbindung zur Außenwelt. Einige von diesen Gendarmen waren feindlich eingestellt, doch sehr viele zeigten menschliche Gefühle und waren bereit, Briefe hinaus- oder hereinzuschmuggeln, manchmal waren es auch kleine Paketchen und häufig Zigaretten, welche die Ghetto-Insassen nicht bekamen. Sehr oft war dieser Dienst gut bezahlt, meistens von den noch nicht »ghettoisierten« Juden draußen; er war aber auch gefährlich, denn es geschah oft, daß einer dieser Gendarmen gefaßt wurde und er dann eine schwere Strafe abzubüßen hatte. Der Jude hingegen wurde sofort nach dem Osten in den sicheren Tod geschickt.

Osttransporte[4], dieses Wort hing wie ein Damoklesschwert über Theresienstadt. Nach der bis dahin unvorstellbaren Planung der Nazis mußten alle Städte, überhaupt das ganze Gebiet der Tschechoslowakei und später auch Deutschland, Österreich, Holland, Frankreich, das heißt alle von Hitler besetzten Gebiete, »judenrein« gemacht werden. Theresienstadt, in welchem 3000 Zivilisten und etwa 10 000 bis 13 000 Soldaten Platz hatten, wurde mit 55 000 bis 60 000 Juden bis zum Bersten vollgestopft. Um für weitere Juden Platz zu schaffen, kam man auf eine ganz einfache Lösung: Osttransporte. Juden wurden in Waggons wie Vieh aufgeladen und nach Osten transportiert. Niemand wußte, was das eigentliche Ziel war, denn es kamen absolut keine Nachrichten nach Theresienstadt zurück.

Der Mensch hat die Eigenschaft, sich auch an schwere Verhältnisse anzupassen, und nach einer kurzen Zeit gewöhnten wir uns an diese fürchterliche neue Situation. Doch immer wieder kamen auch die Fragen, die Befürchtungen

4 Nach Theresienstadt kamen insgesamt etwa 141 000 Häftlinge, von denen im Lager ca. 33 500 starben. Etwa 88 000 wurden zwischen dem 9. Januar 1942 und dem 28. Oktober 1944 aus dem Lager deportiert; von diesen Menschen überlebten ungefähr 3500. (Anm. des Verlages)

auf. Was ist im Osten? Wohin geht es wieder? Was erwartet uns dort? Diese Fragen überstürzten sich und es fand sich keiner, welcher eine Antwort geben konnte. Ein jeder von uns scheute vor der Ungewißheit zurück. Wir waren von der Außenwelt völlig abgeschlossen, wußten absolut nichts über Konzentrationslager, Vergasung und Judenvernichtung, nur der Instinkt blieb uns, der Instinkt eines Tieres. Und dieser Instinkt war es, welcher uns warnte und in uns das Gefühl aufkommen ließ, unbedingt diesen Osttransporten entgehen zu müssen. Wir hatten keine Radios, keine Zeitungen und waren auf die Nachrichten, welche die Neuankömmlinge ins Ghetto brachten, angewiesen. Diese Nachrichten, »Bonkes« genannt, gingen wie ein Wirbelwind von Mund zu Mund, und wenn sie uns erreichten, wußten wir nicht mehr, was Wahrheit war und was Phantasie. Doch ich glaube, daß diese Nachrichten dazu beitrugen, unsere Hoffnung wachzuhalten. Eine der meistgestellten Fragen unter den Insassen war: »Wann wird der Krieg zu Ende sein?« »Wann werden wir wieder frei sein?« Mit jedem neuen Transport erfuhren wir etwas über die Lage an der Front. Die Hoffnung auf ein baldiges Ende gab uns die Kraft und den Mut durchzuhalten. Die Optimisten unter uns trugen das bittere Los leichter, die Pessimisten litten schwer. Ich nahm mir aus den Bonkes immer nur das Gute heraus, denn das war das, was ich brauchte.

Die Kasernen, welche meistens nach Städten benannt waren, Dresdner-, Hamburger-, Hohenelbe-, Magdeburger-, Sudeten-, etc. Kaserne, hatten ein großes Eingangstor, welches von der Ghettowache bewacht wurde. In jeder Kaserne befand sich mindestens ein Innenhof, welcher wahrscheinlich früher als Exerzier-Platz gedient hatte. Die meisten Kasernen waren zwei bis drei Stock hoch. Das Innere bildeten große Bogengänge, von welchen aus man in die Ubikationen gelangte. Es gab ganz große Räume, welche früher wahrscheinlich für die Mannschaft bestimmt gewesen waren, und auch kleine Wohnungen, welche aus zwei Zimmern und Küche mit Kochherd bestanden. Nirgends waren Betten, alle

Insassen hatten nur die zwei Matratzen auf der Erde und das Gepäck darunter als Kopfkissen. Am Ende eines jeden Ganges befand sich eine Toilette mit zwei bis drei Kabinen, welche sich bei dieser Menschenüberlastung als viel zu klein erwies. Besonders wenn schwere Durchfälle, hervorgerufen durch das ungewohnte Essen, die Insassen befielen, spielten sich ganz menschenunwürdige Szenen dort ab. Auf jeder Etage war nur ein Waschraum mit trogartigen Behältern, über welchen zwei Reihen von Wasserhähnen liefen. Selbstverständlich rann dort nur kaltes Wasser, was im Winter besonders unangenehm war. Wollte ich mich selbst und meine Wäsche waschen, war ich gezwungen, ganz zeitig früh aufzustehen, damit ich nicht so lange in der Reihe warten mußte.

Für meine persönliche Sauberkeit sorgte ich selbst, aber ansonsten gab es für die allgemeine Sauberkeit und Ordnung einen ganz durchdachten Plan. Für die Sauberkeit der Zimmer war der Zimmerälteste verantwortlich, welcher dem Gruppenältesten, und dieser dem Gebäudeältesten unterstand. Dieser wieder war dem Leiter der Raumwirtschaft unterstellt. Hoch lebe die Bürokratie! Doch bei diesem aufeinandergedrängten Leben war es ganz unmöglich, auf Sauberkeit zu achten. Die auf dem Boden liegenden Matratzen mit den Koffern darunter konnten nicht jeden Tag gesäubert und gelüftet werden, so daß bald nach der Ankunft der Menschen auch Flöhe, Wanzen und Läuse ihren Einzug ins Ghetto hielten. Dieses Ungeziefer war eine unbeschreibliche Plage, denn sofort nach dem Einschlafen wurde man durch deren ununterbrochene Bisse geweckt. Wir alle lernten bald sehr geschickt, die springenden Flöhe zu fangen und sie zu knacken. Doch dieses Ungeziefer vermehrte sich so rasch, daß wir nicht nachkommen konnten.

Hatte man einen Bekannten, welcher in der Tischlerei arbeitete, bedeutete das ein großes Glück, denn von diesem bekam man eventuell einen oder gar zwei Nägel geschenkt, die man in die Wand einschlagen konnte und welche zum Aufhängen der Kleider, als Kleiderhaken, dienten. Noch größeres Glück hatte man aber, wenn man ein Brettchen schleusen konnte (Terezin-Ausdruck für: sich aneignen, besser gesagt für stehlen), denn es diente dann als polička, als Wandgestell, auf das man Verschiedenes stellen konnte. Diese polička mußte sehr oft heruntergenommen und gesäubert werden, denn sie war ein sehr beliebtes Versteck für Wanzen.

Theresienstadt hatte eine »Selbstverwaltung«, alle Dienste wurden von den Häftlingen selbst ausgeführt. Es gab verschiedene Dienste, z. B. Menage-, Gesundheits-, Transport-, Ordnungs- und Sicherheitsdienst, Jugendfürsorge, kurz, eine ganz phantastisch organisierte »Selbstverwaltung«. Jeder Dienst hatte seinen Verantwortlichen, welcher sich seine Mitarbeiter wählte. Dieser war wiederum einem Mitglied vom Ältestenrat unterstellt. Der Ältestenrat, das waren eigentlich die Minister, welche dem Judenältesten, dem Premier-Minister, unterstanden. Der Judenälteste mit seinen Vertretern unterstand wiederum direkt der SS-Kommandantur und hatte deren Befehle und Anordnungen striktest zu befolgen. Für die SS war dies die beste und bequemste Lösung, denn dadurch fiel die Verantwortung für alles auf die Juden selbst. Wurde etwas nicht zur Zufriedenheit der SS ausgeführt, wurden schwere Strafen verhängt, welche auch mit Weisung, d. h. mit Versand nach dem Osten, endeten. Deshalb bemühte sich der Ältestenrat, alle Dienste im Ghetto tadellos aufrechtzuerhalten, was eine sehr schwierige Aufgabe war, denn bei diesem Gedränge Ordnung, Sauberkeit, Gesundheit, Verpflegung, Sanitätsfragen und noch vieles andere mehr in Gang zu halten war beinahe menschenunmöglich. Es wurde alles unter den gegebenen Umständen wirklich bewundernswert gemeistert.

Man hatte zur Aufgabe, immer neue Plätze für die Neuankömmlinge zu schaffen. Wenn ein Osttransport abging, entstanden Lücken, die Alteingesessenen mußten zusammenrücken, und damit wurden Plätze für die Neuen geschaffen. Das hatte zur Folge, daß ein ständiges Übersiedeln stattfand. Diese Übersiedlungen mußten aber ganz genau registriert werden, denn ein jeder mußte seine Essenskarte erhalten und außerdem mußte man im Ältestenrat ganz genau wissen, wo ein jeder zu finden war, wenn der so gefürchtete Osttransport-Zettel ausgetragen wurde.

Nicht der SS, sondern dem Ältestenrat fiel die unmenschliche Aufgabe zu, zu bestimmen, wer zum Osttransport anzutreten hatte. Wie das bestimmt wurde, welche Kriterien entschieden, das ist mir bis heute nicht klar. Vielleicht ist es ein Schutzmechanismus, welcher auf die Erörterung dieser Frage nicht weiter eingehen will. Die Tatsache bleibt bestehen, daß die SS die Zahl der Teilnehmer bestimmte und der Ältestenrat die Leute aussuchte. Meistens waren es tausend Teilnehmer, doch mußten immer noch eine ganze Anzahl als Reserve ausgesucht werden, denn manche wurden krank oder waren wirtschaftswichtig oder hatten irgendeinen anderen Grund, nicht anzutreten, so daß die Leute von der Reserve deren Plätze einnehmen mußten. Alles war bis ins kleinste Detail perfekt organisiert. Wenn jemand sich vor einem Transport drücken wollte, wurde er einige Tage später doch gefaßt und eben mit dem nächsten Transport weggeschickt, denn beim Antreten zum Transport mußte man die Essenskarte abgeben. In Theresienstadt konnte man ohne Essenskarte absolut nicht existieren, denn bei dem Hunger dort konnte sich niemand mit noch jemandem das Essen teilen.

Täglich mußten die Etagenältesten den Stand der Insassen, der Kranken auf den Krankenstuben oder der Toten melden, damit die Registrierung fehlerfrei und lückenlos war. Bei dem kleinsten Fehler, bei dem kleinsten Irrtum, welcher jemandem unterlief, oder bei dem nichtigsten Vergehen drohte immer »Osttransport«. Damit gelang es also der SS, diesen Apparat wie am Schnürchen laufen zu lassen. Jeder Ghetto-Insasse erfüllte aus Angst vor dem Osttransport alle Anordnungen nach bestem Wissen und Gewissen. Wurde jemand im Besitz irgendeines verbotenen Gegenstandes oder beim Rauchen einer verbotenen Zigarette gefaßt, bekam er sofort »Weisung«, das heißt er wurde sofort zum nächsten Transport eingeteilt. Diese Weisung diente eigentlich für die Häftlinge als Drohung, damit jeder tadellos seine Pflicht erfüllte.

Koni und seine Eltern waren drei Wochen früher als wir in Theresienstadt eingetroffen. Es war März 1942, und in diesem Monat und auch noch im April wurden Transporte aus Brünn und Umgebung zusammengestellt. Koni, der einen Freund hatte, welcher Einblick in die Transportlisten hatte, fand bald heraus, daß wir uns auf dieser befanden. Koni war inzwischen zu der Ghetto-Wache eingeteilt und hatte deshalb die Möglichkeit, sich im Ghetto frei zu bewegen. Die Ghetto-Wache war eine Art Sicherheitsdienst, welcher für Ordnung zu sorgen hatte, aber selbstverständlich keine Art von Waffen besaß. Sie verrichteten meistens Wachdienste an den Kasernentoren, damit Männer nicht die Frauenkasernen und Frauen nicht die Männerkasernen betraten. Außerdem bewachten sie die wirtschaftswichtigen Zweige, so wie Tischlerei, Bäckerei und verschiedene Depots, damit dort nichts abhanden käme. Sie hatten Binden am Arm und später erhielten sie schwarze Schildmützen, welche mit einem gelben Band versehen waren. Wer einen Ghetto-Wachmann in der Familie oder als Freund hatte, wurde von allen beneidet, denn das Ghetto war anfangs sozusagen gesperrt; Männer konnten nicht einmal auf der Straße mit ihren Frauen sprechen. Es war nur eine halbe Stunde nach der Arbeit möglich, einander auf der Straße zu treffen. Es war jedoch kaum möglich, sich in dieser kurzen Zeit etwas von Bedeutung zu sagen, da immer alle auf einmal sprachen. Deshalb diente der Ghetto-Wachmann als Postillon d'amour und hatte immer einige Briefe bei sich, um sie dem anderen zu überbringen.

Durch Koni erfuhren wir, daß Vater, welcher doch Tuberkulose hatte, sich nicht gut fühle, und daß ihm das Atmen in dem mit etwa vierzig Menschen überfüllten Wohnraum sehr schwerfiel. Seit seiner Erkrankung war er immer von der Familie gepflegt und verwöhnt worden, jetzt litt er unsagbar durch die Trennung.

Wir waren vierzehn oder schon fünfzehn Tage in Theresienstadt, als ich ganz hohes Fieber bekam. Damals war Angina, an welcher ich erkrankte, eine sehr schwere Krankheit, denn es gab noch keine Antibiotika und im Ghetto fehlte es überhaupt an Arzneien. Ich lag auf der Erde auf meinen zwei Matratzen, das Fieber schüttelte mich, der Arzt, welcher zwar jeden Tag zur Visite kam, konnte mir doch nur wenig Aspirin geben. In diesem Zustand erreichte mich und meine ganze Familie der so gefürchtete Osttransport-Zettel. Wir hatten uns in weiteren drei Tagen zum Transport zu stellen. Der Arzt stellte fest, daß ich transportunfähig war. Damals herrschte ein Gesetz, daß Nichtvolljährige (Menschen unter 21 Jahren), welche transportunfähig waren, ihre engste Familie vor dem Transport schützten. Wir waren über diese Nachricht ganz glücklich. Koni lief zu Vater und berichtete ihm, daß er nicht zum Transport antreten müsse. Vater jedoch, welcher sich so schlecht im Ghetto fühlte, hoffte, daß er, wenn er das Ghetto verlassen würde, an einem anderen Ort besser würde atmen können. Koni überbrachte diese Nachricht uns Frauen, und unsere Freude verließ uns sofort. Außerdem ließ uns Vater sagen, daß die ganze Familie zusammenbleiben und zusammenhalten müsse, und daß ich, so krank ich auch wäre, mit der Familie zum Transport anzutreten hätte. Zwei Tage vor dem Transport. Der Arzt warnte mich vor dem Wegfahren. Vater ließ uns sagen, daß ich auch auf dem Transport gesund werden könne. Es blieb nur noch ein Tag Zeit, um uns aus der Transportliste zu streichen. Wieder ging Koni zu Vater, welcher aber auf seiner Forderung, nach Osten zu gehen, bestand. Wieder behauptete Vater, daß es uns allen im Osten besser gehen würde als in Theresienstadt, und daß die ganze Familie zum Transport antreten muß. Nach fieberhaftem Überlegen kamen Koni und ich auf eine ganz einfache Lösung, und ich sagte erleichtert ja.

Diese Lösung war, daß Koni und ich sofort heiraten würden, so daß ich im Ghetto nicht alleine bleiben und Vater mit dem Rest der Familie zum Transport antreten würde.

Einige wirtschaftswichtige Zweige im Ghetto waren vor Transporten geschützt, denn man wollte und mußte die Selbstverwaltung im Ghetto glatt ablaufen lassen. Dadurch daß Koni vor den Transporten durch die Ghetto-Wache geschützt war, war ich es eben, als seine Gattin, auch.

Koni brachte sofort einen Rabbiner an meine Liegestatt. Eine Frau im Zimmer, welche sich einen Ehering unter der Zunge ins Ghetto geschmuggelt hatte, borgte mir diesen. Von der Hochzeitszeremonie, welche gerade zwei oder drei Minuten dauerte (der Rabbiner sprach die wenigen Worte des Trauungs-Ritus »Hiermit bist Du mir angetraut« und steckte den Ehering an den Finger), war ich bitter enttäuscht, denn so wie jedes junge Mädchen träumte auch ich von einer feierlichen, schönen Hochzeit, mit weißem Kleid, Brautjungfern, Tempel, Gesang und Tanz.

Ich wußte, daß dies mein letzter Tag mit meiner Familie zusammen war, denn morgen würden alle in den Transport gehen, und ich wußte nicht, wann wir uns wiedersehen würden. Ich wollte mich von Vater verabschieden und ging, so krank ich war, zu seiner Kaserne. Er durfte vor dem Transport die Kaserne nicht mehr verlassen, und deshalb rief Koni ihn an die Umzäunung. Ich teilte Vater mit, daß ich nicht nach Osten mitkommen würde, daß ich eben geheiratet hätte und mit Koni in Theresienstadt bleiben würde. Mein Vater sagte kein Wort, nur die Tränen begannen ihm zu fließen. Ahnte er vielleicht, daß dies unser letztes Zusammensein war? Doch in meinem jugendlichen Alter konnte ich die Tränen nicht verstehen und fragte: »Ja, freust du dich denn nicht, daß ich geheiratet habe?«

Mein Vater gehörte dem Priestergeschlecht der Cohanim an, und statt einer Antwort hob er beide Hände mit dem Zeichen der Cohanim und begann mich zu segnen. Und die Tränen rannen ihm die Wangen hinunter. Er murmelte nur: »Meine Rutinko, meine Rutinko«, sonst sprach er kein Wort. Dies war das letzte Mal, daß ich meinen Vater sah, und wenn ich an ihn denke, träume oder von ihm spreche, habe ich stets dieses letzte Bild vor meinen Augen.

Von meiner so schönen Schwester Edith fiel mir der Abschied besonders schwer. Wir standen beinahe die ganze Nacht auf dem Bogengang zusammen und redeten, redeten, weinten und weinten. Edith sprach ständig von Miloš und wollte wenigstens wie ich in Theresienstadt bleiben, doch niemand konnte dies veranlassen. Es überkommt mich noch heute ein gewisses Schuldgefühl, wenn ich daran denke, daß ich im Ghetto bleiben durfte und sie gehen ließ. Warum ließ ich sie gehen? Warum konnte ich nicht etwas tun, um sie dazubehalten? Warum? So ein schönes, junges Leben, welches nur so kurz anfing zu leben, zu lieben...

Doch gegen die Gewalt, welche unser Leben oder unseren Tod im Ghetto bestimmte, konnte ich nicht kämpfen. Es wurden für jeden Transport ganz genaue Listen angelegt und es wurde strengstens kontrolliert, ob auch jeder zum Transport angetreten war. Fehlte jemand, wurde er so lange gesucht, bis man ihn fand, und wenn er sich bei jemandem versteckt hielt, wurde auch derjenige noch mitgesandt. Wenn man ihn bis zum Abgang des Transportes nicht fand, mußte jemand aus der Reserve gehen, und ganz bestimmt wurde der Flüchtling ja dann später doch gefunden, denn man mußte die Menage-Karten sofort abgeben, und ohne Essen war kein Bleiben im Ghetto möglich.

Beim Schreiben dieser Zeilen rollen meine Tränen, denn ganz genau sehe ich meine Edith vor mir, wie sie sich an mich klammerte, Tante Irma, welche mich erzogen hatte und nun ganz alleine war, denn Onkel Hugo war noch immer im Krankenhaus in Ostrau. Sie hatte niemanden, außer uns beiden Nichten, welche wie ihre Töchter waren, und nun ließ sie die eine im Ghetto zurück. Vaters Frau Lore gegenüber hatte ich absolut keine Gefühle gehabt, doch in diesem Augenblick des Abschiednehmens fiel es mir schwer, auch sie ziehen zu lassen, denn schließlich war sie ein Familienmitglied und eine gute Frau für Vater gewesen. Es war bestimmt nicht leicht für sie, in einer Atmosphäre von Haß, welchen wir Schwestern ihr entgegengebracht hatten, zu leben und noch zu dem allen sich um unseren kranken Vater zu kümmern. Ich sehe alle ganz genau vor mir, wie sie beim Abschied dastanden, weinten und wahrscheinlich dieselben Gedanken hatten wie ich: »Werden wir uns je wiedersehen?« Ich sah sie nie mehr. Alle wurden dort irgendwo, irgendwie umgebracht.

Wir, welche in Theresienstadt zurückblieben, wußten selbstverständlich nichts, nicht von den so schrecklichen Tragödien, welche sich dort in den Vernichtungslagern abspielten. Wir waren im Ghetto fast hermetisch von der Außenwelt abeschlossen. Die Nazis verstanden es ausgezeichnet, alles so zu organisieren, daß die Außenwelt über die Massenvernichtung der Juden kaum etwas erfuhr. Es waren Gerüchte über das Schicksal der Juden im Umlauf, doch niemand wußte Genaues zu berichten, und das Abwehrsystem in uns wollte schlechten Nachrichten keinen Glauben schenken, was eine Art von Selbstimmunisierung war.

Nachdem meine Familie aus Theresienstadt deportiert worden war und ich wieder gesund war, wurde ich, wie jeder andere Ghetto-Insasse, zum Arbeiten eingeteilt. Da im Ghetto ein Mangel an Krankenschwestern herrschte, meldete ich mich zu diesem Beruf, welcher mich dadurch besonders anzog, daß ich anderen helfen konnte. Man teilte mich sofort als Krankenschwester für das Siechenheim ein, um Alte und Kranke zu pflegen. Das Siechenheim befand sich damals in der Jäger-Kaserne, im Erdgeschoß. Jeder besaß die schon so oft beschriebenen zwei Matratzen, welche auf der Erde lagen, denn Betten gab es keine. Es wurde nicht geheizt, denn Kohle gab es nicht, und jeder fror, denn die eine dünne Wolldecke, welche jeder hatte mitnehmen können, gab absolut keinen Schutz gegen die Kälte und konnte niemanden erwärmen. Dazu kam das spärliche, kalorienarme Essen, welches auch nicht wärmte. Zum Waschen gab es nur kaltes Wasser, Medikamente waren kaum da, dafür aber Läuse und Wanzen in ganz großer Zahl, derer sich diese armen Menschen nicht erwehren konnten. Viele dieser Siechen waren bettlägerig, konnten kaum aufstehen, und wir, das Krankenpersonal, mußten trachten, diese Menschen zu waschen, sauber zu halten und zu pflegen, was beinahe ein Ding der Unmöglichkeit war. In dem Siechenheim war ein fürchterlicher Gestank, denn die Siechen konnten oft weder Urin noch Stuhlgang kontrollieren. Saubere Wäsche gab es auch nicht, sie lagen buchstäblich in ihrem eigenen Schmutz. Jede Nacht, in der ich Nachtdienst hatte, starben einige. Ich lernte bald, Leichen in deren eigene Leintücher zu wickeln und diese fortzuschaffen. Es war für mich grauenerregend und anstrengend, diese Leichen noch in der Nacht in den Keller, welcher als Leichenhalle diente, hinunterzubefördern. In der Früh mußte ich dann die Anzahl und Namen der Toten melden, damit das in der Registratur genau eingetragen würde, denn die Ordnung mußte ja aufrechterhalten bleiben. Wie viele in meinen Armen gestorben sind, weiß ich nicht. Wie viele Namen, wie viele Kinder sehnsüchtig gerufen wurden, weiß ich nicht. Eines weiß ich nur, daß die meisten ganz verlassen von Kindern und Verwandten starben und daß ich da zum ersten Male in meinem Leben mit Tod und Verzweiflung in Berührung kam.

Wir hatten Hunger, ganz großen Hunger, denn das Essen, welches wir bekamen, war ganz spärlich. In der Früh: Ersatzkaffee, Mittags: eine Suppe, meistens aus irgendeinem Ersatzpulver oder aus einer Rübenart hergestellt – wenn man Glück hatte, schwamm darin ein Stückchen Rübe. Dies war der erste Gang. Nachher gab es etwas gekochte Kartoffeln mit einer Sauce, oder einen Hefeknödel mit Sauce oder einmal in der Woche etwas Haschee aus mehr Mehl als Fleisch. Abends: Ersatzkaffee, manchmal Margarine oder Marmelade oder Kunsthonig und ein Drittel Laib Brot. Frisches Obst, Gemüse oder ein Ei, das gab es nur im Traum.

Langsam verschlechterte sich mein Gemütszustand durch das Erlebte und den Hunger, und ich bat meine Vorgesetzte, mich der Arbeit im Siechenheim zu beheben. So wurde ich einem Arzt, welcher Hausbesuche in den Ubikationen machte, als Krankenschwester zugeteilt. Unsere Aufgabe war es, Kranke, welche nicht zur Arbeit gehen konnten, in den Wohnquartieren zu besuchen und ihre Arbeitsfähigkeit oder

-unfähigkeit festzustellen oder sie eventuell in eine der Krankenstuben zu überweisen. Bei dieser mangelhaften Ernährung hatten viele nicht die Kraft zu arbeiten. Für den Arzt, welcher ja selbst in dieser Lage war und Hunger litt, war es nicht leicht, zu entscheiden, wer in die Arbeit gehen mußte. Auch der Gemütszustand der Patienten spielte dabei eine sehr wichtige Rolle. Vielleicht war es gerade gut, daß man diese armen Menschen zur Arbeit zwang und sie durch die Aufgaben, welche sie zu bewältigen hatten, vielleicht ihr eigenes Leid für wenige Stunden vergaßen? Diese Arbeit führte mich in die verschiedenen Ubikationen, ob Kasernen oder von den Tschechen geräumte Privathäuser. Überall lagen die Menschen auf der Erde, und es war herzzerbrechend für mich, dieses Elend mit anzusehen. Was konnte da eine Krankenschwester helfen? Wie konnte sie dieses Massenelend heilen? Medikamente gab es nicht, es waren auch keine Medikamente, welche Judenverfolgung lindern könnten, erfunden worden, und die besten Ärzte und Wissenschaftler, welche durch Theresienstadt kamen, waren diesem Zustand machtlos gegenübergestellt. Ich war jung, hatte Hunger und hatte nicht mehr die Kraft, mir dieses Elend anzusehen. Deshalb hielt ich nach einer anderen Arbeit Umschau, und durch puren Zufall gelang es mir, eine andere Beschäftigung zu erhalten.

Eines Tages ging ich an einem Zimmer vorbei, aus welchem Akkordeon-Musik erklang. Durch die Musik wie durch einen Magnet angezogen, öffnete ich die Tür zu diesem mir fremden Zimmer und war durch den Anblick dieses Instrumentes fasziniert. Man muß es mir wahrscheinlich angesehen haben, denn als man mich nach meinen Wünschen fragte, äußerte ich nur den einen – spielen zu dürfen. Ich war so überrascht, ein Akkordeon vorzufinden, daß ich mir im ersten Moment gar keine Gedanken machte, wie es ins Ghetto gekommen sein könnte. Wir hatten doch schon am Anfang der Besetzung alle Instrumente abgeben müssen, und bei unserem Antritt zum Transport ins Ghetto wurde doch unser Gepäck so genau untersucht, daß man keine

Konterbande mitnehmen konnte. Erst viel später erfuhr ich, daß Gendarmen Musikinstrumente mitbrachten und Ghetto-Insassen diese ins Ghetto schmuggelten. Nachdem man mir das Akkordeon gereicht hatte, fing ich zögernd zu spielen an und später sang ich auch noch dazu. Die im Zimmer Anwesenden stimmten mit ein und im Nu vergaßen wir alle unsere Sorgen und sangen und sangen. Im Zimmer war ein junger Mann anwesend, Emil Schneider. Obzwar ich wußte, daß Männer sich nicht in Frauen-Ubikationen aufhalten durften, fand ich auch dies nicht erstaunlich, so war ich von der Musik ergriffen. Emil hatte das Privileg, sich in der Frauenkaserne aufzuhalten, denn er war der Chef-Koch der Küche der Hamburger-Kaserne. Geradeheraus fragte mich Emil nach meiner Beschäftigung, und ob ich nicht Lust hätte, schwere, aber sättigende Arbeit zu verrichten. Ich traute meinen Ohren nicht. In der Küche arbeiten zu dürfen, das war der Wunschtraum eines jeden in Theresienstadt. Auf diese Weise konnte ich dort essen und meinem Mann meine Ration geben. Ja, Landwirtschaft, Fleischergruppe und Küche waren die ersehntesten Berufe im Ghetto. Nach einigen Bemühungen gelang es Emil, mich in seine Küche in der Hamburger-Kaserne einzureihen. Es war wirklich schwere körperliche Arbeit, welche ich da verrichten mußte. Kessel reinigen, das Rohmaterial hereinschaffen und dann die mit Suppe gefüllten Holzbehälter, welche sehr schwer waren, schleppen. Das mußten immer zwei Menschen tun, denn diese waren schrecklich schwer. Man mußte einen dicken Stock durch die Ösen der Handgriffe schieben und mittels dieses Stockes trug man die Holzbehälter mit der kochenden Suppe zur Essensausgabe. Wir arbeiteten immer zu dritt bei dem Ausgabefenster, ein jeder von uns gab einen Teil des Essens aus, d. h. einer die Suppe, der andere die Kartoffeln, der dritte die Sauce. Lange vor der Essens-Ausgabezeit sahen wir schon Schlangen von Menschen stehen, welche aufs Essen warteten. Jeder Insasse von Theresienstadt hatte eine Menage-Karte, und der Menagedienst kontrollierte diese und riß vor dem Ausgabefenster immer den betreffenden

Coupon ab, wobei er uns Köchen die Portionenzahl bekanntgab, welche wir in die Eßschalen einfüllen sollten. Ich suchte immer eine Ausrede, um mich vor der Essensausgabe zu drücken, denn es spielten sich dort erschütternde Szenen ab. Den meisten Menschen sah man an, daß es ihnen im Leben draußen gut gegangen war, und mir brach immer das Herz, wenn ich von diesen den Wunsch hörte: »Bitte das Dicke von unten.« Das bedeutete, daß sie mich um ein bißchen Rübe baten, es bedeutete ein paar Minuten weniger Magenknurren. Ich rührte die Suppe immer gut durch, damit alle gleichmäßige Rationen erhielten. Wenn der leere Holzbehälter dann aus der Küche herauskam, stürzten sich die armen Menschen mit ihren Löffeln dahin, um noch etwas Suppe herauskratzen zu können.

Schleusen. Dieses Wort hatte in Theresienstadt zweierlei Bedeutung. Für Neuankömmlinge wurden etwas später Schleusen eingerichtet, durch welche man durchgehen mußte, um registriert und kontrolliert zu werden. Diese Schleuse war in einer Kaserne eingerichtet, und jeder mußte sein Gepäck auspacken. Beruschky durchsuchten die ganze Habe sehr genau und nahmen von den wenigen Sachen, welche ein jeder mitbrachte, so viel als möglich heraus. Dies war der erste Schock, welchen die armen Menschen erlitten. Dann begann die Registrierung, Platzanweisung und eventuelle Einteilung zum Osttransport. Die Neuankömmlinge waren von dieser Prozedur ganz konfus, denn auch aus Theresienstadt drangen keine Nachrichten heraus – mit Ausnahme der auf den offenen Karten, auf welche man nur dreißig Worte schreiben durfte. Selbstverständlich herrschte eine strenge Zensur, und die meisten Karten hatten denselben Wortlaut: »Es geht uns gut, wir sind gesund und hoffen dasselbe von Euch...«, und noch ein paar Bemerkungen, welche aber die Situation im Ghetto absolut nicht schildern konnten. Wenn ein Transport nach Theresienstadt kam, durfte niemand auf der Straße sein, bis dieser Transport die Schleuse erreichte, denn man wollte dadurch ein frühes Warnen vermeiden. Erst wenn die Menschen aus dieser

Schleuse herauskamen, durften wir Alteingesessenen mit ihnen sprechen, denn dann waren sie dem Theresienstädter Dialekt zufolge schon »durchgeschleust«.

Die zweite Bedeutung dieses Wortes war: sich etwas aneignen, nehmen, oder ganz offen gesagt, stehlen. Schleusen hieß nicht, einen Mithäftling bestehlen, sondern etwas vom Allgemeingut mitgehen lassen. Man wollte zum Beispiel Kleider an die Wand hängen, deshalb schleuste man einen Nagel. Es gab keinerlei Geschäfte, wo man etwas hätte kaufen können, deshalb mußte man eben für uns ganz selbstverständliche Sachen »schleusen«. Man bekam sie von Bekannten, welche in den verschiedenen anderen Abteilungen arbeiteten. Wenn dieser Bekannte zum Beispiel in der Tischlerei arbeitete, schleuste er einen Nagel oder ein Stückchen Brett, aus welchem man sich eine kleine Stellage für die Wand zimmerte. Als Gegenleistung bekam der Mann eine Kartoffel oder ein bißchen Einbrenne, welche ich wiederum in der Küche schleuste. Auf diese Weise entstand ein sehr reges Tauschgeschäft, welches zur Folge hatte, daß eine Lager-Kriminal-Polizei gegründet wurde, welche diese Schleusereien zu verhindern hatte, eigentlich ganz naive, kleine Vergehen. In diesem Elend, in welchem wir existieren mußten, trachteten wir, uns das Leben ein bißchen zu erleichtern. Deshalb suchte ein jeder das, was er dringend brauchte, sich auf irgendeine Weise zu besorgen. Wenn meine Schuhsohlen ein Loch aufwiesen, bekam ich die Schuhe von der Schusterei viel früher zurück, wenn ich den Schuhen eine Kartoffel beilegte. Der Bäcker legte ein Stückchen Brot bei, jemand anderer eine Zigarette, welche überhaupt ein sehr teurer und begehrter Artikel in Theresienstadt war. Zigaretten wurden ins Ghetto von tschechischen Gendarmen gebracht, welche wiederum für diese bezahlt wurden, jedoch war der Preis unvergleichlich hoch, denn wenn der Gendarm gefaßt wurde, bekam er eine hohe Strafe; doch wenn der Jude gefaßt wurde, bekam er sofort Weisung in den Osttransport. Rauchen auf den Ubikationen war strengstens verboten, und wenn SS-Männer oder eine Beruschka zu einer Razzia kamen und

Rauch in der Luft lag, wurde sofort eine Durchsuchung veranlaßt. Es gab kaum eine Durchsuchung, bei welcher nicht willkürlich Konterbande gefunden wurde. Das Resultat war immer Osttransport. Trotz dieser ständigen Drohung begingen die Ghettoinsassen immer wieder diese kleinen Vergehen, denn dies war eine Möglichkeit, sich das Leben im Ghetto ein wenig angenehmer zu gestalten. Nicht nur angenehmer, denn ein Bissen Brot oder eine Kartoffel bedeuteten, den Hunger etwas zu stillen und somit am Leben zu bleiben. Kohlen schleusen bedeutete, den erstarrten Körper im Winter, wenn 10 bis 15 Grad unter Null waren, zu erwärmen und nicht zu erfrieren. Schleusen war nicht stehlen, Schleusen war lebenswichtig.

Einmal in zwei Wochen gab es zum Mittagessen eine Linsenersatz-Suppe, welche fürchterlich schmeckte, aber dickflüssig war und damit den Magen etwas anfüllte. Als zweiten »Gang« gab es einen Hefeknödel, welcher mit einer gesüßten, braunschwarzen Sauce, in welcher ganz kleine Margarine-Flocken schwammen, übergossen war. Wenn wir in der Küche diese Knödel zubereiteten, mußte es ganz warm drinnen sein, damit der Teig, welcher in Holztrögen mit den Händen gerührt wurde, aufgehen konnte. Wir Köche arbeiteten in Arbeitskleidung und darüber hatten wir große Wachsschürzen als Schutz. Ich beschloß, ein wenig von dem Hefeteig zu schleusen, damit ich meiner Zimmergenossin und ihrem Kind etwas zubessern konnte. Ich nahm eine Handvoll Teig und steckte diesen zwischen Schürze und Kleider. Ich wollte die Küche gerade mit meinem geschleusten Gut verlassen, als in dem Moment ein Kripo (Kriminal-Polizist) die Küche zur Kontrolle betrat, während ein anderer den Ausgang bewachte. Durch die Hitze fing der Teig hinter der Schürze zu gären an, und meine Brustdimensionen wuchsen und wuchsen. Aus Angst, daß der Teig über den Schürzenrand treten könnte, fing ich diesen derart zu zähmen an, daß ich mir in kurzen Abständen kräftig auf die Brust schlug. Dadurch sackte der Teig für eine kurze Zeit ein, um sofort wieder, da es in der Küche so heiß war, zu gären. Die Kripo-Leute bemerkten nichts, dafür aber sahen es meine Arbeitskollegen, welche einen Riesenspaß an meiner Verzweiflung und meinem Verhalten hatten. Zum Schluß verließ die Kripo nach einer Zeit, die für mich eine Ewigkeit dauerte, die Küche. Anstatt Teig für meine Zimmerkollegin brachte ich völlig verklebte Kleider auf die Ubikation. Trotzdem wurden wenigstens die Reste des Teiges abgekratzt, und etwas Zubesserung war doch meiner hungrigen Zimmerkollegin zuteil geworden.

Bevor wir nach Theresienstadt kamen und schon vorher, sofort nach der Besetzung, hatten wir alle Musikinstrumente an die Besetzungsmacht abgeben müssen. Deshalb waren wir sehr erstaunt, als im Ghetto die ersten Musikinstrumente auftauchten. Dies alles mußte ganz heimlich geschehen, denn, wie schon so oft beschrieben, wurden die Gendarmen, welche Sachen ins Ghetto schmuggelten, sehr streng bestraft. Für ihre Dienste wurden zwar die tschechischen Gendarmen von den Juden entweder im oder außerhalb des Ghettos sehr gut bezahlt. Beinahe jeder von uns hatte, bevor er nach Theresienstadt ging, in die Kleider Geld und etwas Wertsachen eingenäht oder sonst versteckt und ins Ghetto eingeschmuggelt. Wir alle waren der Überzeugung, daß uns diese Sachen in schweren Zeiten etwas helfen würden. Deshalb nahmen die tschechischen Gendarmen, welche sehr schlecht entlohnt wurden, das Risiko auf sich, ins Ghetto Sachen zu schmuggeln, denn für sie bedeutete dies ein Zuverdienen, das heißt eine Verbesserung ihrer Lebensbedingungen. Für die Ghetto-Insassen hingegen war es eine Lebensnotwendigkeit. Die Gendarmen waren die einzige Verbindung zur Außenwelt für uns. Durch diese kamen hie und da Zeitungen ins Ghetto, welche uns, wenn auch nur einseitig, doch über die politische Lage aufklärten. Die Gendarmen waren die einzigen Lieferanten all dieser lebenswichtigen Dinge.

Dadurch daß wir so isoliert von allen Ereignissen lebten, bekamen wir auch keinerlei geistige Nahrung durch die Außenwelt. Durch diese Isolierung wollten die Nazis wahrscheinlich auch unseren geistigen Niedergang erreichen. Doch dieser Punkt in ihrer Planung gelang ihnen nicht, denn den einzigen Widerstand, welchen die Ghetto-Insassen leisten konnten, ohne Waffen zu besitzen, war ihr geistiger Widerstand. Es war dies der einzige Weg, welcher zum Überleben offenstand. Dieser Widerstand war ganz besonders im Ghetto von Theresienstadt spürbar. Ins Ghetto kam ein ganz riesiger Zustrom, nicht nur von der Tschechoslowakei, sondern aus Deutschland, Österreich, Holland, Frankreich und später auch Dänemark, von Wissenschaftlern, Ärzten, Musikern, Lehrern, Malern, Sängern, Schauspielern, kurz die intellektuelle Elite Mitteleuropas. Die Menschen fingen im Ghetto an, ihr aufgespeichertes Wissen an die anderen Ghetto-Insassen weiterzugeben, denn dies war der einzig mögliche Weg, sich geistig nicht unterkriegen zu lassen und sich so gegen die Absicht der Nazis, uns geistig zu töten, zu wehren.

Jeder Ghetto-Insasse wurde sofort nach seiner Ankunft zu Arbeiten eingeteilt. Man mußte acht Stunden arbeiten, um die »Selbstverwaltung« auf allen ihren Gebieten tadellos aufrechtzuerhalten. Jedoch nach der Arbeit, in der Freizeit eines jeden, wurden wir erst recht enorm tätig. Zuerst wurden Vorträge nur in ganz kleinen Kreisen gehalten, manche hatten die Gelegenheit, Hebräisch zu lernen, es bildeten sich kleine Chöre, Bühnen etc. Die ersten Musikinstrumente wurden ins Ghetto geschmuggelt und die ersten Konzerte fanden statt. All diese Tätigkeiten durften nur ganz heimlich ausgeführt werden. Die Wohnstellen, in welchen dies alles sich abspielte, wurden von draußen bewacht, und wenn sich ein SS-Mann näherte, wurde man sofort gewarnt und im Nu verschwand alles.

Auf diese Weise wurden das erste Akkordeon, eine Laute, eine Violine, eine Viola, ein Cello und noch einige andere Musikinstrumente ins Ghetto gebracht. Ein neues Problem entstand dadurch, daß keinerlei gedruckte Noten vorhanden waren. Über dieses Hindernis verhalf wiederum das aufgespeicherte Gedächtnis, und die Musiker fingen auswendig, der Erinnerung nach, zu spielen an. Es war wirklich ebenso bewundernswert wie unverständlich, als sich Trios bildeten und jeder Künstler seinen Teil auswendig und fehlerfrei spielte. Das erste Konzert, welchem ich beiwohnen konnte, fand auf einem Dachboden statt. Es ist für mich unvergeßlich. Es war ein verhältnismäßig großer Raum, wo drei Stühle für das Trio, Violine, Viola und Cello, standen. Sonst war kein Stuhl da und alle Zuhörer standen mäuschenstill, um diesen Klängen zu lauschen. Durch ein Dachfenster hielt man Ausschau, und auf den Treppen verteilt standen Wachen, welche uns sofort warnen sollten, falls sich ein SS-Mann näherte. Es war dies, glaube ich, eines meiner feierlichsten Konzerte, welchem ich je zuhören durfte. Es herrschte so eine andächtige Ruhe unter den Zuhörern, daß man eine Nadel hätte fallen hören, und auf vielen Wangen rollten die Tränen herunter.

Diese wenigen Stunden geistiger Nahrung bewirkten bei vielen, daß sie Hunger und Elend vergaßen und sehnsüchtig auf ein weiteres Konzert, einen Vortrag oder ein Theaterstück warteten. Bei den Künstlern hingegen war dies eine Revolte gegen das Regime. Die Instrumente oder Texte waren ihre Waffen, welche sie gegen die Besatzungsmacht richteten und durch welche sie sich wehren konnten. Der Ältestenrat setzte bei den SS bald durch, daß Musikinstrumente offiziell ins Lager gebracht werden durften. Dadurch entstand in Theresienstadt eine weitverzweigte Freizeitgestaltung. Es gab keine Partituren, und die Musiker verbrachten Nächte damit, Notenlinien auf Papier zu ziehen und die verschiedenen Stimmen aufzuschreiben, selbstverständlich nur dem Gedächtnis nach. Den Tag über mußte ein jeder in den verschiedenen Diensten arbeiten, nach der Arbeit aber, in der sogenannten Freizeit, entwickelte sich eine unsagbar rege Kulturtätigkeit, welche viele den Hunger und das Leiden für wenige Stunden vergessen ließ. Die deutsche Kommandantur förderte diese Tätigkeit, die später zu einer der größten Propagandalügen benutzt wurde.

Im Jahre 1943 wurde ein Rotkreuz-Besuch in Theresienstadt angekündigt. Die Nazis wollten der Welt zeigen, wie gut es den Juden im Ghetto geht. Ein Film wurde gedreht, der Lügenfilm »Der Führer schenkt den Juden eine Stadt«. Theresienstadt wurde ausgeschmückt, sogar die Straßen wurden gewaschen. Spielplätze für Kinder wurden geschaffen, Theateraufführungen, Konzerte und Vorträge in überfüllten Sälen und mit feierlichst angezogenen Leuten wurden gefilmt. Man wollte Theresienstadt als Musterghetto vorführen, wo die Menschen zufrieden und glücklich lebten. Sofort nach diesem Besuch wurden alle Verschönerungen niedergerissen und das traurige Ghettoleben fand seinen Fortgang. Nach der Abreise des Komitees wurden die Mitwirkenden, da man sie nicht mehr brauchte, in einen Osttransport eingereiht, von welchem sie nie mehr zurückkamen. Viele begabte junge Leute fanden so ihren Tod, damit sie von dieser großen Lüge keinen Bericht erstatten konnten.

Eine Malergruppe, Leo Haas, Fritta, Unger, Dr. Fleischmann und andere, mußten für die SS malen. Das Thema wurde ihnen von den Deutschen diktiert. Diese Künstler fingen mit einer großen illegalen Aktivität an. Sie hielten mit ihren Pinseln das Leben im Ghetto wahrheitsgetreu fest. Auch bei ihnen, wie bei anderen Künstlern, wurden Wachen zum Warnen vor SS-Überraschungsbesuch aufgestellt. Die fertigen Bilder wurden in Wänden und anderen Schlupfwinkeln versteckt; sie sollten später, nach der Befreiung, bezeugen, wie das Leben im Ghetto wirklich war. Eines Tages kam die SS ohne vorherige Warnung, entdeckte diese Zeichnungen, und die Künstler wurden in das Gefängnis von Theresienstadt, die kleine Festung genannt, gebracht. Dort wurden sie großen körperlichen Qualen ausgesetzt, denn man wollte von ihnen weitere Verstecke von Bildern erfahren. Da sie diese Verstecke nicht verraten wollten, wurden zweien von ihnen die Finger verstümmelt; langsam verkamen sie in der kleinen Festung. Nur Leo Haas überlebte. Nach seiner Befreiung kamen auch viele dieser Bilder zum Vorschein und mit ihnen die Wahrheit über das Schicksal seiner Freunde.

Es entstanden verschiedene Theatergruppen, die in tschechischer und deutscher Sprache aufführten. Karel Schwenk schrieb das Libretto und die Musik für Kabaretts, welche aktuelle Ghetto-Themen brachten. Die Schlußszene seines ersten Kabaretts beinhaltete ein einfaches Lied. Die Schauspieler standen Hand in Hand am Bühnenrand und sangen dieses Lied, welches sofort zur Hymne Theresienstadts wurde. Ein jeder, welcher im Ghetto war, kannte es, summte es und dieses Lied ist bis heute einem jeden von uns unvergeßlich geblieben. Somit lebt Karel Schwenk in unserer Erinnerung weiter, obwohl ihm, noch ganz jung, im Herbst 1944 sein Leben durch Vergasung genommen wurde. Die freie Übersetzung:

Wenn man will, dann gelingt's, Hand in Hand und fest vereint,
trotz der schweren Zeit – Humor ist noch im Herzen.
Jeden Tag ziehen wir um, Platz für Neue wird gemacht,
dreißig Worte nur zu schreiben sind erlaubt,
ja, doch morgen fängt das Leben an, der Tag schon näher rückt,
packen wir das kleine Bündel dann, nach Hause kehren wir zurück.
Wenn man will, dann gelingt's, Hand in Hand und fest vereint,
auf den Ghettotrümmern lachen wir.

Meine Sehnsucht nach musikalischer Betätigung wurde so stark, daß mir die Konzerte, die ich besuchte, nicht mehr genügten. Hie und da suchte ich Kurtl Maier auf, um ein wenig Akkordeon spielen zu können. In der Küche bei der schweren Arbeit fingen wir oft zu singen an, und eines Tages erzählte mir mein Kollege, Eda Krasa, daß er Mitglied eines Chores geworden sei. Er besaß eine herrliche Bariton-Stimme, und wir sangen bei jeder Gelegenheit, welche sich uns bot. Durch sein Zureden ermutigt, ging auch ich zu einer Stimmprüfung. Diese fand in einem Keller statt, wo ein kleines, beschädigtes Harmonium stand. Es war dort bitterkalt, doch mein Herz wurde von dem so freundlichen Empfang durch einen der größten Musiker im Ghetto, Raffael

Schächter, erwärmt. Raffael Schächter war die treibende Kraft des Musiklebens im Ghetto. Im Keller eines Hauses fand man einen alten Flügel, welcher keine Beine hatte. Dieser wurde auf Böcke gestellt, und Raffael Schächter spielte und dirigierte zu gleicher Zeit seine erste Opern-Aufführung, die »Verkaufte Braut« von Smetana. Es war nicht schwer, unter den Ghetto-Insassen die Solisten, ob aus Deutschland oder der Tschechoslowakei und Österreich, zu finden. Nach etwa 35 Vorstellungen, welche vom Publikum ganz begeistert aufgenommen wurden, studierte er weitere Opern ein, wie »Figaros Hochzeit«, und sein größtes Werk, das »Requiem« von Verdi. Es waren unvergeßliche Stunden.

Nach meiner Stimmprüfung wurde ich als Altstimme in den Chor aufgenommen und begann, an den Proben für die »Verkaufte Braut« teilzunehmen. Leider mußte ich sehr bald meine Musiktätigkeit meiner unregelmäßigen Arbeit wegen wieder aufgeben. Zu meiner Arbeit in der Küche mußte ich zu den ganz unmöglichsten Stunden erscheinen, denn dort arbeitete man in Schichten, so daß ich dadurch sehr oft an den Proben nicht teilnehmen konnte. Ich stand vor der Wahl, mich zwischen Essen und Singen zu entscheiden. Vom instinktiven Erhaltungstrieb geleitet, entschloß ich mich fürs Essen.

Der Zustrom der Juden nach Theresienstadt nahm kein Ende, denn systematisch wurden alle Städte in der Tschechoslowakei, Deutschland, Österreich, Holland und Frankreich »judenrein« gemacht. Mein Herz zog sich immer mehr zusammen, wenn ich von einem ankommenden Transport aus der Tschechoslowakei erfuhr.

Der Großteil von Vaters Familie lebte in Ostrau, und ich fragte mich immer wieder, wer von ihnen nun ankommen würde. Inzwischen waren die Schleusen schon anders organisiert worden, denn es mußte doch alles immer leistungsfähiger gemacht werden. Während ein neuer Transport ins Ghetto einzog, durfte sich niemand auf der Straße befinden, und unter SS-Bewachung wurde der Transport in die Schleuse gebracht. Dort wurden die Neuangekommenen von den

SS-Frauen, den Beruschky, durchsucht. Diese Frauen waren ganz besonders sadistisch und gemein und gingen mit den schon so schwer geprüften Leuten ganz menschenunwürdig um. Beim kleinsten Protest gegen ihr Stehlen schlugen sie wahllos auf ihre Opfer ein.

Als ich von dem ersten Transport aus Ostrau hörte, überkam mich eine ganz große Unruhe, und der Wunsch, meiner Familie zu helfen, festigte sich in mir. Ich stand in einer Türöffnung verborgen, als der Transport durch die menschenleeren Straßen einzog, starrte in die Gesichter, um jemanden von meinen Leuten zu erkennen. Ein SS-Mann (oder war es ein Gendarm?) ging gerade an mir vorbei, als ich im Bruchteil einer Sekunde den Entschluß faßte, mich in die Reihen der Neuangekommenen einzuschmuggeln. In diesem Moment war ich mir der Gefahr, sofort in den Osttransport eingereiht zu werden, gar nicht bewußt. Mit einem Satz war ich, ohne bemerkt zu werden, zwischen mir unbekannten Leuten und fiel sofort in ihr Marschtempo ein. Jeder Transport war ein ganz stummer Zug, die Leute sprachen nicht, denn die Spannung angesichts der nahen Zukunft beherrschte ihr Denken. Im Flüsterton bat ich einen Mann, mir doch die Nummer, welche er um den Hals trug, zu geben. Ohne ein Wort reichte er mir diese und ohne einen weiteren Zwischenfall gelangte ich in die Schleuse. Der gute Mann bekam seine Nummer zurück und ich fing an, mich umzusehen, was eigentlich in dieser Schleuse vor sich ging. Ich fand einen Bekannten von der Transportleitung, welcher dort amtlich beschäftigt war, und teilte ihm mit, daß ich mich selbst eingeschleust habe, um eventuellen Bekannten oder meiner Familie behilflich zu sein. Gleichzeitig bat ich ihn, mir später aus der Schleuse herauszuhelfen. Ganz geschäftig, als ob ich dort eine Aufgabe zu erfüllen hätte, fing ich an, Ausschau nach meinen Leuten zu halten, bis ich auf Onkel Otto und seine Familie stieß. Ich stellte mich neben ihnen auf und raunte ihnen zu, nicht mit mir zu sprechen und mit keiner Miene zu verraten, daß sie mich kennten. Es gelang mir, etwas von ihren Habseligkeiten vor dem Stehlen zu bewahren. In diesem Transport waren sie die einzigen von meiner Familie. Ich begleitete sie bis in die Ubikationen.

Zwar konnte ich Onkel Otto und seine Familie davor schützen, daß ihnen all ihre Sachen fortgenommen wurden, nicht aber vor dem Osttransport, welchen sie wenige Tage später anzutreten hatten. Ein weiterer Abschied. Onkel Otto, der jüngste Bruder meines Vaters, Tante Fanny und die damals etwa 15jährige Cousine Alena, welche noch nicht zu leben angefangen hatte.

Onkel Emil mit Frau, Tante Tauber, eine Cousine meines Vaters, welche ganz gebrochen im Ghetto ankam, nachdem ihr Mann gestorben war, ihr Sohn Selbstmord begangen hatte und ihre Tochter nach Polen verschleppt worden war. Diese schöne, elegante Dame, welche Edith und mir immer gute Manieren hatte beibringen wollen und uns mit Sprichwörtern und Lebensweisheiten versorgt hatte, welche wir unserer Jugend wegen damals nicht verstanden. Vaters Cousins Friedrich, Emmerich und Artur Wurzel. Letzterer war aus Wien zu uns geflohen, Vater hatte ihm die Aufenthaltsbewilligung verschafft und nun wurde er mit den anderen zusammen nach Theresienstadt deportiert. Mein Schuldirektor Dr. Holz, meine so geliebte Lehrerin Grete Gross, Aranka Wasserberger, meine verehrte Klavierlehrerin. Meine ganze Jugend, meine ganze Kindheit. Alles rollte noch einmal vor meinen Augen ab und verschwand nach Osten. Wie ein Traum, wie ein Schleier. Der Menschenstrom nahm kein Ende und mit jedem Abschied ging ein Stück Herz mit.

Willi, mein so guter treuer Freund und Kamerad. Er hatte in Ostrau inzwischen geheiratet und kam mit seiner schwangeren Frau und seiner Mutter an. Unsere lange Umarmung wurde von seiner Frau gut verstanden. Sie wußte über unsere tiefe Freundschaft Bescheid. Ein verzweifelter, erfolgloser Versuch, Willi mit seiner Familie aus dem Transport zu reklamieren. So zog auch mein bester und einziger guter Freund, welchen ich je besessen hatte, fort. Über diese so schwere Zeit half mir einzig und alleine meine Arbeit hinweg, zu welcher ich pünktlich antreten mußte.

Doch eines Tages war es mir nicht mehr möglich, mich zusammenzunehmen. Ein Transportangehöriger brachte ein Nachrichtenblatt der jüdischen Kultusgemeinde in Ostrau mit, und beim Durchblättern fand ich plötzlich die Todesanzeige von Onkel Hugo vor. Mein geliebter Onkel, welchen ich so vergöttert hatte, welcher mich immer so unsagbar verwöhnt hatte, welchen ich so gut aufgehoben im Ostrauer Spital glaubte, war tot. Nie werde ich ihn wiedersehen! An Krebs, welcher sich in seinem ganzen Körper ausgebreitet hatte, gestorben. Heute dagegen bin ich bei dem Gedanken, daß Onkel Hugo normal starb und nicht durch die Gaskammern von Auschwitz gehen mußte, daß ihm dieses Leid erspart geblieben ist, glücklich. Ob er wohl viel Schmerzen gelitten hat?

Als ich diese Todesanzeige las, konnte ich den Schmerz nicht länger zurückdrängen. Schon zu viele Abschiede, zu viele Tränen, zu viel Leid hatte ich in dieser kurzen Haftzeit und in meinem jungen Leben erfahren müssen. Die Tränen hörten nicht auf zu fließen und ein Weinkrampf schüttelte mich. Man wollte mich beruhigen, doch niemandem gelang dies. Da erschien Ilse Weber, meine Zimmernachbarin, steckte mir eine angezündete Zigarette in den Mund und befahl mir, zu rauchen. Der Weinkrampf ließ sofort nach. Seit dieser Zeit suchte ich immer, wenn ich weinte, nach einer Zigarette, denn ich war überzeugt, daß diese mir half, mich zu beruhigen. Ich war sogar bereit, Brot für eine Zigarette herzugeben, nur um in deren Besitz zu gelangen. Heute weiß ich, daß es die Konzentration auf eine Tätigkeit, eben das Rauchen war, welche mir meinen Schmerz zu stillen half. Auf diese Weise gewöhnte ich mich an das Rauchen, und schon bald brauchte der Körper das Nikotin. Dabei wurde es immer schwieriger, an Zigaretten zu kommen. Deshalb hielt ich, so wie viele andere auch, nach weggeworfenen Zigarettenstummeln Ausschau, hob diese von der Erde auf, denn sie waren ein richtiger Schatz, besorgte oder schleuste mir ein Stückchen Papier und war nach einer ganz kurzen Zeit ein Experte im Zigarettendrehen.

Immer fluchte ich, wenn an mich die Reihe zum Übersiedeln kam. Kaum hatte ich mich an die neue Umgebung gewöhnt, mußte ich wieder fort. Ich war in der Hamburger-Kaserne untergebracht, und nachdem wieder ein Osttransport abgegangen war, mußten wir Zurückgebliebenen zusammenziehen, um Platz für die Neuankömmlinge zu schaffen. Bisher war ich immer in großen Zimmern, wo etwa 40 Menschen auf der Erde hausten, untergebracht, doch diesmal hatte ich Glück. Außer den großen Zimmern, welche früher wahrscheinlich für die Mannschaften bestimmt gewesen waren, gab es auch Offizierswohnungen, welche aus einem großen Zimmer, einem kleinen Zimmer und aus einem Vorraum bestanden. Der Vorraum war eigentlich eine Küche, denn dort stand der Küchenherd, welcher aber von uns, aus Kohlenmangel, nur sehr selten benutzt wurde.

Ein jeder, welcher in eines der Zimmer gelangen wollte, mußte an meiner Bettstelle vorbei. In dem großen Zimmer wohnten etwa 20 Frauen, während in dem Vorraum Helene Zuckermann mit ihrer kleinen Tochter wohnte. Mehr Platz war nicht da. In dem kleinen Zimmer nebenan war Platz nur für eine Person, doch hatte man dort zwei Frauen einquartiert. Meine Zimmergenossin sowie auch die zwei Nachbarinnen stammten so wie ich aus Ostrau, so daß wir viel Gemeinsames hatten. Alle kannten meine Familie, und Erna Traub aus dem kleinen Zimmer fühlte sich beinahe verwandt mit mir. Ihr Bruder, Manek Weber, war mit meiner richtigen Tante Hanča vom Buffet »Anka« verheiratet. Erna teilte dieses Zimmerchen mit ihrer Schwägerin Ilse Weber.

Es war wirklich bewundernswert, wie sich diese zwei Frauen ihren »Kumbalek« (Theresienstädter Ausdruck für winzige Zimmer), eingerichtet hatten. Von den vier Matratzen auf der Erde wurde eine Sitzecke geschaffen, welche sie mit einer Decke zudeckten. Die Koffer waren die Rückenlehne, auf welcher die zu einer Rolle zusammengerollte zweite Decke als Kopfstütze lag. So war eine häusliche Atmosphäre geschaffen, welche noch dadurch hervorgehoben wurde, daß die Kleider, welche rings an den Wänden an Nägeln hingen (Schränke gab es nicht), mit einem Stück Stoff zugedeckt waren. Außerdem waren noch zwei poličky (Wandgestelle) da. Die schönste Dekoration jedoch bildete die Laute, welche ihren Ehrenplatz an der Wand hatte. Ich traute meinen Augen nicht, als ich dieses Instrument eines Tages dort sah, denn zu der Zeit war es noch untersagt, Musikinstrumente zu besitzen. Die Zeit hatte mich jedoch gelehrt, nicht allzuviele Fragen zu stellen, ich nahm aber an, daß diese Laute von einem Gendarmen ins Ghetto geschmuggelt worden war. Wie viele schöne, vertraute Stunden haben wir in diesem »Kumbalek« zugebracht.

Ilse Weber sah eigentlich ganz unscheinbar aus. Sie trug eine Brille, ihre Haare waren von einem breiten Band streng zusammengehalten. Sie war ganz einfach gekleidet, doch diese Kleidung war immer sehr sauber und wie glattgebügelt. Wenn sie zur Arbeit ging, hatte sie ihre weiße Schwestern-Schürze an, welche breite Bänder hatte, und es war uns immer ein Rätsel, wie es ihr gelang, diese Kleidung so blütenweiß zu erhalten. Ilse arbeitete ganz aufopfernd in der Kinder-Krankenstube als Krankenschwester und litt mit ihren kleinen Patienten, welche kaum Medikamente oder richtige Krankenkost erhielten. Sie war ganz selbstlos, betreute ihre Kranken wie ihre eigenen Kinder, ohne Rücksicht auf Zeit. Sie überlegte immer, womit sie diesen Kleinen eine Freude bereiten könnte, sei es in Form einer kleinen Essenszubesserung oder einer anderen kleinen Aufmerksamkeit.

In ihrer freien Zeit, meistens jedoch während ihres Nachtdienstes, schrieb Ilse. Sie schrieb über alles: was sie sah, was sie hörte, aber hauptsächlich, was sie fühlte.

Es ist kaum zu fassen, wie diese äußerlich so einfache Frau alles beobachtete und in ihren Reimen wiedergeben konnte. Wie tiefen Sinn hatten doch ihre Verse, wie brachte sie es nur fertig, in dieser schrecklichen Zeit so viel Häßliches, aber manchmal auch Schönes zu sehen und dies alles zu beschreiben. Dadurch entstand ein beinahe komplettes Bild über das Ghettoleben. An ihren Sohn Hanusch schrieb sie einen Brief, welcher nicht abgesandt werden durfte. Als sie ihn uns vorlas, berührte er uns so, daß wir alle weinen mußten.

Bei jeder kleinsten Gelegenheit sprach Ilse Weber über ihren Sohn Hanusch und drückte ihre Sehnsucht nach diesem Kinde aus. Es war ihr noch vor ihrer eigenen Deportation gelungen, den achtjährigen kleinen Sohn nach Schweden zu Freunden zu schicken, ohne daß sie wissen konnte, was für ein Schicksal ihn dort erwarten würde. In ihren Worten kamen oft Zweifel zum Ausdruck, ob sie richtig gehandelt hatte, dieses Kind der Mutterliebe zu berauben und in die Fremde zu senden. Doch gleichzeitig war sie glücklich, ihn vor dem Ghetto-Leben mit seinen Entbehrungen und Erniedrigungen bewahrt zu haben. Ilse stürzte sich buchstäblich in ihre Arbeit mit den kranken Kindern, denn in jedem Kind sah sie den eigenen Sohn, ihren kleinen Hanusch.

Sie selbst wurde mit ihrem Mann Willi und ihrem damals etwa fünfjährigen Sohn Tommy nach Theresienstadt deportiert. Willi wohnte in der Männerkaserne, wogegen Tommy im Kinderheim untergebracht war. Ilse litt unter dieser Trennung sehr, da man am Anfang seine Lieben nur ganz kurz sehen konnte, was sich jedoch später, als es im Ghetto etwas freier wurde, besserte.

Wie oft saßen wir ganz zusammengedrängt in dem kleinen Zimmerchen von Ilse und Erna und lauschten den Gedichten, welche uns Ilse vorlas. Später, als die Laute ankam, vertonte Ilse, welche sehr musikalisch war, selbst einige von ihren Gedichten und sang diese zur Laute. Wie unvergeßliche, doch meist traurige Abende haben wir in diesem »Kumbalek« verbracht. Die schwere Verbannung und die Sehnsucht nach Freiheit waren in diesen Stunden besonders spürbar.

Ilse, ihr Gatte Willi und der kleine Tommy wurden in den Osttransport eingereiht, von welchem nur Willi überlebte. Gemeinsam mit seinem Sohn Hanusch sammelte Willi später diese Gedichte in einem kleinen Buch, genannt »Theresienstadt«.

Mit mir in der Durchgangsküche, welche direkt vom Bogengang aus erreichbar war, lebte Helene Zuckermann mit ihrer kleinen Tochter Evička. Bis heute bleibt es ein Rätsel für mich, wieso Mutter mit Kind zusammenwohnen konnten. Meistens waren die Kinder in Kinderheimen untergebracht, damit die Mütter arbeiten konnten. Beides war hier nicht der Fall. Das Kind wohnte bei der Mutter, und diese wurde nicht zur Arbeit eingeteilt. Der Vater Julek Zuckermann, ein besonders braver, weichherziger und aufmerksamer Ehegatte und Vater, arbeitete als Kohlenträger in einer der Küchen und hatte dadurch die Möglichkeit, Kohle zu schleusen, welche er unter seinen Kleidern versteckt zu uns brachte. Wir waren dadurch in der Lage, manchmal, wenn der Vorrat reichte, in dem Küchenherd einzuheizen, Wasser zum Waschen zu wärmen, Kartoffelschalen zu kochen oder von dem von mir geschleusten Teig oder der Einbrenne einen Pfannkuchen zu backen. Wenn uns so ein Kochtag gelang, was sehr selten vorkam, so war dies ein Feiertag, doch mußten wir draußen auf dem Gang Wache stehen, damit uns keine Kontrolle erwischte. Das Gekochte oder Gebackene wurde dann zwischen dem Kumbalek, der Küche und Konis Eltern verteilt. Der gute Julek kam mit Frau und Kind in den Osttransport. Seine Frau und sein Kind ließen ihr Leben in einem der Gasöfen von Auschwitz. Julek kehrte zurück, jedoch blind. Sein Augenlicht verlor er durch einen Nackenschuß, der auf ihn abgegeben wurde, als er beim Todesmarsch nicht mehr weiterkonnte. Er wurde gefunden, geheilt, doch das ewige Andenken an diese grausame Zeit blieb.

Das Ghetto war bis September 1942 gesperrt, was bedeutete, daß man aus den Ubikationen entweder nur in Gruppen oder mit besonderen Durchlaßscheinen herausgehen konnte. Wie schon vorher erwähnt, hatte Koni, da er Ghetto-Wachmann war, das Privileg, auch die Frauen-Ubikationen zu besuchen. Dadurch mußte Koni seine freie Zeit zwischen der Dresdner-Kaserne, wo seine Mutter untergebracht war, der Sudeten-Kaserne, wo sein Vater hauste, und der

Hamburger-Kaserne, wo ich »zu Hause« war, aufteilen. Erst viel später, nachdem wir schon etwa sechs Monate im Ghetto waren, erleichterte man diese Sperre, und wir konnten uns auf den Straßen frei bewegen, doch war es noch immer untersagt, die Männerkasernen zu betreten. Dorthin konnten wir Frauen jedoch dadurch gelangen, daß wir uns freiwillig in eine Putzkolonne meldeten, um in den Männerkasernen den Holzfußboden zu schrubben. Diese Arbeit führte ich manchmal aus, um die Möglichkeit zu haben, meinen Schwiegervater zu besuchen. Anstatt zu schrubben, wischten wir nur mit einem feuchten Lappen den Boden, damit wir die Arbeit so schnell wie möglich hinter uns brachten, um mehr Zeit zum Besuch zu haben.

Konis Vater, welcher ein sehr stattlicher Mann war, verfiel langsam. Er konnte das viele Leid, das wenige Essen und hauptsächlich die Machtlosigkeit, sich nicht um das Wohl seiner Familie kümmern zu können, sehr schwer ertragen. Es dauerte nicht lange, bis er in eine Krankenstube kam, sogar in ein sauberes, aus Holz gezimmertes Bett. Aber er wurde bald apathisch, wollte nicht mehr aufstehen und bekam dadurch die so gefürchtete Lungenentzündung. Medikamente gab es keine. Er schlief friedlich ein. Wieder der Abschied, welcher uns jedesmal älter und älter werden ließ. Wo nahmen wir nur die Kraft her, das alles zu ertragen? Das Begräbnis fand am nächsten Tag statt. Die Leichen wurden zuerst in der ganzen Stadt auf offenen Leichenwagen gesammelt und zur Begräbnisstelle befördert. Manchmal waren sie mit einem Tuch bedeckt, manchmal auch nicht und es geschah sehr oft, daß eine Hand oder ein Fuß herunterbaumelte oder die Leiche gar herunterrutschte. In der Begräbnisstelle wurden die Leichen in Särge geschoben, welche mit Namen versehen und einer neben dem anderen schön geordnet aufgestellt waren. Als wir zum Begräbnistermin kamen, stand schon eine ganz lange, unübersehbare Reihe dieser Särge nach dem Alphabet geordnet da, und wir stellten uns neben dem Sarg von Konis Vater auf. Ein kurzes Gebet, und die Särge verschwanden. Wohin? Man sagte, daß die Leichen in Krematorien verbrannt würden oder daß Massengräber ausgehoben worden wären. Die Tatsache bleibt jedoch bestehen, daß wir nie erfuhren, wo Vaters Grab war und daß wir es auch nie erfahren werden.

Da die Sterbezahl immer größer wurde und man der Produktion der Särge in der Tischlerei nicht nachkommen konnte, mußten Hilfsarbeiter aus anderen Arbeitsgebieten mobilisiert werden. So hatte jede dieser Gruppen abwechselnd jemanden zu dieser Arbeit zu delegieren. Auch an mich kam die Reihe und ich mußte lernen, Särge zu fabrizieren. Die Tischlerei war in der ehemaligen Reitschule untergebracht. Es war ein riesiger Raum, welcher einst als Manege gedient hatte. Früher waren Pferde dort dressiert worden, jetzt richtete man dort arme, ausgehungerte Gestalten zur Sargerzeugung ab. Zu der Zeit, da ich dort arbeitete, war die Sterbezahl im Ghetto besonders hoch. Täglich starben etwa 150 Menschen, und bevor die tägliche Quote von Särgen nicht hergestellt war, durften wir nicht nach Hause. Um früher fertig zu werden, arbeiteten wir ganz fleißig, und es ist erstaunlich, wie sogar Frauen ganz ausgezeichnete Särgehersteller wurden. Alles ging wie am laufenden Band, und wir mußten uns sehr beeilen, damit wir der »Nachfrage« der Gestorbenen nachkamen. Mit dem Tode Schritt halten, das war das Motto.

Ich wurde noch ein zweites Mal von meiner Arbeit in der Küche abberufen. Eines Tages bekam ich den Befehl, meine Sachen zu packen, um eine Arbeit in einer Küche außerhalb des Ghettos anzutreten. Ich war verzweifelt. Wohin schickt man mich? Niemand wußte es oder wollte es mir verraten. Wann werde ich Koni sehen können? Warum muß gerade ich weg? Warum ich alleine, ohne Koni? Wieder Abschied und – auf ins Unbekannte. Wir wurden in ganz neu errichtete Holzbaracken außerhalb des Ghettos gebracht. Dort wurde uns mitgeteilt, daß man einen Kindertransport erwarte und wir, welche schon Erfahrung aus dem Ghetto hätten, sollten alle dort nötigen Dienste leisten. Als ich mich umsah, bemerkte ich, daß aus jedem Arbeitsgebiet ein Vertreter da war. Von der Putzkolonne bis zu Krankenschwester und Arzt. Zwischen dem Krankenpersonal befand sich Otilie, die Schwester von Franz Kafka. Ich sollte für die Küche verantwortlich sein. Zunächst mußten wir alle uns einer ganz gründlichen ärztlichen Untersuchung unterziehen. Dabei merkte ich, daß alle Anwesenden unverheiratete Menschen waren und ich die einzige verheiratete Frau unter meinen Leidensgenossen. Ich konnte mir nicht erklären, warum ich als Verheiratete dabei war. Ich hatte nicht viel Zeit zum Nachdenken, denn am nächsten Tag schon sollten die Kinder eintreffen und alles mußte aufnahmebereit sein. Ganz zeitig in der Früh kam Jakob Edelstein, der Judenälteste, zu einer Inspektion. Trotz des Protestes seiner Begleiter gelang es mir, ihm meine Lage zu erklären. Er war ganz verwundert, daß man eine verheiratete Frau ohne ihren Mann zu diesem Zwecke abberufen hatte und gab den Befehl, mich sofort gegen jemand Ledigen auszutauschen. Überglücklich kehrte ich ins Ghetto zurück. An diesem Tage kamen die Kinder aus Bialostok in den Baracken an. Als die Kinder aufgefordert wurden, sich auszuziehen und zu duschen, weigerten sie sich, weinten, schrien und schlugen um sich. Mit Gewalt wurden sie von ihren Betreuern zu diesem Waschen gezwungen. Niemand wollte, besser gesagt konnte diese Weigerung verstehen. Niemand in Theresienstadt hatte dieses Unbegreifliche erfaßt oder hätte an Kinder-Phantasie geglaubt. Doch diese Kinder, deren Eltern vergast wurden, wußten, daß Waschen in Duschräumen – Tod bedeutet.

Nachdem diese Kinder kurze Zeit in diesen Baracken gelebt hatten, wurden sie nach Osten zur Vergasung geschickt – mit dem ganzen Personal aus dem Ghetto. Beim Schreiben dieser Zeilen überkommt mich ein Grauen. Wer mußte sein Leben für mich lassen?

Verschiedene Krankheiten suchten uns heim, und bis heute verstehe ich nicht, wie wir ohne Medikamente gesund wurden. Von den Holzpantinen, in welchen ich in der Küche arbeitete, da es dort immer naß war, bekam ich eine Abschürfung am Fuß, welche sich sofort infizierte und zu einer

Phlegmone wurde. Ich hatte fürchterliche Schmerzen in der großen Zehe, hohes Fieber schüttelte mich und ich wurde zu einem Eingriff in die Hohenelbe-Kaserne geschafft, wo die chirurgische Abteilung untergebracht war. Dr. Springer, ein ausgezeichneter Chirurg, mußte dort unter ganz schwierigen Bedingungen arbeiten. Er sah sich meinen Fuß an, machte die Diagnose und schnitt, ohne Narkose, in meine so schmerzhafte Zehe. Ich schrie vor Schmerzen, doch konnte mich davor der Arzt nicht verschonen, auch wenn er es gewollt hätte, denn das spärliche Narkosenmaterial mußte er für größere Operationen aufsparen. Zum Schluß zog er ein Stück Gaze durch meine Zehe, um dem Eiter eine Möglichkeit zum Abfließen zu verschaffen. Eine Woche später wurde ich zum Verband bestellt. Ich lag in meinem Durchgangszimmer auf der Erde, hatte ganz hohes Fieber, und ein fürchterlicher Verwesungsgestank strömte von meiner Wunde aus. Jeder zog mit zugehaltener Nase an meiner Bettstelle vorbei. Nach einer Woche – oh Wunder – war, auch ohne Antibiotika, keine Infektion mehr vorhanden, und nach ein oder zwei weiteren Wochen war schon wieder alles verheilt.

Eine infektiöse Gelbsucht war besonders arg. Diätkost gab es nicht. Es gab nur eines: Entweder man überlebte, oder man überlebte nicht. Unser Etagenarzt war Dr. Mautner. Eine Persönlichkeit, immer, trotz der schweren Lebensbedingungen, pedant und sauber angezogen, mit einem trostspendenden Lächeln auf seinem Gesicht, welchem man aber auch die Verzweiflung ansah. Er konnte uns mit nichts anderem als mit seiner Anwesenheit helfen. Man sah ihm an, daß er auch viel bessere Zeiten gesehen hatte, was sein so aristokratisches Benehmen verriet. Er wurde sehr oft zu Evička, meiner Zimmergenossin gerufen, da dieses Kind häufig krank war. Ich wollte mich für seine Güte erkenntlich zeigen und gab ihm manchmal eine Kartoffel oder ein Stückchen Brot. Mir war es immer unangenehm, ihm etwas zuzustecken, und ich glaube, daß es für ihn, welcher so stolz war, noch viel unangenehmer war, diese Gabe anzunehmen.

Die Toiletten waren in der Hamburger-Kaserne am Ende

des Bogenganges angebracht und reichten bei weitem dem Anspruch des Menschengedränges nicht aus. Man mußte immer sehr lange in der Schlange angestellt stehen, bevor man an die Reihe kam. Ganz verzweifelt war ich, als ich an einer schrecklichen Blasenentzündung erkrankte. Anstatt Urin floß Blut, und ich litt sehr große Schmerzen. Kaum hatte ich die Toilette benützt, mußte ich mich wieder hinten von neuem anstellen. Auf dem Gang draußen war es bitterkalt, ein ständiger Durchzug herrschte da, und jeden Tag litt ich mehr. Endlich gelang es Dr. Mautner, ein Bett für mich auf der Krankenstube zu erhalten. Es gab nur ganz wenig Sulfa-Tabletten, hauptsächlich die Bettwärme und die Ruhe heilten diese Krankheit. Was für ein Luxus war das, auf einem Holzgestell als Bett in einer spärlich geheizten, doch trotzdem etwas warmen Krankenstube zu weilen.

Eine Scharlachepidemie suchte das Ghetto heim, und Koni wurde angesteckt. Man richtete, ich glaube in der Dresdner-Kaserne, eine Infektionsstation ein, wohin auch Koni kam. Sechs Wochen mußte er dort in ganz strenger Quarantäne verbleiben, und wir sahen uns in dieser Zeit nur durch eine Öffnung im Fenster. Ganz blaß und abgemagert kam er heraus.

Ein Transport von Geistesgestörten wurde ins Ghetto geschickt. Ich weiß nicht, wie viele es waren, doch als ich durch Zufall einmal bei ihren Ubikationen vorbeikam, war dies ein schrecklicher, unvergeßlich grausamer Anblick. Manche nackt, manche mit einer Decke bedeckt, mit zerzausten Haaren, schmutzig, ihre Körper nur Haut und Knochen, tiefliegende Augen und dieser Blick eines Wahnsinnigen. Niemand traute sich in diese Ubikationen hineinzugehen, denn diese armen Gestalten wurden handgreiflich. Sie hielten ihre Exkrete nicht zurück, und ein fürchterlicher Gestank breitete sich in der Umgebung aus. Ein ständiges Schreien und Kreischen war von dort zu hören. Diese armen Kreaturen wurden nach kurzer Zeit aus Theresienstadt nach Osten transportiert, wo sie dasselbe Schicksal wie das ihrer anderen Glaubensgenossen erwartete.

An einem kalten Novembertage im Jahre 1943 wurde eine »Volkszählung« der Ghetto-Insassen vorgenommen. Zu diesem Zwecke wurden alle, welche auch nur halbwegs gehen konnten, auf ein Feld in einem nahegelegenen Tal geführt. Männer und Frauen waren getrennt. Wir mußten alle, glaube ich, in Fünferreihen stehen. Nazis und Gendarmen mit schußbereiten Gewehren bewachten uns. Wir hatten kein Essen, nichts zu trinken und durften nicht aus den Reihen treten. Ein feiner Regen fiel auf uns, es war bitterkalt, und da wir uns nicht bewegen durften, froren wir unheimlich. Stundenlang standen wir da, ohne daß wir gezählt worden wären. Nichts, aber auch gar nichts geschah, und Tausende von Menschen standen regungslos die vielen Stunden hindurch. Die armen alten Menschen, welche es nicht aushalten konnten, so lange zu stehen, und sich hinsetzen wollten, wurden durch Gewehrkolben zum Aufstehen gezwungen. Als es schon dunkelte, verbreitete sich das Gerücht über eine eventuelle Massenerschießung oder irgendeine andere Form der Liquidierung. Noch immer geschah nichts. Mit der Dunkelheit wurden die Vermutungen immer schwärzer. Stockdunkle Nacht. Zuerst hörten wir ein Murmeln, dann ein Füßescharren und dann lautes Rufen und schon wurden wir von einem flüchtenden Strom mitgerissen. Panikartig fingen wir in Richtung der scharrenden Füße zu laufen an, beachteten gar nicht die am Wege liegenden Menschen. Nur fort, weiter fort, sich retten, laufen, laufen. Endlich »zu Hause«. Zu Hause im Ghetto von Theresienstadt. Wir lebten. Ob man uns wohl gezählt hatte? Ob die Anzahl wohl stimmte? Ich bezweifle es. Doch eines bezweifle ich nicht, daß bei dieser sinnlosen Zählung wahrscheinlich einige Hundert ihr Leben an diesem Tage ließen.

Allmählich löste sich die Strenge im Ghetto, man konnte frei auf den Straßen gehen, brauchte keinen Durchlaßschein mehr[5]. Eine enorme kulturelle Betätigung setzte ein. Dies

5 Im Herbst 1943 suchte die dänische Regierung, veranlaßt durch die Deportation von 4500 dänischen Juden nach Theresienstadt, um eine Inspektion der Lager nach. Daraufhin begann die Lagerleitung,

alles wurde von der deutschen Leitung unterstützt, denn die Ghetto-Insassen waren dadurch von den wahren Ereignissen abgelenkt. Die Theresienstädter stürzten sich in jedwede Form von Zerstreuung, um ja nicht ständig an die grausame Gegenwart erinnert zu werden. Wenn wir schon wirklich glaubten, daß das Leben im Ghetto etwas konsolidiert wäre und daß wir uns an die gegebene Situation gewöhnt hätten, zerriß ein Osttransport diesen Glauben sofort wieder, und wir wurden mit der schrecklichen Wirklichkeit konfrontiert. Wir wollten jede freie Minute mit etwas Schönem ausfüllen und deshalb stürzten wir uns in die Freizeittätigkeiten, um ja noch jede Minute des Lebens auszukosten, denn niemand wußte, wann dies alles ein Ende haben würde und was uns am Ende des Weges erwartete.

Es bot sich eine ganze Fülle von Tätigkeiten an. Außer Konzerten und Theatervorführungen konnte man sich noch anderweitig vielseitig beschäftigen. Es wurde ein Kaffeehaus eröffnet, in welchem zwar kein echter Kaffee serviert wurde, doch man trank irgendein Gebräu, und es gab dort immer ein Programm. Meistens war dort leichte Musik mit Jazz-Orchestern und Jazz-Sängern zu hören, aber auch klassische Konzerte. Ins Kaffeehaus konnte man durch vorher erworbene Eintrittskarten gelangen.

Hinter der Mauer, welche Theresienstadt umgab, dehnten sich weite Wiesen aus. Wir nannten ein Stück Land, welches sich hinter diesen Mauern befand, die »Schanzen«. Manchmal wurden diese Schanzen auch für uns geöffnet. Ganz am Ende wurden sie von Gendarmen überwacht.Doch uns bot sich die Gelegenheit, sich aufs Gras zu setzen und ein bißchen in der Natur spazierenzugehen. Bald wurde zwischen zwei Bäumen ein Netz gespannt, ein Ball wurde her-

durch umfangreiche »Verschönerungsarbeiten« (vgl. S. 104/105) und eine gewisse Lockerung der Vorschriften das Lager »vorzeigbar« zu machen. Der Besuch einer Kommission des Internationalen Roten Kreuzes fand dann im Juni 1944 statt; es gelang weitgehend, diese Kommission über die wahren Zustände im Lager zu täuschen. (Anm. des Verlages) beigeschafft, und wir spielten dort sogar Volleyball. In diesen Minuten der Freiheit dachten wir kaum daran, daß wir eigentlich Häftlinge waren, und wir tobten da durstig herum. Mütter mit Kindern gingen dort spazieren, und einem Beobachter von draußen bot sich das Bild eines ganz normalen Lebens. Diese Idylle durften wir jedoch nicht jeden Tag betreten, und nach der Freiheit, welche wir für ein paar Minuten auf den Schanzen genossen hatten, während welcher wir um uns blicken und in der Ferne die Landschaft und die Umrisse eines Dorfes sehen konnten, kam uns der Freiheitsentzug doppelt und dreifach zur Besinnung. Mit Schaudern kehrten wir dann von den Schanzen ins Ghetto-»Nachhause« zurück.

Auch sportliche Tätigkeit entwickelte sich im Ghetto. Die jungen Männer hatten Fußbälle nach Theresienstadt geschafft, und bald wurden sogar Fußballvereine gegründet. Nachdem das Ghettoleben etwas freier geworden war, wurden sogar Wettkämpfe ausgetragen und eine Fußball-Liga gegründet. Diese Wettkämpfe fanden im Hof der Dresdner-Kaserne statt, und die Zuschauer standen ganz gedrängt an der Balustrade der Bogengänge und feuerten hingerissen die Spieler »ihres« Clubs an. Es waren einige Clubs: die Köche, Spedition, Ghetto-Wache, Transportleitung etc., das waren die Club-Namen, und eine regelrechte Liga entstand.

Im Hof der Hamburger-Kaserne fand beinahe jeden Tag eine Gymnastikstunde statt. Eine ehemalige Lehrerin sorgte dafür, daß immer mehr Frauen sich dieser Tätigkeit widmeten, um sich fit zu halten. Es war ganz erstaunlich, wie viele trotz Hungers und Entbehrung an diesem Turnen teilnahmen.

Alle diese Tätigkeiten halfen uns vergessen. Freitag abend kamen wir manchmal in einer der Ubikationen mit einer Gruppe von jungen Zionisten zusammen, um Kerzen anzuzünden und den Sabbat-Eingang zu feiern. Im allgemeinen dauerte diese Feier etwa eine Stunde, und nachdem die Segenssprüche gesagt waren, fingen wir hebräische (Iwrith)-Lieder zu singen an. Es wurden uns immer einige wenige

Iwrith-Worte beigebracht. Unvergeßliche Stunden waren das, in denen unsere Sehnsucht durchdrang, nach Palästina zu gehen, in denen wir ein Zusammengehörigkeitsgefühl hatten und unser Glaube an das bessere Morgen gefestigt wurde.

Es war dies eine Zeit, in welcher man sich in jede Tätigkeit stürzte, welche sich einem bot, denn man lebte nur für den Augenblick. Wir wußten nie, was uns der Morgen bringen würde, wann wir wieder zusammen sein würden, und deshalb tranken wir in vollen Zügen die Minuten, welche sich uns boten. Der Drang nach menschlicher Nähe, menschlicher Berührung, körperlicher Liebe war besonders ausgeprägt. Es war erstaunlich, daß man sich in diesem Zustand der Unterernährung immer stärker danach sehnte, sich der Liebe hinzugeben. Liebe bedeutet Leben, und das wollten wir immer mehr fühlen, wollten uns wahrscheinlich selbst beweisen, daß wir noch leben, wollten diese wenigen glücklichen Stunden genießen, uns in Vergessen stürzen und das Leben bis zur Neige auskosten. Es war, als ob wir das Ende fühlten, welches uns bevorstand. Wir wollten nicht aufgeben, wir wollten mit beiden Händen das wenige Schöne, das wir im Ghetto hatten, ergreifen, fest an uns halten und nicht locker lassen.

Liebe macht erfinderisch, und so geschah dies auch im Ghetto. Man fand Schlupfwinkel in den Bogengängen, man nutzte jede Gelegenheit aus, sich in einer verlassenen Ecke zu lieben. Am beneidenswertesten waren die Handwerker, welche eine kleine Werkstatt besaßen. Wenn man einen Handwerker als Freund hatte, war dies ein idealer Zustand, denn dann gab er uns seine Werkstatt für ein Stückchen Brot. Dadurch waren beide Seiten glücklich und zufrieden. Es gab jedoch viele junge Leute, welche sich auf den Dachböden der Privathäuser kleine Holzverschalungen bauten und dorthin mit ihrer Frau oder Freundin übersiedelten. Offiziell durften dort entweder Frauen oder Männer wohnen, der andere war noch immer in der Ubikation gemeldet. Um sich so ein kleines Zimmerchen zu bauen, mußte man zunächst einmal Holz schleusen, sich Nägel beschaffen, einen Hammer haben, das alles herbeischaffen und ganz schnell erbauen, damit dieses Material nicht von jemand anderem geschleust würde. Dadurch, daß ich in der Reitschule Särge gezimmert hatte, hatte ich dort Freunde, welche Koni und mir zu der nötigen Holzmenge verhalfen. Die Holzmenge war aber so klein, daß sie nicht ausreichte, und wir waren dadurch gezwungen, noch ein anderes junges Ehepaar mit in diese Gemeinschaft zu nehmen, welche das fehlende Holz »lieferten«. Wir beiden Ehepaare arbeiteten ganz fest und schnell, denn wir sehnten uns nach ein bißchen Privatleben. Bis zu dieser Zeit waren wir zwar verheiratet, doch ohne wirklich zusammenzusein. Wir hatten Glück, denn wir entdeckten eine Ecke, welche nur zwei Wände brauchte. Drinnen bauten wir uns je ein Bettgestell, einen kleinen Tisch und einen kleinen Verhau, um unsere Kleider aufzuhängen. Ein wirkliches Paradies. Wie glücklich waren wir da! Unsere Bettstellen waren durch einen Vorhang getrennt, so daß wir wirklich so etwas wie einen privaten Raum hatten. Da wir beiden Paare zu verschiedenen Zeiten arbeiteten, hatten wir sehr oft diese Wohnung für uns alleine, was uns ein Gefühl des Reichtums verschaffte.

Dieses Liebesnest befand sich in einem Haus, L 408 benannt, welches man durch ein großes Einfahrtstor betrat, in welchem ein großer, schwarzer Leichenwagen stand. Der Leichenwagen hatte vier verzierte Säulen, an welchen oben Engelchen saßen. Auch diese Säulen waren miteinander durch verzierte Balken verbunden. Leichenwagen waren für Theresienstadt eine ganz typische Erscheinung. Es gab deren einige, in verschiedenen Formen und Größen, und man beförderte auf ihnen entweder Leichen, welche mit einem Tuch äußerst notdürftig bedeckt wurden, oder man benutzte sie für den Transport von Brot. Anstatt von Pferden wurden diese Leichenwagen von Menschen gezogen. Im Nebenhaus befand sich ein Jugendheim L 410, und wenn dort Brotverteilung war, wurden diese Leichenwagen eben von den Jugendlichen gezogen.

In Haus 408 befand sich eine Zentralküche. Ich war noch immer in der Hamburger-Kaserne angemeldet, auch arbeitete ich dort noch immer in der Küche. Als ich nun in die Mansarde auf L 408 einzog, wollte ich, daß man mich dorthin in die Küche »versetzt«. Nach einiger Zeit gelang es mir auch, so daß für mich meine Arbeitsstelle ganz nahe war; ich mußte nur durch das Stiegenhaus gehen. Familie Zuckermann sowie auch Ilse Weber und ihre Schwägerin Erna Traub waren über meinen Auszug sehr traurig. Dadurch entfiel ihnen auch die spärliche Essensversorgung durch mich. Meine Besuche dorthin wurden immer seltener, was mich heute noch immer traurig stimmt, denn wir hatten doch ein ganzes Jahr so eng verbunden miteinander gelebt.

Ich sehnte mich auch nach den Arbeitskollegen in der Hamburger-Küche, denn dort waren wir eine ganz fest verbundene Gemeinschaft gewesen. Wir arbeiteten schwer, aber einer half dem anderen, wir sangen und schleusten miteinander. Hier war ich ein Außenseiter, welcher aber nach einiger Zeit doch anerkannt wurde, denn meine Mansarde befand sich über der Küche und war ein ganz besonders gut geeigneter Ort, die geschleusten Sachen aufzubewahren. Ich gewöhnte mich jedoch nie in diese neuen Verhältnisse ein. Am meisten sehnte ich mich nach dem Gesang mit Eda Krasa, dem großen, starken Eda mit den riesigen Händen und seiner so herrlichen Bariton-Stimme, der immer für jeden ein gutes Wort und viel Humor hatte, der uns immer, wenn wir deprimiert waren, aufgemuntert hatte.

Konis Mutter lebte in der Dresdner-Kaserne, arbeitete als Kartoffelschälerin, so daß auch sie sich zu dem kargen Essen etwas zubessern konnte. Wir sahen uns nicht sehr oft, denn wir arbeiteten in Schichten. Wenn jedoch Fußball in der Dresdner-Kaserne war, sahen wir uns immer. Koni spielte in der Mannschaft der Ghetto-Wache als Torhüter. Wie oft hörte ich, welche zusah, die Anhänger der Ghettowache-Elf auf ihn schimpfen, wenn er einen Ball ins Netz gehen ließ. Seit dem Tode von Konis Vater war die Mutter ganz in sich gekehrt und immer sehr traurig. Die Sorge um ihren Mann hatte sie nun nicht mehr, der einzige Sohn teilte seine Liebe zwischen seiner Mutter und mir. Mir tat diese Frau eigentlich immer leid, denn ihr war ihr Lebensziel, welches Familie hieß, genommen worden. Sie war in dieser Zeit sehr einsam, und wir, Koni und ich, konnten das damals, da wir noch sehr jung waren, nicht verstehen. Wir lebten unser so intensives Leben und machten uns kaum Gedanken über diese gute und brave Mutter. Heute kann ich dies nicht mehr gutmachen. Ach, wäre ich doch in dieser ihr so schweren Zeit besser zu ihr gewesen. Jetzt ist es zu spät.

In unserer Mansarde wohnten wir mit der Familie Fertig zusammen. Er war Apotheker und stammte aus meiner Heimatstadt. Er arbeitete in der Zentral-Apotheke und erzählte immer von dem großen Mangel an Medikamenten. Wir sahen uns, trotzdem wir unsere Mansarde teilten, sehr selten. Wir verbrachten zwar unsere Nächte zusammen, jedoch waren die Bereiche durch den Vorhang abgeteilt. Jede Familie war für sich. Wir zogen im Sommer ein, da war es auf dem Dachboden unter dem Ziegeldach recht heiß, aber der Herbst hielt Einzug, die Nächte wurden kalt und einen Ofen hatten wir nicht, welcher uns erwärmen konnte. Wir konnten uns deshalb nicht viel in der Mansarde aufhalten, wenn wir uns nicht sofort in unser Bett legten, um uns zu erwärmen. Trotzdem war die Mansarden-Zeit für Koni und mich ein kurzer Lebensabschnitt, in welchem wir uns sehr nahe waren und unser Zusammensein genossen.

Nachdem wir schon beinahe sechs Monate in der Mansarde waren, bemerkte ich eines Tages, daß ich mich nicht wohl fühlte, daß ich am Morgen Brechreiz hatte, kurz, ich wußte nicht, was mir eigentlich ist. Eine Mutter, welche ich fragen konnte, hatte ich nicht, auch sah ich keinen wirklichen Grund, einen Arzt aufzusuchen. Jedoch bei einem meiner Besuche in der Hamburger-Kaserne traf ich durch Zufall Dr. Mautner, welcher sich aufrichtig freute, mich wiederzusehen. Nachdem er sich mit dem Interesse eines Arztes nach meinem Befinden erkundigt hatte, erzählte ich ihm von meinem Leiden, doch gleichzeitig bemerkte ich, daß ich wahrscheinlich eine Gastro-Enteritis oder eine ähnliche Infektion hätte, welche in Theresienstadt so häufig waren. Dr. Mautner jedoch war entsetzt.

»Sie sind schwanger, mein Kind«, verkündete er mir, und: »Trachten Sie alles zu tun, um diese Schwangerschaft abzubrechen.«

Koni und ich dachten nach, was wir unternehmen könnten, wen wir um Hilfe bitten sollten, denn seit kurzer Zeit war es in Theresienstadt strengstens untersagt, Schwangerschaftsunterbrechungen vorzunehmen. Wie verzweifelt wir von einem Arzt zum anderen liefen, das ist schwer zu schildern. Niemand wollte sich in Gefahr begeben, denn wenn es bekannt geworden wäre, wäre der Arzt nach Osten transportiert worden. Ein Cousin meines Vaters, Dr. Paul Wurzel, ein Chirurg, an welchen ich mich in meiner Verzweiflung wandte, wollte mir helfen. Er appellierte an seine Kollegen, doch auch für ihn wollte es niemand tun. Überall stieß er auf deren abweisende Haltung, welche die Angst ihnen diktierte.

In diesem Zustand erreichte Koni, seine Mutter und mich der so gefürchtete Transportzettel. Ich war zwei Monate schwanger und hatte keinen anderen Weg einzuschlagen als – nach Osten. Was wird die Zukunft bringen? Wohin fahren wir? Wie kann ich in meinem Zustand überhaupt fahren? Wo wird mein erstes Kind das Licht der Welt erblicken? Wer wird mir helfen? Noch einmal machte ich die verzweifelte Runde bei allen möglichen Ärzten, bat sie inständig, mir zu helfen, doch vergebens.

Es war Mitte Dezember 1943. Sehr kalt in Theresienstadt, noch viel kälter wahrscheinlich im Osten. Wo nehmen wir schnell warme Wintersachen her? Es gelang mir, meinen Wintermantel und einige Brotrationen für einen wärmeren Mantel mit Pelzbesatz einzutauschen. Auch für Koni und seine Mutter besorgten wir wärmere Unterwäsche, dies alles im Tausch gegen andere Sachen und Essensrationen.

Wir traten zum Transport an. Wieder ein Abschiednehmen von unseren Freunden und Kollegen, mit welchen wir das Ghettoleben geteilt hatten. Jeder Abschied bedeutete für uns eine Epoche unseres Lebens, einen Bruch mit allem Vorhergegangenen. Werden wir uns je wiedersehen? Diese Frage wurde nie ausgesprochen, doch sie kam bei jeder Umarmung, bei jedem Kuß und Händeschütteln zum Ausdruck. Viele von denen, welche zurückblieben, hatten ein etwas verlegenes Lächeln in ihren Zügen, so wie ich es früher hatte, als sich Freunde von mir beim Antritt zu ihrem Transport verabschieden kamen. Diese Verlegenheit stammte daher, daß es den Zurückgebliebenen beinahe unangenehm war, daß einer ziehen mußte und sie im Ghetto bleiben durften. Diese Verlegenheit las ich in vielen Gesichtern und ich spürte, daß ich einige von ihnen trösten wollte.

Die letzte Nacht verbrachten Koni und ich eng umschlungen in unserer Mansarde. Für jeden war ein Koffer und ein Rucksack gepackt. Im Rucksack befand sich etwas Reiseproviant, welchen wir uns beschafft und von Freunden erhalten hatten. Offiziell bekamen wir einen Laib Brot vom Ghetto mit. Ganz zeitig früh mußten wir uns mit unserem Gepäck zur Jäger-Kaserne begeben. Dort wurde uns der Koffer abgenommen und wir mußten unsere Lebensmittelkarten abgeben. Die unvermeidliche, ganz genaue Registrierung begann, denn man mußte ja feststellen, ob auch alle schön brav zum Transport angetreten waren. Alle Koffer waren vor den wartenden Viehwaggons aufgestellt; Koni und ich sahen zu, wie diese aufgeladen wurden. Wir erkannten unsere beiden Koffer und sahen, daß diese nicht aufgeladen wurden. Es war noch ein ganzer Haufen Koffer draußen und wir beschlossen, nicht zu den Waggons zu gehen, bevor wir nicht sicher sein konnten, daß auch unsere Koffer mit aufgeladen waren. Inzwischen wurden die Menschen aufgerufen, und wir sahen zu, wie sie in die Waggons gejagt wurden. Draußen um diese Waggons herum standen SS-Männer und feuerten die Leute mit den Rufen an: »Schneller, schneller!« Ein Waggon nach dem anderen wurde von draußen geschlossen. Wir wußten, daß bald die Reihe an uns kommen mußte, in diese Waggons einzusteigen. Wir warteten auf das Einsteigen in einem Raum der Kaserne; durch einen Fensterspalt beobachteten wir das Treiben draußen. Es war strengstens verboten, dabei zuzuschauen. Koni sah unsere Koffer noch immer draußenstehen, und noch einmal beschlossen wir: »Ohne Koffer kein Antritt zum Transport«. Da bemerkten wir einen Schrank; wir liefen auf diesen zu und versteckten uns darin. Wir wußten, daß in zwei oder drei Tagen ein weiterer Transport abgehen würde und waren bereit, mit diesem zu gehen, wenn auch unsere Koffer aufgeladen würden. Wir hörten die Rufe: »Alles zum Transport antreten«, wir hörten, daß in den Räumen der Kaserne nach Leuten gesucht wurde, wir hörten ständig Personen vorbeigehen, die Menschen zum Antritt suchten. Ich verstehe bis heute nicht, daß man uns nicht in dem Schrank gefunden hat. Niemandem fiel ein, diesen zu öffnen. Wir verhielten uns mäuschenstill, doch unsere Herzen schlugen wild vor Aufregung. Es war eine unüberlegte Tat von uns, denn hätte man uns erwischt, hätte das »Sonderbehandlung«, das heißt den Tod bedeutet. Wir hörten das Pfeifen und die Abfahrt des Zuges. Um uns herum wurde es ganz still. Nun wußten wir, daß alle die Kaserne und die Umgebung verlassen hatten. Wer mußte statt unserer zum Transport antreten?

Ganz vorsichtig öffneten wir die Schranktüre, sahen, daß sich niemand in der Nähe befand, nahmen unsere Rucksäkke auf und begannen unseren Rückweg ins Ghetto in unsere Mansarde. Freudig, doch skeptisch wurden wir von Familie Fertig aufgenommen. Jeder wußte, daß man früher oder später darauf kommen wird, daß wir nicht zum Transport angetreten waren. Es war eigentlich ein sinnloses Unternehmen von Koni und von mir. Wir wußten schon vorher genau, daß man ohne Essenskarten nicht im Ghetto leben konnte. Außerdem wurde genau Evidenz über die Insassen geführt, und wenn man uns faßte, bedeutete das »Weisung«, was ein gefürchtetes Wort war, obzwar niemand wußte, was eigentlich mit den Menschen geschah, welche auf Weisung weggeschickt wurden. Wir wußten, daß wir uns ab heute im

Ghetto nicht frei bewegen durften, damit wir nicht aufgegriffen würden. Wir waren ab heute wie gejagtes Wild, und nun sehnten wir den Tag herbei, an dem der nächste Transport weggehen würde und wir mit diesem endlich Theresienstadt verlassen könnten. Drei Tage verbrachten wir noch im Ghetto und waren wirklich froh, als der Tag kam, an welchem man zum Transport antrat. Diesmal waren Koni und ich alleine, denn Konis Mutter war schon mit dem ersten Transport weggefahren; wir hofften, daß wir sie bald wiedersehen würden.

Erstaunlicherweise ging alles ganz glatt bei der Registrierung. Wir gestanden dem jüdischen Beamten[6], daß wir schon beim ersten Transport registriert worden waren und die Lebensmittelkarten abgegeben hatten. Ohne Schwierigkeiten wurden wir zum Transport geschickt. Jetzt lag uns auch nicht mehr daran, was mit unseren Koffern geschehen würde; diesmal sahen wir sie überhaupt nicht mehr.

6 Theresienstadt verfügte über eine umfangreiche jüdische »Selbstverwaltung«. In der sogenannten »Zentralevidenz«, einer Art Einwohnermeldeamt, wurden u.a. die Transportlisten zusammengestellt. (Anm. des Verlages)

IV Auschwitz

Wieder stand der Zug bereit. Eine große Anzahl von Viehwaggons. Die Jungen von der Transportleitung luden wieder die diversen Koffer auf, die SS patroullierte vor diesem Zug, Gewehre mit aufgesetztem Bajonett über die Schulter geworfen. Ein Laufsteg wurde an die Öffnung des Waggons gebracht und das Aufladen der Menschenfracht begann. Für Viehtransporte schüttete man im allgemeinen Stroh auf den Boden, aber für Menschen, noch dazu für Juden, war das überflüssig. Diese Juden konnten doch auf den rohen Brettern ohne Unterlage liegen. Liegen? Wo war denn Platz zum Liegen? Wir wurden in die Waggons gejagt. »Schneller, schneller, ihr Saujuden!« Das waren die feinen Worte des Herrenvolkes. Langsam füllte sich der Waggon. Waren es fünfzig, sechzig, oder siebzig Menschen? Endlich war er vollgeladen. Die große Schiebetür wurde von außen geschlossen und wahrscheinlich gut verkettet, damit wir von innen diese Tür nicht aufmachen konnten. Langsam gewöhnte sich das Auge an das Halbdunkel. Im Waggon waren zwei Eimer. Einer davon war mit Wasser gefüllt, der zweite sollte uns als Toilette dienen. Im Waggon befanden sich Alte, Kranke, Kinder und wir jüngeren Menschen. Wir fingen an, uns zu organisieren. Es war kaum Platz zu einem gedrängten Sitzen, geschweige denn zum Liegen. An den vier oberen Ecken des Waggons waren kleine Fensteröffnungen, von draußen mit Stacheldraht versehen, damit ja niemand hinausspringen konnte. Wer hätte schon durch so eine Öffnung kommen können? Doch diese Öffnungen erwiesen sich als sehr nützlich, aus zwei Gründen: Erstens mußte der Toiletteneimer, wenn er voll war, entleert werden. Wir Bewohner dieses Viehwaggons standen auf, drängten uns in die eine Hälfte des Wagens, und einer der jungen Männer versuchte, den Eimer durch das obere Fenster zu leeren. Wieviel von dessen Inhalt sich dabei in den Waggon ergoß, weiß ich nicht, jedenfalls stank es dort entsetzlich. Der zweite Nutzen dieses kleinen Fensters war, daß sich ein junger Mann einem anderen auf die Schultern schwingen und hinausblicken konnte, um sich und uns zu informieren, wo wir uns befanden. Ja, wir fuhren nach Osten.

Besonders schwer wurde es jedesmal, wenn wir an einem Ort vorbeifuhren, und jemand im Waggon sagte: »Da bin ich geboren. Das ist mein Zuhause gewesen!« So erging es auch mir, als wir Ostrau passierten. Ganz in der Nähe des Oderfurter Bahnhofs ist Onkel Hugos Haus. So nah und so weit entfernt. Ich konnte meine Tränen nicht länger zurückhalten.

Im Waggon weinten die Kinder, die Kranken stöhnten, und im Nu war der Wassereimer leer und der Durst begann uns zu plagen. Für die Nacht organisierten wir uns so gut wir konnten. Die eine Hälfte von uns streckte die Glieder aus und versuchte zu schlafen, während sich die zweite Hälfte stehend aneinanderdrängte. Es war bitterkalt in dieser Dezembernacht, einige Grad unter Null, und dieses Gedränge half uns wenigstens, einen Körper an dem anderen zu erwärmen. Wir versuchten so gut wir konnten, den Kranken und Kindern zu helfen, aber mit leeren Händen und unter diesen Umständen ist das sehr schwierig. So blieben uns nur gute Worte, welche aber diesen Elendszustand nicht lindern konnten.

Die Kleinkinder klammerten sich an ihre Mütter, welche sie verzweifelt zu trösten suchten. In dieser Situation erklang plötzlich ein Lied, welches eine Mutter ihrer kleinen, etwa fünfjährigen Tochter sang:

»Eine rosa Krinoline kauf ich dir, mein Kind,
wenn wir zusammen auf deinen ersten Ball gehen werden...«

Ein ganz einfacher Schlager, aber für uns, in unserem Zustand, herzerschütternd. Mit Tränen in den Augen stimmten wir alle in dieses Lied ein. Später, so oft ich das Lied hörte, sah ich immer diese Szene vor mir. Beide, Mutter und Kind, wurden vergast.

War es eine Nacht? Oder vielleicht zwei Nächte, welche wir in diesem Viehwaggon zubrachten? Oder war es ein Jahr? Oder eine Ewigkeit? Unendlich zog sich die Zeit dahin. Der Zug kam irgendwann zum Stillstand. Es war ein Spätnachmittag. Die Türen wurden aufgerissen, und wir standen einem fürchterlichen Inferno gegenüber. Schreien. Hundegebell. Bei einem flüchtigen Blick hinaus sah ich unzählige Lichter in regelmäßigen Abständen, doch zu irgendwelchen näheren Betrachtungen war keine Zeit. Ein unaufhörliches Gebrüll:

»Hinaus, hinaus, alles liegenlassen! Hinaus, hinaus, schneller, ihr Schweinehunde! Aufstellen zu fünft! Aufstellen zu fünft! Schneller, schneller, hinaus!« Dazwischen das schreckliche Hundegebell, immer lauter und lauter. Blindlings gehorchten wir. Wir konnten nur reagieren, zum Denken blieb keine Zeit. Wir sprangen von den hohen Waggons herunter. Alte und Kranke fielen hin, wurden von den SS-Männern, welche schrien und Hunde an der Leine führten, mit Knüppeln geschlagen. Kinder schrien und weinten. Zwischen den SS-Männern gingen so komische Gestalten in so komischen blaugrau gestreiften Anzügen und einer ebenso gestreiften Tellerkappe umher. Die Anzüge sahen wie Pyjamas aus. Diese Menschen schauten dem Schauspiel schweigend zu, wahrscheinlich war ihnen verboten, mit uns zu sprechen. Ich faßte Mut und fragte eine dieser Gestalten:

»Wo befinden wir uns?« Und er antwortete, ohne aufzublicken:

»Auschwitz.«

Doch dieser Name sagte mir absolut nichts. Für mich war das der Name einer der vielen Städte in Polen. Damals wußte ich noch nicht, wie tief sich dieser Name in mein Ich eingraben würde, um nie wieder dieses Ich zu verlassen.

Diese traurige Menschenschlange, in Fünferreihen gruppiert – denn Ordnung muß sein –, setzte sich, von SS mit schießbereiten Gewehren flankiert, in Bewegung. Kein Wort fiel, ganz eingeschüchtert schritten wir automatisch voran. Nur ein Gedanke leitete uns: Wir müssen zusammenbleiben, Koni und ich, wir dürfen uns nicht verlieren. Vor einem großen Gebäude kamen wir zum Stillstand und bekamen den Auftrag, uns nackt auszuziehen. Unmöglich, diesen Auftrag zu befolgen, wo doch Frauen, Männer und Kinder dabei waren. Erst nachdem einige Peitschenhiebe von der SS ausgeteilt worden waren, folgten wir diesem Befehl. Dies alles bei 10 bis 15 Grad unter Null. Es war ganz kurz vor Weihnachten. Wir wurden in einen großen Raum mit vielen Duschen geführt, welche an der Decke angebracht waren. Eiskaltes Wasser wurde auf uns heruntergelassen. Wir konnten diesem eisigen Strom nicht ausweichen, denn wir waren in diesem Raum dicht aneinandergepfercht. Wir fluchten, doch heute bin ich froh, denn ich bin nicht sicher, ob dies nicht derselbe Raum war, wo anstatt Wasser auch Zyklon-Gas durch die Duschen strömen konnte. Es gab keine Seife zum Waschen, kein Handtuch zum Abtrocknen. Wir waren triefend naß. Kleider wurden uns zugeworfen. Weg war mein pelzbesetzter warmer Wintermantel, welcher mich soviel Brot gekostet hatte. Ich bekam ein dünnes, dunkelblaues Seidenkleid, mit einem ebenfalls dünnen Mantel, keine Unterwäsche, keine Strümpfe, dafür aber Holzpantinen. Bevor wir in diesen Duschraum geführt wurden, mußten wir unsere eigenen Kleider und Schuhe zusammenbündeln, doch diese eigene Kleidung bekam ich nie mehr wieder. Nachdem ich so elegant eingekleidet war, begann ich Koni zu suchen. Doch alle Männer waren inzwischen abgeführt worden. Wohin? Niemand wußte es. Viele Frauen fingen zu weinen und zu klagen an, riefen ganz laut nach ihren Männern, Söhnen oder Vätern. Eine tröstete die andere, doch wußten wir, daß dies leere Worte waren. In dieser Situation fiel mir eine junge Frau auf, welche ganz alleine abseits stand und weinte. Als ich näher kam, hörte ich ihr Murmeln:

»Wo ist mein Erischek? Man hat mir meinen Erischek genommen. Ich will meinen Erischek.«

Ich versuchte sie zu trösten, daß uns alle dasselbe Los getroffen habe, daß alle Frauen hier ihre zugehörigen Männer vermißten, doch nichts half. Das Jammern ging weiter. Ich blieb bei »Houština« Ruth Nassau, spätere Jokl, um ihr über diese schwere Stunde der Trennung zu helfen, was auch mir nicht leicht war, denn ich vermißte Koni ebenso und wußte nicht, was mit ihm geschehen war.

Wir Frauen und alle Kinder wurden in einer riesiggroßen Holzbaracke untergebracht, welche an beiden Seiten dreistöckige Bettgestelle aus Holz, aber ohne Matratzen hatten. Jede von uns erhielt eine dünne Decke zum Zudecken, und so ausgerüstet erklommen wir unsere »Betten«. Uns allen war schrecklich kalt, wir froren unbeschreiblich bei dieser niedrigen Temperatur, so daß wir uns zu dritt zusammenkauerten, um uns mit drei Decken zuzudecken und Körper an Körper zu erwärmen. Houština weinte noch immer: »Wo ist mein Erischek«, bis der Schlaf sie doch übermannte.

In der Frühe, als »Tee« zum Frühstück ausgeteilt wurde, stürzten wir uns wie eine Horde Wilder auf diese ekelerregende Flüssigkeit. Bis auf die wenigen Tropfen Wasser, welche wir beim Duschen in unseren Mund hatten fließen lassen, hatten wir kein Essen und kein Wasser erhalten. Es ist in uns wahrscheinlich nur der tierische Instinkt geblieben, denn anders kann ich mir unser ungezügeltes Benehmen nicht erklären. Wir kamen doch alle aus demselben kulturellen Milieu, waren doch bis dahin ganz zivilisiert und ruhig. Was veranlaßte uns zu diesem Benehmen? Es war wahrscheinlich der Selbsterhaltungstrieb, welcher von nun an unsere Verhaltensweise diktierte.

Nach diesem so reichhaltigen Frühstück fing die Registrierung, hauptsächlich aber die Numerierung an. Wir mußten unseren linken Unterarm hinhalten, und einer jeden von uns wurde eine Nummer eintätowiert. Zuerst verstanden wir nicht, warum man uns numerierte, doch langsam fingen wir zu verstehen an. Wir sind keine Menschen mehr.

Wie Vieh wurden wir in Waggons verladen und nach Auschwitz gebracht, wie Vieh wurden wir jetzt gezeichnet. Die Nummer bedeutet Entpersonifizierung. Ab heute besitze ich keinen Namen mehr. Ich bin nun »Nummer 73 643«. »Nummer 73 643« habe ich zu antworten, wenn ich nach meinem Namen gefragt werde.

Die eintätowierte Nummer auf dem Unterarm war nicht die einzige Kennzeichnung. Jeder Häftling hatte auf der linken Brustseite einen farbigen Winkel aufgenäht und darunter die Nummer vom Unterarm. Politische Häftlinge hatten rote, Verbrecher grüne, »Asoziale« schwarze und Juden rote und darauf gelbe Winkel. Eine vorzügliche Ordnung herrschte in dieser Beziehung in Auschwitz!

Als alle Formalitäten erledigt waren, mußten wir uns wieder zu fünft aufstellen, und wieder bewegte sich diese Menschenschlange, diesmal ausschließlich Frauen in dünnen, lächerlichen Kleidern, hinaus aus dem Lager. Wir kamen zu einem von SS bewachten Tor – dem Eingang zu einem anderen Lager. Wieder wurden wir ganz genau gezählt, und nachdem alle das Tor passiert hatten, kam ein Häftling mit grünem Winkel mit einem SS-Mann an. Diese beiden standen nebeneinander und riefen alle jungen Frauen aus der Reihe heraus. Auch ich war darunter. Wir wurden zu einer großen Holzbaracke geführt, über deren Eingang die Nummer 6 stand. Von nun ab Block 6. Die Verantwortliche für den Block, Blockälteste genannt, empfing uns sofort mit groben Worten und wies uns Bettstellen zu. Houština und ich hatten ganz großes Glück, eine Bettstelle im dritten Stock zu erhalten, denn dort oben war es etwas wärmer, und außerdem konnten wir von unten aus nicht so gut beobachtet werden.

Von unseren Männern wußten wir noch immer nichts und wir hatten auch keine Gelegenheit, jemanden zu fragen, denn niemand wußte etwas oder war willig, uns nur eine kleine Auskunft zu geben. Erleichtert atmeten wir auf, als gegen Abend die Männer, gekleidet in die graublauen gestreiften Pyjama-Sträflingsanzüge, ins Lager gebracht wurden.

Das Familienlager Birkenau B_2B in Birkenau[7] war eines von vielen Lagern in Auschwitz, aber das einzige, in welchem beide Geschlechter hausten. In allen anderen Lagern waren entweder nur Frauen oder nur Männer untergebracht.

Das Lager bestand aus zwei Reihen großer Holzbaracken, zwischen welchen die sogenannte Lagerstraße lief, wo wir uns mit unseren Männern nach der Arbeit für eine halbe Stunde treffen durften. Jede der Baracken hatte ein großes Eingangstor, und nachdem man das passiert hatte, befanden sich an beiden Seiten zwei Räume, welche die Privatdomäne der Blockältesten und deren Stellvertreterinnen waren, die wir gewöhnlichen Häftlinge nie betreten durften. Im Inneren der Baracke, Block genannt, waren die hölzernen, dreistökkigen Bettstellen angebracht, immer zu dreien angeordnet. Auf einer Bettstelle, welche keine Matratze hatte und für drei Personen bestimmt war, mußten wir uns zu fünft zusammendrängen, denn das Lager war überfüllt. Durch den ganzen Block zog sich eine etwa 60 cm breite Sitzbank aus Ziegelsteinen, welche innen hohl war und von beiden Seiten geheizt werden konnte. In diesem »Kamin« wurde jedoch nie geheizt, denn Heizmaterial gab es nicht. Die eine Seite dieser Baracken beherbergte nur Frauen, die andere Seite war für die Männer bestimmt. Männer und Frauen hatten je eine Wasch- und eine Toilettenbaracke gemeinsam.

Diese Baracken waren von einem Stacheldrahtzaun, welcher mit Hochspannung geladen war, umgeben. An ihm waren oben Scheinwerfer in regelmäßigen Abständen angebracht, welche das Lager die ganze Nacht hindurch beleuchteten. Hinter diesem Stacheldrahtzaun war ein zwei bis drei Meter breiter Streifen, dann kam der nächste, mit elektrischer Hochspannung versehene Stacheldrahtzaun für das Nebenlager. An jeder Ecke des Lagers waren Wachtürme

7 Das KZ Auschwitz bestand aus dem Stammlager (Auschwitz I), dem Lager Birkenau (Auschwitz II), dem eigentlichen Vernichtungslager, in dem sich die Gaskammern befanden, sowie einer Anzahl von Nebenlagern, die unter der Bezeichnung Auschwitz III zusammengefaßt wurden. (Anm. des Verlages)

aufgestellt; die Wachen lösten sich regelmäßig ab, damit das Lager unausgesetzt bewacht war und ja niemand ausbrechen konnte. Näherte sich jemand dem Zaun, so wurde er sofort angeschossen. Wenn es ihm trotzdem gelang, diesen zu erreichen, fiel er sofort, durch die Hochspannung getötet, um. Viele zogen diesen Tod dem schrecklichen Leben im Lager vor. Langsam stumpften unsere Gefühle ab und nach einiger Zeit nahm man es beinahe als Selbstverständlichkeit hin:

»Hast du nicht die XY gesehen?«

»Aber die ist doch gestern an den Draht gegangen!« war die Antwort.

»An den Draht gegangen« ist zu einer ganz geläufigen Redensart geworden, welche man ohne Kommentar hinnahm.

Unsere tägliche Routine begann. Ganz zeitig früh – wir besaßen keine Uhren – schrillte eine Glocke und weckte uns aus unserem Schlaf. Sofort mußten wir zum »Appell« antreten. Die Insassen jeder Baracke mußten sich in Fünferreihen vor diese aufstellen. Die Blockälteste stand etwas abseits, und wir alle warteten, daß ein SS-Mann kam, um den Bericht der Blockältesten entgegenzunehmen. In ganz strammer Haltung mußte diese den Bericht über die Anzahl der aufgestellten arbeitsfähigen Häftlinge und der im Block verbliebenen Kranken abgeben. Danach wurden alle von dem SS-Mann gezählt, welcher auch in den Block ging, um drinnen zu zählen. Dieser SS-Mann ging derart von einem Block zum anderen und zählte und machte seine Aufzeichnungen. Wir Häftlinge mußten in unserer spärlichen Kleidung, im Winter frierend im tiefen Schnee, später in strömendem Regen, so lange stehen, bis die Zahl der Lebenden, Toten und Kranken ganz genau festgestellt war, was manchmal auch Stunden dauerte.

Nach dem Appell wurde das »Frühstück serviert«. Heißer Tee oder Ersatzkaffee, welchen wir Abwaschwasser nannten, den wir aber trotzdem gierig hinunterschlürften. Er erwärmte wenigstens teilweise unsere durchfrorenen Körper.

Dann hieß es: »Auf zur Arbeit.« Die ersten Tage wurden wir aus dem Lager herausgeführt, am Tor wieder ganz genau gezählt, indem wir wieder in Fünferreihen aufgestellt wurden, und dann zu einem Steinhaufen gebracht, welcher etwa eine halbe Stunde Fußmarsch vom Lager entfernt war. Wir mußten die Steine, welche sehr schwer waren, von einem Platz auf einen anderen schaffen, um am nächsten Tag dieselben Steine wieder auf ihren alten Platz zu legen. Es war eine ganz sinnlose Arbeit, und bald kamen wir darauf, daß man uns nicht nur körperlich, sondern auch geistig töten wollte. Wir hatten schrecklichen Hunger, waren bald ganz kraftlos, doch wenn jemand nicht weiterarbeiten konnte, so wurde er mit den prügelbereiten Peitschen der SS geschlagen oder bekam von den Kapos Fußtritte. Um diesen Schlägen aus dem Wege zu gehen, nahmen wir alle unsere Kräfte zusammen und schleppten weiter Steine.

Bis heute ist es mir ein Rätsel, wo wir diese Kräfte hernahmen. Unsere Nahrung bestand meist aus Wasser. Morgens Kaffee oder Tee, mittags gab es eine Wassersuppe, und wenn wir Glück hatten, schwammen ein paar gekochte Rüben darin. Nach der Arbeit ging's zurück ins Lager, und wieder wurden unsere Fünferreihen am Toreingang ganz genau gezählt. Nachher: Antreten zu einem weiteren Appell im Lager. Wieder dieses lange Stehen, bis die Zahlen genauestens übereinstimmten, dann endlich waren wir »frei«, und das Abendbrot wurde »serviert«. Es bestand wieder aus Tee oder Ersatzkaffee, etwa 300 Gramm Brot, manches Mal bekamen wir etwas Margarine, Kunsthonig oder Marmelade. Am Anfang meines Aufenthaltes im Lager teilte ich mir meine Brotration so ein, daß ich die Hälfte am Abend, die andere Hälfte zum Frühstück verzehrte. Diese zweite Hälfte legte ich ganz sorgsam unter meinen Kopf, damit es mir ja nicht gestohlen würde. Doch eines Nachts wurde mir dieses Stückchen Brot, welches so viel für uns bedeutete, gestohlen. Ja, der Selbsterhaltungstrieb machte manche unserer Mithäftlinge zu Dieben. So weit waren wir gesunken. Wir alle wußten: Wenn wir unsere Kräfte und unseren Lebenswillen verlieren, bedeutet das unser Ende. Dieser Trieb ließ viele Häftlinge nicht davor zurückschrecken, Brot zu stehlen, um sich selbst am Leben zu erhalten.

Nach dem Abendbrot wieder die schrille Lagerglocke, welche die »Besuchsstunde« auf der Lagerstraße ankündigte. Jetzt war die Stunde gekommen, wo wir uns mit unseren Männern treffen konnten und mit ihnen sprechen durften. Nach etwa 20 bis 30 Minuten erscholl wieder diese schreckliche Glocke, und jeder mußte in seine Wohnbaracke zurückkehren. Diese durfte dann die ganze Nacht nicht verlassen werden.

Es war uns streng verboten, die Männerbaracken zu betreten, so wie auch die Männer unseren Baracken nicht betreten durften. Die Not machte uns erfinderisch. Am Anfang, als wir noch ein wenig Kraft hatten, wollten wir doch mit unseren Männern nicht nur die wenigen Minuten auf der Lagerstraße, sondern auf irgendeinem mehr verborgenen Platz zusammenkommen. Bald entdeckten wir jungen Leute den Waschraum, welchen Frauen und Männer teilten. In diesem Waschraum gab es eine Reihe von Wasserhähnen, unter welchen halbierte Fässer zum Auffangen von Wasser angebracht waren. Wasser konnte man dort aber kaum antreffen, es tropfte nur ganz spärlich in den frühen Morgenstunden. Dafür traf man dort engumschlungene Paare, welche die Anwesenheit anderer absolut nicht störte und die diese Anwesenheit auch gar nicht zur Kenntnis nahmen. Es war dies der Ausdruck des verzweifelten Dranges, mit dem in ganz engen Kontakt zu kommen, dem man sich am nächsten fühlte, um bei ihm Geborgensein und Zusammengehörigkeitsgefühl zu spüren. Es war der verzweifelte Wunsch, dieses so hoffnungslose Leben mit Liebe auszufüllen. Denn Liebe bedeutete Leben, und wir alle wollten doch leben. Über uns hatten wir ständig den Geruch verbrannten Fleisches, denn das Familienlager B_2B lag ganz in der Nähe der Krematorien. Wir sahen den Rauch in den Kaminen aufsteigen, Gerüchte kamen uns zu Gehör, daß man Menschen vergast und verbrennt.

In dieser Zeit entwickelte sich in uns ein Abwehrsystem. Wir wußten, daß diese Gerüchte auf Wahrheit beruhten, doch unser Abwehrsystem wollte es nicht zulassen, daß wir diesen Gerüchten Glauben schenkten. Wir wiesen ganz einfach die Möglichkeit der Massen-Judenvernichtung zurück. Kann denn ein normaler Mensch so etwas wie Vergasung von Menschen vornehmen? Kann man denn so etwas überhaupt ausdenken? Wo ist Gott, welcher so etwas zuläßt? Die Welt draußen kann doch nicht mit verschränkten Armen zusehen. Jemand muß uns doch zu Hilfe kommen. Alle diese Gedanken verfolgten uns, gleichzeitig aber wollten wir all dem nicht glauben. Wir wollten leben. Leben! Wie lange wir noch unter diesen Verhältnissen aushalten würden, konnte niemand sagen. Wir wollten mit unseren Lieben sprechen, einer dem anderen Mut geben, einer den anderen festhalten, sich umarmen, um so das Gefühl des Geborgenseins auszudrücken. Wir wollten einander ganz nahe sein, um uns damit zu beweisen, daß wir nicht alleine waren, wir wollten uns küssen und lieben, denn wir wußten nicht, wie lange wir noch diese Gefühle würden ausdrükken können. Wir waren jung, wir wollten leben. Leben und Liebe sind doch so eng verbunden. Wir sehnten uns nach der Liebe, der Umarmung und der körperlichen Nähe, nach dem langanhaltenden, verzweifelten Kuß, welcher sich sehr oft mit Tränen vermischte. Um diese Gefühle auszudrükken, brauchte man einen Schlupfwinkel, und diesen bot uns der Waschraum, welcher ja von Frauen und Männern benutzt werden durfte. Wir mußten aber sehr vorsichtig sein, damit wir von der SS nicht entdeckt würden. Deshalb standen Häftlinge dort Wache, welche uns warnten, falls sich ein SS-Mann näherte.

Sofort, als ich im B_2B-Familienlager ankam, suchte ich im Krankenbau einen Arzt auf – die Ärzte waren ebenso Häftlinge wie wir – und bat ihn, mir doch meine Schwangerschaft zu unterbrechen. Doch auch hier stieß ich auf Widerstand. Den Eingriff wollte niemand machen, da ganz strenge Strafen dafür ausgesetzt waren. Mir blieb deshalb nichts anderes übrig, als meinen Zustand so gut es ging zu verbergen und abzuwarten, was die Zukunft bringen würde.

Drei Monate vor uns war im Familienlager der September-Transport aus Theresienstadt angekommen. Warum man nicht sofort auf der Ankunftsrampe eine Selektion vornahm, blieb uns allen ein Rätsel. Man ließ alle leben, alle kamen ins Familienlager. Wenn ich nicht irre, war unser B_2B-Lager das einzige in Auschwitz, in welchem sich Kinder aufhielten. Für die Kinder war ein Kinderblock eingerichtet, welcher unter der Leitung des besten Jugendführers stand, welchem ich je in meinem Leben begegnet bin. Fredy Hirsch. Fredy war ein deutscher Jude, der in der Tschechoslowakei tätig war, dann nach Theresienstadt und nachher nach Auschwitz deportiert worden war. Ein junger, schöner Mensch von athletischem Bau, ein ausgezeichneter Sportler, welcher sich der Jugend in einzigartiger Weise annahm. Ganz ohne Schreibmaterial, ohne Lehrbücher, ohne Spielzeug errichtete Fredy mit Hilfe anderer Erzieher ein Unterrichtssystem und erfand an diese Verhältnisse angepaßte Spiele. Unverständlich blieb uns allen, welche nicht in diesem Kinderblock arbeiteten, wie Fredy Hirsch mit seinen Helfern das Unmögliche möglich machte. Ein jeder, ob Erwachsener oder Kind, liebte Fredy, und er liebte alle seine vielen Kinder.

Ende Februar 1944 wurden Karten ausgeteilt, damit wir nach Hause schrieben. Ich wußte nicht, an wen ich schreiben sollte. Außer Miloš hatte ich niemanden, und ich wollte ihm nicht schaden. Deshalb gab ich eben meine Karte jemand anderem ab. Wir bekamen den Auftrag, diese Karten einen Monat vorzudatieren, wir mußten sie also auf Ende März datieren. Warum? Wir konnten uns den Grund nicht erklären. In Auschwitz fragte man nicht warum, man bekam ja sowieso von niemandem eine Antwort auf Fragen. Auschwitz hieß entweder blindlings gehorchen – oder Tod.

Am 5. März beim Abendappell bekamen wir den Befehl, sofort nach dem Appell ohne »Abendpromenade« auf unsere Baracken zu gehen. Nach der Essensverteilung wurden die Baracken verschlossen. Es wurde uns verboten, herauszugehen oder herauszusehen. Bei Nichtbefolgung dieses Verbotes drohte Erschießen. Wir konnten uns dieses Verhalten nicht erklären, Vermutungen wurden laut. Wir wußten nicht, was die Deutschen vorhatten, wir ahnten nur, daß etwas Schreckliches vor sich ging. Wir hörten das Scharren vieler Füße, Kommandos von der SS, und wir ahnten, daß Häftlinge abgeführt wurden. Als endlich in der Frühe die Tore geöffnet wurden, bemerkten wir zu unserem Entsetzen, daß alle aus dem September-Transport in das Nebenlager »übersiedelt« worden waren. Was war der Grund dafür? Niemand wußte eine Antwort. Nach der Arbeit näherten wir uns dem Stacheldrahtzaun vom Nebenlager, doch dort rührte sich nicht viel, wahrscheinlich hatten die Leute dort Ausgehverbot. Wir waren verzweifelt und um die Zukunft unserer Freunde und Mithäftlinge besorgt, mit welchen wir drei Monate lang unser bitteres Los und Leben geteilt hatten. Es war der 7. März, der Geburtstag des ehemaligen tschechischen Präsidenten Masaryk, welchen wir alle zutiefst verehrt hatten und welcher ganz offen seine Sympathie für das jüdische Volk gezeigt hatte.

Wieder wurden wir sofort nach dem Abendappell in unsere Baracken eingeschlossen, und wieder kam der Befehl, ja nicht herauszugehen oder herauszuschauen. Obwohl wir nach unserem schweren Arbeitstag sehr müde waren, konnten wir nicht einschlafen. Wir ahnten, daß etwas ganz Fürchterliches im Gange war. Plötzlich hörten wir Motorengeräusch, welches auf viele Autos schließen ließ. Kein einziger anderer Laut drang zu uns, bis wir auf einmal Gesang vernahmen. Zuerst leise. Dann schwoll er immer stärker an. Wir hörten zuerst die tschechische Nationalhymne (»Kde domov můj«, das heißt: Wo ist meine Heimat?). Als diese Hymne zu Ende war, wurde der Gesang noch viel stärker, es ertönte die jüdische Nationalhymne, die »Hatikvah« (Hoffnung). Je stärker dieser Gesang wurde, desto stärker wurde unser Weinen, denn nun wußten wir, daß diese Menschen, die da sangen, in diesem Augenblick vergast wurden. Der

Gesang war die letzte, aber eindeutige Botschaft an uns, welche im Familienlager verblieben waren. Wir alle wußten ganz genau, was in diesen fürchterlichen Minuten geschah. Mit der »Hatikvah« auf den Lippen gingen unsere Freunde, mit welchen wir drei Monate unser Schicksal geteilt hatten, in den Tod.

Als wir in der Frühe zum Appell antraten, war kein Leben mehr im Nebenlager, dafür aber stieg noch immer der Rauch aus den Schornsteinen, und der Geruch verbrannten Fleisches war stärker denn je. Niemand konnte das Ausmaß dessen, was geschehen war, ganz erfassen. Wir wußten mit Bestimmtheit, daß alle unsere ehemaligen Mithäftlinge vergast worden waren; wir flüsterten darüber. Wir waren gezwungen, unser so aussichtsloses Leben trotzdem fortzusetzen. Einen Monat später kamen die Karten aus Auschwitz mit dem Datum von Ende März an ihrer Bestimmungsadresse an. Auf den Karten stand geschrieben: »Meine Lieben, es geht mir und meiner Familie gut, wir sind gesund und senden Euch die besten Grüße.«

Ich war schon im fünften Monat meiner Schwangerschaft, und man fing an, die veränderten Umrisse meines Körpers zu sehen. So gut ich konnte versuchte ich, meinen Zustand zu verbergen, denn ich wollte auf keinen Fall, daß man es merkte. Ich wußte nicht, was mir die Zukunft bringen würde, das wußte niemand in Auschwitz. Wir teilten alle das gleiche Schicksal, doch meines war durch meine Schwangerschaft noch schwerer geworden. Im Lager wurde eine Baracke für die Erzeugung von irgendwelchen geflochtenen ledernen Bändern eingerichtet, welche für die Rüstungsindustrie benötigt wurden. Es gelang mir, anstatt Steine-Schleppen diese leichtere Arbeit zu erhalten, bei welcher ich sitzen konnte. Jetzt war ich nicht mehr den verschiedenen Witterungen, Kälte, Schnee und Regen ausgesetzt und verbrauchte keine Energie durch schwere körperliche Arbeit.

Koni arbeitete beim Lore-Schieben. Schienen waren durch das ganze Lager gelegt, und mit den bloßen Händen und den entkräfteten Körpern mußten die mit Steinen vollbeladenen Loren weiterbefördert werden. Daß die Kräfte der Männer schnell schwanden, war bei der Hungerration selbstverständlich. Dies aber konnten die SS-Leute nicht verstehen, sie trieben die Männer mit Peitschen und Knüppeln zu immer größerer Eile an. Wer nicht weiterkonnte, wurde eben zu Tode geprügelt. Jeder einzelne Häftling sehnte sich nach leichterer Arbeit und trachtete, dieses Lore-Schieben loszuwerden. Nach einiger Zeit gelang es auch Koni, eine leichtere Arbeit, verbunden mit Diensten im Lager, zu erhalten.

Koni und ich trafen uns jeden Abend nach der Arbeit auf der Lagerstraße. Bei diesen Begegnungen trat mit der Zeit eine Entfremdung zwischen uns, welche immer mehr und mehr spürbar wurde, und langsam hatten wir uns kaum noch etwas zu sagen. Koni schien mein Zustand überhaupt nicht zu interessieren. Aber es war doch sein Kind, welches ich unter meinem Herzen trug! Warum fand er kein Wort der Ermutigung, keinen Trost für mich? Wie sehnte ich mich nach einem kleinen Ausdruck des Verstehens und Mitgefühls. Warum mußte ich in dieser schweren Zeit nur mir selbst überlassen sein? Konis Interesselosigkeit und Gleichgültigkeit meinem Zustand und mir gegenüber trafen mich schwer. Langsam kam in mir die Frage auf, ob es für uns nach Auschwitz möglich sein würde, ein gemeinsames Leben aufzubauen. Damals war ich zu der Überzeugung gelangt, daß es für uns, falls wir überleben sollten, das beste sein würde, auseinanderzugehen.

In unserem Lager befand sich ein Mann, dessen Beruf Henker war. Bis zu dieser Zeit wußte ich nicht, daß ein Jude diesen Beruf ausüben konnte, und ich konnte nicht verstehen, wie man sich so einen Beruf wählen konnte. Wir nannten ihn einfach Henker Fischer. Er war ein stämmiger, robuster Mann, eine angsteinflößende Erscheinung. Wir versuchten, Henker Fischer aus dem Wege zu gehen. Sein Block lag schräg gegenüber meinem Block 6, und dort hatte er ein Zimmer für sich alleine. Eines Tages rief er mich zu sich. Auf keinen Fall wollte ich etwas mit ihm zu tun haben, denn ich fürchtete mich ganz einfach vor ihm. Nachdem er mich nochmals rief und seine Stimme bedrohlich geklungen hatte, ging ich doch zögernd hin. Es war streng verboten, die Männerbaracken zu betreten, doch da kein SS-Mann in der Nähe war, traute ich mich eben, auch wenn ein Risiko damit verbunden war. Ich wußte nicht, welches Risiko größer war, einem SS-Mann zu begegnen oder dem Ruf von Henker Fischer nicht zu folgen. Ich hatte keine Ahnung, warum Henker Fischer gerade mit mir sprechen wollte. Auf seinem Zimmer angekommen, fragte er mich, in welchem Monat meiner Schwangerschaft ich mich befände. Ich war überrascht, daß er bemerkt hatte, daß ich schwanger war. Er gab mir ein Stück Brot und eine Zwiebel und befahl mir, dies in seiner Gegenwart zu verzehren. Ich hatte noch nie in meinem Leben eine rohe Zwiebel gegessen, doch war ich mir dessen bewußt, daß diese Zwiebel Vitamine bedeutete und folgte deshalb bereitwillig seiner Aufforderung. Ich hatte Angst, was nun kommen würde, und war ganz erstaunt, als Henker Fischer mir auftrug, jeden zweiten Tag zu ihm zu kommen, um etwas Essen zu erhalten. Er sagte mir, daß eine schwangere Frau die Verantwortung für die Entwicklung ihres Kindes habe und daß sie sich deshalb gut ernähren müsse. Ja, manchmal sind auch Berufshenker Menschen.

Im Block 6, im Frauenblock, war die Musikkapelle untergebracht. Sie bestand aus etwa sechs männlichen Mitgliedern, welche zweimal am Tage proben mußten. Es waren ganz ausgezeichnete Musiker darunter, welche anfangs nur nach Gehör spielen mußten, denn Noten gab es keine. Die Orchestermitglieder waren mit ihrer Arbeit sehr zufrieden, denn Mitglied des Orchesters zu sein bedeutete, keine schwere Arbeit verrichten zu müssen und dadurch Lebenskräfte zu sparen. Die Zusammensetzung des Orchesters bestand aus Geigen, einer Ziehharmonika, Klarinette und Schlagzeug. Manchmal kamen die SS-Leute, um sich an der Musik zu ergötzen. Wehe dem, welcher einen Fehler machte, er wurde sofort mit einem Fausthieb bestraft.

Zu besonderen Gelegenheiten wurde die Kapelle eiligst zusammengerufen, um zu spielen. Dies geschah meistens in den späten Nachmittags- oder Nachtstunden. Wir Häftlinge fürchteten diese Augenblicke, denn wir wußten, daß dann irgend etwas Schreckliches im Gange war. Wenn ein Häftling bei einem nichtigen Vergehen gefaßt wurde, wie zum Beispiel Diebstahl, Ungehorsam und sehr oft auch ohne Grund, aus reinem Sadismus, wurde derjenige auf Block 6 gebracht. Die Musikkapelle bekam den Auftrag zu spielen, und uns Mädchen wurde befohlen zuzusehen. Die Kamintür, welche am Ende der langen Heizung etwa 40 cm über dem Erdboden angebracht war, wurde geöffnet. Der Häftling, welcher bestraft werden sollte, mußte seine Hosen abstreifen, den Kopf in die Öffnung stecken, und die Musik mußte anfangen zu spielen. Der bemitleidenswerte Mensch bekam 25 Peitschenhiebe, manchmal auch 50, welche mit voller Kraft und ohne Erbarmen auf seinem nackten Hinterteil niederprasselten. Wir mußten zusehen und zuhören, aber ich kann mich bis heute nicht eines einzigen Aufschreies oder Wehelautes erinnern. Wir sahen nur das Zusammenzucken des geplagten Körpers. Es war nicht die Musik, welche etwa diese Laute übertönte. Es war der Stolz des Bestraften, welcher diesen Sadisten nicht die Genugtuung geben wollte. Die meisten schritten blutüberströmt, aber erhobenen Hauptes davon, von einem oder zwei Kameraden unterstützt. Die anwesenden SS-Leute unterhielten sich und lachten dabei. Und die Musik spielte dazu.

Einige Male erschien plötzlich die SS in unserem Block. Das Tor zum Block wurde aufgerissen, und die SS-Leute fuhren auf ihren dröhnenden Motorrädern besoffen in unseren Block ein. Die Musikkapelle wurde hereinbefohlen, und die SS-Männer begannen, zu singen und weiterzutrinken und sich, durch die Musik angetrieben, in ihre Laune hineinzusteigern. Ohne Scham fingen sie an, sich Mädchen aus den Bettstellen herauszuziehen, jüdische Mädchen, welche sie mit sich nahmen, um sie dann zu vergewaltigen. Vergewaltigung der jüdischen Mädchen war erlaubt. Das war doch keine Rassenschande. Wenn dieses schreckliche Schauspiel begann, war ich glücklich, daß ich ganz oben im dritten Stock »wohnte«, denn die SS nahm sich nicht die Mühe, so hoch zu klettern, um nach jungen Mädchen Ausschau zu halten, denn in den unteren Betten war ja genügend »Auswahl«. Wir oben drückten uns an die Wand und hofften nur, daß nicht wir es sein würden, welche zur Vergewaltigung bestimmt waren. Wenn sich die Mädchen sträubten, mit den SS-Leuten zu gehen, wurden sie unbarmherzig geschlagen, so daß, wenn es zu dieser Szene kam, die Mädchen schließlich ohne Widerstand mitgingen. Es ist unmöglich, zu beschreiben, in welchem mitleiderregenden Zustand diese armen Geschöpfe zurückkamen.

Die Flöhe, Läuse und Wanzen bemächtigten sich unser. Es juckte uns und biß uns am ganzen Körper, doch wir wagten nicht, uns zu kratzen, denn vom Kratzen bekam man leicht eine Infektion. Infektion aber bedeutete, daß man hohes Fieber bekam, mit hohem Fieber konnte man nicht zum Appell und zur Arbeit antreten, und das wieder hieß, daß man eventuell auf die Krankenstube mußte. Die Krankenstube aber war beinahe der sichere Tod, das sahen wir an den Haufen von Leichen, welche sich jeden Tag vor dem Krankenblock häuften. Es gab keine Medikamente, keinen Verbandsstoff, keine Antiseptika, kurz es gab nur die bloßen Hände, mit welchen die anwesenden Ärzte gezwungen waren, die Kranken zu behandeln. Die Betten bestanden nur aus Holzgestellen, Leintücher und andere reine Wäsche gab es nicht. Ärzten und Pflegern blieb nichts anderes übrig, als das Wegsterben der Häftlinge hilflos mitanzusehen. Jeder Häftling hütete sich zuzugeben, daß er krank war, stand deshalb tapfer Appell und schleppte sich, unterstützt von Freunden, zur Arbeit. Es wurde alles Mögliche und Unmögliche unternommen, die Kranken auf den Wohnblocks zu behalten, um sie vor der »Hospitalisierung« zu schützen. Kaum einer, welcher auf die Krankenstube gebracht wurde, kam lebend heraus.

Unsere Jagd nach Flöhen, Wanzen und Läusen nahm nie

ein Ende. Unsere durchdachten Vernichtungsmanöver konnten mit deren Vermehrung nicht Schritt halten, denn wenn man schon einmal etwas Seifenähnliches erhielt, wurde es einem gestohlen. Diese sogenannte Seife war ein hellgrünes Etwas, was Seife ähnlich sein sollte, aber weder schäumte noch reinigte, noch desinfizierte. Es blieb uns deshalb nichts anderes übrig, als ganz zeitig früh, noch bei Dunkelheit, aufzustehen, um in den Waschraum zu gehen, denn das war die einzige Zeit, zu welcher Wasser aus den Hähnen tropfte. Zu einem späteren Zeitpunkt waren die Hähne trocken. Sehr oft, wenn wir den Waschraum betraten, befanden sich da auch Männer, denn der Waschraum diente ja beiden Geschlechtern. Unsere Gefühle waren schon so weit abgestumpft, daß wir uns ganz ohne Scham nackt entkleideten, um uns zu waschen, denn Sauberkeit bedeutete Gesundheit und Schutz vor der Krankenstube. Den Ersatz für Seife bildete im Winter der Schnee, später der Sand. Wenn man sich mit Sand einrieb und diesen dann mit etwas Wasser herunterspülte, hatte man wenigstens das Gefühl, sauber zu sein. Ein Handtuch besaßen wir nicht, aber der Körper trocknet ja von selbst, wozu denn dann ein Handtuch? Die Kleider konnten wir nicht waschen, denn wir hatten nur die eine und einzige Kleidung und nichts zum Wechseln. Es blieb uns deshalb nichts anderes übrig, als die Kleider gut auszuschütteln mit der Hoffnung, daß möglichst viele Kleiderläuse herausfallen würden. Doch diese niedlichen Tierchen fraßen sich ganz fest in die Nähte unserer Kleidung ein, als ob sie uns besonders lieb gewonnen hätten. Es gehörte zu unserer täglichen Routine, die Nähte abzusuchen und die Läuse zu vernichten. Doch am nächsten Tag hielten sie siegesbewußt wieder ihren Einzug in unsere Kleidung.

Eines unserer größten Probleme war ein Stückchen Papier, denn Toilettenpapier gab es selbstverständlich nicht. Zeitungspapier? Da wir ja keine Zeitungen erhielten, war auch dieses nicht vorhanden. Dafür gab es viele Durchfälle und Ruhr. Es bleibt mir bis heute ein Rätsel, wie wir uns selbst in diesem Falle irgendwie helfen konnten.

Der Hunger nagte an uns, und bald sahen wir, wie ganz langsam das Fleisch vom Körper schwand, wie die Knochen heraustraten, die Augen einfielen, kurz wie der Mensch zu einem mit Haut überzogenen Skelett wurde. Diese lebenden Skelette hatten einen Sammelnamen: Muselmänner. Ganz apathisch bewegten sie sich von einem Ort zum anderen, mit schlurfenden Füßen, denn sie hatten nicht mehr die Kraft, diese zu heben. Keine Gedanken gingen ihnen mehr durch den Kopf. Wie bei einem Tier war alles Denken nur auf eines gerichtet: Essen. Als der Schnee schmolz, kamen die ersten grünen Unkrautblätter aus der Erde heraus, und wir suchten jeden Tag nach ihnen. Wie glücklich waren wir, wenn wir eines davon erblickten, pflückten und stundenlang im Mund halten konnten. Diese kleinen Unkrautblätter gaben einem das Gefühl, wenigstens etwas im Munde zu halten und sich einzubilden, daß dieses kleine Unkraut uns den Hunger vertreiben könnte.

Nach der Vergasung der Häftlinge vom September-Transport war die Anzahl der Insassen von B_2B auf die Hälfte zusammengeschrumpft, doch die deutsche Vernichtungsmaschinerie arbeitete ganz präzise. Wir mußten uns gar keine Sorgen machen, daß das Lager etwa halb leer bliebe. Im Mai wurde das Familienlager mit einem weiteren Transport aus Theresienstadt aufgefüllt. Es kamen wieder ganze Familien an, und bei uns »Alteingesessenen« kam die Frage auf, ob nun wir, welche schon fünf Monate im Lager waren, an der Reihe zum Vergasen wären. Wenn der September-Transport sechs Monate im Lager geblieben war, würden auch wir nach sechs Monaten, also im Juni, zur Vergasung geschickt werden. Dieser Gedanke ließ uns nicht los. Wir fürchteten uns vor jedem kommenden Tag.

Aber unser Selbsterhaltungstrieb wurde wieder geweckt und trieb uns an, diese schwarzen Gedanken mit anderem Denken oder Tätigkeiten fortzutreiben. Wir fingen an, unaufhörlich über Essen zu reden. Nach der Arbeit und dem spärlichen Abendessen, zu dem wir unsere Tagesration an Brot auf einmal verschlungen hatten, kamen immer einige

Mädchen, meistens im »dritten Stock« zusammen und fingen »zu kochen« an. Kochen, das hieß, sich an die verschiedenen Speisen zu erinnern, welche man von zu Hause her kannte. Es war einerseits eine sadistische Unterhaltung, andererseits gab es einem das Gefühl des Sattseins. Wir kochten in Gedanken stundenlang, obzwar wir meistens junge Mädchen waren, welche kaum irgendeine Kocherfahrung hatten. Dieses »Kochen« brachte uns unserer Familie näher und stärkte in uns das Gefühl des Durchhaltenwollens. Wir müssen durchhalten, um unsere Familien wiederzusehen. Damals wußte ich noch nicht, daß mir dies nie mehr vergönnt sein würde.

Die Deutschen wollten unsere Körper und schon vorher unseren Geist vernichten. Wir waren von der Außenwelt völlig abgeschnitten. Keinerlei Nachrichten, Zeitungen, Bücher oder andere geistige Nahrung. Wir waren gezwungen, apathisch den Tag zu überstehen und automatisch unsere Arbeit zu verrichten. Am Sonntag war Ruhetag, welchen wir zum persönlichen Saubermachen, Läusesuchen und zu Gesprächen ausnützten. Wir verwickelten uns gegenseitig oft in Diskussionen, nicht nur über Essen, sondern über die verschiedensten Themen. Es kam sogar manchmal dazu, daß diese Diskussionen in kleine Vorträge übergingen. Das war unsere geistige Nahrung, unser Lichtblick in diesem schwarzen Alltag. Sehr oft kam es sogar dazu, daß wir zu singen anfingen. Wir versuchten, alle Lieder, ob Volkslieder oder Schlager, mit den vollen Texten zu singen, denn wir wollten uns mit aller Kraft an alles erinnern, um unsere Gehirnzellen nicht absterben zu lassen. Wir waren alle so jung, wir wollten leben. Wir wußten instinktiv, wenn wir geistig aufgeben würden, müßten wir auch die Hoffnung auf ein Überleben aufgeben.

In uns entwickelte sich überhaupt ein sehr starker, ausgeprägter Instinkt. Ich glaube, es war dieses Animalische, welches unsere Schritte, Entscheidungen und Taten leitete. Unsere Reaktionen waren nur instinktiv, nur darauf gerichtet, das eine zu retten, was uns geblieben war: das nackte Leben.

Wir entwickelten einen Spürsinn, ein Verteidigungs- und ein Warnungssystem. Alle diese Instinkte erstrebten nur ein einziges Ziel: Überleben.

Eines Tages wurden wir von einem durchdringenden Sirenengeheul geweckt. Dies war ein Zeichen, daß jemand aus dem Lager entlaufen war. Wie jemand aus Auschwitz entlaufen konnte, scheint unbegreiflich, wo doch das Lager durch ganz moderne Methoden hermetisch abgeschlossen, mit einer Hochspannung in den Stacheldrahtzäunen und einer ganz ausgeklügelten Bewachung umgeben war. Wir mußten sofort zum Appell antreten, wurden immer wieder gezählt, und das Gerücht schlich sich in unsere Reihen, daß aus dem B_2B-Lager ein Mann entkommen sei. Wir waren glücklich darüber und hatten nur den einen Wunsch, daß es diesem Mann gelingen sollte zu entkommen, um die Wahrheit über Auschwitz der Außenwelt zu vermitteln und somit zu veranlassen, daß man uns befreien käme. Wir standen den ganzen Tag Appell, ohne Essen und Trinken. Erbarmungslos wurden wir immer wieder gezählt, doch taten wir dies gerne für diesen mutigen Mann. Wir wußten nicht, wer es war, wie er hieß, doch wir wußten: Dieser Mann war ein Held. Gleichzeitig aber schlich sich doch bei uns der Gedanke ein, was für Konsequenzen unser Lager aus dieser Flucht würde ziehen müssen. Wie werden wir bestraft werden? Vielleicht wird man uns so schnell wie möglich ins Gas schicken? Wir wußten nicht, was uns erwartete. Am späten Abend wurden wir endlich in unsere Baracken zurückgeschickt und schliefen mit dem einen Wunsch ein, daß diesem Mann seine Flucht gelingen möge. Jeder Fluchtversuch aus anderen Lagern war bis jetzt mißglückt, und die Leichen der gefangenen Flüchtlinge wurden als Warnung zur Schau gestellt. Lederer, so hieß unser Mann, gelang die Flucht. Lederer gelang die Flucht, er erreichte die Tschechoslowakei, schlich sich ins Ghetto von Theresienstadt ein. Dort suchte er Persönlichkeiten auf, um ihnen die Wahrheit über das Familienlager und Auschwitz zu berichten. Aber die vordatierten Postkarten aus dem Familienlager waren erst vor einigen Tagen im Ghetto angekommen, und niemand wollte deshalb Lederer Glauben schenken. Welch ein ausgeklügelter Akt von den Deutschen, vordatierte Karten schreiben zu lassen, die Menschen zu vergasen und einen Monat später diese Karten abzusenden, um den Eindruck zu erwecken, daß diese Menschen noch am Leben seien!

Zu dieser Flucht hatte ihm ein SS-Mann verholfen, welcher ihm die Uniform eines hohen SS-Offiziers verschafft hatte. Der SS-Mann selbst begleitete Lederer als Eskorte und brachte ihn in Sicherheit; er wurde später gefaßt, gefoltert, des Verrates angeklagt und erschossen.

Ins Nebenlager kamen Zigeunerinnen, und dieses Lager wurde daher Zigeunerlager genannt. Nach kurzer Zeit ihres Aufenthaltes im Lager wurden alle vergast. Mir graut es, wenn ich diese Worte schreibe, es klingt wie eine Selbstverständlichkeit: »Das Lager wurde vergast.« Was aber steckt hinter diesen wenigen Worten? Jeder einzelne ein Mensch. Ein Kind, Vater, Mutter, Gatte, Geliebter. Jeder einzelne eine Geschichte für sich. Was haben sich diese Menschen zuschulden kommen lassen, was haben sie getan? Warum müssen sie vergast werden? Ihr einziges Vergehen war, daß sie entweder als Juden oder als Zigeuner geboren worden waren.

Nach der Liquidierung des Zigeunerlagers zogen in dieses Lager Ungarinnen ein. Einige von den Insassen des Familienlagers sprachen ungarisch, und so konnten wir uns mit den Neuangekommenen unterhalten. Diese Unterhaltungen wurden immer in sicherer Entfernung vom elektrischen Zaun und von den Wachposten geführt. Dadurch erhielten wir Nachrichten über die politische Lage, über unsere Aussichten auf Befreiung. Die Nachrichten waren aber absolut nicht aufmunternd, niemand konnte das Kriegsende voraussehen, und niemand wußte, wie lange dies alles noch dauern konnte. Ich war schon im siebenten Monat schwanger, mein Zustand deutlich sichtbar. Gerne wollte ich wissen, was mit mir geschehen wird, doch nur Gott und Dr. Mengele, der gefürchtete Lagerarzt, konnten dies wissen.

Als ich einmal in der Nähe des Zaunes stand, hörte ich plötzlich den Zuruf eines Mannes von der anderen Seite des Zaunes:

»Fang schnell, es soll dir dein Leben retten!«

Über den Zaun kam ein kleiner Stein geflogen, an welchem ein goldenes Kettchen mit dem Medaillon des heiligen Antonius, des Nothelfers, befestigt war. Wem wohl dieses Medaillon einmal gehört hatte? Wem es wohl das Leben nicht gerettet hatte? Drüben hinter dem Zaun stand ein Mann in einer tadellos sauberen und gebügelten Häftlingsuniform mit einem grünen Winkel, also ein Schwerverbrecher oder ein Mörder. Diese Menschen waren meist Deutsche, welche nach Auschwitz befördert wurden, um ihre Strafen abzubüßen. Sie hatten häufig Stellungen inne, welche es ihnen ermöglichten, in andere Lager zu gehen. Sie waren ihres Sadismus wegen bekannt und gefürchtet. Jeder trachtete ihnen aus dem Weg zu gehen. Ich weiß bis heute nicht, ob es eine menschliche Regung bei diesem Manne war, als er eine schwangere Frau sah und das Geschenk über den Zaun warf. Ich konnte diesem Mann nicht einmal meinen Dank aussprechen, denn noch bevor ich das Kettchen aufgehoben hatte, war der Mann verschwunden. Sofort klammerten sich meine Gedanken an diesen Talisman, und ich war von nun an ganz fest davon überzeugt, daß dieser Talisman mir mein Leben retten wird. Gerne möchte ich wissen, was diesen Mann zu dieser Tat veranlaßt hat. Plötzlich verstand ich die Worte meines Vaters, welche ich als Kind nie verstehen konnte: »Ruth, suche im Menschen das Gute, auch ein Mörder kann gut sein.« Hier, in Auschwitz, am elektrisch geladenen Stacheldrahtzaun, bekamen Vaters Worte für mich einen Sinn.

Auch ins Familienlager kamen manchmal Häftlinge aus anderen Lagern, welche leitende Positionen innehatten oder mit irgendwelchen Diensten betraut waren. Die Häftlinge brachten immer irgendwelche Neuigkeiten und Nachrichten mit. Dadurch erfuhren wir zuerst von den Vergasungen, aber auch, daß Deutschland bombardiert wurde und daß man dort dringend Arbeitskräfte benötigte. Die Nachricht ging von Mund zu Mund. Ein kleiner Hoffnungsfunken. Ist das vielleicht eine Möglichkeit des Überlebens? Wir waren dieser Nachricht gegenüber jedoch skeptisch, denn ganz tief in unserem Bewußtsein hatte sich der Gedanke festgesetzt, daß aus Auschwitz kein anderer Weg herausführte als die Vergasung.

Mengele (ich kann ihn nicht Dr. Mengele nennen, denn so einer Bestie in Menschengestalt gebührt der Doktor-Titel nicht) hatte schon vorher einmal dem Familienlager mit noch anderen SS-Ärzten zusammen seinen Besuch abgestattet. Im Lager kreisten die schrecklichsten Nachrichten über seine medizinischen Versuche und seine Selektionen. Es war für uns unmöglich, sich diese Taten auch nur vorzustellen, geschweige denn sie zu glauben. Wieder war es diese Selbstimmunisierung, welche die Gedanken an diese Greueltaten zurückwies.

Bald aber mußten wir uns am eigenen Leibe davon überzeugen, daß diese Nachrichten auf Wahrheit beruhten. Mengele erschien mit seinem Gefolge im Familienlager, und im Nu verbreitete sich das so gefürchtete Wort: »Selektion«[8].

»Alle nackt ausziehen!« so lautete der Befehl. Es bildete sich eine ganz lange Schlange nackter Menschen; alle mußten einzeln an Mengele vorbeigehen. Ich war noch ganz hinten, als ich sah, daß Mengele mit gespreizten Füßen vor dieser Schlange stand, jeden Häftling musterte und mit einer Handbewegung zeigte, in welche Richtung der Häftling abzutreten habe. Sein Gesicht war starr, keine Regung konnte man in seinen Zügen lesen. Nur seine Hand bewegte sich: rechts–links, rechts–links. Leben–Tod, Leben–Tod. Er wußte ganz genau, wohin seine Handbewegungen

8 Bei dieser Selektion, die Mengele im Juli 1944 im Frauenlager Auschwitz-Birkenau durchführte, wurden mehr als 3000 Männer, Frauen und Jungen als »arbeitsfähig« ausgesondert. Die Zahl der im Lager belassenen und dann ermordeten Juden betrug etwa 7000. (Anm. des Verlages)

deuteten. Wir wußten es nicht, wir ahnten es nur. Und instinktiv fühlten wir, daß wir die Zeugen eines Wahnsinnsaktes waren.

Von weitem sah ich, daß sich auf der einen Seite gesunde junge Menschen ansammelten, auf der anderen Seite aber Alte, Kranke, Kinder und Mütter mit ihren Kindern. Langsam rückte die Schlange vorwärts. Ich war verzweifelt. Mein Instinkt sagte mir, daß ich etwas unternehmen mußte, denn wenn Mengele meinen angeschwollenen Bauch im achten Monat der Schwangerschaft sehen wird, wird er mich bestimmt zu den Alten und Kranken schicken.

»Aber ich bin doch jung«, schrie es in mir, »ich will leben! Ich will mit diesen jungen Leuten dort zusammen sein!«

Panische Angst befiel mich, ich wußte nicht, was ich tun sollte, ich, eine nackte, im achten Monat schwangere Frau? Wie konnte ich mir mit nichts das Leben retten? Immer näher rückten wir an Mengele heran, immer näher ans Leben oder an den Tod. Plötzlich streifte mich ein Gedanke, welcher mir vielleicht helfen könnte. Ich bat einige meiner Freundinnen, welche hinter mir aufgestellt waren, doch vor mich zu treten. Mein Gedanke war, daß vielleicht der Mann Mengele diese jungen Frauenkörper sehen und meinen angeschwollenen Bauch übersehen würde. Da diese Aufforderung mit keinem Risiko verbunden war, taten es die Mädchen bereitwillig. Mengele wies mit seiner inzwischen so berüchtigten Handbewegung alle – auch mich – in die Richtung der Gesunden und Jungen. Da angekommen, fing ich fürchterlich zu weinen an, denn – nur instinktiv – wußte ich, daß ich mir in diesem Moment mein Leben gerettet hatte.

Es wurde uns strengstens untersagt, uns den Häftlingen der anderen Gruppe auch nur zu nähern, geschweige denn, mit ihnen zu sprechen. Alle Gruppen wurden von SS-Leuten bewacht. Ich erinnere mich an verzweifelte Szenen, denn Töchter wurden von Müttern, Schwestern von Schwestern getrennt, und einige versuchten, nachdem sie separiert waren, wieder zusammenzukommen, was ihnen unter dieser

Bewachung nicht gelang. Unsagbar viele Tränen wurden vergossen. Wir mußten zusehen, wie die jungen Männer weggebracht wurden, doch konnte ich nicht erkennen, ob Koni darunter war. Wir standen noch immer da, als wir einen Zug wegfahren sahen. Wir wußten, daß sich in diesem Zug unsere Männer befanden. Koni war sicher in einem dieser Waggons. Ob er sah, daß ich ihm weinend zuwinkte?

Wenige Tage später wurden wir unter SS-Geleit und deren schießbereiten Gewehren in das Frauenlager von Auschwitz gebracht. Alle Selektierten, die Alten, Kranken, Kinder und Mütter mit ihren Kindern blieben im Familienlager zurück. Wir konnten uns nur mit gegenseitigen Blicken voneinander verabschieden. Konis Mutter, die zu den Selektierten gehörte, stand ganz verlassen da, und wir beide weinten. Es war ein Abschied für immer. Eine Woche nach der Selektion wurde das Familienlager »liquidiert«. Niemand überlebte, alle wurden vergast[9].

Sechs Monate waren seit unserer ersten Ankunft in Auschwitz vergangen. Sechs schwere, fürchterliche Monate. Viele, welche mit uns angekommen waren, überstanden das Familienlager nicht. Wir, welche weiterlebten, waren nur Schatten unseres eigenen Ichs. Und trotzdem hatten wir uns in das Leben und in die tagtägliche Routine des Familienlagers eingefügt. Beim Verlassen dieses »sicheren Ortes«, unseres Familienlagers B_2B, stieg die Angst vor der Ungewißheit der Zukunft beklemmend in uns hoch. Wohin führt man uns jetzt? Vielleicht gehen wir doch auf die Gaskam-

9 Der Ablauf der Ereignisse: Über die Liquidierung des Familienlagers lassen sich folgende Daten ermitteln:

2.7.44	Selektion durch Mengele
9.7.	Die arbeitsfähigen Frauen, unter ihnen die Autorin, werden in das Frauenlager überstellt
11.7.	3000 im Familienlager zurückbleibende Häftlinge werden vergast
12.7.	Das Familienlager wird aufgelöst, 4000 weitere Häftlinge werden ermordet
7.7.	Der Transport der 1000 männlichen Häftlinge geht direkt von der Lagerrampe ab, darunter auch Koni.
14.7.	Der Frauentransport nach Hamburg geht ab

mern zu? Unsere Nerven waren zum Zerreißen gespannt, denn wir trauten keinen Versprechungen mehr. Schweigend, weinend und ganz automatisch einen Fuß vor den anderen setzend gingen wir voran und kamen schließlich nach diesem Marsch, welcher für uns eine Ewigkeit dauerte, im Frauenlager Birkenau an.

Dort wurden wir von »alteingesessenen« Slovakinnen und Polinnen »empfangen«, welche sich uns gegenüber wie Furien benahmen. Diese Mithäftlinge stürzten sich mit Schlägen, Schreien und Schimpfen auf uns. Wir konnten es nicht fassen. Es waren doch Häftlinge, so wie wir. Warum diese Rohheit? Wieder kam der Befehl, sich nackt auszuziehen, und wir wurden neu »eingekleidet«. Diesmal bekamen wir Kleider, welche vorne über der Brust und hinten über dem Rücken kreuzartig breite Bänder aufgenäht hatten. Diese Bänder konnte man nicht abtrennen, denn man hatte von der Innenseite aus den Stoff der Kleider durchschnitten, so daß, wenn man diese Bänder abtrennen wollte, die Kleider zerfielen. Diese Kreuze also waren das Häftlingszeichen.

Nachdem wir so gekleidet waren, wurden wir vor einen ganz großen Haufen von Schuhen geführt. Wie wilde Tiere, ohne Hemmungen, stürzten wir auf diesen Haufen zu, um ein paar halbwegs ordentliche Schuhe zu ergattern. Hier herrschte das Gesetz des Urwaldes: Der Stärkste ist der Sieger. Ich konnte mich meines Bauches wegen schwer bewegen. Da erblickte ich plötzlich auf einer Seite ein paar lederne Skischuhe, bückte mich schnell und schon hielt ich dieses so wertvolle Paar siegesbewußt in der Hand. Da bekam ich auf einmal einen Schlag von einer meiner Mithäftlinge. Sie versuchte, mir die so schwer ergatterten Schuhe wegzureißen. Ich hielt dieses Paar Schuhe jedoch so fest, daß ihr dies nicht gelang. Ja, Schuhe bedeuteten Gesundheit, denn wer keine Schuhe hatte, der mußte mit Holzpantinen vorlieb nehmen oder barfuß gehen, und dies wiederum bedeutete in Schnee und Schlamm den sicheren Tod.

Nachdem wir endlich eingekleidet waren, wurden wir zu der menschenunwürdigsten Behausung, welche ich je in meinem Leben gesehen habe, gebracht. Es waren käfigartige hölzerne Bettstellen, welche aber so niedrig waren, daß man nur liegend hineinkam. Aufsetzen konnte man sich darin überhaupt nicht. Wir waren gezwungen, uns mit den Beinen zuerst hineinzuziehen, damit der Kopf wenigstens nahe der Öffnung war und damit man in dieser Lage auch nur ein bißchen Luft bekam und atmen konnte. In so einen Käfig mußten wir zu fünft hinein, der Platz reichte aber nur für maximal drei. An Schlafen war nicht zu denken, denn es gab ein ständiges Gestreite, wenn sich jemand im Schlaf bewegte oder gar auf die Latrine austreten mußte. Die Zurückkehrende fand ihren Platz schon besetzt und mußte die Nacht auf dem nackten Boden verbringen.

Das normale Lagerleben fing am nächsten Tag an, mit dem Unterschied, daß wir das Frauenlager nicht zur Arbeit verlassen mußten. Wir wurden zuerst wieder einmal ganz genau registriert – denn Ordnung muß sein. Während des Appells erstarrte uns das Blut in den Adern, als wir plötzlich Kindergeschrei vernahmen. Ein Kapo[10] rannte in den Block, vor welchem wir standen, und fand in einem der Käfige einen Korb mit einem kleinen Kind, welches bitterlich weinte. Frau Braun, eine junge Mutter, hatte ihre blondgelockte kleine Tochter im Familienlager aufopfernd behütet. Auf irgendeine Weise hatte sie sich Schlaftabletten verschafft, wahrscheinlich von einem der Ärzte aus dem Krankenblock. Während der Selektion schlief die Kleine und sie schlief noch immer ruhig weiter, als jemand den Korb mit der kleinen Tochter aus einem Versteck im Block herausnahm und diesen der überglücklichen Mutter gab. Niemand beachtete den kleinen Korb, welchen Frau Braun ins Frauenlager trug. Doch die Schlaftabletten hörten auf zu wirken, und so entdeckten die bestialischen Kapos im Frauenlager diesen kleinen Schatz. Frau Braun stürzte sich sofort auf den Korb,

10 Vom italienischen il capo: Haupt; Häftlinge, die im Auftrag der Lagerleitung Aufsichtsfunktionen ausübten. Die Kapos rekrutierten sich zu einem großen Teil aus Kriminellen und waren im allgemeinen wegen ihrer Brutalität gefürchtet. (Anm. des Verlages)

nahm ihre schöne, blondgelockte kleine Tochter in die Arme, drückte sie ganz fest an sich und begann sie zu beruhigen; sie sang ein Wiegenlied, und die Tränen rannen ihr über die Wangen. Es dauerte nicht lange, und Frau Braun wurde mit ihrer Tochter abgeholt und nach B_2B zurückgebracht. Dort erlitten sie und ihre kleine Tochter dasselbe Schicksal, wie alle dort Verbliebenen. Gas.

Beim Nachmittagsappell zogen an uns Kolonnen um Kolonnen von Frauen vorbei, welche von der Arbeit ins Frauenlager zurückkehrten. Es waren mitleiderregende Kolonnen von abgemagerten Körpern, welche sich nur mit Mühe aufrechthalten konnten. Sie gingen nicht, sie schlurften und wurden von den Kapos zu immer größerer Eile angetrieben. Ich bemühte mich, irgendein bekanntes Gesicht in dieser Kolonne zu entdecken, doch vergebens. Wir waren alle so verändert, daß man uns kaum erkennen konnte. Doch da sah ich auf einmal, daß mir aus einer dieser Kolonnen jemand zaghaft zuwinkte und mit den Augen zwinkerte. Ich war überzeugt, daß dieses Zwinkern nicht mir gegolten hatte. Als ich mich nach dem Appell gerade in meinen Käfig zurückziehen wollte, stand eine Gestalt vor mir und rief mir zu: »Rutinko, Rutinko!« Beim besten Willen konnte ich diese Gestalt nicht erkennen.

»Rutinko, du erkennst mich nicht? Aber ich bin doch Ženka!«

Unsere Ženka, unsere treue Ženka, hier in Auschwitz. Sofort lagen wir uns in den Armen, und unter Tränen erzählten wir einander ganz kurz, was mit unseren Familien geschehen war. Ženka kam, nachdem sie aus der Tschechoslowakei ausgewiesen worden war, in ihrer Heimatstadt Skotschau bei Bielitz an. Als Skotschau und Bielitz »judenrein« gemacht wurden, deportierte man die Juden in verschiedene Ghettos; sie kam nach Lazy und nachher nach Auschwitz. Ženka litt an einer Hautkrankheit, Psoriasis, welche sehr arg war. Sie hatte am ganzen Körper schuppenartige rote Flecken, und niemand konnte sich erklären, wie sie mit dieser Krankheit zwei Selektionen bei Mengele hatte durchstehen können. Bei einer dieser Selektionen wurde sie von Mengele beiseite gerufen und dachte schon, daß er sie in den Tod schicken würde. Doch Mengele beorderte noch einige Ärzte zu sich und erklärte ihnen, was Psoriasis ist. Die ganze Zeit über stand Ženka nackt da und mußte seine Erklärungen über sich ergehen lassen. Für Ženka waren diese wenigen Minuten Jahre, doch Mengele sandte sie schließlich auf die zum Leben bestimmte Seite.

Am nächsten Tag wurden wir wieder in einen anderen Block gebracht und abermals hieß es: »Nackt ausziehen!« Wieder mußten wir eine lange Schlange bilden, wieder war ich weit rückwärts und konnte nicht sehen, was sich vorne abspielte. Als wir näher kamen, sah ich zu meinem Schrecken, daß man uns Frauen gynäkologisch untersuchte. Zwei oder drei Tische waren aufgestellt, auf welche sich die Frauen mit weit gespreizten Beinen legen mußten, und SS-Frauen, welche absolut keine Ärztinnen waren, führten ihre Hände in die Vagina der Frauen ein. Gummihandschuhe gab es nicht. Mein Instinkt sagte mir: Das ist dein sicherer Tod! Diese Bestien von Frauen werden doch bestimmt bemerken, daß ich hochschwanger bin, und werden mich, so wie man es mit Frau Braun gemacht hat, auch ins B_2B-Familienlager zurückschicken. Jetzt habe ich keine Hoffnung mehr, daß ich überleben kann. Meinen Talisman mit dem Goldkettchen hatte ich unter der Zunge versteckt, damit ihn niemand finden und mir wegnehmen konnte. Dieser war es, an welchen ich mich in meiner Not wandte. Vor mir stand Helenka, ein junges Mädchen, und raunte mir ganz aufgeregt zu:

»Ruth, ich habe in der Vagina die kleine Brillantuhr meiner Mutter versteckt, was soll ich nun damit tun?«

»Helenka, steck sie tiefer hinein, damit sie mehr heraufrutscht«, flüsterte ich ihr auf tschechisch zu.

Als die Reihe an mich kam, legte ich mich wortlos auf den Untersuchungstisch. Nach wenigen Minuten schon war ich wieder auf den Beinen und kam aus dem Staunen kaum heraus. Man ließ mich zu meinen Leidensgenossinnen gehen. Etwas später kamen wir erst darauf, daß man uns nicht auf unseren Gesundheitszustand untersucht hatte, sondern Konterbande, welche in der Vagina versteckt sein könnten, ausfindig machen wollte. Helenkas Uhr hat man nicht entdeckt.

Wieder wurden wir in die Viehwaggons verladen. Eine drückende Gespanntheit lag auf uns. Gehen wir oder gehen wir nicht ins Gas? Niemand sprach auch nur ein Wort. Viele weinten. Der Zug setzte sich in Bewegung und fuhr ab. Je länger er fuhr, desto mehr verschwanden diese schrecklichen Gedanken. Sie entfernten sich schneller von Auschwitz als der Zug. Wieder meldete sich unser Instinkt: »Weg aus Auschwitz, weg von den Gasöfen, weg vom sicheren Tode.« Wir machten uns nicht viele Gedanken darüber, wohin wir fuhren, denn konnte es irgendwo schlimmer sein als in Auschwitz?

Gegen Abend kam der Zug zum Stillstand. Kein Aufreißen der Türen, kein Geschrei, kein Hundegebell. Wieder wurden wir mißtrauisch: War das vielleicht eine Falle? Wir erfuhren, daß wir in Hamburg[11] angekommen seien und in den Freihafen gebracht würden. Wir wurden in einem großen Lagerhaus am Amerika-Kai untergebracht. Dort erwarteten uns saubere Holzgestelle als Betten mit einer sauberen Decke für jede von uns. Trotz der späten Stunde bekamen wir unser erstes Essen: Tee, Brot, Margarine und jede einen halben Räucherhering. Wir konnten es kaum fassen: Hering, Fisch! Seit ich von zu Hause weg war, hatte ich so etwas nicht mehr gegessen. Dieser herrliche Geschmack! Räucherhering ist bis zum heutigen Tag bei mir mit Hamburg-Freihafen verbunden.

In der Nacht wachte ich auf, denn mein Kind drückte auf meine Blase. Ich konnte mich in der Dunkelheit nicht ori-

11 Von den etwas mehr als 3000 ehemaligen Theresienstädter Häftlingen, die im Familienlager Auschwitz-Birkenau als »arbeitsfähig« ausgesondert worden waren, wurden ca. 1000 Männer am 7. Juli in das KZ Sachsenhausen überstellt, 2000 Frauen wurden am 14. Juli nach Stutthof und nach Hamburg transportiert. (Anm. des Verlages)

entieren und stieß auf meinem Wege zur Toilette an einige Schlafstellen. Dadurch weckte ich die so müden Mädchen auf. Sie beschimpften mich und immer hörte ich: »Paß doch auf, du gehst ja wie eine Blinde!« Wie konnte ich aufpassen, wenn alles um mich herum dunkel war? Als ich wieder diese Bemerkung zu hören bekam, riß mir die Geduld:

»Aber es ist doch stockdunkel hier, wie soll ich meinen Weg finden, ohne anzustoßen?«

»Ja bist du denn verrückt?« tönte es zurück, »es brennt doch überall Licht!«

So kam ich darauf, daß ich nachtblind geworden war, was mir unsere Ärztin, Dr. Gold, bestätigte. Wenn es Abend wurde, wurde ich blind, und die Ärztin sagte mir, daß das auf Vitaminmangel zurückzuführen sei. Ich fragte sie, ob es reversibel sei, doch bekam ich keine klare Antwort, ich glaubte, Zweifel aus ihrer Antwort herauszuhören. Der Morgen kam. Zuerst sah ich nur Schatten, doch allmählich kehrte meine Sehkraft den Tag über zurück, um am Abend wieder zu verschwinden. Weinen half mir nicht, es half einzig und allein, sich diesem Schicksal zu ergeben.

In der Frühe, ohne Appell, wurden wir auf Autos verladen und an unseren Arbeitsplatz gebracht. Die Nachrichten, welche in Auschwitz von Mund zu Mund gegangen waren, bewahrheiteten sich. Deutschland wurde bombardiert, und man benötigte junge Arbeitskräfte, welche Aufräumungsarbeiten durchzuführen hatten. Wir kamen zu einer bombardierten Raffinerie, jede von uns bekam eine Schaufel in die Hand gedrückt, und wir fingen an, den Schutt wegzuräumen, welcher überall herumlag. Es war zwar eine schwere körperliche Arbeit, doch hatten wir eine Mittagspause und uns wurde eine halbwegs gute Suppe gebracht. Nach der Arbeit mußten wir auf die Lastautos warten, welche uns in unsere Quartiere zurückbringen sollten. Wir standen am Ufer der Elbe, welche träge dahinfloß. Heimweh erfaßte uns, denn die Elbe (Labe) entspringt in der Tschechoslowakei, fließt durch Böhmen und an Theresienstadt vorbei und mündet hier in Hamburg in die Nordsee. Eines der Mädchen fragte den uns begleitenden Soldaten, ob sie in den Fluß hinabsteigen und etwas schwimmen könnte. Zu unserem ganz großen Erstaunen wurde ihr das gestattet, und so stiegen immer zehn Mädchen in ihren Kleidern ins Wasser, um zu schwimmen und sich zu erfrischen. Es fiel nicht einer einzigen ein, weiter hinauszuschwimmen, zu entlaufen! Wir befanden uns ja in Feindesland, und wohin hätten wir in dem mit einem Kreuz versehenen Kleid und mit einer in den Unterarm eintätowierten Nummer ohne Vorbereitung und Ziel entlaufen können? Nur zwei Gruppen von je zehn Mädchen gelang es zu schwimmen, denn unser Auto kam an, und wir wurden in den Freihafen zurückgebracht. Schon am nächsten Tag wurde das Schwimmen verboten.

Dr. Gold, unsere Ärztin, klein, nett, immer ein Lächeln um ihre Lippen, half, wo immer sie nur konnte. Dieses Helfen war eigentlich nur symbolisch, denn Medikamente, Verbandmaterial etc. waren nur ganz spärlich vorhanden. Helenka wollte ihre Uhr aus der Vagina herausholen, doch gelang es ihr nicht. Unglücklich kam sie zu mir und zu anderen Freundinnen, um sich Rat zu holen. Inzwischen war unser Humor schon wieder zurückgekehrt, und eines der Mädchen fragte Helenka.

»Helenka, wie spät ist es?« Und Helenka hob ein Bein hoch und sagte:

»Bitte, schau einmal selbst nach!«

Wir waren froh, daß wir unser Lachen wiederfanden. Es blieb Helenka nichts anderes übrig, als Dr. Gold zu bitten, die Uhr aus ihrer Vagina zu entfernen. Mit großer Geschicklichkeit brachte es Dr. Gold fertig, mit Hilfe einer gewöhnlichen Schere, welche sie an den Spitzen mit Verbandmaterial umwickelt hatte, die Uhr herauszuholen.

Mir war es leider nicht vergönnt, mehr als drei Tage in dieser gelockerten Atmosphäre zu verbringen. Am vierten Tag, zeitig in der Früh, noch bevor wir zur Arbeit gingen, erschien in unserem Quartier ein SS-Mann und fragte:

»Sind Kranke hier am Block?« Lisa, unsere Blockälteste, meldete, ohne viel nachzudenken:

»Keine Kranken, aber ich melde zwei schwangere Frauen.«

»Lisa«, rief ich entsetzt, als ich das hörte, »warum zeigst du uns an?«

»Ruth«, sagte Lisa, »du bist doch so hoch schwanger und kannst diese schwere körperliche Arbeit nicht fortführen. Denk doch an dein Kind. Du mußt dich doch schonen.«

Bis zu diesem Zeitpunkt wußte ich nicht, daß ich noch eine Leidensgefährtin hatte. Berta, die gutmütige Berta, welche schon einen Sohn verloren hatte und jetzt wieder im neunten Monat schwanger war. Berta, welche noch immer den Verlust ihres dreijährigen Pavliček nicht verschmerzt hatte. Berta, welche in jeder Situation so hilfsbedürftig war und selbst ein Herz aus Gold hatte.

Hier standen wir, zwei Fremde, zwei Frauen, welche sich in diesem kritischen Moment sofort so nahe waren, als ob sie sich schon immer gekannt hätten. Berta war von kleinem Wuchs und sah deshalb so aus, als ob sie jeden Augenblick entbinden würde.

Alle unsere Mithäftlinge, eigentlich Kameradinnen und Freundinnen, verließen uns, um in die Arbeit zu fahren, und wir hatten gar keine Gelegenheit, uns von ihnen zu verabschieden. So viel Gemeinsames hatten wir erlebt, nun gingen sie davon, und wir zwei schwangeren Frauen standen ganz alleine und verlassen da. Ich bat den SS-Arzt, uns doch mit diesen Freundinnen in die Arbeit gehen zu lassen; diese schwere Arbeit würde uns absolut nichts ausmachen. Es half nichts. Er sagte:

»Hier werden keine schwangeren Frauen gebraucht. Hier gibt es keine Möglichkeit zum Entbinden und Kinder zu betreuen. Ihr werdet zuerst in eine Entbindungsanstalt fahren und nachher hierher zurückgebracht werden.«

Wir glaubten seinen schönen Worten und gingen deshalb ganz willig mit ihm. Hatten wir überhaupt eine andere Möglichkeit? Konnten wir uns aussuchen, wohin wir gehen wollten? Wir konnten nur eines, die Befehle der Deutschen befolgen.

Ich sah sehnsüchtig zum Fenster hinaus, wie alle meine Mithäftlinge auf die Autos stiegen und zur Arbeit fuhren. Vielleicht empfand ich in diesem Augenblick sogar so etwas wie Neid. Wieder stand ich vor dem großen Rätsel: Wohin fahren wir? Was wird uns die Zukunft bringen? Wir beide, Berta und ich, waren so froh gewesen, endlich an einem Arbeitsplatz und nicht in einem Vernichtungslager angekommen zu sein, und schon waren wir gezwungen, diesen Platz nach nur drei Tagen zu verlassen.

Der SS-Arzt brachte uns auf eine deutsche Kommandantur, sperrte uns in einem leeren Büroraum ein und ließ uns da sehr lange warten. Wieder konnten wir nur Vermutungen anstellen, was mit uns geschehen würde. Endlich erschien ein anderer SS-Mann, teilte uns mit, daß er unser Begleiter sei und daß wir sofort reisen würden. Auf meine Frage, welches unser Reiseziel sei, bekam ich keine Antwort. Wir machten uns auf den Weg. Neben dem SS-Mann schritt eine Frau, die, wie sich später herausstellte, eine Hebamme war. Wir beide mit unseren Kreuz-Kleidern mußten vor diesen beiden gehen, damit uns der SS-Mann im Auge behalten konnte. Er hatte ein Gewehr mit aufgesetztem Bajonett über die Schulter geworfen, hielt es nicht schießbereit in den Händen, denn wohin konnten schon zwei so auffällig aussehende Häftlinge entlaufen? Wir bekamen Reiseproviant für den Weg: Brot und ein Stück Wurst. Wie schmeckte Wurst? Die hatten wir schon zweieinhalb Jahre nicht zu sehen bekommen. Wir wußten nicht mehr, wie so etwas schmeckt. Damit ausgerüstet, traten wir zuerst unseren Marsch zum Bahnhof und später unsere Reise an. Der SS-Mann löste am Schalter vier Fahrkarten, doch konnte ich den Namen unseres Reisezieles nicht verstehen. Die Reise war eigentlich eine Luxusreise. Wir waren diesmal nicht in einen Viehwaggon, sondern in ein Sonderabteil eingeschlossen. Niemand traute sich in unser Abteil, denn diese kleine Gesellschaft sah eigentlich sehr angsterregend aus.

Berta und ich tauschten auf Tschechisch Vermutungen aus, wohin man uns wohl bringen wird. Wir kamen auf einem großen Bahnhof an – Berlin stand überall zu lesen. Dort mußten wir umsteigen. Wir gingen vor dem SS-Mann und der Hebamme und steuerten auf eine Treppe zu, welche wir hochgehen mußten. Da entdeckte ich, daß neben dieser Treppe eine Rolltreppe hochfuhr. Einer plötzlichen Eingebung folgend, zog ich Berta mit mir auf diese Rolltreppe. Hinter uns erhob sich ein wahrer Sturm. Unser SS-Begleiter und andere Passanten fingen zu schreien an:

»Aufhalten! Häftlinge! Aufhalten! Einfangen!«

Ich verstehe mich bis heute nicht; wie ich nur daran denken konnte auszureißen. Ich glaube, ich war mir in diesem Augenblick dessen gar nicht bewußt, was ich eigentlich unternehmen wollte. Es war nur ein augenblicklicher Gedankenblitz, welchem ich folgte, aus Sehnsucht, endlich frei zu sein. Wie ein Tier aus seiner Falle, so wollte ich mich befreien. Aber wie weit hätte ich schon kommen können? Wer hätte schon zwei Judenfrauen geholfen? Wir waren doch inmitten von Feindesland. Wir bekamen den Beweis sofort geliefert, denn einige starke Hände packten uns und hielten uns so lange fest, bis der SS-Begleiter uns erreichte.

Nach diesem unglücklichen Fluchtversuch kamen wir wieder in ein Personenabteil. Wir wußten noch immer nicht, wohin wir fuhren, was eigentlich unser Reiseziel war. In gewisser Weise genoß ich diese Fahrt. Durch das Fenster sah ich eine herrliche Landschaft, Wiesen, Bäume, Blumen, Häuschen, in welchen Familien frei wohnten, und eine unsagbare Sehnsucht überfiel mich. Wann wird es mir möglich sein, meinen Fuß wieder auf so eine grüne Wiese setzen zu dürfen? Wann werde ich wieder, wie diese Menschen dort, frei sein? Werde ich dies überhaupt noch einmal erleben? Wird es dies überhaupt noch geben? Wie anders war doch diese Fahrt im Vergleich zu unserer Reise nach und von Auschwitz, wo wir in Viehwaggons eingesperrt waren. Zweieinhalb Jahre hatten meine Augen keine Natur gesehen, und jetzt sog ich wie eine Durstige die so schnell wechselnde Landschaft ein. Es dunkelte, und ich bedauerte es sehr, denn ich wäre noch gerne stundenlang so weitergefahren. Es war schon ganz dunkel, als wir ausstiegen, und ich konnte kein Schild sehen, welches mir gesagt hätte, wo wir uns befanden.

Wieder bekamen wir den Auftrag, vor dem SS-Mann einherzugehen, und ein endloser Marsch in die Nacht hinein begann. Wie lange dieser Marsch dauerte, weiß ich nicht. Wir beide waren todmüde und wären schon gerne irgendwo angekommen. Doch dann schwand unsere Müdigkeit: Wir näherten uns den typischen Umrissen eines Konzentrationslagers. Der Stacheldrahtzaun, die Wachtürme und das so schwer bewachte Tor. Das war also die Entbindungsanstalt.

Wir kamen in ein Büro, wo nur SS-Frauen waren, vor welchen wir uns, ihrer Brutalität wegen, mehr fürchteten als vor SS-Männern. Sie berieten, was man mit uns zwei schwangeren Frauen zu dieser späten Stunde machen sollte. Eine dieser SS-Frauen hatte den Einfall, uns die Nacht über in einen Waschraum zu sperren, damit dann am nächsten Tag entschieden würde, was mit uns anzufangen wäre. Da in Deutschland der Luftangriffe wegen strenge Verdunkelung angeordnet war, durfte nirgends Licht gemacht werden. Schließlich wurden wir in einen dunklen Waschraum gesperrt. Wir fingen an, diesen Platz zu erforschen, tasteten in der Dunkelheit umher. Ich litt ja sowieso an Nachtblindheit und hätte auch bei schwachem Licht nichts unterscheiden können, doch Berta war ganz unglücklich. Wir spürten, daß verschiedene Waschbecken auf halber Höhe oder auf der Erde angebracht waren, und daß Holzplanken auf dem Steinfußboden lagen. Wir entschlossen uns deshalb, da wir nichts Besseres finden konnten, uns jede auf eine der Holzplanken zu legen. Die Müdigkeit überwältigte uns, doch kaum war ich eingeschlafen, wachte ich sofort wieder auf, denn ich spürte, daß irgendwelche Insekten über mich krochen. Da hörte ich auch schon Berta vor Entsetzen aufschreien. Es blieb uns also nichts anderes übrig, als die ganze Nacht gehend zu verbringen, um uns diese entsetzlichen Insekten vom Leibe zu halten. In der Frühe meinte Berta, diese Insekten seien ganz einfach sehr gut gefütterte, große dicke Schaben.

In dieser durchwachten Nacht beschlossen Berta und ich, überall zu sagen, daß wir Schwestern seien. Wir wußten, daß der SS-Mann, welcher uns in dieses Lager gebracht hatte, keinerlei Dokumente von uns besaß, außerdem waren wir ja nur Nummern und keine Menschen, also waren Dokumente doch unnötig. Was der Grund zu dieser Behauptung war, konnten wir nicht sagen. Vielleicht war es wieder der Instinkt eines Tieres, welcher uns solche Gedanken diktierte?

Ich glaube, daß man uns in diesem Waschraum, dessen Umrisse ich nun schon schwach erkennen konnte, vergessen hatte oder daß man niemanden von unserer Anwesenheit dort informiert hatte. Als eine SS-Frau die Tür aufschloß, war sie ganz erstaunt, uns da vorzufinden. Sie schrie uns an, was wir uns eigentlich erlaubten, uns da aufzuhalten. Erzürnt führte sie uns in ein Büro, und wieder sahen wir nur lauter SS-Frauen dort. Noch immer wußten wir nicht, wo, in welchem Lager, wir uns befanden. Endlich wurden wir wieder einmal registriert.

Berta behauptete bei der Registrierung, daß sie jeden Tag fällig sei und sogar stündlich ihre Entbindung erwarte. Die SS-Frauen beschlossen, Berta auf dem Krankenrevier und mich auf einem Block unterzubringen. Da fing ich die SS-Frau inständig zu bitten an, uns doch beisammen zu lassen, da wir Schwestern seien. Ich weiß wirklich nicht, was mich dazu bewogen hat, dies zu sagen, doch der vorherige Beschluß wurde geändert, und ich wurde zusammen mit Berta aufs Krankenrevier geschickt. Dort erfuhren wir, daß wir uns im Konzentrationslager für Frauen, in Ravensbrück, befänden. Wieder sagte uns dieser Name nichts, doch war dies die Erklärung dafür, warum SS-Frauen das Lager leiteten. Uns wurde eine Koje angewiesen, und wir beide schliefen nach den Strapazen des letzten Tages und der durchwachten Nacht sofort ein. Niemand kümmerte sich um uns, doch bekamen wir unser Essen, welches dem von Auschwitz glich. Uns war alles gleichgültig, nur schlafen und ausruhen wollten wir.

Am nächsten Tag gingen Berta und ich aus unserer Baracke heraus, um uns das Lager etwas anzusehen, und bemerkten nur, daß alle Häftlinge Frauen waren und in diesen blaugrau gestreiften Häftlingsuniformen gingen. Große Wohnbaracken waren da, so wie in Auschwitz, und der gleiche Stacheldrahtzaun umgab diese Baracken. In diesem Lager waren überall Lautsprecher angebracht, welche ständig etwas verkündeten, doch Berta und ich hörten nicht hin. Unsere Gedanken kreisten um unsere Zukunft, was wohl mit uns geschehen wird, was uns erwartet, wo wir entbinden werden, was mit unseren Kindern werden wird, welche wir unter unseren Herzen trugen.

Am Nachmittag kam plötzlich eine Nachricht durch die Lautsprecher, welche Berta und mich aufhorchen ließ:

»Alle schwangeren Frauen haben sich sofort im Büro zu melden, denn sie werden in eine Entbindungsanstalt gebracht.«

Ohne Unterbrechung wurde diese Nachricht ständig und ständig wiederholt. Wir machten uns zum Büro auf und sahen zu unserem Staunen, daß sich dort schon viele schwangere Frauen gesammelt hatten. Von Auschwitz her zu Argwohn erzogen, hielten wir beide uns im Hintergrund, um zu beobachten, was eigentlich weiter geschehen wird. Gesprächsfetzen kamen uns zu Ohren. Viele der Frauen waren froh, von Ravensbrück wegzukommen, und freuten sich schon darauf, menschenwürdig zu entbinden. Wahrscheinlich hatten diese Frauen die harte Schule, welche Auschwitz hieß, nicht absolviert. Berta und ich jedenfalls wollten der Gutmütigkeit der SS-Frauen keinen Glauben schenken, und je weiter die Zeit fortschritt, desto skeptischer wurde ich. Wieder meldete sich mein Instinkt, welcher mir befahl, etwas zu unternehmen, doch was konnte ich schon wieder und mit leeren Händen tun?

Wir rückten dem Büro immer näher, und ich konnte meine Unruhe nicht mehr bezwingen. Wieder einer plötzlichen Eingebung folgend, raunte ich Berta zu, sie solle Wehen vorschützen, denn sie hatte doch schon ein Kind entbunden und wisse Bescheid. Ich sah an einer Tür der Büroräume das Schild »Lagerkommando«, klopfte ohne viel zu überlegen mutig an, und nachdem der »Herein«-Ruf erklungen war, betrat ich dieses Heiligtum. Die Kommandantin, welche hinter einem Schreibtisch saß, war sicher ganz erstaunt, einen Häftling vor sich zu sehen, doch fragte sie mich nach meinem Beweggrund. Ohne mit der Wimper zu zucken, appellierte ich an ihr Gefühl als Frau und sagte:

»Meine Schwester und ich sollen jetzt mit den anderen Frauen zusammen in eine Entbindungsanstalt gebracht werden. Meine Schwester aber steht draußen und hat schon die Wehen bekommen. Sie muß sehr bald entbinden, denn es ist ihr zweites Kind, und es ist unmöglich, daß sie jetzt, in diesem Zustand, auf Reisen geht. Ich bitte, mich in dieser schweren Stunde bei meiner Schwester zu lassen. Ich bin überzeugt, daß Sie, als Frau, diese Lage verstehen werden und uns nicht wegschicken lassen. Wir sind dann beide gerne bereit, zu einem späteren Zeitpunkt den anderen Frauen zu folgen.«

Ich weiß wirklich nicht, wo ich den Mut zu dieser Rede hernahm, doch nach einem kurzen Zögern rief die Lagerkommandantin eine SS-Frau herein und gab ihr den Auftrag, uns beide ins Krankenrevier zurückzubringen. Auf dem Wege dorthin sah ich, wie die Frauen, welche für die Entbindungsanstalt bestimmt waren, auf Lastwagen aufgeladen wurden und wegfuhren. Lastwagen und Menschenlast bedeuteten für mich, welche so eine lange Zeit in Auschwitz verbracht hatte – Gaskammer. Und das war auch die Bestimmung dieser armen Frauen, welche mit so viel Zuversicht in den sicheren Tod fuhren.

Berta und ich verbrachten eine weitere Nacht auf dem Krankenrevier. Ganz zeitig früh kam ein SS-Arzt auf unsere Koje zu. Er begann Berta zu untersuchen und stellte selbstverständlich fest, daß keine Spur von einer Öffnung vorhanden war, daß die Entbindung gar nicht angefangen hatte und daß Berta gestern gelogen hatte. Berta aber blieb, trotz unsagbarer Angst vor der wahrscheinlichen Strafe, ganz fest bei ihrer Behauptung, daß sie gestern Wehen gehabt hätte, welche ihr in der Nacht vergangen wären. Wieder gingen wir, diesmal auch unter Begleitung einer SS-Frau, ins Büro zurück, und dort wurde der Beschluß gefaßt, daß wir beide sofort den anderen Frauen in die Entbindungsanstalt nachgesandt werden müßten.

Ein SS-Mann, wieder mit Gewehr mit aufgesetztem Bajonett, nahm uns in Empfang. Ein Gefängnisauto, der »Grüne Anton« genannt, fuhr vor. Der »Grüne Anton« wurde im Protektorat von allen gefürchtet, da er die Leute zu Verhören abholte, meistens zur Gestapo. Wir stiegen ein und befanden uns in einer Zelle. Das Auto wurde von außen abgesperrt, und wir zwei saßen im Dunkeln da und wußten wieder nicht, wohin wir fuhren. In Auschwitz waren solche Autos zum Transport in die Gaskammern bestimmt. Berta und ich wußten nun, daß dies unser letzter Weg auf dieser Welt sein würde. Wir weinten beide und nahmen von dieser Welt Abschied. Wie groß jedoch war unser beider Überraschung, als das Auto hielt, die Türen aufgemacht wurden und wir einem Bahnhof gegenüberstanden. Wir konnten aus unserem Staunen nicht herauskommen. Wir leben! Eine fröhliche Laune überkam uns, welche aber sofort verging, als wir hörten, wie der uns begleitende SS-Mann drei Fahrkarten nach – Auschwitz verlangte. Kaum waren wir dieser Hölle entkommen, sind wir auf dem Wege, dorthin zurückzukehren. Jetzt wußten wir, daß wir in unseren sicheren Tod fuhren. Nun war auch endgültig klar, daß die Entbindungsanstalt, in welche die vor uns abgesandten Frauen aus Ravensbrück geschickt worden waren, Auschwitz – Gaskammern – hieß.

Diesmal gab es kein Entrinnen. Wir redeten, redeten und dachten über eine Möglichkeit des Entkommens nach. Wir fanden aber diesmal keinen Ausweg. Wieder sagte uns unser Instinkt, daß wir etwas unternehmen müßten. Was aber konnten zwei schwangere Frauen mit bloßen Händen und unter Bewachung eines bewaffneten SS-Mannes noch unternehmen? Bei diesen Überlegungen fiel mein Blick auf Bertas

Brust, wo sich der rote und der darübergenähte gelbe Winkel befand. Der gelbe Winkel – das Kennzeichen der Juden. Eine Idee streifte mich. Was wird geschehen, wenn ich diesen gelben Winkel abtrenne? Wird das unser Begleiter bemerken? Gedacht – getan. Da wir beide unter Aufsicht bis vor die Toilette gebracht wurden, hatten wir dort die Gelegenheit, den gelben Winkel abzutrennen und in den Abfluß zu werfen. Unsere Eskorte bemerkte nichts, und wir beide saßen mit dem guten Gefühl da, wenigstens etwas unternommen zu haben. Von diesem Augenblick an galten wir für die SS als politische Häftlinge, welche nur mit einem roten Winkel gezeichnet waren. Warum wir das getan haben? Es gibt darauf keine Antwort, nur ein Wort – Instinkt.

Wie der Bahnhof ausgesehen hat oder wie wir ins Lager Auschwitz vom Bahnhof gelangt sind, ist in meiner Erinnerung völlig verschwommen. Wir waren nur mit einem einzigen Gedanken beschäftigt. Was bringt uns die nächste Stunde? Wir wußten, daß Einzeltransporte, welche nach Auschwitz kamen, sofort in die Gaskammer geschickt wurden. Jetzt sind wir dieser Einzeltransport, manchmal auch »Weisung« genannt. Berta und ich marschierten vor dem SS-Mann her, eine ganze Ewigkeit dauerte dieser Fußmarsch, wir nahmen die Umgebung gar nicht wahr. Unsere Nerven waren angespannt, wenn wir sprachen, redeten wir nur von dem nahen Tod. Etwa um die Mittagszeit erreichten wir das Lager und wurden in einen großen Büroraum gebracht, wo einige Schreibtische standen, aber nur ein einziger SS-Mann anwesend war. Warum war niemand da? Vielleicht gingen die anderen essen? War das gut oder schlecht für uns? Viel Zeit zum Nachdenken hatten wir nicht, denn schon hörten wir unseren Begleiter:

»Heil Hitler!« und seine Hand erhob sich zum Nazigruß, seine Füße schloß er mit einem lauten Knallen. Mit Stentorstimme gab er seine Meldung durch:

»Ich übergebe Ihnen hiermit zwei schwangere Frauen, welche, der Nummer nach, nicht nach Ravensbrück gehören. Heil Hitler!«

Ganz stramm, wie es sich für einen Deutschen gehört, stand er da. Dann machte er kehrt, wieder unter Zusammenschlagen der Hacken, und verließ den Raum. Ob er sich wohl dessen bewußt war, daß er gerade zwei schwangere Frauen dem Tode ausgeliefert hatte?

Wieder durchzuckte ein Gedanke mein Hirn. Wir haben uns doch den gelben Winkel abgetrennt, sind also keine Jüdinnen! Unser Begleiter hatte absolut keine Dokumente mitgebracht, also kann ich doch behaupten, daß ich eine Politische bin. Vielleicht wird das helfen? Schon rief mir der diensthabende SS-Mann zu:

»Name?« Ich traute meinen Ohren nicht, daß ich nach meinem Namen gefragt wurde. Hätte er mich nach meiner Nummer gefragt, wäre es ihm doch sofort klar gewesen, daß ich Jüdin bin und schon vorher tätowiert worden war.

»Jarmila Novotna«, schoß aus meinem Munde hervor. Dieser Name fiel mir blitzartig ein. Es ist der Name einer berühmten tschechischen Sängerin und klingt urtschechisch.

»Name des Vaters?« kam die nächste Frage.

»Karel Novotny«, sagte ich prompt.

»Name der Mutter?«

»Marie Novotna.«

»Vater Jude?«

»Nein«, log ich.

»Mutter Jüdin?«

»Nein!«

»Sie sind Jüdin!«

»Nein«, sagte ich mit fester Stimme, denn was konnte mir schon geschehen, wenn man mich bei dieser Lüge ertappte? Ich war doch sowieso schon fürs Gas bestimmt.

Ähnlich antwortete Berta, welche in der Zwischenzeit über einen fiktiven Namen hatte nachdenken können.

Der SS-Mann nahm den Telefonhörer ab, wählte eine Nummer, und uns beiden stockte der Herzschlag, denn wir wußten, daß die kommenden Sekunden unser Schicksal bestimmen würden. Leben oder Tod?

»Ich benötige eine Eskorte, welche zwei schwangere Frauen aufs Krankenrevier ins Frauenlager begleitet.«

Als wir beide, welche schon einmal im Frauenlager waren, wieder den Namen Frauenlager hörten, wußten wir, daß wir ins Lager und nicht ins Gas geschickt wurden. Wieder marschierten wir vor einem SS-Mann mit schießbereitem Gewehr einher. Berta und ich wechselten kein Wort, doch unsere enorme seelische Spannung hatte nachgelassen. Wir hatten Galgenfrist bekommen, wie lange wird sie anhalten? Mein Medaillon unter der Zunge gab mir ein bißchen Zuversicht. Es war das einzige, was mir in diesen entscheidenden Augenblicken Halt gab.

Der Krankenbau lag etwas abseits von den Baracken im Frauenlager und er war nicht durch Stacheldrahtzaun abgeteilt. Diesmal bekamen wir keine Käfige wie vorher zugewiesen, sondern kamen in einen Block, welcher dem Block 6 im Familienlager ähnelte. Auch hier lief durch den ganzen Block der Kamin oder Heizofen, welcher von beiden Seiten geheizt werden konnte, uns aber als Sitzbank diente. Auch in diesem Block hatten die drei Stock hohen Bettstellen keine Matratzen, und Berta und ich bekamen je eine Stelle im »Parterre« zugewiesen, so daß wir nicht hochklettern mußten, was in unserem Zustand beinahe unmöglich gewesen wäre.

Die Mithäftlinge, ob Kranke oder Personal, fingen an, uns auszufragen, nachdem unsere »Tarnung« als politische Häftlinge nicht länger aufrechtzuerhalten war. Woher wir kommen. Wieso und warum als Einzeltransport? Wieso und warum nicht direkt ins Gas? Viele, viele Fragen stürzten auf uns ein, und Berta und ich fingen zu erzählen an. Allen schien unsere Geschichte unglaubwürdig. Alle Häftlinge in Auschwitz waren, so wie wir vorher im Familienlager, der festen Überzeugung, daß die Transporte, welche Auschwitz verließen, nur ein einziges Ziel hatten: Gaskammer. Wenn ich nicht irre, so waren Berta und ich die ersten zwei Häftlinge, welche Auschwitz verließen und lebend wieder ins Frauenlager zurückkamen. Unsere Geschichte verbreitete sich im Frauenlager mit Windeseile. Immer mehr Frauen kamen, um uns zu hören. Wir waren eine Sensation. Wir erzählten über Hamburg, über die Aufräumungsarbeiten, über das Frauenlager Ravensbrück. Mit diesen Erzählungen gaben wir den Mithäftlingen Hoffnung auf ein Überleben.

Wir waren eine derartige Sensation, daß unsere Geschichte auch Mengele zu Ohren kam. Mengele erschien auf unserem Block, ließ uns herausrufen, und wir mußten beide stramm vor ihm stehen. Zum zweiten Male kam er mir ganz in die Nähe. Das erste Mal hatten wir uns bei der Selektion im Familienlager gegenübergestanden und jetzt hier, im Krankenrevier. Er fing an, uns auszufragen, und die vielen Fragen prasselten auf uns herunter. Er wollte wissen, wo wir während der Selektion waren, wo er stand, wo die anderen Ärzte aufgestellt waren, was wir noch gesehen hätten etc. Er konnte wahrscheinlich nicht begreifen, daß er, der Allmächtige über die Judenvernichtung, zwei schwangere Frauen bei der Selektion übersehen hatte.

»Legt euch nur hin und entbindet, dann werdet ihr ja weitersehen!«

Wir wußten nicht, was er damit meinte. Eine gute Prognose war das jedenfalls nicht. Wir konnten uns unsere Zukunft nicht vorstellen.

Mengele kam jeden Tag nicht nur zu uns, sondern überhaupt ins Krankenrevier, denn das war ja seine Domäne. Es waren in unserem Block jedoch nicht nur Kranke, sondern auch »Versuchsobjekte« untergebracht. Viele junge Frauen waren da, welche sich seinen satanischen Operationen unterziehen mußten. Es war grauenhaft, zuzusehen, wie diese Frauen zu Versuchen abgeholt wurden. Das Gerücht über diese Operationen verbreitete sich schnell, und die Frauen sträubten sich mit allen ihren Kräften, zu der Operation zu gehen. Es half nichts. Gewalt wurde angewendet, um sie wegzubringen. Noch ärger war der Anblick, wenn sie zurückgebracht wurden. Aus dem Block gingen junge, gesunde, aber entkräftete Frauen, und es ist nicht zu beschreiben, in was für einem mitleiderregenden Zustand sie zurückge-

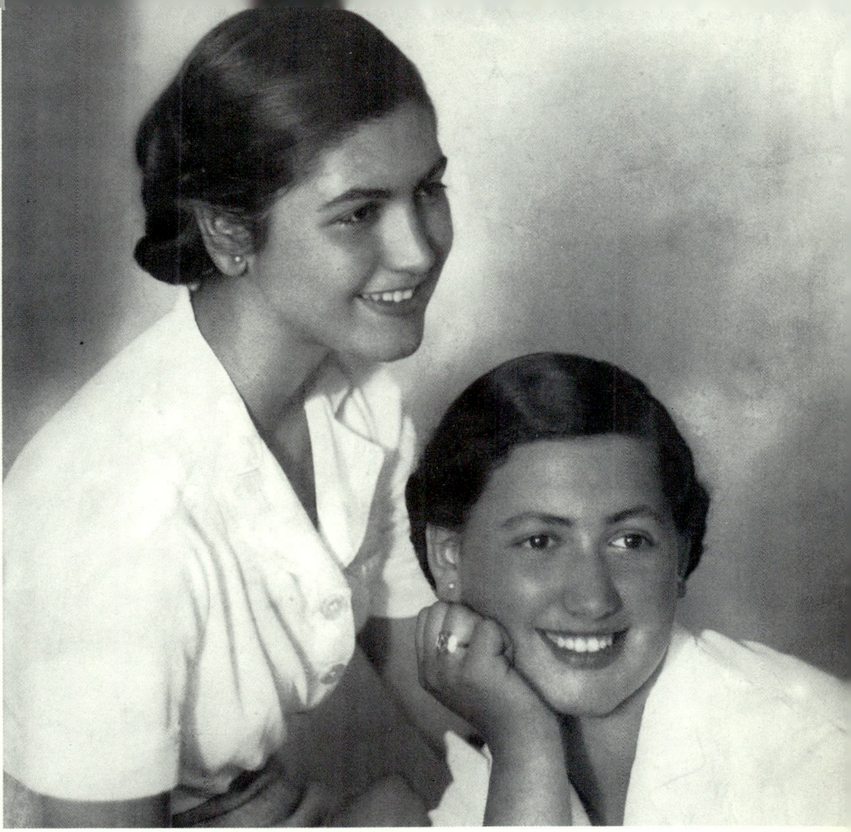

Ruth Elias (rechts) mit ihrer Schwester Edith, 1938.

Das väterliche Haus (links) und eines der Geschäfte (Aufnahmen von 1965).

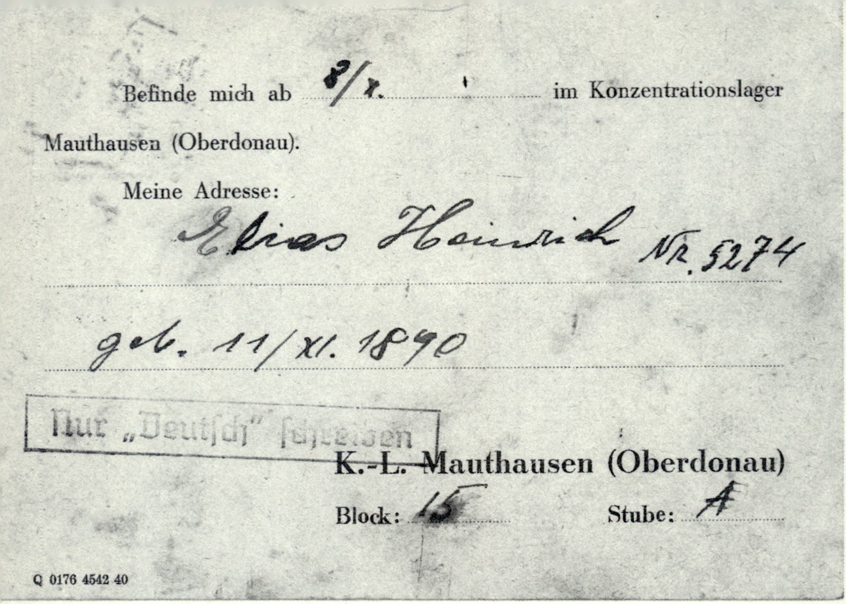
Befinde mich ab 8/X. im Konzentrationslager

Mauthausen (Oberdonau).

Meine Adresse:

Elias Heinrich Nr. 5274

geb. 11/XI. 1890

Nur „Deutsch" schreiben

K.-L. Mauthausen (Oberdonau)

Block: 15 Stube: A

Q 0176 4542 40

Benachrichtigungskarte aus dem KZ Mauthausen von Heinrich Elias, dem Vater von Kurt Elias.

Eine der Theresienstädter Kasernen (Aufnahme vor 1939).

Typisches Bild einer Ankunft in Auschwitz.

Taucha, nach der Befreiung: Ruth Elias (ganz rechts); Berta Reich (daneben, mit weißer Bluse); Leo Demner (hinten Mitte); Kurt Elias (links daneben). Links eine Lagerbaracke.

Hochzeit von Ruth und Kurt Elias, 1947 in Prag.

Ruth Elias (rechts) mit Dr. Maca Steinberg (Bleyer) 1977 in Israel.

bracht wurden. Das Schreien und Weinen klingt mir noch heute in den Ohren. Alle, ohne Ausnahme, kamen mit dem wirren Blick einer Wahnsinnigen zurück. Wir waren alle jung und in der Medizin nicht bewandert, deshalb wußten wir auch nicht genau, was da eigentlich vor sich ging, was mit den Frauen gemacht wurde, was ihnen angetan wurde. Aber wir sahen, daß sie unsagbar litten und nachher noch lange nicht in der Lage waren zu sprechen. Wir Mithäftlinge konnten nichts anderes tun, als mit Beistand und Worten zu trösten. Andere Mittel gab es nicht. Und jeden Tag erschien Mengele, und jeden Tag zitterten wir alle, denn niemand wußte, wen er als nächstes Opfer aussuchen wird.

Mengele war eine sehr attraktive Erscheinung. Immer spielte ein Lächeln um seinen Mund, und man konnte die Lücke zwischen seinen Vorderzähnen sehen. Er war tadellos angezogen: seine Schildkappe mit dem SS-Abzeichen, Reithosen, die schwarzen Stiefel auf Hochglanz poliert und die unerläßliche Reitpeitsche in der Hand, mit welcher er dauernd gegen seine Stiefel schlug. Er war sehr höflich, wenn er mit mir sprach, und machte den Eindruck, als ob er sich persönlich für den Menschen interessiere. Niemand konnte sich das im einzelnen wirklich vorstellen, daß dieses Lächeln und gute Benehmen nur Fassade war, hinter der die fürchterlichsten Vernichtungspläne ersonnen wurden, welche nur ein Menschengehirn erfinden kann.

Im Krankenrevier arbeiteten Häftlingsärztinnen, welche einer slowakischen Ärztin, einer auffallend schönen Frau, unterstellt waren. Sie selbst, die Chefärztin, war wieder direkt Mengele und den anderen SS-Ärzten unterstellt. Außerdem gab es noch Hilfspersonal, welches sich um die anderen Routinearbeiten zu kümmern hatte. Jeder Kranke mußte, soweit er konnte, für seine eigene Sauberkeit und Ordnung sorgen. Der große Luxus im Krankenrevier war der, daß am Ende des Blockes ein Waschraum lag, nur für den jeweiligen Block alleine, so daß wir nicht weit laufen oder uns zum Waschen anstellen mußten.

Neben unserem Block befanden sich einige kleinere

Blocks, welche wir jedoch niemals betreten durften. Man munkelte, daß dort Zwillinge untergebracht seien, welche von Mengele zu Versuchen ausgewählt worden wären. So erfuhr ich, daß sich auch Zwillinge, welche im September-Transport nach dem Familienlager gekommen waren, dort befanden. Vor der Vergasung des ganzen Transportes wurden sie angeblich von Mengele für seine Versuche herausreklamiert.

Im Krankenrevier mußten wir uns nicht draußen zum Appell anstellen, sondern wurden zweimal täglich im Block gezählt. Jeden Morgen legte man die in der Nacht Gestorbenen vor das Blocktor, denn Leichen mußten ja auch noch gezählt werden. Es mußte präzise Arbeit geleistet werden, niemand durfte fehlen.

Ženka erschien plötzlich auf dem Krankenrevier. Wie hatte sie nur erfahren, daß wir zurückgekommen waren? Wahrscheinlich durch die Sensation, welche wir bei unserer Rückkehr ausgelöst hatten. Ženka, mein Zuhause. Mein einziger mir naher Mensch in dieser schreckenerregenden Umwelt. Meine treue Ženka. Sie erschien von jetzt an jeden Tag nach dem Nachmittagsappell, obzwar sie selbst ausgehungert und todmüde von der Arbeit war und ihre Ruhe gebraucht hätte, um Kräfte für den nächsten schweren Tag zu sammeln. Ženka selbst war der Verzweiflung nahe, da sie absolut nichts von ihrer Familie und besonders von ihren beiden Schwestern wußte. Wir saßen jeden Nachmittag zusammen und versuchten, einander zu trösten, redeten über unsere Familien und über die Hoffnung, unsere Lieben wiederzusehen.

Ich war nun im neunten Monat schwanger und wußte, daß ich jeden Tag entbinden würde. Vom Hörensagen kannte ich die herrlichen Baby-Ausstattungen, welche man zu Hause für Ereignisse dieser Art vorbereitet hatte. Spitzen, Stickereien, das Babybett, eine Wiege und vieles andere mehr. Wie konnte ich mich hier, in diesem Elend, nur im Besitz eines einzigen Sträflingskleides, darauf vorbereiten? Das machte mir Sorgen: Woher würde ich eine Windel bekommen, wie sollte ich das Kind waschen, wie es pflegen? Wo nimmt man ein Stückchen Watte, ein Stückchen Seife, warmes Wasser zum Waschen her? All mein Grübeln half nichts. Ich besaß nichts, nur mein trauriges Dasein.

Berta, welche ja schon ein Kind zur Welt gebracht und es wieder verloren hatte, sprach immer wieder über die kommende Entbindung und bereitete mich dadurch auf das Ereignis vor. Berta war schon durch den Verlust ihres Sohnes Pavliček schwer geprüft, und die Sorge um die Zukunft ihres zweiten Kindes erdrückte sie. Ihre braunen Rehaugen hatten immer einen ganz traurigen Ausdruck, und nie bemerkte ich ein Lächeln in ihnen. Bertas Bauch bekam in diesen Tagen ganz riesige Ausmaße, und wir erwarteten jetzt stündlich, daß sie entbinden würde. Sie konnte sich nur noch mit großer Mühe bewegen, ihre Füße schwollen sehr an, und wir hatten beide nur den einen Wunsch, so bald wie möglich zu entbinden. Andererseits aber wollten wir diese Zeit auch etwas hinausschieben, denn im Krankenrevier bekamen schwangere Frauen einen Essens-Zusatz. Das war kaum zu glauben. Eine Portion Suppe mehr. Was das bedeutete, kann ich kaum in Worte kleiden. Wir bekamen diese Suppe zuerst mittags, dann die zweite Portion am späten Nachmittag. Man kann dieses Wasser mit etwas Rüben drinnen kaum Suppe nennen, doch auch dieses warme Wasser füllte etwas den Magen an. Wenn ich die Zusatzportion der Suppe bekam, war mir das manchmal richtig unangenehm, denn ich spürte die hungrigen Blicke der Mithäftlinge auf mir ruhen, wenn ich diese Suppe zu essen begann. Am liebsten hätte ich sie an alle verteilt, doch für alle reichte sie nicht; so war ich gezwungen, mich auf meine Bettstelle zurückzuziehen, damit mich die anderen nicht sahen.

Meine Bettstelle war, wie schon erwähnt, diesmal unten, was den Nachteil hatte, daß ich leichter erreichbar war und außerdem genauer beobachtet werden konnte. Doch war es mir meines Zustandes wegen ganz unmöglich, auf die höhergelegenen Bettstellen zu klettern. Oben, im dritten Stockwerk, konnte man sich ordentlich und aufrecht hinsetzen, und man hatte so wenigstens ein bißchen Privatheit. Unten aber waren die Bettstellen so niedrig angebracht, daß man sich nur halb aufsetzen konnte. Wollte man sitzen, so mußte man den Kopf herausschieben und die Füße herunterlassen. Der einzige Vorteil lag darin, daß die Füße wenigstens auf den Boden gestützt waren. Im mittleren Stockwerk war das nicht der Fall, denn da baumelten die Füße herunter und befanden sich oft in Kopfhöhe des unten Wohnenden. Außerdem konnte es gefährlich sein, in der Mitte oder unten zu wohnen, denn es geschah manchmal, daß die Bettstelle über einem einstürzte und die Bretter samt der Darinliegenden auf der unten Liegenden landeten. Das war einmal der Fall bei Berta, welcher aber wie durch ein Wunder nichts geschah, denn der Körper der über ihr liegenden Frau war so heruntergekommen, daß er überhaupt kein Gewicht mehr hatte.

»Der Schrecken wird bestimmt die Geburt bei Berta beschleunigen«, dachten alle, doch nichts dergleichen geschah. Berta watschelte mit ihrem Riesenbauch weiter umher.

Am 3. 8. 1944 gab es zum Mittagessen anstatt einer Rüben- eine Krautsuppe, welche wahrscheinlich aus gesäuertem Kraut hergestellt war. Es war ein ganz abscheuliches Gebräu, welches wir mit ebensoviel Widerwillen wie Heißhunger herunterschlürften. Am Nachmittag, so wie jeden vorhergehenden Tag, suchte mich Ženka auf, und ich klagte ihr über Bauchschmerzen, welche ich selbstverständlich auf diese schreckliche Suppe zurückführte. Ženka, Berta und mir bekannte Blockinsassen meinten, daß dies nicht Bauchschmerzen seien, sondern der Anfang der Wehen. Ich jedoch wies diese Behauptung ganz rigoros zurück.

»Diese Schmerzen sind von der Suppe«, behauptete ich felsenfest. »Außerdem habt ihr den besten Beweis, daß Berta als erste entbinden wird, weil sie viel dicker ist als ich. Ich habe noch zwei bis drei Wochen Zeit.« Im Unterbewußtsein schob ich wahrscheinlich die Stunde der Entscheidung vor mir her.

Ženka, welche der späten Stunde wegen auf ihren Wohnblock zurück mußte, verließ mich schweren Herzens. Auch ich ließ sie ungerne gehen, denn in dieser Stunde war sie der einzige mir nahe Mensch. Berta bemühte sich die ganze Zeit um mich, gab mir gute Ratschläge und Verhaltensmaßregeln. Mehr konnte sie nicht tun, denn auch sie stand hilflos mit leeren Händen da, und die Tränen flossen ihr über die Wangen. Sie wollte sie vor mir verbergen, doch gelang es ihr nicht. Auch meine Tränen ließen sich nicht aufhalten. Ich hatte Angst, schreckliche Angst vor dem Kommenden. Immer öfter kamen die Schmerzen, und schließlich mußte ich doch zugeben, daß dies die Wehen waren. Was werden die nächsten Stunden bringen? Wie kann ich so ganz alleine entbinden? Die Lichter erloschen im Block, sagte mir Berta, aber ich war ja nachtblind. Solange noch Lichter im Block brannten, nahm ich Schatten wahr, doch von jetzt an sah ich absolut nichts mehr, und die Schmerzen fingen an, an meinem Körper zu reißen. Berta lief hilflos umher, faßte aber schließlich Mut und ging zur Blockältesten, um ihr zu berichten, daß eine Frau vor der Entbindung stünde und man ihr helfen müsse. Ich schrie nicht, denn ich wollte nicht den ganzen Block aufwecken. Immer wenn eine Wehe kam, krampfte ich meine Fingernägel ins Holz meiner Pritsche und biß in dieses Holz hinein. Liegen konnte ich nicht, gehen konnte ich auch nicht, denn ich war ja blind und wäre überall angestoßen. Berta tröstete mich und redete mir gut zu. Immer wieder sagte sie zu mir, daß diese Schmerzen vergehen würden, doch ich glaubte ihr nicht. Gerne hätte ich jemanden gerufen. Wenn im Block am Krankenrevier jemand in großen Schmerzen war, hörte ich ihn häufig »Mutter« rufen. Doch dieses eine, kleine Wort, welches so tiefen Sinn hat und so vielen Erleichterung schafft, war und ist mir fremd. Warum kann ich nicht »Mutter« schreien? Warum kann Mutter mir in dieser schweren Stunde nicht beistehen? Was habe ich verbrochen, daß ich so leiden muß? »Mutter, Mutter ...«

Die Blockälteste kam mit noch einer Frau zu mir, und diese beiden schickten Berta weg.

»Berta, verlaß' mich jetzt nicht!« schrie es in mir. Es nützte nichts. Es stellte sich heraus, daß die Frau, welche die Blockälteste mitgebracht hatte, von Beruf Hebamme war und diesen Beruf auch auf dem Krankenrevier im Frauenlager ausübte. Die tschechische Sprache ähnelt sehr der polnischen, und deshalb konnten wir uns ganz gut verständigen. Die Hebamme führte mich zum Kamin, befahl mir, mich auf diesen hinzulegen. Als ich das tat, spürte ich, daß sie eine Decke auf den Kamin gelegt hatte, so daß ich nicht auf die Steine zu liegen kam. Sie ging sehr streng mit mir um, erlaubte mir nicht aufzustehen; inzwischen krümmte ich mich vor Schmerzen auf diesem Kamin. In den Wehenpausen hörte ich, daß die Hebamme fortwährend etwas murmelte, und ich vernahm das Geräusch von irgend etwas, das ständig klapperte. Auf meine Frage erfuhr ich, daß die Hebamme betete und dazu den Rosenkranz in ihrer Hand ständig bewegte. Das also war die Hilfe, welche mir mein Leiden erleichtern sollte? Der Rosenkranz? Gibt es denn um Gottes Willen keine anderen Mittel? In dieser Stunde wandte ich mich an Gott. Flehte ihn inständig an, so wie ich es zu Hause gelernt hatte. Doch wo blieb Gott? Gibt es überhaupt einen Gott, wenn er mich so leiden läßt? Da ich Mutter nicht um Hilfe bitten konnte, bat ich Gott. Gott, bitte hilf mir.

Wer mir schließlich doch half, das war die Hebamme. Während ihres Gebetes mit dem Rosenkranz gab sie mir Anweisungen, wie ich mich verhalten sollte und wie ich drücken sollte. Dazwischen jammerte sie mir vor, daß sie keine normale Entbindung vornehmen könne, denn sie besitze keine Möglichkeit zur Sterilisierung, auch nicht der Schere, mit welcher sie die Nabelschnur durchschneiden müsse. Außerdem sei kein warmes Wasser da, mit welchem sie das Kind reinigen könne. Watte, Seife, Babykleidung, eine hygienische Binde und Handtücher, dies waren alles unerreichbare Dinge.

Ich verstand nicht alle ihre Reden; ich kam mir wie ein hilfloses Tier vor. Mich interessierte absolut nichts, ich wollte nur unbedingt diese schreckliche Stunde hinter mich bringen. Was gehen mich Sterilisation und heißes Wasser an. Sollen doch diese schrecklichen Schmerzen endlich aufhören.

Die Preßwehen setzten ein, und bald danach – schließlich hatte ich doch ganz laut geschrien – spürte ich, wie das Kind zwischen meinen Beinen hindurch meinen Körper verließ. Noch bevor ich mir der riesigen Erleichterung bewußt wurde, hörte ich den ersten Laut und das erste Weinen meines Kindes. Mein Kind! Mein Kind! Es war mein Kind, welches weinte, und nun konnte ich auch meine Tränen nicht aufhalten. Ein Schluchzen schüttelte meinen Körper. Es war dies nicht die Nachgeburts-Hysterie, sondern der Ausdruck der Verzweiflung, der Ungewißheit über das Schicksal meines Kindes. Ja, ich glaube, daß sich schon in dieser kurzen Zeit des Lebens meines Kindes das erste Muttergefühl in mir regte. Mein Kind, was wird uns die Zukunft bringen? Wo blieb der glückliche Augenblick, in dem der Arzt der jungen Mutter mitteilt, daß sie ein gesundes, schönes Kind zur Welt gebracht hat? Meine Gedanken überschlugen sich, und kaum nahm ich die Nachricht auf, daß ich einem gesunden, gut entwickelten Mädchen das Leben geschenkt hatte. Das Leben geschenkt? Wofür? Warum?

Die Hebamme schnitt mit der nicht sterilisierten Schere die Nabelschnur durch und reichte Berta das neugeborene Mädchen.

»Geh hinaus in den Waschraum und wasch' das Kind«, beauftragte sie Berta.

»Mit dem kalten Wasser?« fragte Berta.

»Du hast keine andere Möglichkeit, oder willst du es blutig auf die Decke zu der Mutter legen?« sagte die Hebamme.

»Gibt es denn keine Windeln?« fragte Berta. »Gibt es keine Decke zum Einwickeln?«

Die Hebamme gab einen zynisch klingenden Lachlaut von sich:

»Wie lange bist du in Auschwitz? Oder glaubst du, daß du dich in einem Privatsanatorium befindest?«

Nachdem die Plazenta draußen war, befahl mir die Hebamme, mich auf mein Bett zu legen, und deckte mich mit der blutgetränkten Decke zu, welche während der Entbindung unter mir gelegen hatte. Neben mir lag der nackte kleine Kinderkörper, unter welchen ich, um ihn nicht auf die bloßen Bretter zu legen, die schmutzige Decke schob und ihn auch von oben mit dieser Decke zudeckte. Ich spürte, wie mir das Blut zwischen den Beinen hinausfloß und hatte nichts, um es aufzufangen. Berta erhielt ein Geschenk für mich. Einen schmutzigen Fetzen, welchen ich mir zwischen die Beine schob, so daß das Blut nicht auf die Bettstelle und später auf den Fußboden sickerte. Sogar schmutzige Fetzen waren ein sehr gefragter und wertvoller Gegenstand in Auschwitz.

Mein Kind fing zu weinen an, doch hatte ich absolut nichts, womit ich es beruhigen konnte. Berta flößte ihm ein bißchen Wasser ein, etwas später bekamen wir unseren Kaffee. So war dies der erste warme Trunk, welchen mein Kind bekam.

Eine Frau aus unserem Block kam zögernd auf mich zu und brachte mir ein Geschenk. Ein Nachthemd, welches sie von einer Freundin bekommen hatte, welche in der Kleiderkammer arbeitete und dieses gestohlen hatte. Sie gab mir den guten Rat, dieses in vier Teile zu zerreißen, um so vier Windeln für das Baby herzustellen. Welch ein Edelmut von dieser Frau, das so wertvolle Nachthemd wegzuschenken, welches sie bestimmt für Brot hätte eintauschen können. Ich war über dieses Geschenk überglücklich, denn inzwischen war die Decke unter der Kleinen schon ganz naß geworden, und ein sehr übler Geruch breitete sich um uns beide aus.

Mein Kind weinte, weinte, und wir wußten nicht, wie wir es beruhigen sollten. Berta, welche doch erfahren war, riß von jeder Windel ein ganz kleines Viereck aus, kaute etwas Brot, legte es in eines der kleinen Vierecke, tauchte es entweder in den Kaffee oder in die Suppe und gab so der Kleinen zu essen. Es war dies ein improvisierter Lutscher, und die Kleine beruhigte sich für eine ganz kurze Zeit.

Wie jeden Tag, so erschien auch diesmal Mengele zur

täglichen Visite und sah, daß ich entbunden hatte. Lange blickte er das Neugeborene an, und nach weiterer Überlegung rief er eine Ärztin heran und gab den Auftrag, meine Brust ganz fest zu bandagieren. In meiner Naivität dachte ich zunächst an nichts Böses, doch erschrak ich zutiefst, als ich hörte, daß dieses Kind nicht gestillt werden dürfe. Was für einen Grund hatte er? Warum darf ich mein eigenes Kind nicht stillen? Was wollte er mit diesem Befehl erreichen? Alle unsere Vermutungen schlugen fehl. Niemand wußte, was Mengele mit diesem Befehl anstrebte. Nur eine einzige von meinen Mithäftlingen sprach die richtige Vermutung aus:

»Mengele will einen Versuch machen, wie lange ein Neugeborenes ohne Essen aushalten kann.«

Wir dachten in diesem Augenblick, daß diese Frau wahrscheinlich von Sinnen ist. Kann denn so etwas ein menschliches Hirn überhaupt nur denken, geschweige denn ausführen? So etwas ist doch ganz unmöglich. Wir beschimpften diese Frau und baten sie, zu schweigen.

Am nächsten Tag kam wieder Mengele, hielt sich bei meiner Koje auf, sah den Verband nach und untersuchte die Kleine. Er fragte mich sehr höflich, wie ich mich fühle und ob die Kleine denn weine. Sechs Tage, jeden Tag ein Besuch, jeden Tag dieselben höflichen Fragen, jeden Tag graute mir mehr vor seinen Besuchen.

Am Morgen nach meiner Entbindung fühlte ich, wie sich meine Brüste mit Milch füllten, wie mein Verband von der Milch feucht wurde. Mein Kind weint neben mir und hat Hunger. Mir aber ist es verboten zu stillen. Ich schwoll vor Überfluß an Milch an, bekam wahrscheinlich Milchfieber. Ich lag in meinem eigenen Schmutz da und war keines Gedankens fähig. Berta tat, was sie konnte, um mir diese Qualen zu erleichtern, Ženka kam und stand da, hilflos gegenüber meinen Leiden. Das Kind weinte, schrie, und immer war Berta mit dem improvisierten Lutscher bereit, das Kind zu beruhigen und seinen Hunger zu stillen. Sie wusch es in kaltem Wasser, wusch die Windeln – es waren ja keine Windeln, sondern nur dünne Leinenfetzen. Trotzdem umgab uns ein penetranter Geruch, welcher durch die verschiedenen Körperausflüsse, meine und die meines Kindes, verursacht war. Mühsam schleppte ich mich zum Waschraum, aber ohne Seife, warmes Wasser und Handtuch kann man sich beim besten Willen nicht sauberhalten. Es war außerdem ein ganz heißer Sommer, man schwitzte, und alles war voller Ungeziefer, so daß es noch viel schlimmer war als im Winter.

Ich konnte meinem Kinde keinen Namen geben, es war mir schwer, es irgendwie zu benennen, denn jeder Name, welcher mir nur einfiel, erinnerte mich an jemanden aus meiner Familie. Ich gab es auf, und das Neugeborene hatte nur einen Namen: Mein Kind. Mein Kind, was wird aus uns werden? Wie werden wir enden?

Du bist mit einem so schönen kleinen Körper geboren. Du hast so dicke Beinchen mit kleinen Falten daran und hast sogar ausgeprägte Gesichtszüge. Ein paar Strähnen dunkler Haare und diese kleinen Fingerchen mit den kleinen Nägeln. Als du das Licht der Welt erblicktest, warst du ein richtig hübsches Baby. Nun hört dein Weinen nicht mehr auf. Schon drei Tage dauert das. Deine Farbe wechselt von blaß auf rot; wenn du schreist, läufst du rot an. Aber das Weinen verzerrt deine so schönen Züge. Scheint es mir nur so, oder ist es Wirklichkeit, daß dein Gesichtchen schmäler geworden ist? Auch deine Beinchen sind dünner geworden. Warum mein Kind, ist es dir nicht vergönnt, meine Muttermilch zu trinken? Dein Körper würde sich doch runden und nicht so schnell einfallen. Kommt es mir nur so vor, oder ist es Wahrheit, daß auch deine Stimme leiser wird? Dein Schreien und Weinen wechselt langsam in Wimmern. Mein Kind, wie kann ich dir nur helfen? Wie kann ich dich von deinen Leiden befreien? Wie kann ich dich behalten? Geh nicht von mir! Verlaß mich nicht! Ich streichle dich ja, will deine Leiden auf mich nehmen, doch auch das vergönnt mir Mengele nicht. Leidest du sehr, mein Kind? Du bist doch noch viel zu klein, um das alles zu fühlen, zu begreifen. Ja, kann man denn so etwas überhaupt begreifen? Auch für einen Erwachsenen ist es unbegreiflich. Wie kann sich eines Menschen Hirn so viele Qualen ausdenken? Ist es überhaupt das Hirn eines Menschen? Oder ist es vielleicht das Hirn eines Teufels? Mein Kind, du lebst erst einige wenige Tage und mußt schon solche Qualen erleiden. Du kannst doch noch gar nicht einmal gesündigt haben, daß du schon so schwer bestraft wirst. Wie kann man dieser Qual nur ein Ende bereiten? Was kann ich als Mutter dafür tun? Habe ich überhaupt als Mutter das Recht, an ein gemeinsames Ende zu denken? Wie können wir beide es aber durchhalten? Wann ist schon endlich Schluß mit diesen Qualen? Hier Kind, nimm den Lutscher aus Brot, mit Kaffee oder Suppe getränkt, vielleicht lindert das deinen Hunger! Langsam hast du schon keine Kraft mehr, an diesem Lutscher zu ziehen. Heute ist schon der sechste Tag, und noch immer sehe ich keinen Ausweg aus dieser entsetzlichen Lage. Gott, bitte laß uns beide sterben. Wann werden wir endlich erlöst? Mein Kind, du bist schon aschgrau, ein so kleines, mit Haut überzogenes Skelett. Du kannst doch nicht einmal mehr wimmern. Und diese Liegewunden. Atmest du überhaupt noch? Hier Mengele, untersuche mein Kind! Ergötz dich an seinem Anblick! Ist deine medizinische Neugier endlich befriedigt? Weißt du es endlich, wie lange ein Neugeborenes ohne Nahrung leben kann? Kinder sind zäh, doch dein Sadismus ist noch viel zäher! Du Teufel in Menschengestalt! Dich kann und werde ich nicht um Erlösung bitten! Aber vielleicht erhört mich doch endlich Gott?! Wir sind doch schon beide nicht mehr lebensfähig! Nimm uns zu Dir, bitte, bitte, lieber Gott!!!

Am nächsten Morgen erschien pünktlich wieder Mengele und gab mir den Befehl:

»Morgen früh komme ich euch beide abholen. Sei um acht Uhr früh bereit!«

Warum nicht schon heute, Mengele? Warum müssen wir noch einen vollen ganzen Tag diese Qualen aushalten? Nimm uns schon heute mit! Komm mein Kleines, wir werden die letzten Stunden ganz eng zusammen sein. Dein kleiner Körper ist schon ganz blau und wund, aber wir müssen beide bis morgen durchhalten. Ich habe keine Tränen mehr. Morgen gehen wir zusammen ins Gas, mein Kind. Morgen kommt uns Mengele holen. Dann wird endlich alles vorbei sein. Aber weißt du, mein Kind, ich wollte doch so gerne noch leben. Ich bin doch noch so jung, 22 Jahre bin ich alt, und nun muß ich sterben. Bitte ärgere dich nicht, wenn ich wieder weine, denn ich will mich jetzt von meinen Lieben verabschieden. Diese werde ich nun bestimmt nicht mehr sehen, und das war doch das Band, welches mir bis jetzt geholfen hat, alle Qualen und Demütigungen auszuhalten. Atmest du noch, mein Kind? Ich muß weiter weinen – morgen gehe ich ins Gas. Aber ich will doch so gerne noch leben. Wer hilft mir nur? Wer kann mir schon helfen? Berta ist schon eingeschlafen. Nur noch wenige Stunden haben wir auf Mengele zu warten. Alles in mir bäumt sich auf. Ich will LEBEN! LEBEN! Bin ich wahnsinnig? Warum schreie ich? Ich kann aber nicht anders. Ich muß schreien, morgen werde ich nicht mehr schreien können. Ich kann nicht beten, deshalb muß ich schreien. Ich habe nicht beten gelernt, gibt es überhaupt in dieser Lage Gebete? Ich bin schon halb wahnsinnig. Ich will LEBEN! LEBEN! Wer hilft mir nur?

Neben mir steht eine Frau. Ein Häftling. Vielleicht eine Ärztin?

»Was schreist du so, du störst doch die anderen«, sagte sie mit einer barschen Stimme.

»Ich gehe morgen mit meinem Kind ins Gas«, schrie ich sie an. »Ich will aber leben!«

Maca Steinberg, jetzt heißt sie Bleyer, eine Ärztin und ein Häftling so wie ich. Maca, eine Tschechin, so wie ich. Maca, ein Engel in Menschengestalt. Maca fragte mich, woher ich wüßte, daß ich morgen ins Gas gehen müßte. Zuerst fing ich stockend zu erzählen an, doch dann flossen die Worte aus meinem Munde. Mit diesem Reden fand ich Erleichterung, und ich war dankbar, endlich einen geduldigen Zuhörer gefunden zu haben. Maca, welche schon von der Rückkehr der zwei schwangeren Frauen aus Hamburg gehört hatte, hörte sich meine Geschichte von neuem an und verließ mich plötzlich mit den Worten:

»Ich werde dir helfen. Hab' etwas Geduld!«

Eine seltsame Ruhe überkam mich, denn ich spürte, daß dies ein Mensch war, welcher nicht leere Versprechungen machte. Maca kehrte zu mir zurück und sagte wieder mit dieser barschen Stimme:

»Ich habe dir eine Injektionsspritze mit einem Medikament gebracht, spritz das deinem Kind ein!«

»Was ist in dieser Spritze?« fragte ich.

»Morphium, das wird das Kind töten«, sagte Maca mit einer Selbstverständlichkeit, welche einen Schauer bei mir auslöste.

»Aber ich kann doch nicht die Mörderin meines eigenen Kindes sein!« schrie ich Maca an, »gib du ihr doch die Spritze!«

Maca begann zu reden. Eine Engelsstimme sprach auf mich ein, redete, redete.

»Ruth, du bist jung. Du mußt leben. Schau dir dein Kind bloß an. Es ist nicht lebensfähig. In einigen Stunden wird es sowieso sterben. Es muß aber sterben, noch bevor Mengele euch holen kommt. Wenn das Kind dann noch lebt, nimmt er euch beide mit. Du mußt leben, du bist jung. Ich habe den Hippokrates-Eid geleistet und muß Menschenleben retten. Ich muß dich retten. Und ich darf nicht töten. Du mußt es tun, um dich zu retten. Dein Kind muß ja sterben, aber du mußt leben. Du mußt es tun, um dich zu retten. Bitte gib schnell die Spritze deinem Kind, tue es, tue es.«

Meine Widerstandskraft wurde bei diesen Worten immer schwächer und schwächer. Ich war keines rationalen Gedankens mehr fähig. Von meinen Gefühlen wurde ich hin- und hergerissen. Und Maca redete, redete. Nach einiger Zeit war ich kraft- und willenlos. Ich beging die Tat. Ja, ich tötete mein eigenes Kind. Ja, Herr Dr. Mengele, sie haben mich zur Kindesmörderin gemacht. Ich habe mein eigenes Kind gemordet.

Mein Kind begann zu röcheln. Ich umschlang diesen kleinen Kinderkörper ganz fest, drückte ihn an mich, um ihn die kurze Zeit, welche uns noch füreinander blieb, zu fühlen. Das Röcheln wurde immer schwächer, schwächer. Es dauerte nicht lange, doch für mich waren es Stunden. Unsere letzte Nacht zusammen, mein Kind. Warum habe ich das bloß getan? Vielleicht hättest du doch leben können, du atmest nicht mehr, mein Kind. Vielleicht bist du endlich von den Qualen deines so kurzen Lebens befreit? Hast du sehr gelitten? Mein Kind, nun ist alles vorbei. Du wirst nicht mehr leiden müssen. Du bist schon davon befreit. Warum hat Maca nicht auch für mich eine Spritze Morphium gebracht? Ich will mit dir gehen. Warum sagt Maca, daß ich leben muß? Wie werde ich mit dieser Last leben können? Ich will nicht leben. Will ich leben? Nein, ich will nicht mehr leben.

Draußen fängt ein neuer Tag an. Du, mein Kind, liegst tot in meinen Armen. Bald wird man, wie jeden Tag, anfangen, die Leichen der in der Nacht Gestorbenen einzusammeln. Auch dich, mein Kind, wird man nun forttragen. Wohin? Das sind unsere letzten Minuten zusammen. Dein kleiner Körper wird schon immer kälter, und ich kann dich nicht mehr erwärmen, denn du lebst nicht mehr. Warum darf ich nicht mit dir gehen? Ich will nicht hierbleiben. Man fängt schon an, die Leichen einzusammeln, und auch du, mein Kind, bist nicht mehr bei mir. Man hat dich von mir fortgenommen, und ich muß hierbleiben, alleine, ohne dich. Ich muß weiterleben. Leben? Wofür? Für wen? Ich habe doch niemanden. Noch vor kurzen Augenblicken habe ich dich gehabt. Nun bist auch du fort. Ich habe keine Tränen mehr. Eine Stumpfheit überkommt mich.

Berta erwachte nach dieser Nacht. Sie hatte nichts von dem bemerkt, was neben ihr geschehen war. Wir sahen uns nur stumm an, denn wir beide waren keines Wortes fähig. Ich sah nur den wissenden Blick von Berta, als sie den Platz neben mir leer fand. Niemand konnte mich trösten, auch Berta nicht. Sie konnte nur durch ihre Gegenwart eine Stütze für mich sein. Ich wurde ganz apathisch. Ich wollte nicht mehr leben, nachdem ich diese Tat begangen hatte. Mir war ganz egal, was Mengele nun weiter über mich beschließen würde.

Pünktlich erschien er. Ich stand bereit, um mit ihm zu gehen.

»Wo ist dein Kind?« fragte er.

»Heute nacht gestorben«, sagte ich mit müder Stimme.

»Gestorben? Ich will die Leiche sehen.« Und er ging zu dem Leichenhaufen hinaus. Doch ihm, dem Allmächtigen, gelang es nicht, in diesem großen Leichenhaufen den kleinen, durch Morphium getöteten Kinderkörper zu finden. Er kam zu mir zurück.

»Da hast du aber Schwein gehabt. Mit dem nächsten Transport verläßt du Auschwitz.«

Ich verstand seine Worte nicht. Ich konnte überhaupt nicht mehr denken. Mengele verließ mich. Er schickte mich nicht ins Gas. Hätte er das doch lieber getan! Wie werde ich mit dieser Last weiterleben können? Mir war ganz egal, was um mich herum geschah. Ich habe es nur Berta und Ženka, welche felsenfest zu mir standen, zu verdanken, daß ganz langsam mein Lebenswille zurückkehrte. Berta erreichte dies dadurch, daß sie mich immer wieder beschwor, daß sie mich brauchen wird, da ja auch sie die Entbindung erwartete, und daß ich ihr helfen müsse, so wie sie mir geholfen hatte. Daß auch sie dasselbe wie ich wird erleiden müssen. Daß wir niemanden außer uns selbst haben. Daß wir zueinander stehen müssen und einander helfen müssen. Maca, du hast mir mein Leben gerettet, doch will ich überhaupt noch leben?

Maca kam jeden Tag, um uns zu besuchen. Sie war Zahnärztin, doch war sie im Krankenrevier der Entlausung zugeteilt. Läuse verbreiten Typhus. Als in Auschwitz eine Typhus-Epidemie ausbrach, bekam die SS Angst, auch von Typhus angesteckt zu werden, und sorgte deshalb dafür, daß eine Entlausung vorgenommen wurde. Die Häftlinge, deren Kleidung und die Wohnblocks wurden mit irgendeinem weißen Pulver bestäubt, welches uns die Qual des Kratzens und

Juckens nahm. Die Läuse aber kehrten immer wieder zurück.

Langsam erfuhr ich, daß Maca aus Frydek, einer kleinen Nachbarstadt von Ostrau, stammte. Sie war verheiratet und mit ihrem Mann, welcher Advokat war, zuerst nach Theresienstadt und von dort, so wie ich, im Dezember nach Auschwitz ins Familienlager deportiert worden. Nach der Selektion im Familienlager, als die arbeitsfähigen jungen Frauen ins Frauenlager geschickt wurden, kam auch Maca mit uns dorthin. Doch zu dieser Zeit brauchte man im Krankenrevier im Frauenlager Ärztinnen, und deshalb wurde Maca dabehalten. So kam es, daß Maca nicht mit uns nach Hamburg ging, was sie sehr bedauerte, denn sie wollte ja, so wie wir alle, mit ihren Freunden und Bekannten zusammensein. Maca war eine sehr schöne, zierliche Frau, mit gütigen, braunen und sehr klugen Augen, und selbst in ihrer Sträflingskleidung schien sie uns beinahe elegant. Sie wohnte in einem nahegelegenen Block, nicht in den Massenquartieren, sondern in einem etwas kleineren Zimmer. Von zahnärztlicher Praxis war gar keine Rede. Ich weiß gar nicht, was man in Auschwitz tat, wenn man Zahnschmerzen hatte. Maca, die gütige Maca, half, wo sie nur konnte.

Als sie zum ersten Male zu meiner Koje gekommen war, hatte sie nicht gewußt, wie sie mir helfen könnte. Nachdem ich ihr meine Situation geschildert hatte, war sie zu einem polnischen Krankenpfleger gegangen, welcher im Frauenlager-Krankenrevier beschäftigt war, und hatte ihm meine Geschichte erzählt. Maca bat ihn dringendst, mir zu helfen, und dieser Krankenpfleger stahl unter Lebensgefahr das Morphium für Maca. Maca wiederum stahl eine Injektionsspritze, und so konnte sie das zum Töten bestimmte Material zu mir auf den Block bringen. Für Maca war dieser Weg mit einem großen Risiko verbunden, denn was hatte sie in einem anderen Block, nachdem die Lichter erloschen waren, zu tun?

Maca war auch da, als Berta ihre Wehen bekam, und Maca und ich beschlossen, Berta alle Qualen, welche ich hatte erleiden müssen, zu ersparen. Maca besorgte sich sofort das Morphium für Berta und stahl wieder eine Injektionsspritze. Unter denselben Umständen wie ich überstand Berta die Entbindung. Es war wieder ein Junge, doch sie bekam diesen gar nicht zu Gesicht, denn er starb einige Stunden nach seiner Geburt durch die Spritze. Als Mengele zur Visite kam, wurde ihm gemeldet, daß Berta eine Totgeburt gehabt habe. So konnte diesmal Mengeles medizinisch-wissenschaftlicher Wissensdrang über die Lebensfähigkeit eines Neugeborenen und über die Lebensverkürzung durch Aushungern nicht befriedigt werden.

Mengele teilte auch Berta mit, daß sie mit dem nächsten Transport Auschwitz verlassen würde. Diesmal schenkten wir Mengele Glauben, denn wir wußten, daß wir von da ab als junge, starke und arbeitsfähige Frauen galten, welche endlich von den Deutschen zu Aufräumungs- oder Rüstungsarbeiten in ihrer Heimat, welche zerbombt war, gebraucht wurden. Jung, stark und arbeitsfähig – welche Ironie! Abgemagert, schwach und völlig niedergeschlagen – das waren wir beide. Nur unsere Jugend konnte uns niemand nehmen, ja, wir waren jung, und das half uns, die so schwere Zeit, welche hinter uns lag, schneller zu überbrücken. Die Apathie, welche mich befallen hatte, wich langsam, und die Pflicht, Berta beizustehen, besser gesagt die Konzentration auf eine Tätigkeit, halfen dazu, mir langsam meinen verlorenen Lebenswillen zurückzugeben.

Man ließ uns im Krankenrevier. Warum? Wir waren doch gesund! Den Grund dafür kann ich mir nicht erklären. Wir waren froh darüber. Im Frauenlager hätte man uns doch wieder in diese Käfige gebracht, und hier hatten wir etwas geräumigere Bretter-Bettstellen, natürlich auch ohne Matratzen. Außerdem wären wir im Frauenlager sofort zur Arbeit im KZ eingeteilt worden. Wahrscheinlich hätten wir wieder Steine schleppen müssen, was wir körperlich kaum ausgehalten hätten. Aber im Konzentrationslager fragt man nicht nach einem Warum, man will so wenig wie möglich auffallen, damit man nicht zu einer speziellen Behandlung ausgesucht wird. Berta und ich waren auf diese Weise zum Nichtstun verurteilt, was den nagenden Hunger vordringlicher werden ließ. Wir konnten uns zwar frei bewegen, doch wir entfernten uns nur ganz selten vom Krankenrevier, damit man uns nicht im Frauenlager aufschnappte und zur Arbeit schickte.

Das Krankenrevier grenzte auf der einen Seite an ein freies Gelände. Dort kamen immer Züge an, welchen Menschen entstiegen. Es dauerte nicht lange, und mir wurde bewußt, daß diese Menschen in Auschwitz ankommende Transporte waren. Ich konnte mich dem mit Hochspannung geladenen Stacheldrahtzaun nicht nähern, da ich sonst von den Wachen angeschossen worden wäre, doch sehr oft war ich Zeuge der ankommenden Transporte und wußte, daß unter den Klängen des Frauen-Orchesters vom Frauenlager Selektionen vorgenommen wurden.

Eines Tages, es war im Oktober, erreichte uns ein Gerücht, daß Transporte aus Theresienstadt ankämen. Ich lief hinter den Block, von welchem aus ich die Entladung der Menschenlast beobachten konnte, ohne von dem Wachposten bemerkt zu werden. Ich sah die typische Kleidung der Männer der »Speditionsgruppe« aus Theresienstadt: Regenmäntel, mit einem Gürtel in der Taille festgehalten, und hohe Stiefel. Plötzlich sah ich eine mir so bekannte Gestalt. Eda Krasa, mit welchem ich in der Küche in Theresienstadt zusammengearbeitet und gesungen hatte, und welcher mich dazu bewogen hatte, zu Raffael Schächter zur Gesangsprobe zu gehen. Eda Krasa war ein auffallend schöner, hochgewachsener Mann. Als ich ihn erblickte, erfaßte mich eine Panik, und ich fing wie wild zu schreien an:

»Eda, du bist gesund! Eda, du bist gesund! Eda, Eda!«

Ich wußte, daß Eda mich der großen Entfernung und des Orchesters wegen nicht hören konnte. Ich wußte auch, wenn er mich doch hören sollte, würde er den Sinn meiner Worte nicht verstehen. Denn wer von den neu Angekommenen ahnte schon, was ihn erwartete? Ein normal denkender Mensch kann sich diesen Vernichtungsprozeß doch gar nicht vorstellen.

»Eda, du bist gesund!« schrie ich weiter und war mir gar nicht bewußt, daß ich mich dem Stacheldrahtzaun näherte. Bis ich plötzlich hörte:

»Halt, oder ich schieße!« Das war der Wachposten vom Turm in der einen Ecke, welcher mir das zurief. Warum schoß er nicht auf mich? Unverständlich.

Ein unaufhörliches Schluchzen schüttelte meinen Körper, niemand konnte mich beruhigen. Wie viele meiner Theresienstädter Freunde werden in diesen Minuten vergast? Dieser Gedanke ließ mich nicht los. Der Beweis für die Vergasung wurde uns sehr bald geliefert, denn die Verbrennung hatte schon begonnen. Aus den Kaminen stieg Rauch auf, und der Geruch verbrannten Fleisches breitete sich über Auschwitz aus.

»Das war der Tschechen-Transport aus Theresienstadt«, sagte jemand zu mir.

So, ganz einfach, als ob es sich nicht um Menschen, Familien, Mütter, Väter und Kinder handeln würde: Das war der Tschechen-Transport aus Theresienstadt, in welchem sich der Großteil der jüdischen Kulturelite Mitteleuropas befand.

Ženka kam zu mir, um sich zu verabschieden. Sie wurde auf Arbeit verschickt, wahrscheinlich zu Aufräumungsarbeiten, das nahm ich damals an. Der Abschied fiel uns beiden sehr schwer. Werden wir uns wiedersehen? Unter so schrecklichen Umständen hatten wir uns erst vor kurzem wiedergefunden, und schon wurden wir wieder auseinandergerissen. Aber es hatte für uns ja keinen Sinn, nach dem Warum zu fragen. Man nahm alle diese Entscheidungen hin. Was kann schon ein Sträfling, abgemagert, ohne Kraft, tun? Unsere Gedanken kreisten um Essen und Überleben. Ženka, sei stark. Halte durch. Das war alles, was ich ihr an Wünschen auf den Weg ins Ungewisse mitgeben konnte.

Eine alte, zahnlose, zerfurchte Frau weckte mich aus meinem Schlaf. Ich sah sie erstaunt an, denn ich wußte nicht, was sie wollte. Ich kannte sie nicht. Wahrscheinlich eine Irre. Doch schon hörte ich:

»Rutinko, Rutinko, ja erkennst du mich denn nicht?«

Beim besten Willen konnte ich mit niemandem, welchen ich kannte, eine Ähnlichkeit feststellen.

»Aber Rutinko, das bin doch ich, deine Tante Hanča!« klang es beinahe vorwurfsvoll. Und schon umarmte mich Tante Hanča und weinte, weinte bitterlich.

Tante Hanča, du schöne, stattliche, reiche Schwester meines Vaters. Tante Hanča, welche auf der Hauptstraße in Ostrau das Buffet Anka besessen hatte. Tante Hanča, welche immer von allen ihrer Eleganz und Schönheit wegen bewundert worden war. Tante Hanča, was haben sie dir getan, daß du in so einer elenden Verfassung hier vor mir stehst? Was ist aus dir geworden?

Tante Hanča hatte, noch bevor Hitler die Tschechoslowakei besetzte, einen um einige Jahre jüngeren Mann, Manek Weber, geheiratet und mit diesem eine sehr glückliche Zeit verlebt. Beide verschafften sich arische Dokumente, übersiedelten nach Prag, denn in Ostrau kannte sie ein jeder, und lebten da sehr zurückgezogen. Eines Tages jedoch wurde Manek bei einer Straßenrazzia in Prag aufgegriffen, sein Ausweis wurde als gefälscht erkannt, und er wurde von der Straße weg nach Theresienstadt deportiert. Er hatte keine Gelegenheit, sich von Tante Hanča zu verabschieden. Tante Hanča jedoch war unglücklich und konnte den Gedanken, daß ihr Manek Hunger leiden könnte, nicht ertragen. Schließlich machte sie einen Gendarmen, einen Tschechen, ausfindig, welcher in Theresienstadt seinen Wachdienst versah. Sie nahm Verbindung zu dem Mann auf, und dieser nahm tagtäglich gekochtes Essen, manchmal noch warm, für Manek nach Theresienstadt mit. Dieser Gendarm wurde von Tante Hanča, welche noch immer über genügend große Geldquellen verfügte, reichlich belohnt. Wie und auf welche Weise dieser Gendarm Manek ausfindig machen konnte, bleibt mir unerklärlich. Ich hatte Manek des öfteren im Ghetto auf der Straße getroffen, er sah immer sauber und gutgenährt aus. Er verschwieg mir nie, daß Tante Hanča ihm nicht nur Essen, sondern auch Zigaretten schickte. Manek verfügte über einen Durchlaß-Schein, mit welchem er sich außerhalb der Ghettomauern begeben konnte. Diesen Durchlaß-Schein besaßen nur Privilegierte, und nie konnte ich verstehen, wie Manek zu diesem Schein gekommen war. Manek war auch im Ghetto nicht zu irgendwelcher Arbeit eingeteilt, was ich auch nicht verstehen konnte, doch hatte ich mir nie Gedanken darüber gemacht. Eines Tages befand er sich außerhalb der Mauer und er, der doch immer satt war, stahl, wahrscheinlich aus Übermut, vom Feld eine Kohlrübe. Die Felder gehörten der SS, und es war strengstens verboten, auch für die dort arbeitenden Ghetto-Insassen, etwas zu essen oder gar mitzunehmen. Dieses Verbot wurde selbstverständlich nicht eingehalten, und die Häftlinge aßen und stahlen. Wurde jemand aber dabei ertappt, konnte das bedeuten, daß er zum nächsten Osttransport eingeteilt wurde. Man mußte sich schon sehr geschickt anstellen, um nicht gefaßt zu werden. Manek wurde beim Stehlen der Kohlrübe gefaßt und auf Weisung zum nächsten Osttransport eingeteilt.

Der Gendarm, welcher Manek mit Essen versorgt hatte, war beschattet worden und wurde auch eingesperrt. Tante Hanča lebte unglücklich in Prag weiter, ohne ein Lebenszeichen von Manek zu haben. Bei einer Razzia im Jahre 1944 wurde auch sie mit ihren falschen Papieren gefaßt, zuerst ins Zuchthaus und dann nach Auschwitz gebracht. Sie hatte durch Zufall im Frauenlager Ženka getroffen, welche ihr von mir berichtet hatte. Ich war über ihr Aussehen so entsetzt, daß ich dies wahrscheinlich nicht verbergen konnte. Die einzigen Gedanken, welche Tante Hanča fassen konnte, waren:

»Wo ist mein Maneček? Hilf mir doch, ihn zu finden!«

Konnte ich, welche schon zehn Monate Auschwitz hinter sich hatte und wußte, was hier mit den Menschen geschah, einem so gebrochenen Menschen etwas von Gaskammern sagen? Wahrscheinlich war auch ich schon verroht, denn im stillen dachte ich:

Bald wirst auch du, meine liebe Tante Hanča, denselben

Weg gehen wie dein Maneček. Vielleicht werdet ihr euch dort, irgendwo, wiedersehen.«

Doch laut sagte ich ihr tröstende Worte, auch wenn sie nicht aufrichtig geklungen haben mögen. Ich sah Tante Hanča nie mehr wieder, denn schon am Tage nach ihrem Besuch fand eine Selektion statt, und Tante Hanča verschwand aus ihrem Wohnblock.

Štěpanka und Anetka waren Zwillingsschwestern, welchen ich durch Zufall auf dem Krankenrevier begegnete. Sie waren mit mir im Familienlager gewesen und bei der Selektion von Mengele separiert worden. Mengele war seiner wissenschaftlichen Versuche wegen sehr an Zwillingen interessiert. Es drangen Gerüchte über seine Greueltaten zu uns, doch hatten wir keine Vorstellung davon, was diese Gerüchte wirklich bedeuteten. Daß sich dort, im Zwillingsblock, schreckliche Szenen abspielten, das wußten wir. Was jedoch dort genau geschah, konnten wir nicht einmal ahnen. Štěpanka und Anetka waren eine viel zu kurze Zeit da, um schon Mengeles lebende Menschen-Versuchskaninchen zu sein. Außerdem war unsere Begegnung nur sehr kurz, so daß ich damals darüber nichts erfuhr.

Es war Anfang Oktober, als Berta und ich den Befehl bekamen, sofort aufzubrechen. Wohin? Das wurde uns nicht gesagt. Da wir nichts zu packen hatten, und unsere ganze Habe aus dem bestand, was wir am Körper trugen, dauerte der Aufbruch nur ganz kurz. Meine einzige Habe war mein Kettchen mit meinem Talisman, welches unter der Zunge gut versteckt war. Wir hatten nicht einmal Zeit, Maca aufzusuchen, um uns von unserer Lebensretterin zu verabschieden. Wir wurden zur Rampe gebracht, wo Viehwaggons auf uns warteten. Zu unserem großen Staunen sahen wir, daß in die hinten gelegenen Waggons Männer in den gestreiften Anzügen »geladen« wurden. Einer der Auschwitz-Häftlinge, welcher auf der Rampe arbeitete, sagte mir, daß diese Männer aus Theresienstadt gekommen seien. Ich konnte das nicht glauben, das war doch nicht möglich, man hatte doch alle vergast. Aber sofort meldete sich meine Logik. Ja, man brauchte doch in dem zerbombten Deutschland Arbeitskräfte, deshalb hatte man junge, kräftige und gesunde Männer selektiert, um sie zur Arbeit zu schicken [12].

Berta und ich kamen zu einer großen Gruppe von Ungarinnen und Frauen aus Karpato-Rußland, welches vor der deutschen Besetzung zur Tschechoslowakei gehört hatte.

12 Am 8. Oktober 1944 wurden aus dem Konzentrationslager Auschwitz II insgesamt 500 Häftlinge in das zum KZ Buchenwald gehörende Kommando Taucha gebracht. (Anm. des Verlages)

V Im Arbeitslager

Wieder einmal wurden wir in die Waggons getrieben, doch als wir diese betraten, kam ich aus dem Staunen nicht heraus. Drinnen waren Holzbänke aufgestellt. Das ist doch nicht möglich. Wir Häftlinge, welche wie Vieh behandelt wurden, dürfen auf Bänken sitzend fahren? Das Staunen wurde noch größer, als zu uns in den Waggon ein SS-Mann mit Gewehr und aufgesetztem Bajonett stieg. Wieso wurden wir nicht uns alleine überlassen und von außen her abgesperrt? Es war nicht genügend Platz für alle, um auf den Bänken zu sitzen, und so wechselten wir solidarisch unsere Plätze. Wenn ein Teil auf den Bänken saß, schlief der andere Teil auf dem Boden. Viele dieser Ungarinnen weinten und jammerten, denn sie hatten bis vor wenigen Tagen zu Hause in normalen Verhältnissen gelebt, und sie konnten absolut nicht begreifen, was mit ihnen geschah. Ihre Lieben hatten sie noch vor ein oder zwei Tagen gesehen, waren mit ihnen durch die Selektion gegangen und danach getrennt worden. Die Sorge um ihre Familien erdrückte sie, und viele von ihnen riefen nach Vater, Mutter oder Ehegatten. Berta und ich sahen uns stumm an, denn wir wußten sehr wohl, wo sich die anderen befanden.

Jede von uns hatte als Reiseproviant ein Stück Zusatzbrot erhalten. Wir wußten nicht, wie lange wir unterwegs sein würden und für welche Zeitspanne diese Brotration reichen sollte. Die vielen in Auschwitz verbrachten Monate hatten mich aber gelehrt, mißtrauisch zu sein und sich ja nicht zu unterstehen, ein Stückchen Brot für den nächsten Tag aufzusparen, denn es kann ja von jemandem, welcher auch Hunger leidet, gestohlen werden. Also verschlangen Berta und ich unsere Ration auf einmal, was uns, nach langer Zeit, ein gutes Gefühl des Sattseins verlieh. Es wurde Abend, und nun kam die Reihe an Berta und mich, sich auf dem Boden zum Schlafen auszustrecken. Der SS-Mann, welcher uns begleitete, nahm ohne Skrupel seinen Reiseproviant hervor – ein Stück Brot, ein Stück Wurst und Käse – und begann mit großem Appetit zu essen. Mir lief im Mund der Speichel zusammen, denn mein Geruchssinn hatte schon eine Ewigkeit das Aroma von Wurst nicht zu spüren bekommen, und ich konnte beim besten Willen meinen Blick nicht von diesem Essen nehmen. Er schien es bemerkt zu haben, aber es fiel ihm nicht im geringsten ein, uns ausgehungerten Geschöpfen wenigstens etwas von diesem Essen zu geben. Nachdem er sein Mahl beendet hatte, ließ auch er sich auf den Boden des Waggons hinunter, um zu schlafen. Es ergab sich, daß er neben mich zu liegen kam. Ich drückte mich, so weit ich konnte, von ihm weg, doch spürte ich auf einmal seine Hand auf meinem Körper. Wie eine Wahnsinnige sprang ich auf und stolperte über die auf dem Boden liegenden Gestalten, um mich so weit wie möglich von ihm zu entfernen.

Erst am nächsten Abend wurden wir ausgeladen. Wir wußten wieder nicht, wo wir uns befanden, wir wußten aber, daß Auschwitz hinter uns lag und daß, wohin wir auch gekommen waren, es nicht so schrecklich sein konnte wie dort. Wir mußten einen langen Weg zu Fuß zurücklegen, bevor wir an ein Tor kamen und die Umrisse von Baracken sahen, welche von einem Stacheldrahtzaun umgeben waren. Also wieder ein neuer Platz, ein neues Konzentrationslager. Was erwartet uns hier? Sind auch hier Gaskammern? Immer von neuem waren wir der Ungewißheit über unser Weiterleben ausgesetzt. Was haben wir verbrochen, daß wir verurteilt sind, so ein Leben zu führen? Inzwischen war schon die Dunkelheit hereingebrochen, und wir setzten müde ganz automatisch einen Fuß vor den anderen. Plötzlich spürte ich, daß auf dem Boden etwas lag, und meine Fußspitze berührte einen kleinen Gegenstand. Ich bückte mich, und meine

Hand bekam ein großes Hufeisen zu fassen. Ein Hufeisen bringt Glück, sagt der Aberglaube. Glück. Ich werde überleben. Zuversicht überkam mich, und ich umklammerte dieses Hufeisen, als ob es tatsächlich die Macht hätte, mich überleben zu lassen. Dies war schon der zweite Talisman, welchen ich besaß. Die kleine Goldkette mit dem Anhänger, welche ein steter Bewohner meines Mundes geworden war. Nur beim Essen kam sie ans Tageslicht. Und jetzt noch dazu das Hufeisen. In diesen Situationen des Ausgeliefertseins klammert sich eben der Mensch an solche Kleinigkeiten, vielleicht Dummheiten. Doch sie geben Halt und helfen unsagbar, das Schreckliche zu überstehen.

Wir kamen in neuerrichtete Baracken, welche hölzerne, nur zwei Stockwerk hohe Pritschen hatten. Und oh, was für ein Wunder! Auf diesen Pritschen lagen Strohsäcke und eine saubere Decke. Die Baracken selbst waren nicht groß und durch Wände in kleinere Räume abgeteilt. In jedem solchen Raum waren um die Wand herum etwa zwanzig Pritschen aufgestellt; in der Mitte dieses Raumes stand ein großer Eisenofen. Wir trauten unseren Augen nicht. So ein Luxus!

Bald aber wurde unserem freudigen Erstaunen ein Ende bereitet. Eine SS-Frau kam herein, welche einen bestialischen Gesichtsausdruck hatte. Sie war ganz hager, etwa 35 bis 40 Jahre alt, hatte graue, eiskalt dreinblickende Augen und sprach mit einer Stimme, welche an eine Krähe erinnerte und ohne irgendeine menschliche Nuance war. Sie kümmerte sich gar nicht darum, ob die Ungarinnen ihre Rede verstanden oder nicht. Die Deutschen hielten es für selbstverständlich, daß man die Sprache des Herrenvolkes beherrscht. Diese Frau hatte ein ganz plattgedrücktes Gesicht, eine gelbliche Hautfarbe und war so häßlich, daß ich mich gar nicht über ihr sadistisches Verhalten wunderte. Sie war die Oberaufseherin über die Frauenhäftlinge. Ihr unterstanden etwa zehn weitere Aufseherinnen, welche vielleicht etwas weicher sein wollten, doch sich vor dieser bestialischen Oberaufseherin fürchteten.

Ich hatte schon über zweieinhalb Jahre Konzentrationslager hinter mir und in Theresienstadt sowie in Ravensbrück das Verhalten der SS-Frauen kennengelernt. Sie waren so sadistisch, schlugen und schrien wie Furien auf uns ein, und man sah ihrem Gesichtsausdruck an, welche Befriedigung sie bei diesem unmenschlichen Benehmen genossen. Speziell wenn zwei dieser Frauen zusammen den Dienst versahen, wetteiferten sie in ihren Grobheiten und Schlägen. Wir Häftlinge trachteten, diesen SS-Frauen so weit wie möglich aus dem Wege zu gehen.

Die Oberaufseherin teilte uns in ihrer Rede mit, daß wir arbeiten müßten, daß wir uns in einem Arbeitslager befänden. Wer sich unterstehen sollte, nicht zu arbeiten oder zu sabotieren, dem stünden strenge Strafen und auch Bunker bevor. Bunker hieß, in einem fenster- und lichtlosen Raum ohne Essen und Trinken eingesperrt zu sein. Es dauerte manchmal Tage, bis man die Häftlinge von da wieder herausließ. Entweder waren sie dann halb verrückt – oder tot. Wir bekamen von der Oberaufseherin eine ganz genaue Tageseinteilung, an welche wir uns strikt zu halten hatten. Sie teilte uns weder mit, wo wir uns befanden, noch was wir arbeiten würden. Todmüde fielen wir auf unsere Strohsäkke.

Am nächsten Morgen, nach einer luxuriösen Nacht auf dem Strohsack, wurde uns vom Lagerkommandanten verkündet, daß wir uns in Taucha bei Leipzig befänden, einem Arbeitslager, welches dem KZ Buchenwald unterstand. Er mußte beobachtet haben, daß nicht alle seine Sprache verstanden, denn er fragte: »Wer spricht hier deutsch?«

Automatisch schnellte meine Hand in die Höhe, und von dem Tage an war ich die Dolmetscherin im Lager.

Nach dem unerläßlichen Appell wurden wir aus dem Lager herausgeführt, und zu uns stieß eine Kolonne von Männer-Häftlingen. Wir kamen in eine Fabrik, jeder von uns wurde einer Abteilung zugewiesen, und die Produktion begann. Wir befanden uns in den ehemaligen Hasag-Werken, früher eine Glühlampen-Fabrik, welche auf Panzerfaust-Erzeugung umgestellt worden war. Deutsche Vorarbeiter empfingen uns, und Leute von der Wehrmacht bewachten uns bei der Arbeit.

Ich selbst arbeitete dort nur kurz, denn als ich eines Tages Appell stand, rief mich der Lagerkommandant heraus und gab mir den Befehl:

»Such' dir vier Mädchen aus. Ihr werdet mit einem Auto zu einer anderen Arbeit fahren.«

Mir stockte der Atem. Im Auto wegfahren, das bedeutete für mich, welche neun Monate in Auschwitz verbracht hatte – in die Gaskammer fahren.

»Herr Lagerkommandant«, antwortete ich, »suchen Sie sich die vier Mädchen selbst aus, denn ich kann mir diese nicht auf mein Gewissen nehmen.«

Er konnte meine Bemerkung wohl nicht verstehen, ja, wie sollte er auch, wenn er nie Auschwitz und die Gasöfen kennengelernt hatte. Die Ungarinnen waren noch gut genährt, denn sie waren erst vor kurzem nach Auschwitz deportiert worden. Der Lagerkommandant suchte vier gutaussehende Mädchen aus.

Wir wußten nicht, was uns bei dieser Fahrt erwarten würde, und ich war sehr mißtrauisch. Alle Frauen verließen in Fünferreihen das Lager, nur wir fünf blieben zurück.

Nach kurzer Zeit kam ein Lastwagen angefahren, welcher mit einer Zeltplane zugedeckt war. Neben der Fahrerkabine war ein langer, ovaler Behälter angebracht, in welchem sich Braunkohle befand. Wie wir später erfuhren, war kein Benzin in Deutschland erhältlich, und die Autos wurden mit Kohlengas angetrieben. Wir fünf Mädchen stiegen in den Lastwagen, bewacht von einem Wehrmachtsoldaten, welcher mit einem Gewehr mit aufgesetztem Bajonett bewaffnet war. Während der Fahrt sprach niemand auch nur ein einziges Wort. Jede von uns hing ihren eigenen Gedanken nach. Wiederum wußten wir nicht, wohin wir gebracht würden. Das Auto hielt, und der Soldat gab uns den Befehl zum Aussteigen.

Wir standen einem großen, länglichen Bau gegenüber, welcher absolut nicht preisgab, was drinnen sein könnte.

Wir mußten vor dem Soldaten gehen. So betrat ich als erste einen ganz riesigen Raum. Ich blieb vor Erstaunen stehen und dachte im ersten Augenblick, daß ich mich in einem Traumland befände. In diesem Raum waren rings an den Wänden Regale, vier bis fünf übereinander, angebracht, und auf diesen Regalen lag BROT, BROT! Ich traute meinen Augen nicht. Kann das Wirklichkeit sein? Kann so viel Brot überhaupt existieren? Mein Magen schrie vor Hunger, am liebsten hätte ich so ein Brot heruntergeholt und auf einmal aufgegessen. Nein, nicht gegessen, sondern mit den wenigen Zähnen, welche ich noch im Munde hatte, zerfetzt. Ich hatte aber gelernt, und sehr schwer gelernt, vorsichtig zu sein, um mich nicht unnötigen Prügeln auszusetzen. Wir bekamen den Befehl, immer zweimal fünf Brote, also zehn Brote, auf eine Hand zu nehmen und sie aufs Auto zu laden. Mit diesen Broten mußten wir an einer Frau vorbei, welche eine kleine Rechenmaschine in der Hand hatte, und die jedesmal, wenn wir an ihr vorbeigingen, daraufdrückte, ohne die Brote einzeln zu zählen. Ich faßte plötzlich Mut und dachte bei mir: Was wird geschehen, wenn ich mich einmal willkürlich irre und anstatt zehn zwölf Brote, also zweimal sechs, hinaustrage?

Ich ließ es auf diesen Versuch ankommen. Mir klopfte das Herz, als ich mit diesen zwölf Broten an der Frau vorbeiging. Sie tippte auf die Rechenmaschine, und im Nu war ich mit meiner Last draußen. Wie ich dieses Brot von dem Lastwagen herunterholen würde, das wußte ich noch nicht. Ich wußte: Jetzt hatte ich die Gelegenheit, fürs Überleben zu sorgen. Wenn ich Brot haben würde, würde ich überleben. Und so lernte ich stehlen. Stehlen im reinsten Sinne des Wortes. Von meinen Mithäftlingen hätte ich nicht auch nur einen einzigen Krümel Brot gestohlen, denn das Wenige, das wir bekamen, reichte ja gerade dazu, am Leben zu bleiben. Aber von den Deutschen stehlen? Je mehr Brot ich ins Lager bringen werde, desto mehr wird an die Häftlinge verteilt werden. Ich gab den Mädchen den Rat:

»Tragt dreimal zehn Brote und einmal zwölf Brote heraus.«

Im Nu entwickelten wir uns zu einer ausgezeichneten Diebesbande. Als der Lastwagen mit dem Brot vollgeladen war, rief uns die Bäckersfrau zu sich, und wir bekamen das schönste Geschenk, das kostbarste, welches ich je in meinem Leben erhalten habe: EINEN LAIB BROT. Wie kann ich das jemandem, welcher selbst nicht im Lager war, erklären, was so ein Laib Brot für uns bedeutete? Wenn man mir heute den schönsten und größten Brillanten schenken würde, hätte ich keine solche Freude wie damals über das Brot. Ich mußte mich in diesem Augenblick sehr zurückhalten, um nicht zu weinen. Ich ging sofort auf den uns begleitenden Soldaten zu und meldete ihm:

»Wir haben gerade von der Bäckersfrau je einen Laib Brot als Geschenk erhalten. Ich möchte, daß Sie das wissen, denn dieses Brot wollen wir auf unseren Wohnblock nehmen.«

»Ja, ja«, gab er zur Antwort, »ich hab's gesehen.«

Auf der Rückfahrt ins Lager überlegten wir fieberhaft, wie wir wohl das viele Brot, welches wir gestohlen hatten, auf die Wohnblocks bringen könnten. Unsere Kleidung bestand aus Rock und Bluse, darüber hatten wir einen dreiviertellangen Mantel, alles aus dem graublau gestreiften Material hergestellt. Wir fingen mit dem Abladen an, und da sah ich, daß sich der uns beaufsichtigende Soldat ganz eingehend mit einer SS-Aufseherin unterhielt. Schnell zog ich die Jacke aus, warf sie mir über die Schultern und packte ein Brot, welches ich unter der Jacke versteckte. Der Soldat sah mich nicht, und ich ging mit dieser so kostbaren Last schnell auf den Block und rannte wieder zurück zum Abladen. Auf diese Weise gelang es mir, einige Brote auf den Block zu bringen und unter dem Strohsack zu verstecken. Auch meinen Kolleginnen gelang es, in der gleichen Art einige Male Brot auf den Block zu bringen, ohne von dem Soldaten bemerkt zu werden. Als wir das Abladen beendet hatten, meldete ich dem Soldaten, daß wir uns jetzt unsere geschenkten Brote auf die Ubikationen nehmen würden, was er uns selbstverständlich erlaubte.

Das Brot wurde im Proviantlager abgeladen. Dort waltete

Rosa, ein Häftling aus politischen Gründen, wahrscheinlich eine Kommunistin. Rosa war Deutsche, und deshalb herrschte im Proviantlager eine Musterordnung. Die deutsche Lagerverwaltung konnte sich hundertprozentig darauf verlassen, daß alle Magazinein- und -ausgänge fehlerfrei eingetragen wurden. Bei unserer ersten Fahrt zum Brotholen wußte ich noch nicht viel über Rosa und machte mir beim Abladen keine Sorge. Auch konnte ich nicht wissen, daß die Eingänge so genau gezählt würden. Als das Brot schön aufgestapelt im Magazin war, kam Rosa heraus und meldete dem Soldaten die Zahl der Brote, welche sie übernommen hatte. Doch dieser behauptete, daß Rosa sich geirrt habe, da er weniger Brot ins Lager gebracht habe, als sie angebe. Rosa war ganz beleidigt, daß man ihr, welche doch immer so präzise war, vorwerfen konnte, daß sie sich geirrt habe. Wir hörten uns diese Diskussion an und standen mit ganz unschuldigen Gesichtern da, denn niemand außer uns fünf Mädchen wußte, wie Rosa zu der Überzahl an Broten gekommen war.

Im Block verzehrte jede von uns ein ganzes Brot. Oh, welch ein Überfluß, welch eine Freude, welch ein herrliches Gefühl des Sattseins, welches ich schon so lange nicht mehr gespürt hatte. Die anderen Insassinnen des Blocks kamen aus der Fabrik nach Hause, und wir fingen an, Brot zu verteilen. Leider reichte es nicht für alle, doch trösteten wir diejenigen, welche nichts bekommen hatten, daß wir ihnen nächstens Brot geben würden.

Das Arbeitslager Taucha bei Leipzig bestand eigentlich aus zwei miteinander verbundenen Lagern. Durch das gemeinsame Eingangstor gelangte man zuerst ins Frauenlager, und ging man durch diesen Teil durch, so kam man ins Männerlager. Das Männerlager war durch einen Stacheldrahtzaun vom Frauenlager getrennt, doch an einem Ende waren Latrinen angebracht, welche zwar von beiden Seiten zugänglich, doch innen durch eine Holzwand getrennt waren. Das war der Platz, wo man sich mit den männlichen Häftlingen manchmal unterhalten konnte. Im Männerlager befanden sich Polen und Tschechen, letztere waren alle aus Theresienstadt gekommen. Im Frauenlager befand sich schon vor uns ein Transport von Zigeunerinnen, die jedoch etwas weiter entfernt von uns untergebracht waren. Es gab eine Lagerküche, die für das Männer- und Frauenlager sowie für die SS und deren Mannschaft das Essen kochte. Dort arbeiteten selbstverständlich Häftlinge unter SS-Aufsicht. Nicht weit entfernt lag sogar ein sehr großer Speisesaal, der an einem Ende eine Bühne hatte, welcher aber nie zum Speisen benutzt wurde. Eine weitere Baracke diente als Krankenblock, wo Dr. Alex Herrmann, ein tschechischer Arzt, arbeitete. Alex war der Arzt sowohl fürs Frauen-, wie auch fürs Männerlager. In zwei Punkten unterschied sich Taucha wesentlich von Auschwitz: Hier stand der Stacheldrahtzaun nicht unter Hochspannung, und es gab keine Gaskammern.

Die Baracken für die deutsche Lagerleitung befanden sich rechts neben dem Eingangstor und waren von unserem Wohnblock etwas abgelegen. Wenn ich nicht irre, gehörten der Lagerkommandant und die Aufseherinnen der SS an, wogegen alle anderen Deutschen der Wehrmacht angehörten. Im Lager befand sich auch ein Luftschutzkeller, doch durften diesen nur die Deutschen betreten. Häftlingen war der Zutritt strengstens verboten, die durften doch den Bomben zum Opfer fallen. Während wir in Auschwitz nie Luftangriffe erlebt hatten, waren diese eine beinahe tägliche Erscheinung in Taucha. Zuerst kamen die Warnungssirenen, später gab es Vollalarm, und schon fielen die Bomben herunter. Immer wenn die Warnung kam, liefen die Deutschen in die Luftschutzkeller, und wir bekamen den Auftrag, in die Baracken zu gehen und ja nicht herauszuschauen. Ich hielt es jedoch drinnen nicht aus. Ich sah mit Verzücken zu, wie die Flugzeuge durch Rauchbomben zuerst die Ziele bezeichneten, etwas später folgten ihnen schwere Bomber, welche ihre Bombenlast über den so bezeichneten Stellen abwarfen. Wir hörten die Detonationen, und jede Detonation war für uns wie ein Glockengeläut. Wir wußten es, und der Instinkt sagte es uns immer wieder, daß das Ende des Krieges nahe war, denn jeden Tag fanden diese Bombenangriffe statt, und wahrscheinlich nicht nur über Taucha und Leipzig, sondern in ganz Deutschland. Wir hatten natürlich keine genauen Nachrichten, und dieses Gefühl der Ungewißheit erdrückte einen. Immer konnten wir nur Vermutungen äußern, wann endlich das Ende kommen wird, und auf welche Art und Weise wir befreit werden. Auch wunderten wir uns, daß unser Lager nicht von einer einzigen Bombe getroffen wurde, besonders nachts, wo doch auch die Bomben fielen und sich eine Bombe auch in unser Lager hätte verirren können. Diese nächtlichen Luftangriffe waren besonders schön und interessant für uns. Selbstverständlich war bei diesen Angriffen an Schlaf nicht zu denken, und wir standen vor unserem Block und beobachteten den Himmel. Anstatt der Rauchbomben, welche am Tage die Ziele bezeichneten, wurden in der Nacht Leuchtbomben in den verschiedensten Farben abgeworfen. Der Himmel sah dann wie ein Christbaum aus, und wir Häftlinge freuten uns nicht nur darüber, daß Bombenangriffe waren, sondern erfreuten uns auch an dem schönen Schauspiel, welches sich uns bot. Wir machten uns gar keine Gedanken darüber, daß Menschen unter den Trümmern begraben werden könnten, so wie sich die Deutschen keine Gedanken darüber gemacht hatten, wieviele Juden vergast wurden.

Ich kann mich kaum daran erinnern, je ein Angstgefühl bei diesen Bombenangriffen gehabt zu haben. Es war noch immer das Gefühl in mir: Was kann mir schon mehr geschehen? Nur das nackte Leben kann man mir noch nehmen, sonst nichts.

Da wir nicht mehr im Schatten der Gaskammern waren, kam langsam der Lebenswille und der Lebensmut zurück. Dies war wahrscheinlich auch darauf zurückzuführen, daß wir nicht mehr nur unter SS-Aufsicht waren, deren und der Kapos Greueltaten ausgesetzt. Auch die Mädchen, welche aus der Fabrik kamen, sprachen nicht von Bestrafungen und Sadismus, so wie ich dies in Auschwitz erlebt habe. Alle, welche in der Fabrik arbeiteten, hatten nur ein sehr beklemmendes Gefühl: Sie erzeugten Waffen, Panzerfäuste, welche für deutsche Soldaten bestimmt und damit gegen unsere Befreier gerichtet waren. Kann man sich überhaupt eine Vorstellung davon machen, mit was für einem Gefühl diese Waffen erzeugt wurden? Einige versuchten zu sabotieren, aber dies gelang kaum, und wurde man dabei gefaßt, bedeutete es Bunker, eine fürchterliche Strafe.

Es geschah manchmal, daß ein deutscher Arbeiter – doch nie ein Wehrmachts- oder SS-Mann –, welcher in der Fabrik arbeitete, einem der Mädchen eine Zigarette oder ein Stückchen Brot und Wurst zusteckte. Immer aber hatten die Mädchen Angst, daß man als Entgelt dafür von ihnen eine sexuelle »Gegenleistung« verlangen würde. Dies wurde auch manchmal ausgesprochen, doch kaum jemals den Frauen gegenüber durchgesetzt. Die Deutschen hatten ja Angst vor Rassenschande, und darauf standen ganz hohe Strafen. So hielt sich diese Belästigung von seiten der Deutschen in Grenzen.

Berta wurde Blockälteste und mußte deshalb nicht zur Arbeit aus dem Lager hinausgehen. Sie selbst war immer sauber und ordentlich, so war es auch in ihrem Block. Nie hörte jemand ein böses oder scharfes Wort aus ihrem Munde, und deshalb war sie auch bei den Mädchen sehr beliebt. Ich spreche immer von Mädchen, doch waren unter uns viele verheiratete junge Frauen, welche erst vor kurzem zwangsweise von ihren Männern getrennt worden waren. Sie litten unter dieser Trennung schrecklich, und ihre Gespräche am Abend nach der Arbeit hatten nur ein Thema: ihre jungen Ehemänner. Sie weinten um sie, denn sie wußten nicht, wo diese sich befanden und was mit ihnen geschehen war. Diese Frauen waren viel zu kurze Zeit im Lager, um sich überhaupt Gedanken darüber zu machen, daß ihre Ehemänner vielleicht nicht mehr am Leben sein könnten. Eine tröstete die andere, und so kam es bei einigen wie selbstverständlich dazu, daß diese Frauen durch Streicheln und körperliche Nähe einander zu beruhigen versuchten. Es gab in unserem Block schließlich drei lesbische Paare, was uns andere eigentlich sehr störte. Niemand von uns dachte aber daran, dieser Liebe ein Ende zu bereiten, denn es waren ja ganz unnatürliche Verhältnisse, in welchen wir lebten, und wir konnten niemanden dieser Abweichung wegen verurteilen. Ein jeder von uns sehnte sich nach dem Gefühl der Nähe, Zusammengehörigkeit und der Liebe.

Ich war, nachdem ich mein Kind verloren hatte, völlig alleine mit meinen Gefühlen. Dringend hätte ich eine tröstende Hand gebraucht, ein beruhigendes Wort und Verständnis von jemandem, der mir nahestand, doch hatte ich in dieser Zeit niemanden außer Berta, welche mich zwar verstehen, aber nicht trösten konnte. In ganz schweren Augenblicken kehrten meine Gedanken zu Koni zurück, doch gleichzeitig übermannte mich die Bitterkeit über sein Verhalten im Familienlager in der Zeit, in der es mir so schlecht gegangen war und ich seine Unterstützung so dringend gebraucht hätte, in der ich sie aber bei ihm, welchen ich liebte, nicht gefunden hatte.

Ich konnte den Drang nach »Leben« in Auschwitz im Schatten der Gaskammern verstehen, doch konnte ich es damals und kann es auch heute nicht verstehen, wie man einen Menschen, welcher sich in so einer Notlage befindet, so alleine lassen kann. Ja, alle Menschen mußten im Konzentrationslager ihre Masken fallen lassen, und ihr wirkliches Ich kam ganz deutlich zum Ausdruck. Niemand konnte sich verstellen, jeder mußte seinen wirklichen Charakter zeigen. Der Gedanke verfestigte sich immer mehr, daß ich zu Koni, falls wir beide überleben sollten, nie mehr würde zurückkehren können. Dies war ein Entschluß, welchen ich eigentlich schon vorher im Familienlager gefaßt hatte.

Es bemächtigte sich meiner eine gewisse Gleichgültigkeit, denn ich hatte in dieser Zeit keinen mir nahen Menschen mehr und fragte mich sehr oft nach dem Warum und Wozu des Lebens. Eine Antwort auf das Warum fand ich darin, daß meine Schwester, mein Vater oder nahe Verwandte noch am Leben sein könnten, und daß ich eigentlich weiterleben muß, um diese mir so nahen Menschen wiederzusehen. Doch wenn ich mich an Auschwitz erinnerte, konnte ich diese schwache Zuversicht nicht aufrechterhalten, und Hoffnungslosigkeit bemächtigte sich meiner. Die Antwort auf das Wozu bekam ich durch meine Arbeit mit dem Lastwagen. Das Leben bekam durch das Stehlen einen Sinn. Wie absurd. Ich konnte durch das Stehlen meinen Mithäftlingen helfen, sie bekamen mehr Brot, mußten weniger Hunger leiden, und ich wußte, wenn ich aufgeben würde, würde die bessere Brotration aufhören. Diesen Faden faßte ich und begann aus vollen Kräften, welche sich durch das bessere Essen stärkten, zu arbeiten und zu stehlen.

Wir fünf Mädchen fanden bald heraus, daß die Arbeit mit dem Lastwagen nicht nur Brottransport ins Lager bedeutete, sondern daß wir eigentlich eine Transportgruppe bildeten. Wir brachten alles herein, was im Lager gebraucht wurde. Es war nicht nur Proviant für die Häftlinge und für die Deutschen, sondern auch Kohle, Munition, Werkzeuge, Nägel und viele tägliche Gebrauchsgegenstände für die Deutschen. Einmal in der Woche fuhren wir mit Schmutzwäsche in die Wäscherei und brachten die gewaschene Wäsche ins Lager. Da wir meistens in die Stadt Leipzig fuhren, nannten wir unsere Gruppe ganz einfach das »Leipzig-Kommando«, und dieser Name wurde von allen gebraucht.

Wenn wir Kohle am Bahnhof aufladen mußten, fuhren wir mit dem Auto ohne Plane hin; oft regnete oder schneite es und wir froren sehr. Wir bekamen ganz riesig große Schaufeln in die Hand und fingen an, die Kohle auf das Auto zu laden, eine Arbeit, welche eigentlich für Männer bestimmt und richtige Schwerarbeit war. Ich weiß nicht mehr, wie wir es fertiggebracht haben, das Auto mit Kohle vollzuladen, doch am Abend fielen wir todmüde in unsere Betten. Der einzige Vorteil war, daß wir uns, da wir durch die Fahrt im offenen Lastwagen ganz verfroren waren, bei dieser Arbeit sehr rasch erwärmten. Wenn der Lastwagen voll beladen war, mußten wir, erhitzt wie wir waren, oben auf der Kohle sitzend unseren Rückweg ins Lager antreten. Bis heute wundert es mich, daß keine von uns eine Lungenentzündung bekam, denn schließlich war es ja Herbst und Winter 1944/45. Dieser Kohlentag einmal in der Woche war unser schwerster Arbeitstag. Ein Lastwagen voller Kohle, das war die Zuteilung fürs Auto, welches, wie schon erwähnt, mit Kohlengas betrieben wurde, sowie für die Küche und die Wohnquartiere der Deutschen. Wir fanden bald heraus, daß man, wenn wir ins Lager hineinfuhren, in der Nähe unserer Wohnquartiere Kohlen mit den Füßen herunterstoßen konnte. Auf dem Weg in unseren Wohnblock sammelten wir dann die Kohle wieder auf und hatten es dadurch manchmal in den Wohnquartieren warm. Wir hatten darin bald ein solches Geschick entwickelt, daß wir beinahe für die ganze Woche Kohle für die kalten Abende hatten. Am wichtigsten aber war die Kohle dafür, daß wir die Rohre der Eisenöfen damit erhitzen und die Nähte unserer Sträflingskleidung daran bügeln konnten, so daß wir die große Plage, welche Kleiderläuse heißt, lindern konnten. Wenn Heiztag in unserem Block war, standen Mädchen von anderen Blocks bei uns Schlange, um sich die Läuse zu entfernen, und wieder überkam uns das gute Gefühl, daß wir auch hier, mit dem Stehlen der Kohle, unseren Mithäftlingen die Läuseplage mildern konnten.

Nach unserer Kohlenschicht ging ich jedesmal zu unserem begleitenden Soldaten und verlangte für uns fünf Mädchen frische Kleidung, welche wir auch immer in der Kleiderkammer erhielten, so daß wir am nächsten Tag sauber in die Stadt fahren konnten. Wir richteten es so ein, daß wir nach der Kohlenschicht, wenn das Auto von uns abgeladen und rein geschrubbt worden war, in die Wäscherei fuhren. Wäsche von den Deutschen wurde meistens in die Wäscherei geschickt, und nur sehr wenig Häftlingswäsche war dabei. Wäsche kann man das eigentlich kaum nennen, was wir Häftlinge trugen. Wir besaßen absolut keine Unterwäsche, nur die gestreifte Oberkleidung, hatten weder Strümpfe noch Socken, nur Holzpantinen an den Füßen. Wieder ließen wir unsere Phantasie spielen und begannen, die Unterwäsche der Aufseherinnen zu stehlen. Auch Berta erhielt von mir eine ganze Ausstattung, und nach beinahe dreijähriger Haft kam ich so in den Besitz eines Nachthemdes. Was für ein Reichtum!

Eine ganz große Freude hatten wir, wenn wir Mehl, Zukker und andere Lebensmittel holen mußten. Nachdem wir nun schon langsam einige Fertigkeit im Stehlen hatten, entwickelten wir immer neue Methoden. Wir stahlen eine Nähnadel in der Kleiderkammer (welch ein wertvoller Besitz!) und verschafften uns Nähgarn dadurch, daß wir die Umrandung einer Wolldecke auftrennten. Aus einem gestohlenen Leinenhemd nähten wir uns fünf kleine Säckchen, welche wir oben mit einem Band zusammenziehen konnten. Der Zuckersack wurde mit einem zugespitzten Hölzchen angestochen und der Zucker in die vorbereiteten Säckchen abgefüllt. Das war die Arbeit einer von uns, während die anderen vier die Diebin umzingelten, so daß der Soldat nichts bemerken konnte. Zucker bedeutete Kalorien, und diese halfen zum Überleben, denn sie gaben uns Kraft. So brachten wir schließlich von jeder Ausfahrt etwas mit, was aber sofort wieder verteilt werden mußte, denn wir durften nicht Gefahr laufen, daß diese Luxusartikel bei einer Durchsuchung auf dem Block gefunden würden. Das hätte das Ende unserer »einträglichen« Arbeit bedeutet, was wir nicht zulassen konnten. Wir fünf Mädchen verrichteten unsere schwere Arbeit mit ganz großer Begeisterung, denn sie gab uns die Gelegenheit, aus dem Lager herauszukommen, und ganz besonders gab sie uns eine große Befriedigung, da wir uns und unseren Mithäftlingen doch etwas helfen konnten.

Einige Male wurden wir auf Felder gebracht und mußten aus der hartgefrorenen Erde Karotten herausziehen und diese dann aufladen. Als ich den Geschmack einer ungewaschenen Karotte in meinem Mund spürte, kamen mir die Tränen, denn beinahe drei Jahre hatte ich so etwas Wertvolles nicht gegessen. Endlich bekamen unsere Körper etwas Vitamine, welche wir so dringend brauchten. Diese Karotten waren aber nur für die Deutschen bestimmt, viel zu schade für die Häftlinge. Wieder scharrten unsere Füße ganz fleißig die Karotten herunter, als wir mit unserer wertvollen Last durch das Lager fuhren, und wir sahen mit großer Genugtuung, wie sich die Frauen auf die Karotten stürzten. Leider erwischte nicht jede eine dieser Karotten. Öfter als Karotten holten wir Zwiebeln, wobei unsere Vorgehensweise die gleiche war.

Wie wichtig waren doch für uns alle diese Vitamine. In den letzten Wochen meiner Schwangerschaft war ich durch A-Vitaminose nachtblind geworden. Nach der Entbindung gewann ich mein Augenlicht wieder. Doch nachdem ich etwa drei Monate in Taucha war, bekam ich einen Abszeß in der linken Achselhöhle, welcher sich in kürzester Zeit zu einer riesigen Geschwulst mit einer enormen Anzahl kleinerer Abszesse entwickelte. Zuerst wollte ich mich nicht krank melden, um meine so ertragreiche Arbeit nicht zu verlieren, und suchte unseren Arzt, Dr. Alex Herrmann, auf, welcher von mir des öfteren Brot geschenkt bekommen hatte. Ich bat ihn, mir zu helfen, jedoch ohne mich krank zu melden. Alex hatte keine Medikamente zur Verfügung und sah, daß ich ganz hohes Fieber hatte. Er zwang mich dazu, mich krank zu melden, denn ich hatte schon einen ganz dicken, roten Arm. Die Diagnose: Blutvergiftung. Keine Medikamente, keine Antibiotika (die gab es damals überhaupt noch nicht), keine schmerzstillenden Pulver. Nichts, gar nichts war da, um mir zu helfen.

Alex sah nur eine Möglichkeit: den Abszeß aufschneiden, damit der Eiter herausfließen kann, und hoffen, daß sich dadurch auch die Blutvergiftung verflüchtigen wird. Er teilte mir dies ganz vorsichtig mit und machte mich gleichzeitig darauf aufmerksam, daß er über gar keine Betäubungsmittel verfüge, daß dies aber der einzige Weg zu meiner Rettung sei. Da der Zustand lebensgefährlich war, mußte ich gleich dableiben, damit er den Einschnitt sofort machen konnte. Alex besaß nur ein einziges Skalpell, welches er in einem Kochtopf auskochen und dadurch steril machen konnte. Ich weiß nicht, wie viele mich festhalten mußten. Nie werde ich diesen schrecklichen Schmerz beim Einschnitt vergessen. Alex reinigte die Wunde, wie er nur konnte, und der Eiter floß und floß. Als Verband dienten Papierstreifen. Diese waren aber sofort durchtränkt, und so lag ich wieder krank auf meinem Bett, und das ganze Elend der Vergangenheit und der Gegenwart übermannte mich. Berta und Alex pflegten mich liebevoll, und nur ihnen habe ich es zu verdanken, daß ich nach wenigen Tagen fieberfrei und wieder arbeitsfähig war. Meine Kolleginnen vom Leipzig-Kommando hatten inzwischen ein anderes Mädchen zur Arbeit zugezogen, da sie zu viert die schwere Arbeit in der ihnen zugeteilten Zeit nicht schaffen konnten. Dem Mädchen hatten sie aber erklärt, daß sie sofort nach meiner Genesung diesen Platz räumen müsse. Ja, das Leipzig-Kommando war einer der begehrtesten Arbeitsplätze in Taucha.

Rosa, welche verantwortlich für das Lebensmittelmagazin und somit auch für das Brotlager war, wunderte sich immer über den Brotüberschuß und hatte Diskussionen mit dem Soldaten, welcher ihr die Anzahl der hereingebrachten Brote meldete. Am Anfang amüsierten wir uns, wenn wir diesen Auseinandersetzungen zuhörten, doch bald bekamen wir Angst, daß unser intensives Stehlen aufgedeckt werden könnte. Es blieb uns deshalb nichts anderes übrig, als Rosa in unser Geheimnis einzuweihen. In Rosas Zügen waren Entsetzen und Abscheu zu lesen, und es dauerte lange Zeit, bis wir Rosa überzeugen konnten, daß ja auch sie ein Häftling war. Wir baten Rosa, sich doch in die Lage der hungernden Mithäftlinge hineinzuversetzen, was offenbar für sie, welche genug Brot hatte, nicht leicht war. Rosa hatte von der deutschen Lagerleitung den Auftrag, täglich eine bestimmte Ration von Brot an die Häftlinge zu verteilen. Rosa war selbst Deutsche und durch ihre Erziehung zu ganz bestimmten Lebensgeboten und Regeln angehalten, von welchen abzuweichen sie sich niemals erlaubte. Deshalb nahm es eine ganz lange Zeit in Anspruch, bevor wir Rosa überzeugen konnten, daß es die Lagerleitung bestimmt nicht merken würde, ob Rosa ein Viertel oder ein Drittel Brot verteilt. Eines Tages mußten wir wirklich befürchten, daß Rosa dieses Stehlen der Lagerleitung melden würde, denn ihr so gerade denkendes Wesen konnte doch Stehlen nicht gutheißen. Wir mußten Rosa hundertmal versichern, daß dieses gutgemeinte Stehlen ein Geheimnis zwischen uns bleiben werde, doch auch das nützte nicht. Schließlich kam uns der rettende Gedanke. Rosa war sehr fromm und gottesgläubig, und deshalb erzählten wir ihr jeden Tag, daß man im Himmel ihre gute Tat beobachte, und daß sie für die Ewigkeit dort gut eingeschrieben und beschützt sein wird. Das war schließlich und endlich der Punkt, welcher Rosa halbwegs überzeugte. Rosa verteilte schön brav täglich ein Drittel Brot und betete jeden Abend inständig zu Gott, daß er ihre Tat gutheißen möge, denn Rosa fühlte sich immer noch als Frevlerin. Bis heute habe ich das gute Gefühl, daß wir Leipzig-Kommando-Mädchen unseren Mithäftlingen geholfen haben, denn später erfuhren wir, daß in anderen Lagern zwei bis drei dünne Schnitten Brot pro Tag verteilt worden waren.

Wenn es uns gelang, Brot auf unsere Ubikationen zu bringen, zerschnitten wir es, selbstverständlich mit einem gestohlenen Messer, und liefen damit am Abend, wenn die Häftlinge aus der Arbeit in der Fabrik kamen, zur Latrine. Dort mußten die Männer vorbeigehen, um in ihre Ubikationen im Männerlager zu gelangen. Wir fünf Mädchen standen an die Wand der Latrine gedrückt da und warfen Brotstücke in die Reihen der Männer, welche sich habgierig, doch auch vorsichtig darauf stürzten. Die Männer mußten ebenso wie wir sehr aufpassen, um von den begleitenden Soldaten nicht geschnappt zu werden. Was für eine Freude hatte ich, als ich nach vielen, vielen Jahren in Israel von einem ehemaligen Mithäftling aus Taucha hörte: »Danke für das Brot in Taucha, welches mir damals so geholfen hat.«

Wenn wir abends von der Arbeit kamen, uns auf unserem Block befanden und ruhten, um Kräfte für den kommenden Tag zu sammeln, trachteten wir immer, über bestimmte

Themen zu diskutieren. Wir hatten keine Bücher, keine Zeitungen, absolut nichts, was uns intellektuell hätte sättigen können. In meiner langen Haftzeit habe ich die Erfahrung gemacht, daß Häftlinge, welche Gleichgültigkeit und Interesselosigkeit erfaßt hat, zum Sterben verurteilt sind. Wenn wir dies bei jemandem bemerkten, versuchten wir, ihn aus der Lethargie dadurch herauszubekommen, daß wir ihn mit irgend etwas beschäftigten. Es entwickelte sich deshalb bei uns eine ganz rege Tätigkeit, welche ich als geistigen Widerstand bezeichnen möchte, denn wir wußten, daß die Nazis nicht nur unseren Körper, sondern auch unseren Geist töten wollten. Nur dadurch, daß wir unseren Geist durch ständige Tätigkeit beweglich hielten, konnte man diesen nicht töten. Wir saßen deshalb abends in Gruppen und diskutierten über die verschiedensten Themen.

Meistens begannen diese Diskussionen mit Phantasie-Kochen, und wenn wir »gesättigt« waren, schwenkte das Gespräch auf etwas vor der Inhaftierung Erlebtes ab. Man sprach über Schulfächer, Bücher, Musik und Sport. Unter uns befand sich eine scheinbar ältere Frau. Sie mochte damals an die vierzig Jahre gewesen sein, war von kleinem Wuchs und hielt sich immer abseits. Ich steckte ihr öfter ein Stück Brot zu, welches sie zwar beschämt, doch dankbar annahm. So erfuhr ich nach einiger Zeit, daß diese Frau Ärztin war, ihren Beruf jedoch in den letzten Jahren vor ihrer Verhaftung nicht ausgeübt hatte, denn sie studierte Astrologie weiter und befaßte sich aus Hobby mit okkulten Wissenschaften und mit Hypnose. Einmal fragte ich sie, ob sie nicht Lust hätte, jemanden zu hypnotisieren, denn die wenigsten von uns hatten bisher eine Hypnose mit angesehen, geschweige denn erlebt. Sie stimmte freudig zu, denn diese Tätigkeit half ihr, ein Ziel in ihrem so trostlosen Dasein zu finden. Ich muß zugeben, daß wir jungen Frauen in diesem Moment mehr an Unterhaltung als an Wissenschaft dachten und daß wir insgeheim über diese Frau lachten. Sie fand schließlich ein ganz junges Mädchen von etwa 17 Jahren, welches ein ausgezeichnetes Medium war. Langsam überzeugten wir uns von dem Wissen und Können dieser Frau und fingen an, diese anzuerkennen. Wir alle mußten uns ganz still verhalten, wenn sie mit der Hypnose begann, damit wir das Medium nicht störten. Viele unserer Mädchen stellten Fragen und bekamen angeblich ganz präzise Antworten. Ich selbst versuchte niemals, irgendwelche Fragen zu stellen, vielleicht hatte ich Angst, etwas über den Tod meiner Lieben zu erfahren.

Es war Sonntag, ein arbeitsfreier Tag, und wir Häftlinge wußten, daß sich die Aufseherinnen sowie auch die Soldaten ausruhten, und daß wir daher mit keinem »Besuch« rechnen mußten. Die Ärztin schlug vor, wieder das Medium zu hypnotisieren, und wir alle stimmten gerne zu. Es herrschte völlige, gespannte Stille, und das Medium schlief nach einigen wenigen Minuten ein, als sich plötzlich die Tür öffnete und die Oberaufseherin eintrat. Uns allen erstarrte das Blut in den Adern, doch war die Ärztin schlagfertig genug, um der Oberaufseherin die Situation zu erklären und sie zu bitten, das Mädchen nicht aufzuwecken, um sie nicht zu erschrekken. Wir trauten unseren Ohren kaum, als wir folgende Worte aus dem Mund der Ärztin vernahmen:

»Frau Oberaufseherin, vielleicht sind Sie daran interessiert, etwas von Ihren Lieben zu erfahren? Wenn ja, dann berühren Sie die Hand des Mediums und fragen Sie, was immer Sie wollen.«

Zuerst zögerte die Oberaufseherin einen Augenblick, man sah ihrem so häßlichen Gesicht den inneren Kampf an, doch dann berührte sie die Hand des Mediums. Das Mädchen, welches sich in tiefer Hypnose befand, wurde plötzlich ganz unruhig und fing zu schreien an:

»Geh weg, du bist mein größter Feind! Geh weg! Geh weg!«

Wir alle erschraken zutiefst, denn wir fürchteten die Reaktion der Oberaufseherin. Ich muß betonen, daß das Medium selbst nicht sehen konnte, wer sie berührte, denn ihr Gesicht war der Wand zugekehrt. Die Ärztin erfaßte ihre Hand, beruhigte das Mädchen und forderte die Oberaufseherin auf, es noch einmal zu versuchen. Diesmal verhielt sich das Medium ruhig und begann, die Fragen der Oberaufseherin zu beantworten. Wir erfuhren dadurch, daß diese Frau einen Sohn hatte. Das Medium erzählte ihr, es sähe einen Jungen in einer dunkelblauen Uniform, also in der Uniform der Hitlerjugend. Zum ersten Male sahen wir etwas Rührung in dem Gesicht der Aufseherin, welche aber sofort verschwand, als sie unsere Blicke auf sich gerichtet spürte. Wahrscheinlich wurde sie sich ihrer Stellung uns gegenüber bewußt, denn plötzlich kehrte sie um und verließ uns, ohne auch nur ein einziges Wort an die Ärztin oder an uns zu verlieren.

Eines Tages bat mich die Ärztin, ihr doch ein Stück Papier, Tinte und ein Stückchen Holz zu bringen, denn sie wolle sich mit irgend etwas für das Brot, welches sie von mir bekam, revanchieren. Dieser Wunsch als Gegendienst kam mir zwar etwas lächerlich vor, doch tat mir diese Frau immer leid, und deshalb dachte ich mir, daß ich ihr diesen seltsamen Wunsch doch erfüllen könnte. Ein Stückchen Holz herbeizuschaffen, das war gar kein Problem, doch Papier und etwas Tinte, das war schon schwieriger; schließlich aber gelang es mir doch.

Feierlich machte die Ärztin einige Tintenkleckse auf das Papier und schrieb mit dem Holzstäbchen meine Initialen in eine Ecke. Gespannt verfolgte ich, was wohl daraus entstehen würde. Sie faltete das Papier zusammen, strich einige Male ganz fest darüber, und nach einer geraumen Weile öffnete sie es. Sie starrte das Papier so an, als ob sie etwas sehen würde. Ich konnte darauf nur einen großen, verschwommenen Tintenfleck entdecken. Die Ärztin fing nun zu reden an und erzählte mir verschiedene Begebenheiten aus meiner Vergangenheit. Innerlich lachte ich wieder, denn ich war der festen Meinung, daß sie diese Episoden schon vorher entweder von mir oder von anderen gehört hatte. Doch wurde ich aufmerksam, als sie zu mir sagte:

»Hier, in diesem Lager, wirst du einen Witwer kennenlernen, welchen du nach der Befreiung heiraten wirst.«

»Arme Alte«, sagte ich zu mir, »sie ist nicht mehr zurechnungsfähig mit all ihrer Wissenschaft, es ist ihr wahrscheinlich alles zu Kopf gestiegen.«

Unter einem Witwer stellte ich mir damals, mit meinen 22 Jahren, einen älteren Herrn mit Vollbart vor. Zu dieser Zeit war ich fest überzeugt, daß ich nie mehr in meinem Leben heiraten würde und wenn zufällig doch, so bestimmt keinen Witwer. Wie recht sie doch behalten sollte! Trotzdem wir uns um diese Frau sehr bemühten, sie pflegten und ihr immer etwas zum Essen brachten, wurde sie immer schwermütiger, verfiel langsam und starb noch im Lager von Taucha.

Eine unserer Fahrten mit dem Lastwagen führte uns in eine Käsefabrik, wo wir den Auftrag bekamen, Käse, welcher in Kartons verpackt war, aufzuladen. Der Lastwagen fuhr in ein großes Durchgangstor ein, und wir fingen mit dem Aufladen des Käses an. Da es draußen stürmte und schneite, wurde dem Chauffeur wahrscheinlich recht kalt, und er beschloß, das riesige Eingangstor zu schließen. Da sah ich, daß zuerst ein Mädchen, dann das zweite und dritte zu torkeln anfing und ohnmächtig hinfiel. Auch mir fing sich der Kopf zu drehen an, und ich kann mich noch entsinnen, daß ich rief, man solle das Eingangstor öffnen, um frische Luft hereinzulassen. An mehr kann ich mich nicht erinnern. Wir fünf Mädchen vom Leipzig-Kommando wachten erst im Lager auf der Krankenstube auf. Alex beugte sich besorgt über uns, und von ihm erfuhren wir, daß wir eine Kohlengasvergiftung hatten. Es dauerte nicht lange, da erschien die Oberaufseherin persönlich und brachte eine Kanne Milch für uns. Milch! Beinahe drei Jahre lang hatten wir keine Milch gesehen und getrunken und schon ganz vergessen gehabt, wie diese schmeckt. Gerne hätte ich eine weitere Kohlengasvergiftung in Kauf genommen, nur um wieder etwas Milch zu bekommen.

Es war Winter 1944/45. Bitterkalt war es draußen, und wir fuhren meistens mit dem Lastwagen ohne Plane, denn diese wurde nur fürs Brotaufladen aufgezogen. Unsere Kleidung war außerdem dünn, so daß wir immer sehr froren.

Um uns nur ein wenig vor dieser Kälte und dem Wind zu schützen, setzten wir uns mit dem Rücken gegen die Fahrerkabine und rückten ganz fest zusammen, um uns gegenseitig zu wärmen. Der uns begleitende Soldat saß zwar auch auf dem offenen Lastwagen, doch er hatte einen Pullover, Mantel, Ohrenschützer, eine warme Kappe und Handschuhe an. Wir dagegen hatten abgefrorene Beine und Hände, was uns, wenn wir wieder in die Wärme kamen, schrecklich juckte und sehr weh tat. Das war jedoch der Preis, welchen wir für unsere »einträgliche« Arbeit bezahlen mußten. Die anderen Häftlinge, welche in der Fabrik arbeiteten, froren nicht, dafür aber hungerten sie.

Mit dem uns begleitenden Soldaten redeten wir kaum, denn er war ja unser Feind. Wenn wir in einem größeren Betrieb zum Aufladen ankamen, sprach er oft die Bitte aus, ihm doch nicht fortzulaufen. Wohin hätten wir uns schon in unseren Sträflingskleidern mitten im Feindesland wenden können? Wir wären ja doch sofort verraten und erschossen worden. Wer hätte uns denn schon geholfen? Dieser Soldat war in unseren Augen ein älterer Mann, er mochte damals etwa 40 Jahre alt gewesen sein. Ein Trost für uns war es, daß er der Wehrmacht und nicht der SS angehörte. Doch waren wir fest überzeugt, wenn wir einen Fluchtversuch unternommen hätten, hätte er sofort geschossen, weil er dazu den Befehl hatte. Wir kamen sehr oft in verschiedene Betriebe, um Waren aufzuladen, und wir sahen, daß alle Deutschen einen Bogen um uns machten, denn es war ja augenfällig, daß wir Häftlinge in Sträflingskleidern waren und es sich infolgedessen um Feinde des Reiches handelte, mit welchen man nicht in Berührung kommen, geschweige denn reden durfte. Wir wurden neugierig angestarrt, als ob wir von einem anderen Planeten kämen.

Immer genau um zehn Uhr vormittags erschollen Glocken in den Betrieben, welche eine halbstündige Unterbrechung der Arbeit anzeigten. Für die deutschen Arbeiter war es Essens-, für uns aber nur Ruhezeit. Überall waren große Lautsprecher angebracht, und immer erscholl um diese Zeit klassische Musik; wir fünf Mädchen saßen in irgendeiner Ecke oder auf irgendwelchen Stiegen und lauschten der Musik, denn wir waren ja nach ein bißchen Kultur ausgehungert. Meistens fing diese Musik mit Wagner an und endete wieder mit Wagner, welcher ja der Stolz der Deutschen war. Seither weigere ich mich, Wagner zu hören, denn diese Musik bringt mich immer wieder in die Häftlingszeit zurück und weckt in mir Erinnerungen, welchen ich in meinem normalen Leben ausweichen will. Außer Wagner spielte man auch andere Musik und sehr oft mir bekannte Melodien. Ohne zu wollen oder es zu bemerken, summte ich diese meistens mit. Manchmal weinte ich dabei, denn diese Musik erinnerte mich an mein Zuhause, meine Musikausbildung, an Aranka, meine Klavierlehrerin, und an die Schallplattensammlung auf der Visalaja. Eines Tages fragte mich der Soldat:

»Was für ein Stück wird gerade gespielt? Woher stammt das?«

Ich antwortete ihm, wenn ich erkannte, was gespielt wurde, und gab ihm meistens die richtige Auskunft. Von da an wiederholte sich dieses Fragen immer, wenn wir die Vormittagspause mit Musik hatten. Einmal, nachdem ich ihm wieder Auskunft über das gespielte Stück gegeben hatte, fragte mich der Soldat:

»Wieso weißt du so viel über Musik?«

Ich erklärte ihm ganz kurz etwas über meine Ausbildung, und zu meinem großen Erstaunen sagte er:

»Wenn du Musik so gerne hast, kannst du nach der Arbeit am Nachmittag meinen Holzfußboden im Zimmer schrubben kommen, und ich werde dich an meinem Radio Musik hören lassen. Ich erwarte dich heute um fünf Uhr.«

Mein Entsetzen war groß. Warum will er mich auf seinem Zimmer haben? Was will er von mir außer Fußboden waschen? Meine Gedanken überschlugen sich, und wir Mädchen und später auch Berta berieten fieberhaft, wie ich mich aus dieser Situation retten könnte. Es fiel uns absolut nichts ein, und deshalb blieb mir nichts anderes übrig, als zum Fußbodenschrubben anzutreten. Kaum war ich im Zimmer des Soldaten angelangt, drehte er den Knopf seines Radios auf Musik und – verließ das Zimmer. Erleichtert atmete ich auf, schrubbte den Fußboden sauber und verschwand eiligst. Von dieser Zeit an war ich gezwungen, diesen Dienst zweimal in der Woche zu versehen, und ich tat es mit der größten Freude, denn – sofort nachdem der Soldat das Zimmer verlassen hatte, begann ich auf dem Radio Nachrichten zu suchen. Es ergab sich deshalb, daß ich über die politische Lage, wenn auch unter dem Blickwinkel der Deutschen, informiert war. Diese Nachrichten überbrachte ich sofort unserem Arzt Alex, welcher sie wieder ins Männerlager weitergab. Es war nach dieser langen Haft das erste Mal, daß ich Nachrichten hören konnte, daß ich nicht auf geflüsterte Vermutungen von seiten der Mithäftlinge angewiesen war, sondern meine eigenen Ohren vom siegreichen Rückzug der Deutschen hörten.

Außer den Häftlingen, welche in den Hasag-Werken Panzerfäuste erzeugten, war das Leipzig-Kommando die einzige Gruppe, welche aus dem Lager herauskam, die Umgebung kennenlernte und somit auch noch viele andere Beobachtungen machen konnte. Es ergab sich daher, daß ich beinahe jeden Tag Alex berichtete, wo wir gewesen waren, mit wem wir zusammengekommen waren und was wir ins Lager gebracht hatten. Wir trafen sehr oft Kriegsgefangene und fuhren auch an ihren Lagern vorbei. Wir brachten zweimal von unseren Fahrten Munition und Waffen ins Lager, und sofort gab ich Alex über die Menge und den Aufbewahrungsort Bescheid. So bildete sich eine Untergrundbewegung, deren Verbindungsmann Alex war, denn er kam ins Männer- und ins Frauenlager. Diese Tätigkeit war für uns alle sehr wichtig, denn sie gab uns ein Gefühl der Sicherheit und einen gewissen Stolz, nicht untätig alles an sich herankommen lassen zu müssen. Wir machten mit Alex Pläne, wie wir uns unsere Befreiung vorstellten, was für Aufgaben jeder von uns zu erfüllen und was wir alles zu bewältigen hätten, wen wir in unser Geheimnis einweihen sollten und ob und wann überhaupt an einen Fluchtversuch zu denken wäre.

Außer Alex gab es noch drei andere Männer, welche sowohl im Frauen- als auch im Männerlager arbeiteten. Drei Männer ist vielleicht zuviel gesagt, es waren eigentlich zwei Männer und ein Jugendlicher, welcher damals höchstens dreizehn oder vierzehn Jahre alt gewesen sein konnte. Die drei waren als Elektriker für die Stromversorgung in beiden Lagern verantwortlich. Bobby, der älteste unter ihnen, stammte aus Wien und war wirklich ausgelernter Elektriker, während die beiden anderen, die zwei Brüder Erich und Polda Huppert, aus meiner Heimatstadt Ostrau stammten – mit meiner Familie waren sie nicht verwandt –, aber nie als Elektriker oder in irgendeinem verwandten Beruf gearbeitet hatten.

Als Erich und Polda aus Theresienstadt im Oktober 1944 nach Auschwitz kamen, wurde Erich bei der Selektion nach seinem Beruf gefragt. Aus irgendeinem Instinkt heraus sagte er, daß er Elektriker sei, und man schickte ihn auf die lebensrettende Seite. Er ging jedoch nicht gleich weg, denn er hörte, daß man seinen kleinen Bruder Polda auf die andere Seite schicken wollte. Als man Polda nach seinem Alter fragte, antwortete statt dessen Erich: »Er ist siebzehn Jahre alt und auch ein guter Elektriker.« Und man schickte auch seinen Bruder Polda auf die gute Seite. Dort waren schon viele Männer versammelt, Vertreter aller möglichen Berufe, welchen verkündet wurde, daß sie auf Arbeit in ein Arbeitslager geschickt würden. Jeder einzelne bekam wie Vieh einen Stempel auf die Stirne, welcher das Kennzeichen derjenigen sein sollte, die ihre Berufe ausüben sollten. Man machte sie darauf aufmerksam, gut auf den Stempel aufzupassen, und ein jeder wußte, daß dieser Stempel eigentlich das Visum zur Ausreise aus Auschwitz bedeutete. Sie trauten sich nicht einmal zu schlafen, nur damit der Stempel von der Stirn nicht verwischt oder gar verschwindet.

Erich kümmerte sich rührend um seinen kleinen Bruder, ließ ihn nie aus den Augen und ersetzte ihm in dieser ganzen schweren Zeit die Eltern, welche der junge Bursche doch so dringend gebrauchte hätte. Von Bobby, dem Elektriker, erlernten die Brüder bald, kleine Arbeiten zu verrichten, und waren nach kurzer Zeit unentbehrliche Helfer für Bobby.

Im Frauenlager in Taucha war die Hochspannungszentrale fürs Lager in einem kleinen Bau untergebracht, und das war Bobbys Domäne, zu welcher niemand außer ihm Zutritt hatte. Wie oft habe ich dort an die Tür geklopft, um für die drei dort etwas Brot abzugeben, welches immer redlich geteilt wurde. Da die Elektriker auch sehr oft in der Küche zu tun hatten, bekamen sie hie und da auch dort etwas zu essen. Zuerst aber bekam immer Polda sein Teil, denn das Kind mußte doch wachsen. Bobby verliebte sich sehr bald in eine unserer Ungarinnen, Babika, ein sehr hübsches Mädchen, und beide erlebten manche glückliche Stunde in dem Hochspannungshäuschen.

Genauso wie Alex wurde auch Bobby über alles, was ich wußte, informiert, da auch er sich im Frauen- und im Männerlager frei bewegen konnte. Unsere Hoffnung stieg, daß der Krieg nun doch bald ein Ende haben mußte, und dieser Gedanke gab uns Kraft und den Willen zu überleben. Jetzt, nachdem wir so viel Schreckliches miterlebt und hinter uns gebracht hatten, durften wir auf keinen Fall aufgeben, wir mußten nun unbedingt noch durchhalten.

Silvester 1944. Das Leipzig-Kommando hatte alle Hände voll zu tun gehabt, denn es mußten für die Feier der Deutschen Lebensmittel und Wein ins Lager geschafft werden. Wir Mädchen hatten schon einige Tage vorher fleißig mit den Füßen gescharrt, um soviel Kohle und Karotten als nur möglich vom Auto herunterzustoßen. Wir wußten, daß die Deutschen den Jahreswechsel feiern würden, und wir beschlossen, auch eine Feier zu begehen. Brot, Karotten und Kohlen hatten wir schon, und es gelang uns Mädchen nach einiger Anstrengung, eine alte Teekanne, Zucker und Marmelade zu stehlen. Also war für das leibliche Wohl gesorgt, und nun kam das geistige Wohl an die Reihe. Wir verabredeten, ein Unterhaltungsprogramm zusammenzustellen. In unserem Block waren einige Nationen vertreten, und jede Nation bekam den Auftrag, etwas für ihr Heimatland Typisches vorzutragen. Ich hatte auch einen Rotstift gestohlen, welcher einer jeden »Künstlerin« als Lippenstift diente.

Es war schon dunkel draußen, als wir Gesang von den deutschen Quartieren hörten. Das war das Zeichen, auch mit unserer Feier anzufangen. Wir heizten unseren Eisenofen an, im Block wurde es heiß, die Laune stieg, und wir begannen, nachdem wir vorher »gut gespeist« hatten, mit unserem Programm. Es wurden ungarische, slowakische, tschechische, polnische und französische Lieder oder Gedichte dargeboten. Da niemand etwas Deutschsprachiges gebracht hatte, bot ich mich an, ein Lied mit deutschem Text zu singen. Ich hatte einem Lied aus einer Operette neue, unserem Leben angepaßte Worte gegeben:

Es steht hier ein Häftling in Häftlingstracht,
von draußen her wird er streng bewacht.
Seine Heimat, ach, die ist so fern,
seinen Weg erhellt ihm gar kein Stern.
Rings um ihn her alles schweigt,
eine Träne ihm ins Auge steigt.
Und er fühlt, wie's im Herzen frißt und nagt,
wenn der Mensch verhaftet ist,
und er fragt und er klagt:
Hast Du dort droben vergessen auf mich,
es sehnt doch mein Herz nach Freiheit sich!
Bitte, oh bitte! Ich flehe Dich an!
Mach, daß ich bald nach Hause geh'n kann.

Mein Rücken war der Eingangstür zugekehrt, und ich war ganz erstaunt, daß mir meine Mithäftlinge, während ich sang, ganz unverständliche Zeichen machten. Ich ließ mich aber dadurch nicht stören und sang seelenruhig mein Lied zu Ende. Plötzlich vernahm ich hinter mir eine Männerstimme:

»Ja, was habt ihr euch denn hier für einen Laden aufgemacht?«

Ich war entsetzt, denn es war der Lagerführer, ein SS-Mann. Wir Häftlinge waren doch so felsenfest davon überzeugt gewesen, daß die Deutschen feiern und wir deshalb keinen »Besuch« zu erwarten hätten. Bis heute weiß ich nicht, wie ich den Mut faßte, den Lagerführer zu fragen:

»Herr Lagerführer, hat Ihnen das Lied gefallen? Wollen Sie noch ein anderes Lied hören?«

Ohne mir zu antworten, drehte er sich um, und bei der Tür angelangt, machte er halt und rief mir zu:

»Morgen um zehn Uhr meldest du dich in meinem Büro!«

Aus war es mit unserer Silvesterfeier. Fieberhaft dachten wir nach, was mir wohl der nächste Tag bringen wird, denn wir wußten, daß solche Befehle im allgemeinen mit irgendeiner Strafe endeten.

Die Mädchen bemitleideten mich und gaben mir Ratschläge und gute Wünsche auf den Weg. Erhobenen Hauptes ging ich am Morgen ins Büro, fest entschlossen, mich ja nicht unterkriegen zu lassen, denn das Kriegsende und somit unsere Befreiung waren doch schon so greifbar nahe. Ich glaubte meinen Ohren nicht zu trauen, als ich folgendes hörte:

»Binnen zehn Tagen stellst du ein komplettes Kabarettprogramm zusammen. Der Speisesaalblock samt der Bühne steht dir zur Verfügung. Es wird dort auch ein Klavier zur Begleitung der Lieder stehen.«

»Aber Herr Lagerführer, nie habe ich so etwas in meinem Leben gemacht. Ich weiß nicht, wie das geht, ich kann das doch gar nicht: Wie stellt man ein Kabarettprogramm zusammen?«

»Das ist deine Sache, wie man ein Kabarettprogramm zusammenstellt. Du hast eben einen Befehl erhalten. Wenn dieser Befehl nicht ausgeführt wird, bedeutet das für dich – Bunker.«

Bunker. Ein grausiges Wort und eine grausige Stelle in Konzentrationslagern. Ein Ort ohne Fenster, ohne Licht, wo kaum Platz zum Hinlegen auf der offenen Erde ist. Die Menschen kamen von dort halb verrückt zurück. Ein jeder fürchtete sich davor. Wie kann ich dem Bunker entgehen?

Am Block angelangt, stürzten sich die Mithäftlinge auf mich, denn jede wollte ganz genau wissen, was der Lagerführer gesagt hatte. Wir begannen fieberhaft nachzudenken, was man unternehmen könnte. Da kam mir plötzlich der rettende Gedanke. Unsere Mithäftlinge – die Zigeunerinnen. Ich arbeitete zwar nicht mit ihnen in der Fabrik, doch war ich öfter auf ihrem Block, um mich mit ihnen zu unterhalten und ihnen auch etwas Brot zu bringen. Sie sprachen untereinander eine Sprache, welche ich zwar nicht verstand, doch sie schienen trotz Hunger und Elend meist guter Laune, und wenn es ihnen am schwersten war, so fingen sie zu singen und zu tanzen an, was mich immer faszinierte. Da ich nie ohne Brot in ihrem Block ankam, war ich immer ein sehr gern gesehener Gast bei ihnen. Die meisten der Zigeunerinnen stammten aus Deutschland, sprachen daher ein ausgezeichnetes Deutsch, so daß ich mich mit ihnen sehr gut verständigen konnte. Nachdem ich ihnen von meiner Begegnung mit dem Lagerkommandanten erzählt und ihnen meine Sorgen mitgeteilt hatte, überlegten wir sofort gemeinsam; so dauerte es nicht lange, und wir hatten ein Kabarettprogramm zusammengestellt. Es bestand aus einigen fremdsprachigen Liedern und Sketchen, von meinen Blockinsassen vorbereitet. Die Zigeunerinnen jedoch wollten tanzen, ganz wilde Tänze und dazwischen Step, was so phantastisch war, daß alle Anwesenden mitgerissen wurden. Die Klavierbegleitung übernahm eine ausgezeichnete polnische Pianistin, welche früher Stummfilme begleitet hatte.

So paradox es auch klingen mag, es fingen in Taucha zehn schöne Tage an. Diese zehn Tage waren mit Proben und Programmgestaltung ausgefüllt, und dies alles zeigte mir auch immer wieder die Freundschaft, die uns verband. Niemand wollte außerdem haben, daß die Ruth vom Leipzig-Kommando in den Bunker geht, denn das hätte Brotverlust bedeutet; auch deshalb setzten die Mädchen alles daran, um in dieser Zeit das Beste zu geben. Diese Zeit war eine Demonstration von Kameradschaft, Zusammenhalten und gegenseitiger Hilfe. Diese kurze Zeit gab mir eine Antwort auf das »Warum« und »Wozu« des Lebens im Konzentrationslager und ließ den Überlebenswillen ganz stark hervortreten.

Am Tage der Aufführung kamen wir in den Speisesaal und sahen, daß dieser nur mit SS-Leuten und Wehrmachtssoldaten besetzt war. Wir hatten gar nicht gewußt, daß sich in Taucha so viele Deutsche befanden. Das Programm lief ohne Zwischenfälle ab. Jede von uns gab sich Mühe, soweit sie es konnte, das Beste herzugeben, damit niemand von uns bestraft werden würde. Häftlingskleidung, das waren unsere Kostüme, Kulissen gab es nicht, nur das Klavier hatte seinen Ehrenplatz vorne an der Bühne. Und was für ein Wunder – nach dem ersten Stück fingen die Deutschen zu applaudieren an! Zuerst war der Applaus ganz zaghaft, doch wurde er immer stärker. SS und Soldaten applaudierten Häftlingen – Politischen, Juden und Zigeunern! Waren sich diese Deutschen dessen überhaupt bewußt, wem dieser Applaus galt? Ja, wir Häftlinge haben es fertiggebracht, euch zu zeigen, daß wir Menschen sind, daß wir uns nicht unterkriegen lassen, daß wir trotz eurer Terrorherrschaft unsere Seelen nicht verloren haben. Und ihr, ihr Übermenschen applaudiert uns schön dazu. Danke, danke euch allen, danke dafür, daß wir die Gelegenheit hatten, euch zeigen zu dürfen, daß es euch trotz allem nicht gelungen ist, unsere Widerstandskraft zu brechen.

Die Bombardements auf die Umgebung häuften sich, und wir hörten nun auch schon Geschützdonner; das bedeutete, daß sich die Front näherte. Wir wußten alle, daß das Ende des Krieges schon ganz nahe war, und wir hofften inständig auf eine baldige Befreiung. Unsere Gedanken konnten und wollten sich auf nichts anderes als auf die bevorstehende Befreiung konzentrieren. Wir begannen unsere Arbeit zu vernachlässigen, und zwar sowohl die in der Fabrik wie auch wir vom Leipzig-Kommando. Niemand wußte, wie diese Befreiung stattfinden würde, was die Deutschen dann mit uns vorhätten, denn eines war uns klar: leicht würde es nicht werden. Eine Unruhe bemächtigte sich unserer, ein jeder wollte schon Gewißheit haben, kurz gesagt: frei sein. Diese Unruhe war nicht nur in uns, sondern auch in den Reihen der SS und der übrigen Deutschen zu verspüren.

Ganz auffällig war das deutliche Nachlassen ihrer Strenge, aber worüber wir uns noch viel mehr freuten, ein Nachlassen ihrer Selbstsicherheit. Das tägliche Schreien hörte beinahe auf, und wir bekamen kaum Besuch von den SS-Frauen in unseren Blocks, kaum wurde eine Durchsuchung unserer Sachen vorgenommen.

Im Februar 1945 wurde ich in die Lagerkommandanten-Kanzlei gerufen und bekam wieder den Auftrag, ein Kabarettprogramm binnen vierzehn Tagen zusammenzustellen. Diesmal war ich schon so selbstsicher, daß ich dem Lagerkommandanten antwortete:

»Leider haben wir bei den Frauen nicht genügend Kräfte, und es wäre deshalb notwendig, neue Vorführende hinzuzuziehen. Ich bin überzeugt, daß im Männerlager gute Leute sind, welche singen oder etwas vortragen können. Gemeinsam könnten wir bestimmt etwas Neues bringen und ein gutes Kabarettprogramm zusammenstellen.«

Ich weiß nicht, was mich veranlaßte, diesen Vorschlag zu machen, doch ich wollte mehr Kontakt mit den Männern im Männerlager herstellen.

Zu meiner Überraschung antwortete mir der Lagerkommandant:

»Heute am Abend um sechs komm mit deinen Künstlerinnen in den Speisesaalblock, und ich werde dafür sorgen, daß auch Männer dort sein werden, damit ihr ein gemeinsames Programm aufstellen könnt.«

Der eigentliche Grund, warum der Lagerkommandant diese Schau haben wollte, war wohl der, daß er die Gedanken von den Bombardements ablenken und die Unruhe bei den Deutschen und auch bei den Häftlingen dämpfen wollte. Für uns aber war es eine einmalige Gelegenheit, mit den Männern die Lage und eine eventuelle Flucht zu besprechen.

Als wir Frauen im Speisesaal eintrafen, war dort bereits eine Gruppe von etwa sieben Männern anwesend, meist Tschechen, welche im Oktober 1944 Theresienstadt verlassen hatten. Arnost Horner, welchen ich vom Ghetto her gut kannte, kam auf mich zu. Am liebsten wären wir einander vor Freude über das Wiedersehen in die Arme gefallen, doch wollten wir bei den Deutschen kein Aufsehen erregen, deshalb blieben wir etwas entfernt voneinander stehen und fingen tschechisch zu reden an. Unser Gespräch drehte sich absolut nicht um die Aufführung, vielmehr überschüttete ich ihn mit Fragen über gemeinsame Freunde aus Theresienstadt und deren Schicksal.

Mein Blick fiel auf die Bühne, und ich sah dort zwei Gestalten in Boxhandschuhen und in Häftlingskleidern, welche eifrig boxten. Für mich war dies ein ganz komischer Anblick, so daß ich zuerst ganz herzlich lachen mußte. Doch schon folgten die anderen Gedanken. Wo nahmen diese zwei Männer die Kraft zum Boxen her, wenn sie doch bestimmt, so wie alle anderen, Hunger litten? Es stellte sich heraus, daß der eine, ein Pole, der Lagerfriseur war, welcher zwei Aufgaben hatte. Die eine war, daß er allen Deutschen die Haare schneiden mußte. Die zweite Aufgabe aber bestand darin, die Häftlinge zu »frisieren«. In Taucha wurde den Männer-Häftlingen in der Mitte des Schädels ein etwa fünf Zentimeter breiter Streifen der Haare ausrasiert, so daß sie Haare nur an den Seiten hatten und in der Mitte eine Glatzensstraße. Diese Straße hatte einen Namen: Reichsautobahn auf dem Kopf. Sie wirkte wie ein Kainszeichen und machte somit eine Flucht unmöglich. Der Lagerfriseur kam seiner Arbeit wegen in die Wohnquartiere der Deutschen, wo er des öfteren ein Stück Wurst und Brot erhielt. Das war die Antwort auf meine Frage. Ich wollte von Arnošt Horner wissen, wer wohl die zweite Gestalt dort oben sei?

»Den kennst du nicht? Das ist doch der Kurt Elias aus Theresienstadt. Er hat dort als Kohlenträger in der Küche gearbeitet und für die Küche Fußball gespielt.«

»Wenn er herunterkommt, dann stell' ihn mir vor, denn ich möchte gerne wissen, ob er etwas zum Programm beitragen kann, das wir zusammenstellen müssen.«

Als Kurt herunterkam, atemlos vom Boxen und verschwitzt, stellte Arnošt Horner ihn mir vor.

»Was kannst du zu dem Programm beitragen?« fragte ich ihn.

»Ich kann etwas singen«, behauptete er, und wir beschlossen, zusammen ein tschechisches Duett zu singen, dessen Worte ja sowieso nur die Tschechen im Lager verstehen würden. Der Refrain lautete:

Er: Wenn du mein Liebchen sein wirst,
werde ich dich den ganzen Tag auf den Knien schaukeln.

Sie: Aus uns wird ein schönes Paar werden,
und ich werde dir stets schöne Worte ins Ohr flüstern.

Die Begleitmelodie war ganz einfach, und die Pianistin lernte sie schnell. Es war eine langsame Walzermelodie, von welcher jeder sofort angesteckt wurde und sich im Takte zu wiegen begann. Wieder exzellierten die Zigeunerinnen mit ihrem Programm, tanzten und sangen, und ihr Temperament riß alle mit. Sie waren es, welche eigentlich den Abend ausfüllten und den größten Beitrag zum Programm lieferten.

Nach dieser ersten Zusammenkunft meldete ich dem Lagerführer, daß wir noch mindestens drei weitere Proben machen müßten, damit alles klappen würde, was uns gerne bewilligt wurde. Zu dieser »Kunstaufführung« aber brauchten wir wirklich nicht drei weitere Proben; wir wollten jedoch mit den Männern zusammenkommen. Zu diesen Proben erschienen wir selbstverständlich mit viel Brot. Dieses Brot brachten wir auf die gemeinsame Toilette und schickten die Männer hin, welche mit diesem großen Schatz überglücklich waren.

Einen Tag vor der Aufführung wurde für sechs Uhr abends die Generalprobe angesetzt. Morgens an diesem Tag mußten wir nach Halle an der Saale fahren, um dort Karotten aufzuladen. Wir waren darüber begeistert, trotzdem der Karottentag ein sehr schwerer Arbeitstag für das Leipzig-Kommando war, denn wir planten schon, wie und wieviele Karotten wir für die Männer auf die Toilette schaffen würden. Als wir jedoch durch die Vororte von Halle fuhren, erscholl ohne vorherige Warnung sofort Vollalarm, und schon hörten wir die ersten Bombeneinschläge in der Stadt. Der Lastwagen wurde sofort angehalten, und wir mußten das Auto ganz schnell verlassen. Wir wurden in einen Luftschutzkeller getrieben, welcher eigentlich schon voll besetzt war. Als wir Häftlinge, der Chauffeur und der Soldat mit dem aufgesetzten Bajonett eintraten, rückten alle vor Entsetzen zur Seite. Wahrscheinlich waren diese guten Bürger noch nie mit Häftlingen zusammen in einem Luftschutzkeller gewesen und fürchteten sich vor uns Schwerverbrecherinnen. Für uns hatte dieses Zusammenrücken einen Vorteil, denn so konnten wir ganz bequem stehen. Kaum waren die Türen des Luftschutzkellers geschlossen, fing ein ganz großer Luftangriff an. Es waren für uns schreckliche Augenblicke, welche wir da unten verbrachten. Durch den Luftdruck wurden wir hin- und hergeschleudert, und die guten Bürger hatten gar keine Zeit und Möglichkeit, sich uns fernzuhalten. In diesen Augenblicken bedauerte ich sehr, nicht draußen geblieben zu sein, denn ich war fest überzeugt, daß wir unter den Trümmern begraben würden, und ich wollte doch so kurz vor der Befreiung nicht sterben. Lieber Gott, laß mich leben. LEBEN! Wieder überkam mich dort unten die Verzweiflung, wie schon so oft vorher. In mir schrie es: Heraus, nur heraus aus dieser unterirdischen Falle. Als wir nach einer Ewigkeit heraus wollten, konnte die Tür nur einen ganz kleinen Spalt geöffnet werden, durch welchen wir uns, trotzdem wir sehr mager waren, nur ganz schwer durchzwängen konnten. Die Stiegen waren zertrümmert, und wir krochen mühsam auf allen Vieren eine steile Böschung hinauf. Wir wurden von einer Panik erfaßt, und unser einziger Wunsch war, freies Gelände zu erreichen und frische Luft zu atmen. Oben angelangt, warteten wir, bis wir sieben zusammen waren, und versuchten uns zu orientieren. Rings um uns herum stand kein einziges Haus mehr, wo noch vor kurzem ganze Häuserreihen gestanden hatten. Von unserem Auto fehlte jede Spur. Rauch und Staub, Feuer und verzweifelte Schreie von Verletzten umgaben uns. An diesem Tage wurde ein großer Teil von Halle dem Erdboden gleichgemacht. Es schien uns wie ein Wunder, daß gerade wir Häftlinge ohne jede Verletzung aus dieser Hölle herausgekommen waren.

Wir standen ganz ratlos da, wußten nicht, was zu tun und wohin gehen. Da erfaßte mich ein Gedanke: WEGLAUFEN! Jetzt ist die Gelegenheit gegeben. Meine Logik verscheuchte jedoch sofort diesen Gedanken, denn wie weit würden wir schon in unserer Sträflingskleidung kommen? Wir hatten erst vor einigen wenigen Minuten die Deutschen im Luftschutzkeller und deren Haltung uns Häftlingen gegenüber erlebt. Wir wären kaum einen Meter weit gewesen, und schon hätte man uns angezeigt. Als ob unser Begleitsoldat meine Gedanken gelesen hätte, hörte ich ihn mit verängstigter Stimme sagen:

»Bitte, lauft mir nicht davon. Ich bin doch für euch verantwortlich und würde eine Strafe bekommen. – Ich weiß jetzt wirklich nicht, was ich machen soll, wir haben kein Auto – wie kommen wir nach Taucha zurück?«

Wir Mädchen hatten eine Freude an seinem Gejammer und an seiner Angst. Wir hätten uns nichts anderes mehr gewünscht, als wegzulaufen und ihn bestraft zu sehen. Warum konnten wir in diesem Augenblick nicht unsere Rollen tauschen? Wir hatten ja die Übermacht und konnten ihn überrumpeln. Doch wieder kam uns zu Bewußtsein, daß wir uns in Feindesland befanden, und wir waren überzeugt, daß wir jetzt, wo das Ende so nahe war, nichts riskieren durften, denn wir wollten lebend nach Hause kommen.

Wir schlugen ihm deshalb vor, den Rückweg zu Fuß anzutreten, und versprachen ihm, wirklich nicht wegzulaufen. Der Soldat war ganz ratlos und folgte nun unseren Anweisungen. Wir kamen durch ein kleines Dorf. Ich bemerkte die Aufschrift »Post« und schlug dem Soldaten vor, doch zu versuchen, mit Taucha in telephonische Verbindung zu treten und ihnen dort unsere Situation zu schildern. Vielleicht wissen die Deutschen in Taucha einen Ausweg aus dieser Lage. Es dauerte sehr lange, bevor eine Verbindung mit dem Lager hergestellt war, und der Soldat bekam den guten Rat, den Rückweg mit uns zu Fuß fortzusetzen. Eine Entfernung von etwa 40 bis 45 Kilometern hatten wir nun in unseren Holzpantinen zurückzulegen. Am Anfang ging es noch ganz gut, doch später verlangsamten sich unsere Schritte, wir fingen zu hinken und zu schlurfen an, denn bald hatten wir Blasen, doch der Kälte wegen konnten wir nicht barfuß gehen. Wir litten Hunger und Durst, und noch immer war das Ende unseres Weges nicht abzusehen. Es dunkelte schon, als wir von weitem das Fabrikgebäude erblickten, von welchem wir noch einen ziemlichen Weg bis zum Lager zu gehen hatten. Es war mir nach dem Erlebten völlig entfallen, daß heute die Generalprobe für das Kabarett stattfinden sollte und daß alle bestimmt auf mich warten würden. Erst sehr spät und ganz erschöpft kehrten wir ins Lager zurück und wurden von allen Mithäftlingen stürmisch begrüßt. Es hatte sich inzwischen im Lager schon herumgesprochen, daß das Leipzig-Kommando bombardiert worden war, und alle waren überzeugt, daß uns etwas Schreckliches zugestoßen sein müsse.

Trotz meiner Erschöpfung begab ich mich sofort in den Speisesaal-Block, wo schon die Mitwirkenden versammelt waren und ungeduldig auf mich warteten. Kurt kam zu mir und sagte mir, daß ich zuerst auf die Toilette gehen solle, denn dort hätte er ein kleines Päckchen für mich deponiert. Als ich dieses aufmachte, fand mein Staunen kein Ende. Ich starrte ungläubig einen APFEL an. So etwas hatte ich beinahe dreieinhalb Jahre nicht gegessen. Ein Apfel! Woher hatte Kurt bloß diesen Apfel bekommen? Die Geschichte war ganz einfach. Kurt hatte das Brot, welches er von mir geschenkt bekommen hatte, nicht gegessen, sondern zuerst in der Fabrik gegen Zigaretten eingetauscht, diese wieder für einen Apfel von einem deutschen Arbeiter hergegeben, um sich bei mir für mein Brotgeschenk zu revanchieren. Kurt hätte die Vitamine viel nötiger gehabt als ich, denn dadurch, daß ich die Karotten stahl, bekam ich doch etwas mehr Vitamine in den Körper als er. Ich brach in Tränen aus über diese Selbstlosigkeit und nahm dieses wertvolle Geschenk zögernd, doch gerne an. Den Apfel teilte ich dann später mit Berta. Beide hatten wir längst vergessen, wie so ein Apfel überhaupt schmeckt.

Mit dreistündiger Verspätung fing die Generalprobe an, und meine Erschöpfung war wie weggeblasen. Anstatt Müdigkeit meldete sich Verzweiflung, denn das Kabarett war unter jeder Kritik, und wir wußten, daß die morgige Aufführung genauso sein würde. In Wirklichkeit hatte niemand mehr Lust, für die Deutschen etwas zum besten zu geben. Die Aufführung war dann auch wirklich ein Fiasko, doch die Deutschen applaudierten uns wieder, und wir hatten unsere Schadenfreude. Hatte diese Aufführung sie wirklich von ihrer Sorge über das kommende Ende abgelenkt? Sollen sie nur ganz beruhigt Sorgen haben, denn sie wissen ganz genau, daß sie für ihre Greueltaten nach dem Kriege zu büßen haben werden. Davon wollte sie der Lagerführer ablenken? Es wird ihnen nichts nützen. Ich hoffe nur, daß es uns vergönnt sein wird, sie der Gerechtigkeit zu überantworten und sie leiden zu sehen, damit es ihnen endlich zur Besinnung kommt, was sie uns angetan haben.

Diesmal beschloß die Lagerleitung, daß die Aufführung nicht nur für die Deutschen, sondern auch für alle Häftlinge sein mußte; dadurch waren wir gezwungen, noch zwei weitere Aufführungen zu geben, eine für die Männer, eine für die Frauen. Ich schaute hinter der Bühne durch einen kleinen Spalt in den Brettern der Rückwand in den Saal, um Ausschau nach eventuellen Bekannten aus Theresienstadt zu halten, als ich plötzlich eine Berührung spürte. Kurt stand neben mir, seine Hand, welche mich streichelte, hatte er um meine Schulter gelegt. Für mich war es ein betäubendes Gefühl, denn ich hatte schon ganz vergessen gehabt, daß Zärtlichkeit überhaupt noch existiert. Es war nicht nur die Zärtlichkeit, sondern auch das Gefühl, nicht so ganz auf sich selbst in dieser verrückten Welt angewiesen zu sein. Ich spürte plötzlich, daß jemand neben mir stand, welcher mich und welchen ich brauchte. Ein Freund, mit welchem ich vielleicht die schweren Stunden, die uns noch im Lager bevorstanden, teilen konnte. Es waren nur ganz flüchtige Gedanken, denn keiner von uns wußte, ob wir uns nach dieser Aufführung je wiedersehen würden.

Kurt arbeitete in der Fabrik als Tischler, ein Handwerk, welches er weder gelernt noch bis dahin ausgeübt hatte. Als Kurt im Oktober 1944 von Theresienstadt nach Auschwitz kam, wurde auch er bei der Selektion so wie alle anderen nach seinem Beruf gefragt, da ja in Deutschland Mangel an Fachkräften herrschte, weil alle Männer eingerückt waren.

»Tischler und Spengler«, antwortete Kurt.

»Das ist so wie Zuckerbäcker und Fleischer«, sagte der SS-Mann und gab Kurt den rettenden Stempel auf die Stirn, mit welchem er in Taucha ankam.

Die deutschen Arbeiter in der Fabrik behandelten Kurt ganz anständig, gaben ihm hie und da eine Kartoffel ab und verlangten von ihm keine schwere Arbeit, so daß er sich nicht körperlich anstrengen mußte. Im Lager selbst wurde er des öfteren von der deutschen Besatzung zur Ausführung verschiedener Tischlerarbeiten gerufen. Da kam er sehr oft in Verlegenheit, weil er keine Ahnung vom Handwerk hatte. Meistens hatte er irgendwelche Trennwände aufzustellen oder Reparaturen vorzunehmen, was ihm mit seiner Intelligenz meistens gelang. Diese Arbeiten mußte er häufig in den Wohnquartieren der Deutschen ausführen, und nicht selten mußte er auch bei den SS-Aufseherinnen arbeiten, welche sich ganz ungeniert halbnackt vor ihm bewegten. Dadurch wollten sie ihm wahrscheinlich ihre Ansicht über seine Minderwertigkeit zum Ausdruck bringen.

Kurt hatte vor dem Krieg in Prag Medizin studiert und hatte schon vier Semester hinter sich, als mit Beginn der deutschen Besetzung die Hochschulen gesperrt wurden. Er mußte als Jude Zwangsarbeiten in Prag verrichten, arbeitete auf der Moldau bei einer Sperre; später wurde er als Möbelträger eingesetzt. Seine Aufgabe war es, die Möbel und den ganzen Hausrat der Juden aus den von ihnen verlassenen Wohnungen in ein Lager zu schaffen, wohin später Deutsche kamen, um sich damit ihre eigenen Wohnungen umsonst einzurichten.

Im Jahre 1940 hatte Kurt in Prag geheiratet. Seine Frau Lisa schenkte ihm eine Tochter, Evička. Alle drei gingen, als Evička eineinhalb Jahre alt war, nach Theresienstadt, wo Kurt als Kohlenträger in einer der Zentralküchen arbeitete. Seiner Arbeit wegen konnte er in der Küche essen und seine Ration seiner Familie geben, so daß diese nicht hungern mußte. Im Oktober 1944, als Evička dreieinhalb Jahre alt war, kamen alle drei in den Osttransport und wurden in Auschwitz voneinander getrennt. Kurt wußte nichts vom Schicksal seiner Frau und seiner Tochter. Ich konnte mir vorstellen, was aus ihnen geworden war, doch hatte ich nicht das Herz, es ihm zu sagen. Für schlechte Nachrichten ist immer noch Zeit genug.

Nach der Aufführung gab es für uns kaum Gelegenheit, einander zu sehen. Die einzige Verbindung zwischen uns war Alex, welcher immer bereit war, für Kurt ein Stückchen Brot ins Männerlager mitzunehmen. Wir fanden aber auch Gelegenheit, miteinander zu sprechen, denn die Latrine bildete einen Teil der Separierung der beiden Lager. Die Frauen- war von der Männerseite durch eine dünne Holzwand abgeteilt, durch die wir uns unterhalten konnten, so daß die Latrine eigentlich unser Rendezvous-Platz wurde.

Am 14. April 1945 wurden wir zeitig zu einem ganz außergewöhnlichen Appell geweckt. Der Lagerführer erschien persönlich und teilte uns folgendes mit:

»Das Lager muß sofort geräumt werden, jeder bekommt etwas Reiseproviant, und sofort danach brechen wir auf. Es befinden sich etwa fünfzig Kranke im Lager, und ich benötige fünfundzwanzig Frauen, welche sich freiwillig melden müssen. Die Kranken und die Freiwilligen verbleiben im Lager. Wer meldet sich?«

Ohne viel nachzudenken, schnellte meine Hand in die Höhe. Als sich die anderen vierundzwanzig noch gemeldet hatten, wurden wir sofort in die Krankenbaracke geschickt.

Ich traf dort ganz atemlos ein, denn mein einziger Gedanke war – Alex! Unbedingt mußte ich Alex sprechen. Er war gerade auf dem Weg ins Männerlager, und im allerletzten Augenblick holte ich ihn ein. In meiner Panik klärte ich ihn über die Räumung des Lagers auf und gab ihm den Auftrag, Kurt krank zu melden, damit dieser das Lager nicht verlassen mußte.

Mein Handeln war eigentlich paradox. Die ganzen drei Jahre wollten wir nichts sehnlicher, als aus dem Lager heraus, zogen alle Möglichkeiten einer Flucht in Erwägung, und jetzt, wo uns doch endlich die Freiheit erwartete, wollte ich im Lager bleiben. War es wieder dieser Instinkt eines Tieres, welcher mir mein Handeln diktierte? Oder war es die Angst vor dem unbekannten Ziel? Oder war es keine Freiheit, welche draußen wartete? Was aber erwartete uns, wenn wir weiter im Lager blieben? Was für Pläne hatten die Deutschen mit uns? Was wird aus uns werden? Niemand konnte uns auf die vielen Fragen eine Antwort geben. Wir konnten nur eines tun, ausharren und auf der Hut sein. Die Jahre der Häftlingszeit hatten uns mißtrauisch gemacht, und wir wußten, daß uns nichts Gutes bevorstand. So nahe waren wir der Befreiung und doch so fern.

Wir Freiwilligen mußten in der Krankenbaracke bleiben und konnten uns von unseren Kameradinnen nicht einmal verabschieden. Von weitem sahen wir zu, wie Rosa jedem ein Brot zuwarf, und wie sich dann die Mädchen in Fünferreihen aufstellten, gezählt und zum Lagertor geführt wurden. SS-Leute und Soldaten waren alle mit schießbereiten Gewehren auf beiden Seiten der Häftlinge aufgestellt. Das Tor wurde aufgemacht, und der lange Zug, Frauen zuerst und hinterher Männer, Häftlinge in graublau gestreiften Uniformen, machte sich auf den Weg. Wohin führt er? Was wird mit diesen vielen Häftlingen geschehen? Was ist ihr Los? Lieber Gott, beschütze sie, damit sie jetzt, wo doch die Freiheit so nahe ist, gerettet werden.

Im Lager wurde es unheimlich still, nachdem es geräumt war. Die SS-Leute und Aufseherinnen zusammen mit den

Wehrmachtssoldaten waren weg. Ob es uns je gelingen wird, diesen auf die Spur zu kommen, um sie vor die Gerechtigkeit zu stellen? Wer wird sie schon verurteilen? Das Delikt war ja nur Judenverfolgung und Judenvergasung. Wer setzt sich schon für einige Juden ein? Bei diesen Anklagen sitzen alle mit verschränkten Armen und helfen doch nicht. Es handelt sich ja NUR um Juden. Jude zu sein, das ist das große Verbrechen, welches wir begangen haben.

Alex und ich beschlossen, Männer und Frauen in zwei Baracken im Frauenlager unterzubringen, damit wir alle so nahe als möglich zusammen waren. Die kranken Männer und Frauen wurden auch gemeinsam in der Kranken-Baracke untergebracht. Wir gingen in die Lebensmittellager und fanden ganz schöne Vorräte an Brot, Pferdefleisch, Karotten und etwas Kartoffeln vor, welche für uns etwa hundert Menschen zwei bis drei Wochen ausreichen würden. Wir fingen an, unser Lagerleben zu organisieren, und das erste, was wir taten, war, daß wir Wachen aufstellten, denn wir mußten ja wissen, was mit uns geschehen wird. Keine zwei Stunden nach Abzug der SS marschierten in unser Lager sechs Männer ein. Sie waren mit Gewehren bewaffnet und mochten etwa 50 Jahre alt sein. Wie sich später herausstellte, gehörten sie dem Volkssturm an. Alex und ich gingen auf sie zu und informierten sie, daß wir beide die für die Häftlinge Verantwortlichen seien und daß sie, was es auch sei, uns zu melden hätten. Der Volkssturm stellte seine Wachen beim Lagertor auf, welche sich regelmäßig ablösten, und wir Häftlinge stellten unsere Wachen auf, um den Volkssturm zu bewachen. Alex, Bobby und ich gingen zum Waffenversteck; zu unserem Erstaunen fanden wir nur Munition, aber keine Gewehre vor, was uns sehr enttäuschte, denn wir hatten gehofft, die SS würde nicht alles mitgenommen haben. Dem Volkssturm verrieten wir nichts von dem Versteck.

Wir stellten, so gut es ging, binnen eines Tages eine Selbstverwaltung im Lager auf, und das erste, was getan wurde, war, daß eine ausgezeichnete Fleischsuppe aus Pferdefleisch mit vielen Karotten darin gekocht wurde und eine unbeschränkte Menge Brot dazu als erstes Mittagessen serviert wurde. Nach langer, langer Zeit konnte man auf den Gesichtern der Mithäftlinge Sattsein und Zufriedenheit erkennen. Der erste Abend verlief reibungslos, und todmüde fielen wir abends auf unsere Betten.

Mitten in der Nacht wurde ich plötzlich von einer unserer Wachen mit der Nachricht geweckt, daß Leo Demner, ein Häftling, welcher heute früh auf den Marsch gegangen war, zurückgekehrt sei und ganz Wichtiges zu berichten habe. Fortgejagt war die Müdigkeit, als wir folgendes hörten:

»Wir dachten, als wir das Lager verließen, daß wir wieder in einem Zug in ein anderes Lager transportiert würden. Doch gingen wir am Bahnhof vorbei, und wir gingen weiter und weiter. Endlich wurde uns klar, daß kein Zug oder ein anderes Transportmittel auf uns wartete, sondern daß wir gezwungen sein würden, weiter zu Fuß zu gehen, solange unsere Kräfte aushalten. Einige von unseren Mithäftlingen konnten am Nachmittag nicht mehr weiter, waren schon ganz erschöpft. Sie wurden abwechselnd von ihren Kameraden gestützt, und es wurde ihnen Mut zugesprochen. Einige aber hatten keinen Willen mehr, wollten nicht mehr vom Erdboden aufstehen und wurden kaltblütig mit einem Kopfschuß ermordet. Es wurde Abend und, von Wachen umstellt, bereiteten sich die Häftlinge für die Nacht im Freien vor. Es gelang mir, zwischen den Wachen durchzuschlüpfen, und ich trat den Weg zurück an, denn ich kenne ja die Umgebung nicht und hatte keine andere Möglichkeit, als hierher zurückzukommen.«

Mein Gott, was für eine Tragikomödie! Ein Häftling, welcher aus dem Konzentrationslager herausgeführt wird, kehrt »nach Hause« ins Lager zurück, da er nirgendwohin gehen kann. Wieder kam uns zu Bewußtsein, daß wir uns in Feindesland befanden und auf keine Hilfe rechnen konnten, von niemandem, von nicht einem einzigen Einwohner der Umgebung. Alle um uns sind ja Feinde, und wir sind in ihren Augen Verbrecher und Feinde des Landes. Von Leos Schilderung konnten wir uns die Leiden unserer Freunde auf diesem Todesmarsch vorstellen und hofften nur, daß es vielen von ihnen gelingen würde, dem Beispiel von Leo zu folgen und ins Lager zurückzukehren, wo wir vorläufig noch in Sicherheit lebten. Aber wie lange kann dieser Zustand noch anhalten? Was wird mit uns geschehen? Wohin können wir laufen?

Noch etwa zehn Häftlingen gelang es wie Leo, in die »Sicherheit« des Lagers zu entkommen. Diese Sicherheit war aber mit einer Unsicherheit und schrecklichen Unruhe vermischt. Wir bewachten den Volkssturm, dieser uns.

VI Befreiung und Rückkehr

Wir Freiwilligen verrichteten alle nötigen Dienste, alles verlief reibungslos und funktionierte durch unseren Fleiß und unseren Willen. Unsere drei »Elektriker« Bobby, »Daily«-Erich und Polda waren als »wirtschaftswichtig« auch mit uns im Lager zurückgeblieben, ebenso Babika, die Freundin Bobbys, welche mit ihm in eine der leerstehenden Baracken zog. Deren Glück währte leider nicht lange. Drei Tage, nachdem die SS die Häftlinge auf den Todesmarsch geführt hatte, ging Bobby in das kleine Hochspannungshäuschen, um von dort einige Sachen, welche er mit der Zeit »organisiert« und dort aufbewahrt hatte, herauszuholen. Durch einen uns unverständlichen Grund kam Bobby mit der Hochspannung in Berührung und stürzte vor dem Häuschen tot zusammen. Wir konnten es lange nicht fassen. Bobby, unser Kamerad, welcher in seinem Wiener Dialekt für jeden freundliche Worte, einen Witz und Aufmunterung hatte, mußte an der Schwelle der Befreiung sein junges Leben verlieren. Warum durfte er die Freude der Freiheit nicht mehr erleben? Was hatte er in dem Häuschen aufbewahrt, daß er dafür mit seinem Leben bezahlen mußte? Ein ganz trauriger Leichenzug ging aus dem Lager heraus, um ein Grab für unseren Bobby auszugraben und ihn dort, irgendwo auf einem Feld, zu begraben. Wahrscheinlich existiert dieses Grab nicht mehr, doch Bobby lebt in unseren Gedanken weiter.

Als der 18. April 1945 anbrach, war der Volkssturm plötzlich verschwunden. Die Wachen hatten dessen Abzug zunächst nicht bemerkt und berichteten uns davon dann ganz aufgeregt. Konnte es sein, daß wir so ganz ohne Aufsehen, ohne irgendeine Verlautbarung endlich frei waren? Wir blieben mißtrauisch, denn Mißtrauen gegenüber allem hatten wir während unserer langen Haftzeit gelernt.

Alex und ich liefen zum Eingangstor unseres Lagers, machten es auf und gingen zögernd auf die Straße hinaus. Wir sprachen kein Wort miteinander, unsere Nerven waren angespannt. Kann es möglich sein, daß wir frei sind? Frei? Nach mehr als dreijähriger Haft sind wir ohne Aufsicht auf der Straße alleine, ohne SS, ohne Soldaten mit Gewehr und aufgesetztem Bajonett. Da das Lager entfernt von irgendwelchen Wohnvierteln lag, war kein Mensch auf der Straße zu sehen, und Alex und ich gingen weiter hinaus, nur um die Freiheit etwas auszukosten.

Wir kamen nicht weit, als wir plötzlich ganz ungewöhnliche Laute, welche mehr einem Stöhnen glichen, vernahmen. Diese Laute kamen aus dem nahegelegenen Straßengraben, wo wir drei Gestalten in Häftlingskleidung sahen, welche sich vor Schmerzen wanden und stöhnten. Wir erkannten sofort, daß diese drei Verbrennungen am Körper hatten, denn auch ihre Kleidung war versengt. Als wir ihnen aufhelfen wollten, stießen sie hervor:

»Utijekajte, utijekajte! (Lauft davon, lauft davon!) Die SS kommt sofort und wird euch vernichten!«

Alex und ich ließen die drei Polen zunächst liegen, und wir rannten so schnell wir nur konnten ins Lager zurück. Wie verrückt schrien wir, daß alle sofort das Lager verlassen müssen, daß sie alle Sachen liegen lassen sollen, denn es geht ums nackte Leben. Die Kranken wurden entweder gestützt, oder wir bildeten je zu zweit mit den Händen eine Art Tragestuhl für diejenigen, welche nicht gehen konnten. Wir kamen zu den drei Polen im Straßengraben, nahmen sie auf und verließen die Straße, um auf ein freies Feld zu kommen. Wir durften nicht durch bewohntes Gebiet gehen, um nicht doch noch in die Hände unserer Feinde zu geraten.

Wir waren noch gar nicht sehr weit vom Lager entfernt, da erinnerte ich mich plötzlich, daß ich mein glückbringendes Hufeisen in meiner Wohnbaracke vergessen hatte. Ich machte kehrt und rannte ins Lager zurück. Alle riefen mir nach, daß ich mich ins Unglück stürze, ich solle doch mit ihnen kommen, daß mich die SS dort erwarten und niederschießen wird. Nichts half. Ich lief zurück zu meinem Hufeisen, in meine Wohnbaracke, fand es unter dem Strohsack und rannte wieder hinaus, hinaus zu meinen Kameraden. Nur ein einziger Gedanke durchzuckte mein Gehirn: Hoffentlich renne ich einer besseren Zukunft entgegen.

Die tragische und schreckliche Geschichte der drei verwundeten Polen war kurz. Sie waren aus einem Arbeitslager, das nicht weit von unserem entfernt lag. Auch bei ihnen war die SS mit den Häftlingen zum Todesmarsch ausgezogen, der Volkssturm war ins Lager gekommen und wieder verschwunden. Auch hier dachten die Häftlinge, daß sie schon frei seien, und blieben im Lager, doch kurz darauf kam die SS zurück. Sie jagten alle Häftlinge in eine Baracke, verhängten die Fenster mit Decken, begossen diese mit Benzin und zündeten die Decken an. Draußen war die Baracke mit Maschinengewehren umstellt, und wer versuchen wollte zu entkommen, wurde erschossen. So wurden noch ganz kurz vor der Befreiung Häftlinge bei lebendigem Leibe verbrannt. Die drei Polen wußten von unserem Lager. Sie kamen mit schweren Brandwunden davon, und so gut es ging, liefen sie zu unserem Lager, um uns zu warnen. Wie sie diesen Weg mit ihren Verletzungen zurückgelegt hatten, konnten wir uns kaum vorstellen, doch durch ihren Mut und ihre selbstlose Hilfsbereitschaft retteten sie uns Häftlingen das Leben.

Wir hörten von weitem Schußwechsel und lenkten unsere Schritte in diese Richtung, da wir annahmen, daß dort die Front sein könnte. Wie einfach wir uns das vorstellten! Wir hatten keine Ahnung, wie diese Front aussehen könnte, ob wir durch Reihen von deutschen Soldaten würden durchgehen müssen, oder was uns überhaupt dort erwartete. Wieder war es der Instinkt, welcher uns dorthin leitete, denn er sagte uns, daß dort die Freiheit wartet.

Alex und ich gingen an der Spitze des Zuges, welcher sich nur ganz mühsam vorwärts bewegte, als auf einmal ein

Mann auf einem Fahrrad erschien und uns im Vorbeifahren zurief:

»Folgt mir, ich bringe euch zu den Amerikanern!« und schon war er verschwunden.

Einige unserer Mithäftlinge erkannten in diesem Mann einen deutschen Vorarbeiter aus den Hasag-Werken, welcher sich angeblich immer ganz anständig zu den Häftlingen benommen hatte. Uns blieb keine andere Wahl, als diesem Mann zu glauben und seinen Anweisungen zu folgen, denn wir kannten uns wirklich in der Umgebung nicht aus. Wir wußten nur eines: Auf dem freien Feld konnte uns die SS nicht so schnell erschießen wie im Lager, und wir waren froh, der Falle, welche Konzentrationslager hieß, entkommen zu sein.

Wir schleppten uns mit unseren Kranken ohne Wasser, ohne Medikamente, ohne Essen ganz langsam vorwärts. Einige litten unter wahnsinnigen Schmerzen, besonders die Polen mit den Brandwunden, und einige wollten diesen mühsamen und qualvollen Weg nicht mehr weiter fortsetzen. Sie litten solche Schmerzen, daß sie von uns verlangten, sie liegenzulassen. Alex ließ aber nicht locker, und es gelang uns, niemanden zurückzulassen.

Immer wenn wir nicht mehr wußten, in welche Richtung wir weitergehen sollten, erschien der Mann mit dem Fahrrad, und wir folgten ihm blindlings. Es war schon spät am Nachmittag und es begann zu dunkeln, als nicht weit vor uns ein Wald auftauchte, und der gute Mann uns folgendes sagte:

»Geht in diesen Wald hinein, nach etwa hundert Metern werdet ihr dort eine Telegraphenstange finden, ruht euch bei dieser aus und wartet auf meine weiteren Nachrichten.«

Wir fanden die Telegraphenstange und ließen uns erschöpft auf den Boden fallen, um in der Sicherheit des Waldes wenigstens ein bißchen auszuschnaufen. Mich überkam plötzlich ein Angstgefühl. Wir befinden uns jetzt hier im Wald, auf einen so kleinen Platz konzentriert, das ist doch die ideale Falle. Man kann uns hier umzingeln, ermorden, und niemand wird je etwas davon wissen. Der Instinkt sagte mir wieder, daß ich etwas unternehmen müsse. Nach einer kurzen Beratung mit Alex entschlossen wir uns, das Terrain zu erkunden, doch mußten wir die anderen zurücklassen. Man wollte uns nicht gehen lassen, warnte uns vor dem Feind, doch Alex und ich ließen nicht nach, denn wir sahen keine andere Möglichkeit, als aus dem Wald, welcher doch eine Falle sein konnte, herauszukommen. Dort drinnen zu bleiben und weitere Nachrichten abzuwarten, war reiner Selbstmord. Alex und ich gingen vorsichtig an den Waldrand und erblickten eine Straße, welche durch den Wald führte. Wir entschlossen uns, vom Wald aus diese Straße zu erreichen und auf ihr weiterzugehen. Ich hatte Angst, schreckliche Angst. Wir waren nicht weit gekommen, als wir plötzlich aus dem nahegelegenen Graben ein Maschinengewehr auf uns gerichtet sahen. Wir raunten einander zu: »Nicht stehenbleiben, weitergehen, Leben oder Tod.« Wir kamen ganz in die Nähe dieses Maschinengewehrs, als wir angeschrien wurden und zusammenzuckten:

»Stop!«

Wie versteinert blieben wir stehen, als uns ein Soldat aus dem Straßengraben entgegensprang. Es war der erste amerikanische Soldat, welchen ich in meinem Leben zu Gesicht bekam. Er sprach etwas zu uns. Und jetzt fing die Schwierigkeit an. Er verstand kein Deutsch und Alex und ich verstanden kein Englisch. Das einzige, was wir in unserem Schrekken herausbringen konnten, war: Concentration camp. Vielleicht war er aber doch so intelligent, daß er auch unsere Sträflingskleidung bemerkt hatte?

Er drehte uns den Rücken zu, um in den Graben zurückzugehen, doch da erinnerte ich mich an meine Phantasieträume im Konzentrationslager, in welchen ich mir immer wieder meine Befreiung ausgemalt und mich beschworen hatte, meinen Retter zu umarmen und ihm einen Kuß zu geben. Ich fiel also diesem Soldaten um den Hals, wollte ihn küssen, doch erschrocken stieß er mich von sich. Später sah ich mich nach Jahren zum erstenmal im Spiegel – und wunderte mich gar nicht, daß dieser Soldat von einer so ekelerregenden Person keinen Kuß annehmen wollte.

Der Soldat sprang in den Straßengraben, nahm ein Feldtelefon zur Hand, und nach wenigen Augenblicken kam ein Jeep mit weiteren amerikanischen Soldaten angefahren. Ein Leutnant sprang heraus und sprach uns wieder englisch an. Wieder verstanden wir ihn nicht, und in meiner Verzweiflung sagte ich:

»Deutsch?«

Und der Leutnant antwortete:

»Jiddisch?«

Zuerst traute ich meinen Ohren nicht, so erstaunt war ich, diese familiären Laute zu vernehmen. Doch da hatte ihm Alex schon zugenickt.

»My name is Captain Winter«, sagte er, streckte seine Hand aus und fügte hinzu:

»Shalom alejchem, auch ich bin a Jid.«

Mir brachen die Tränen hervor, und so geht es mir bis heute, wenn ich an diese Begebenheit denke, von ihr schreibe oder erzähle. In der Aufregung konnte ich ihm nur ganz schwer erklären, daß im Wald über hundert Häftlinge aus einem Konzentrationslager auf ihre Befreiung warteten. Er wunderte sich, wie es uns gelungen war, durch die Feindeslinien durchzukommen, und wir berichteten ihm, daß wir absolut keinen einzigen deutschen Soldaten auf unserem Weg getroffen hatten.

Sofort schickte er einige Soldaten mit Alex und mir, um unsere Mithäftlinge zu holen. Es herrschte Totenstille, als wir ihnen erklärten, daß uns nunmehr die Amerikaner befreit hätten. Niemand konnte es fassen, niemand konnte es glauben, es klang wie ein Märchen. Es blieb uns keine Zeit, um unsere Verwunderung auszudrücken und unsere Freude zu zeigen, denn wir mußten diesen Ort so schnell wie möglich verlassen, damit uns die Deutschen nicht mehr hier finden konnten.

Wir wurden in einen bewohnten Ort geführt, die Kranken wurden sofort von einem herbeigerufenen Arzt in Empfang genommen und versorgt. Wir, welche gehen konnten und »gesund« waren, wurden zu einer großen Scheune geführt, in welcher Heu gestapelt war, um dort die inzwischen angebrochene Nacht zu verbringen. Captain Winter entschuldigte sich für diese schlechte Unterkunft, doch konnte er nicht ahnen, daß wir schon viel ärger, wie Tiere in Käfigen, geschlafen hatten. Er versprach, daß wir am Morgen viel bessere Quartiere erhalten würden.

Wir wurden mit Essen und Trinken versorgt und kamen aus dem Staunen nicht heraus. Wir bekamen Brot, Wurst und Käse und richtigen Kaffee. In der Nacht wachte ich auf und wollte mich überzeugen, daß ich nicht träume, daß wir wirklich von den Amerikanern befreit worden waren, denn ich konnte dieser Tatsache noch keinen Glauben schenken. Ist es wirklich wahr? Sind wir wirklich befreit? Träume ich nicht? Um mich von der Wahrheit zu überzeugen, öffnete ich das Scheunentor und erschrak heftig, denn ich fand mich einem grinsenden Negersoldaten gegenüber, welcher als Wache an dem Tor aufgestellt war. Es war eine Vollmondnacht, seine weißen Zähne blitzten mich an, und ein Lächeln breitete sich über sein Gesicht aus. Leider konnte ich mich mit ihm nicht verständigen, doch jetzt wußte ich, daß man uns behütet, daß wir endlich wieder Menschen geworden sind, daß uns ab jetzt die Freiheit erwartet. Ein unbeschreibliches Glücksgefühl überkam mich, und ich konnte nicht anders, als Kurt, welcher die ganze Zeit neben mir geschlafen hatte, aufzuwecken.

Kurt war nicht mit dem Todesmarsch aus Taucha gegangen. Auch ins Männerlager war der SS-Lagerkommandant gekommen, und die Häftlinge hatten Appell gestanden, als der Lagerkommandant allen den Abmarsch aus dem Lager bekanntgab und ihnen mitteilte, daß er fünfundzwanzig Freiwillige benötige, welche im Lager bleiben sollten. Alex war jedoch früher als der Lagerkommandant im Lager angekommen und hatte Kurt, welcher nicht wußte, was sich abspielte, in den Männerkrankenbau gebracht und ihn als krank und marschunfähig gemeldet. Kurt übersiedelte mit den anderen Männern ins Frauenlager, und seit dieser Zeit waren Kurt und ich ständig nebeneinander. Kurt war mein treuer Begleiter auf der Flucht, und Berta, Kurt und ich wichen einander nicht von der Seite. Jetzt, in der Scheune, auf dem Stroh fühlten wir beide, daß wir endlich einen Partner gefunden hatten, mit welchem wir über unsere Gefühle und Eindrücke sprechen konnten. Wir waren nicht mehr allein, nicht mehr einsam, jeder auf sich allein angewiesen. Die erste Umarmung folgte, der erste Kuß – das Geborgensein überwältigte uns, und wieder schliefen wir nach der Erschöpfung des vergangenen Tages ein, doch diesmal fest aneinandergeschmiegt, aus vollem Herzen das Gefühl des Geborgen- und Freiseins auskostend.

Sehr zeitig in der Frühe suchte mich Captain Winter auf und forderte mich auf, mit ihm zu kommen. Wir setzten uns in seinen Jeep – zum erstenmal in meinem Leben saß ich in so einem Fahrzeug – und fuhren los. Ich hörte von ihm, daß wir uns in einem ganz kleinen Dorf, Pönitz bei Leipzig, befanden und daß fast nur alte Leute hier lebten, denn die jüngeren waren alle entweder eingerückt oder zu einer wirtschaftswichtigen Arbeit abgeordnet. Captain Winter fuhr mit mir von Haus zu Haus und beschlagnahmte für uns in jedem Haus mindestens zwei Schlafzimmer und die Wohnstube. Wir machten einen Unterbringungsplan für alle Häftlinge, und zum Schluß wurden für uns eine Feldküche und ein Lebensmittellager zusammengestellt. Jetzt hatte sich viel geändert, das sahen wir auch an den haßerfüllten Blicken der Deutschen, als sie ihre Wohnungen für uns räumen mußten. In ihren Augen waren wir Verbrecher, sie wollten nicht begreifen, was Konzentrationslager-Insassen sind. Sie wollten mir klarmachen, von Judenverfolgungen und all dem, was ihr folgte, nichts gewußt zu haben. Ja hatten sie denn keine Zeitungen gelesen? Kein Radio mit den Hetzreden Hitlers gehört? Haben sie nicht mit großer Genugtuung in die Hände geklatscht und diese zum begeisterten »Heil Hitler«-Gruß gehoben? Kein einziger Deutscher kann mir weismachen, von nichts gewußt zu haben. Das ist die Ausrede nach dem Krieg – sehr bequem, ja. Wir ignorierten die Deutschen, denn der Haß brannte in unseren Herzen, und er wird wahrscheinlich schwer von dort weichen.

Wir legten Listen von uns Befreiten an und verteilten je nach Landsmannschaften die beschlagnahmten Wohnungen an die Gruppen. Dabei stellten wir fest, daß wir eine Gruppe von zwölf Tschechen bildeten, welche in zwei nebeneinanderliegende Häuser einzog. Berta, Alex, Kurt, Erwin, Babina und ich wohnten zusammen.

Kann sich jemand das Gefühl vorstellen, nach drei Jahren größter Entbehrungen, dauernden Schmutzes und höchster Anstrengung in einer Badewanne zu sitzen und sich sogar mit Seife zu waschen? Nach dem Bad erwartete uns ein weiß überzogenes Bett mit Kopfkissen und einem Federbett, unter uns statt des rohen Holzes oder des Strohsacks eine Matratze. Wir waren wie berauscht. Lange Jahre habe ich von diesem weißen, weichen Bett geträumt und von einem echten Kaffee und einem mit echter Butter bestrichenen frischen Brot zum Frühstück. Alle diese nur in meiner Phantasie erreichbaren Wünsche wurden nun Wirklichkeit. Schon unser erstes Frühstück in der Freiheit bestand aus diesen Delikatessen.

Im Lebensmittellager häuften sich Lebensmittel und Produkte, von welchen wir immer nur geträumt hatten. Schokolade, Wurst, Käse, Zigaretten, allerlei Gebäck, unsagbare Schätze. Gleich den ersten Tag machten wir auf den Bauernhöfen Jagd nach Hühnern, und zu Mittag gab es eine echte Hühnerbrühe. Unvorstellbar, daß dies alles Wirklichkeit ist. Leider machte uns niemand darauf aufmerksam, daß sich unser Magen an die plötzliche Aufnahme dieser reichhaltigen Kost nicht so schnell anpassen konnte, und einige von uns wurden ernstlich krank. Doch wer kann sich zurückhalten, wenn er so lange Jahre Hunger gelitten hat?

Drei Jahre lang haben wir unsere Suppe aus einem Blechnapf gegessen. Um unsere Hüfte herum war mit einem Stück Strick ein Eßlöffel angebunden, damit ihn niemand stehlen konnte. Mit diesem Eßlöffel schliefen wir sogar. Wenn einem dieser Löffel gestohlen wurde, mußte man die Suppe eben direkt aus der Eßschale schlürfen. Nachdem wir nun schon drei lange Tage befreit waren, beschlossen wir Tschechen, ein Festmahl im Speisezimmer unseres provisorischen Hauses vorzubereiten. Im Speisezimmer stand ein großer Tisch, und in den zwei Speisezimmerschränken fanden wir wunderschönes Porzellan, Damasttischtücher und Silberbesteck. Alles war in bester Ordnung aufbewahrt, es war in diesem Hause absolut nichts von Krieg zu verspüren. Im Gegenteil, Friede, pastoraler Friede herrschte in diesem Dorf Pönitz. Wäre die amerikanische Besatzung nicht gewesen, so hätten wir denken können, auf dem Lande auf Urlaub zu sein. Wir Mädchen fingen zu kochen an und stellten ein Menü zusammen, welches aus Suppe, Huhn, Gemüse, Kartoffeln und Kompott aus amerikanischen Büchsen bestand. Die Tafel wurde ganz festlich mit dem größten und schönsten bestickten Tischtuch gedeckt. Wir fanden Leuchter und Kerzen vor, Blumen holten wir vom Garten. Unsere Sträflingskleidung trugen wir aus Mangel an anderer Kleidung noch immer, doch inzwischen waren unsere Kleider gewaschen, ausgekocht und gebügelt, so daß keine Läuse mehr darin waren. Ganz aufgeregt waren wir alle, als wir uns an diese Tafel zum Dinner setzten. Eine allgemeine Verlegenheit war zu spüren. Wir schauten einer den anderen an und wollten uns vergewissern, ob wir auch richtig mit Gabel und Messer umgingen, denn inzwischen war das zu einer uns fremden Art des Essens geworden. Schließlich brachen wir alle in ein Lachen aus, welches gleichermaßen Verlegenheit, Freude und Glückseligkeit ausdrückte.

Die Rückkehr ins normale Leben fiel uns allen schwer. Wir begegneten tagtäglich Situationen, welche uns ans Lager erinnerten, und wollten mit Gewalt davor weglaufen. Dies ist uns bis zum heutigen Tage nicht gelungen. Wir haben verlernt, Menschen zu trauen; ein gewisses Mißtrauen Menschen gegenüber ist in uns geblieben, und auch in ganz praktischen Dingen kommt unsere Vergangenheit zum Ausdruck: Eine Kruste Brot zum Beispiel darf nie weggeworfen werden und wird entweder aufbewahrt oder gegessen, auch wenn sie noch so hart ist. Im Hause müssen immer Lebensmittel angehäuft sein, damit Vorrat da ist, wenn eine Hungersnot ausbricht. Am besten ist es, wenn man einen kleinen Garten besitzt, damit man immer die Gelegenheit hat, Kartoffeln und Gemüse anzubauen. Fast täglich werden wir mit Situationen, Aussprüchen und Momenten konfrontiert, welche uns an die Lagerzeit erinnern. Am ärgsten sind die Nächte, wenn wir träumen, daß man unsere Kinder, Verwandte, Eltern und Bekannte vergast. Wie oft wurde ich von Kurt geweckt, welcher mich beruhigen wollte, weil ich im Schlaf schrie. Träume lassen einen nie los. Wie oft fand ich mich im Viehwaggon sitzen und das Lied von der rosa Krinoline singen. Wie oft bin ich in das Schlafzimmer meiner Kinder gerannt, um mich zu überzeugen, daß sie unbehelligt in ihren Bettchen liegen und atmen. Wenn wir sie manchmal in unserer Verzweiflung aufweckten, konnten sie uns nicht verstehen, denn sie wußten ja nicht, durch was für eine Hölle ihre Eltern gegangen sind.

Captain Winter verwöhnte uns, und wir alle erholten uns schnell unter seiner und seiner Mannschaft Obhut. Er erzählte uns lachend, daß eine Delegation des Dorfes zu ihm gekommen sei und ihn gebeten habe, diese Verbrecher, welche im Dorf untergebracht seien, doch so schnell wie möglich zu entfernen. Das Entsetzen der Dorfbewohner wuchs noch viel mehr, als sie hörten, daß es sich nicht um Verbrecher, sondern um Juden und Zigeuner handle. Die Dorfbewohner wichen uns aus und vermieden jeden Kontakt mit uns; wir unsererseits waren gar nicht daran interessiert, mit ihnen in irgendeinen Kontakt zu treten, denn sie waren unsere Feinde und hätten uns auch noch heute, nach unserer Befreiung, mit Lust umgebracht, weil wir das große Verbrechen begangen haben, Juden zu sein.

Nachdem wir etwa vierzehn Tage befreit waren, kam Captain Winter und teilte uns mit, daß die Amerikaner Pönitz verlassen müßten und daß es für uns äußerst gefährlich wäre, in Pönitz zu bleiben. Die amerikanische Besatzung könne das auf keinen Fall erlauben, da sie die Verantwortung und die Betreuung von uns übernommen habe. Er teilte uns außerdem mit, daß er sich mit seinen Besatzungsbehörden in Verbindung gesetzt habe, welche ihm befohlen hätten, uns in ein Auffanglager für ehemalige Konzentrationslager-Häftlinge zu bringen; dieses hätten die Amerikaner inzwischen eingerichtet und empfangsbereit gemacht. Captain Winter und wir bedauerten zutiefst, daß wir aufs neue in ein Lager mußten. Wieder erwarteten uns wahrscheinlich Holzbaracken und Essensausgabe, eben Lagerleben, aus welchem wir erst vor so kurzer Zeit befreit worden waren, und welches eine so schreckliche Bedeutung für uns hatte. Erwartet uns wieder Stacheldraht? Nur so kurz war es uns vergönnt gewesen, auszukosten, was es heißt, ein halbwegs normales freies Leben zu führen, und jetzt schon wieder zurück ins Lager! Uns graute davor, doch mußten wir einsehen, daß es für uns ganz unmöglich war, ohne unsere Beschützer bei unseren Feinden zu bleiben. Captain Winter teilte uns außerdem mit, daß die amerikanische Verwaltung daran interessiert sei, uns so bald als möglich in unsere Heimatländer zu schicken, und diese Hoffnung war es, welche es uns erleichterte, wieder das Lagerleben auf uns zu nehmen. Wir waren uns dessen bewußt, daß die Repatriierung nicht so schnell vor sich gehen würde, denn es war ja noch immer Krieg, und wir mußten irgendwo auf das endgültige Ende warten. Der Abschied von unseren Befreiern in Pönitz fiel uns wirklich schwer, und viele Tränen flossen, als wir diesmal auf Lastwagen der amerikanischen Armee aufgeladen wurden und wieder einem unbekannten Ziel entgegenfuhren. Wann wird dieses Wandern endlich ein Ende haben?

Wir kamen in ein ganz riesiges Lager bei Leipzig, die ehemalige Flak-Kaserne, welche aber nun selbstverständlich von Amerikanern verwaltet wurde. Die Amerikaner brachten in dieses Lager alle Häftlinge aus den Konzentrationslagern der Umgebung und auch alle Zwangsarbeiter, um diese zu registrieren und zu organisieren, denn sie wollten etwas Ordnung in das herrschende Chaos bringen. Im Lager befanden sich schon Hunderte, ja Tausende von Menschen, die meisten trugen noch Sträflingsanzüge, so wie wir. Es herrschte ein Sprachengewirr, denn hier befanden sich Menschen aus allen von Deutschland besetzten Ländern. Unsere Gruppe aus Taucha wurde auseinandergerissen, da man für uns Unterkunft in den verschiedenen Bauten finden mußte. Wir zwölf Tschechen weigerten uns, auseinandergerissen zu werden, und hatten schließlich das große Glück, daß wir zusammenbleiben konnten. Wir hatten, so wie wahrscheinlich alle, nur den einen einzigen Wunsch, Deutschland so schnell wie möglich zu verlassen, nach Hause zu fahren und hauptsächlich unsere Familien wiederzusehen. In Pönitz in den Privathäusern hatten wir Radioabhördienst versehen und waren, wenn auch meistens nur von deutscher Seite, über die Ereignisse informiert. Hier in der Flak-Kaserne waren wir gänzlich ohne Informationen, doch eines Tages wurde durch Lautsprecher die Nachricht vom Zusammenbruch des Deutschen Reiches bekanntgegeben. Ein unbeschreiblicher Jubel ertönte im ganzen Lager, und wir alle wußten, daß das Kriegsende nun schon ganz nahe war.

Dieselben Lautsprecher gaben eines Tages in verschiedenen Sprachen die Nachricht durch, daß dringend Pflegepersonal gebraucht würde und man sich in einem Büro melden solle. Alex, Kurt und ich machten uns auf den Weg. Alex wurde, da er Arzt war, sofort einem der Hospitäler zugewiesen. Kurt und mir wurde aufgetragen, Kranke im und außerhalb des Lagers ausfindig zu machen, sie entweder zu pflegen oder, wenn nötig, sie in Hospitäler zu bringen. Wir empfanden diese Arbeit als sehr schwer, denn beinahe jeder von uns war entkräftet und benötigte selbst dringend wenn nicht ärztliche, so wenigstens seelische Hilfe. Kurt und ich waren einem provisorisch errichteten Gesundheitsdienst unterstellt, welchem wir unsere Beobachtungen mitteilten. Auf unseren Rundgängen erfuhren wir, daß sich in einiger Entfernung vom Auffanglager, unserer Flak-Kaserne, noch andere Konzentrations- beziehungsweise Arbeitslager befänden und dort noch viele Menschen dringend Hilfe benötigten. Wir teilten dies den amerikanischen Behörden mit und wurden mit der Betreuung dieser Menschen beauftragt. Wir bekamen einen Ausweis, welcher uns gestattete, die Flak-Kaserne zu verlassen, denn der Registrierung wegen war dies uns nicht erlaubt gewesen. Außerdem bekamen wir eine Anweisung an das amerikanische Hauptquartier in Leipzig, uns sofort ein Auto zur Verfügung zu stellen, da wir einen so wichtigen Dienst versähen und unmöglich zu Fuß die verschiedenen, von der Flak-Kaserne weit entfernten Lager besuchen könnten.

Da es in Deutschland so gut wie keine Verkehrsmittel gab, blieb uns nichts anderes übrig, als uns ganz zeitig früh mit den verschiedenen Ausweisen ausgerüstet auf einen langen Fußmarsch zum Hauptquartier nach Leipzig zu begeben. Vor dem Gebäude stand ein Deutscher in Uniform und versah dort den Dienst beim Eingangstor. Nachdem er uns gefragt hatte, was wir wollten, und wir es ihm ganz höflich erklärt hatten, verweigerte er uns den Zutritt. Wir zeigten ihm die Empfehlungsbriefe, erklärten ihm die Dringlichkeit unserer Hilfe für die Kranken, doch nichts half, er ließ uns nicht hinein. Mein Zorn und die Verzweiflung der langen Konzentrationslagerjahre entluden sich nun über diesen Deutschen, und wie eine Irre schrie ich ihn an. Ich sagte ihm geradeheraus, daß er, der Nazi, mir, einem ehemaligen Häftling, den Eintritt nicht verwehren dürfe. Ich fragte ihn, ob er sich noch immer als Übermensch fühle. Daß ich genug unter dem Naziterror gelitten habe. Daß ich mir von den Nazis nichts mehr vorschreiben lassen würde. Ich drohte ihm, ihn sofort, auf dieser Stelle, zu erschlagen, so, wie die Nazis unschuldige Häftlinge erschlagen haben.

In dem Moment, als ich mich auf den Mann stürzen wollte, wurde ich von einem amerikanischen Soldaten, welcher gerade dazukam, fest gepackt und zur Seite genommen. Es dauerte eine geraume Zeit, bevor ich mich beruhigen konnte, meinen Tränenstrom abstellen und wieder rational denken konnte. Der Soldat, welcher schon etwas

Deutsch verstand, hörte sich unser Anliegen an und nahm Kurt und mich persönlich in das zuständige Büro mit.

Die Amerikaner waren ganz besonders nette und höfliche Leute. Immer gutgelaunt, freundlich und tadellos sauber. Alle Angelegenheiten wurden mit »No problems« sofort erledigt, und wir kamen aus unserer Ver- und Bewunderung nicht heraus. Sie verstanden sofort, mit uns, welche eine so schreckliche Zeit mitgemacht hatten, umzugehen und behandelten uns mit großem Einfühlungsvermögen.

Der uns begleitende amerikanische Soldat führte uns in ein Büro. Dort gab es eine deutsche Dolmetscherin, mit welcher ich aber wegen des Vorfalles draußen nicht reden wollte. Der Soldat sprach also bei irgendeinem Leutnant vor, und es dauerte keine Stunde, da waren Kurt und ich im Besitz eines Autos. Wir wurden in eine Garage gebracht, um dieses Auto und die dazugehörigen Papiere zu übernehmen. Jetzt hatten wir zwar einen Wagen, doch bis jetzt hatte uns niemand gefragt, ob wir auch chauffieren könnten und ob wir einen Führerschein besäßen. Das Auto wurde von einem amerikanischen Soldaten mit großem Schwung aus der Garage herausgefahren, und Kurt und ich standen nun ratlos da. Doch da faßte ich Mut und fragte mit ganz ernster Miene, wie man denn die Gänge schalte. Ich erinnerte mich dabei an unseren Chauffeur zu Hause, an Lada, welcher mich als kleines Mädchen auf seinen Schoß gesetzt hatte und mich zuerst lenken und etwas später die Gänge schalten ließ. Er hatte mir auch erklärt, wie so ein Auto arbeitet, so daß ich eigentlich theoretisch etwas fahren konnte, doch fehlte es mir völlig an Praxis. Bei uns zu Hause wurde die Schaltung durch einen Stab betätigt, während der DKW, welchen wir erhielten, eine kleine Handschaltung am Armaturenbrett hatte. Nach einigen Versuchen wußte ich, wie man die Gänge betätigt, und fuhr ganz selbstsicher der Flak-Kaserne entgegen. Es war für mich, aber natürlich auch für die Autos, welchen wir begegneten, ein großes Glück, daß der Verkehr in dieser Nachkriegszeit beinahe lahmgelegt war. Nur hie und da kam uns ein amerikanischer Militärwagen entgegen, sonst nur Radfahrer, aber auch das sehr selten; Kurt, welcher neben mir saß, war ganz aufgeregt, und immer, wenn uns jemand begegnete, stieß er mich vor Nervosität in meinen Oberschenkel. Bis heute kann ich nicht verstehen, wie wir im Lager heil ankamen. Doch eines wußte ich genau: woher ich den Bluterguß an meinem Oberschenkel hatte.

Schon am nächsten Morgen fuhren Kurt und ich mit Medikamenten, Verbandstoff und mit viel gutem Willen versehen in die umliegenden Lager, um den Dortgebliebenen zu helfen oder sie eventuell in ein Krankenhaus zu bringen. Wieder wurde uns vor Augen geführt, was wir hinter uns hatten, was Menschen erlitten haben und wahrscheinlich für die Zukunft, für lange Zeit noch, körperlich wie seelisch werden leiden müssen. Es war grauenhaft zuzusehen, wie diese armen Menschen ganz apathisch ihrer Zukunft entgegenblickten. Wäre unsere Tätigkeit nicht gewesen, wären wahrscheinlich Kurt und ich in demselben Zustand gewesen wie diese Geschöpfe. Wir arbeiteten wirklich sehr schwer und kamen jeden Abend todmüde ins Lager zurück, jedoch mit dem guten Gefühl, etwas für die Mitmenschen geleistet zu haben.

Während Kurt und ich arbeiteten, blieben unsere tschechischen Freunde im Lager, erledigten alle Formalitäten und freundeten sich dabei mit einigen Amerikanern an. Einer dieser Amerikaner verliebte sich in eines unserer tschechischen Mädchen, die Liebe ihrerseits brannte auch, und er überlegte, wie er sie verwöhnen könnte. Er meinte, daß wir lange genug in Lagern gelebt hätten und daß wir unbedingt eine bessere Unterkunft bräuchten. Es dauerte nicht lange, da verkündete er unseren Freunden, daß für uns zwölf Tschechen eine Villa requiriert worden sei und daß wir aus dem Auffanglager, der Flak-Kaserne, schon den nächsten Tag übersiedeln würden. »Übersiedeln« ist ein viel zu großartiger Begriff, denn wir besaßen gar nichts außer den Kleidern, welche wir trugen. Mit den nötigen Ausweispapieren setzten sich unsere Freunde in zwei amerikanische Jeeps,

Kurt und ich fuhren ihnen nach. So kamen wir, von den Amerikanern eskortiert und auf drei Fahrzeuge verteilt, die schön geschwungene Auffahrt zur Villa des Direktors der Mitteldeutschen Motorenwerke hinaufgefahren. Diese Auffahrt war von beiden Seiten mit riesigen Fliederbüschen begrenzt, welche gerade zu dieser Zeit prächtige lila und weiße Blüten hatten und wunderbar dufteten. In dem Moment, als ich diesen Flieder sah, rief er in mir sofort die Erinnerung an Großmutters Hof wach, wo der lila und weiße Fliederbusch gestanden hatte, und alles in mir bäumte sich auf: Ich wollte endlich nach Hause.

Diese Villa hatte einen ganz riesigen Salon, welcher an einen herrlichen Wintergarten grenzte. Mein Blick fiel jedoch sofort auf den großen Konzertflügel, welcher in der einen Ecke des Salons stand. Ich sah nichts anderes, konnte nichts in mich aufnehmen, konnte an nichts anderes denken. Wie fasziniert ging ich auf den Flügel zu, öffnete die Klaviatur und traute mich nicht, die Tasten auch nur anzurühren. Ich begann zu weinen. Wo waren die Jahre meiner Musikausbildung geblieben? Was ist aus all meinen Plänen mit der Musik geworden? Ich versuchte zu spielen, doch meine Finger folgten nicht, sie waren von der schweren Arbeit und den Frostbeulen ganz steif geworden. Ich weiß nicht, ob meine Freunde das, was in mir vorging, bemerkt und verstanden haben, doch in diesem Augenblick kam mir ganz klar zu Bewußtsein, was die Deutschen aus uns Juden gemacht haben, wieviel Leid sie uns zugefügt haben. Wie konnten wir das nur alles überstehen? Welche Kraft hielt uns aufrecht? Wo nahmen wir diese Kraft her? Sie wollten uns alle vernichten, aber es ist euch, ihr Nazis, nicht geglückt. Wir leben weiter und werden weiterleben, trotz unserer schweren Last werden wir erhobenen Hauptes einhergehen. Euch zum Trotz. Und jedem und überall werde ich, wo ich nur kann, erzählen und sprechen, damit euer Makel nie reingewaschen werden kann.

Im ersten Stock, welchen man über eine breite Treppe erreichte, befanden sich einige Schlafzimmer, die dazugehörigen Badezimmer und Toiletten. Alles war sehr geschmackvoll eingerichtet, und wir Zwölf ließen uns häuslich nieder. Unsere Sträflingskleidung wirkte hier, in diesem eleganten Milieu, besonders abstoßend, doch es hatte sich uns bis jetzt noch keine Gelegenheit geboten, diese gegen irgendwelche normale Kleidung auszutauschen. Außerdem hatte sich diese Kleidung bisher auch als nützlich erwiesen, wenn wir bei Behörden vorsprechen wollten oder Eintritt in diese erhalten wollten.

Die Amerikaner versorgten uns von unserem ersten Tag in der Villa an mit Lebensmitteln, welche wir in wirklich ganz großen Mengen bekamen. Kurt und ich arbeiteten weiter in den verschiedenen Lagern, doch die anderen, welche in der Villa zurückblieben, fingen zu kochen und zu wirtschaften an. Die riesige Küche befand sich neben dem Salon, große Messingpfannen und Messingtöpfe waren dort an den Wänden aufgehängt. So eine Küche hatte ich bis zu dieser Zeit nur im Film gesehen. Jeden Abend, wenn Kurt und ich aus der Arbeit kamen, erwartete uns ein wirklich köstliches Essen. Unsere zusammengeschrumpften Mägen waren nun schon langsam geneigt, etwas größere Mengen von Speisen aufzunehmen, ohne sich, wie noch vor ganz kurzer Zeit, dagegen aufzubäumen. Viele unserer Mithäftlinge konnten sich beim Anblick von so vielen köstlichen Sachen – wie zum Beispiel Schokolade – nicht zurückhalten und wurden ernstlich krank, da der Magen und alle Eingeweide die plötzliche Überlastung nicht aushielten.

Wir waren der festen Überzeugung, daß die Villa leerstünde, doch stellte es sich bald heraus, daß in diesem riesengroßen Haus die Frau des Besitzers alleine lebte. Der Direktor selbst war sofort, nachdem die Amerikaner Leipzig besetzt hatten, als Kriegsverbrecher verhaftet worden. Seine Frau protestierte heftig gegen die Einquartierung von »Sträflingen«, doch für uns war es ein wahres Vergnügen, sie sofort nach unserem Einzug in ein Giebelzimmer zu jagen. Sie bekam sowohl von den Amerikanern wie auch von uns den Auftrag, uns alles, was wir in diesem Hause benötigten, zu geben, doch sollte sie sich nicht unterstehen, uns zu behelligen. Wir teilten dieser Dame mit, daß wir keine Verbrecher, sondern Juden wären, was in ihren Augen aber noch viel ärger war als Schwerverbrecher. Sie zog sich eiligst in ihr Giebelzimmer zurück, und wir waren froh, sie die ganze Zeit unseres Aufenthaltes nicht mehr zu sehen. Wahrscheinlich hegte sie dieselbe Abneigung uns gegenüber wie wir ihr gegenüber.

Wieder mußten wir unser neues Leben den neuen Verhältnissen anpassen. In der Villa befanden sich einige Radios, und das erste, was wir taten, war, einen regelrechten Abhördienst einzurichten. Wir erfuhren endlich von dem völligen Zusammenbruch des Dritten Reiches und einige Tage später vom endgültigen Kriegsende. Diese Nachrichten nahmen wir inzwischen als Selbstverständlichkeit auf, denn seit unserer Flucht aus Taucha waren wir darauf schon vorbereitet, so daß die offizielle Nachricht uns nicht überraschte. Was uns aber überraschte waren die vielen Begriffe und Namen, welche uns völlig fremd waren. Sechs Jahre lang hatten wir ohne Radio und beinahe vier Jahre ohne Zeitungen gelebt. Jetzt wurde uns klar, wieviel sich in der Welt ereignet hatte, denn wir fanden uns in der Politik gar nicht mehr zurecht.

Wir ließen deshalb diese Nachrichten beiseite, denn viel wichtiger waren für uns die Suchnachrichten. Diese hatte das Internationale Rote Kreuz eingerichtet und den ganzen Tag, bis spät in die Nacht hinein, wurden sie gesendet. Jeder von uns hatte alphabetisch geordnete Listen seiner Verwandten angelegt, und die erste Frage, wenn wir aus der Arbeit kamen, war die, ob man irgend jemanden von unseren Freunden und Verwandten genannt habe. Es war zum Verzweifeln, so viele Namen wurden durchgegeben, doch keiner von den Unsrigen.

Die Amerikaner waren unsere ständigen Gäste, denn es gelang uns, in dieser Villa eine angenehme, häusliche Atmosphäre zu schaffen, welche die Soldaten an ihre Heimat und an ihr Zuhause erinnerte. Sie kamen immer mit Lebensmitteln beladen an und brachten uns auch die verschiedensten kleinen Geschenke mit. Was für uns als zweite Etappe in unserem Übergang zum normalen Leben sehr wichtig war, war Kleidung. Die Soldaten versorgten uns auch damit, so daß wir endlich unsere gestreiften Sträflingsuniformen ablegen konnten. Es dauerte nicht lange, da bemerkten wir, daß die häufigen Besuche eines der Soldaten eigentlich einer jungen, sehr hübschen Frau galten. So kehrte das normale Leben auch auf dem Gebiet der Liebe und des Flirts zu uns zurück. Die Abende verbrachten wir meist in Gesellschaft der Soldaten, welche wir aus ihren Vorräten bewirteten; ich traute mich langsam ans Klavier heran, und bald zogen Musik und Gesang in die Villa ein.

Unsere Gespräche und Gedanken konzentrierten sich aber auf unsere Zukunft. Wir wurden unruhig und wollten endlich in unsere Heimat, zu unseren Lieben zurück. Unsere amerikanischen Freunde rieten uns ab, zurück in die Tschechoslowakei zu gehen, und boten uns an, alles zu unternehmen, um es unserer Gruppe zu ermöglichen, nach Amerika zu kommen. Diesen Vorschlag wiesen wir ganz kategorisch zurück, denn wen hatten wir schon in Amerika, wogegen uns in der Tschechoslowakei doch unsere Familie erwartete.

Eines Tages kam im Radio die Nachricht durch, daß die Tschechoslowakei Autobusse in die verschiedenen Konzentrationslager sende, um ihre Leute zu repatriieren. Die ersten Autobusse wurden nach Buchenwald geschickt. Zwei von unserer Gruppe fuhren nach Buchenwald, was bei dem Nachkriegschaos einen vollen Tag in Anspruch nahm, um uns für die Repatriierung anzumelden und zwölf Plätze für uns zu sichern. Eine Riesenfreude brach aus, als wir erfuhren, daß wir in weiteren vier Tagen unsere Heimreise antreten könnten. Aber nicht nur freudige Erwartung machte uns so aufgeregt, wir hatten auch Angst. Was würde uns zu Hause erwarten? Was ist mit unseren Lieben geschehen? Wen werden wir antreffen? Wohin können wir gehen? Wir hatten doch gar kein Zuhause mehr.

Jedem von uns genügte eine kleine Reisetasche, und selbst darin war noch viel zuviel Platz für die wenigen Sachen, welche unser Eigentum waren. Meine Reisetasche wog jedoch am schwersten, denn darin war mein so wertvolles Hufeisen verstaut, welches mich von meinem ersten Tag in Taucha an begleitet hatte. Das kleine goldene Kettchen mit dem heiligen Antonius, dem Helfer in Notlagen, welches ich in Auschwitz von einem Schwerverbrecher über den Zaun geworfen bekommen hatte, war nun nicht mehr unter der Zunge, sondern hatte seinen Ehrenplatz an meinem Hals. Diese zwei Gegenstände waren meine wertvollsten Sachen, welche ich hütete und welche mir Halt gaben. Ich klammerte mich an diese Sachen. Warum? Dafür gibt es keinen Grund, keine Erklärung.

Unsere amerikanischen Freunde brachten uns nach Buchenwald, welches unter amerikanischer Aufsicht stand. Wieder betraten wir ein riesiges Konzentrationslager, nur mit dem einen Unterschied, daß wir diesmal freie Menschen waren. Es wimmelte da von amerikanischem Militär und Menschen in Sträflingsanzügen. Im Verwaltungsgebäude sagte man uns, daß man jeden Augenblick einen der tschechischen Autobusse erwarte und daß wir uns nicht entfernen sollten. Wir fragten, ob eine Liste der KZ-Insassen vorliege, und nach einer bejahenden Antwort setzten wir uns hin und begannen fieberhaft, diese Listen durchzusehen. Kein vertrauter Name befand sich darunter, doch plötzlich stieß ich auf den Namen Kurt Meyer. Kurt, welcher mir in Theresienstadt sein Akkordeon geliehen hatte, Kurt, mit welchem ich viele schöne, mit Musik ausgefüllte Stunden verbracht hatte. In der Liste stand, daß er sich im Krankenrevier befände. Nichts konnte mich mehr aufhalten, ich lief hin, um ihn zu sehen. Der Eintritt wurde mir aber verweigert; mir wurde mitgeteilt, daß Kurt sehr krank sei und Typhus habe. Ich weiß nicht, ob man ihm meine Grüße und Wünsche bestellt hat, ob er sich in diesem Zustand überhaupt noch an jemanden erinnern konnte. Ich rannte zurück, und schon von weitem sah ich die Autobusse, welche uns in unsere Heimat bringen sollten. Zaghaft bestieg ich einen, gesellte mich zu meinen Freunden und verließ Buchenwald, ohne Kurt gesehen zu haben. Was für einer Zukunft fahren wir diesmal entgegen?

Auf unserer Fahrt aus Deutschland heraus kamen wir durch deutsche Städte, welche bombardiert worden waren, und dies löste in mir eine Genugtuung aus, denn wer anderen solches Leiden zufügt, soll selbst leiden. Die Nazis wollten ein Volk vernichten, weil es, so unschuldig geboren wie nur irgendeines, jüdisch war; sie stürzten dadurch ihr eigenes Volk ins Unglück und richteten Verheerung an. Das alles nur eines Mannes wegen, welcher wahnsinnig war, jedoch von seinem eigenen Volk verehrt wurde, das ihm gehorchte und widerstandslos seine Wahnideen durchführte. Zum ersten Male sahen wir bei der Durchfahrt, was Krieg bedeutet, sahen die Verheerung und Vernichtung, sahen das zerstörte Dresden, wo nur die Hofkirche unbehelligt geblieben schien, sahen die Mauerreste, welche wie ein Warnungszeichen aus der Erde herausragten. Diese Mauern schienen zu schreien: Nie mehr Krieg, nie mehr Vernichtung von Menschen und Häusern! Wird dieser Schrei in Zukunft beachtet werden? Sind in Deutschland nicht noch immer Menschen da, welche sich für Hitler und seine Ideen begeistern? Sind sie blind dem Geschehenen gegenüber geblieben? Die Städte werden neu errichtet werden, doch der Schandfleck, welcher Holocaust heißt, wird für immer bestehen.

Als unser Autobus zur Zonengrenze kam, welche damals etwas hinter Leipzig lag, verabschiedeten sich die Amerikaner von uns, und wir wurden von den Russen übernommen. Welch ein Unterschied! Die Nonchalance der Amerikaner – die Schwerfälligkeit der Russen. Die adretten, schlanken Amerikaner – die verschiedenartigsten, unordentlichen Uniformen der plumpen Russen. Die freundlichen und lächelnden Amerikaner – die mürrischen und ernsten Russen. Die Jeeps der Amerikaner – die von Pferden gezogenen Holzkarren der Russen. Dies waren die ersten Eindrücke, und uns tat es im Augenblick leid, daß wir die Amerikaner gegen die Russen wechseln mußten. Doch verwarfen wir diese Gedanken bald und schenkten ihnen keine Beachtung mehr, denn wir fuhren ja nach Hause. Das war das Wichtige, das Ausschlaggebende.

Wir zwölf saßen zusammengedrängt mit noch anderen, uns unbekannten Mitfahrern, meist ehemaligen politischen Häftlingen. Wieviel Gemeinsames hatten wir doch. Trotzdem schwiegen wir alle, denn ein jeder von uns war in die eigenen Gedanken versunken. Was erwartet uns zu Hause? Wer wartet da auf uns? Was hat sich während unserer Abwesenheit ereignet? Wohin bringt man uns? Wir haben ja kein Heim. Wie werden wir nach all dem Erlebten wieder ein normales Leben leben können? Wovon werden wir leben? Womit werden wir unseren Unterhalt verdienen können, wo wir doch keine Berufe haben?

Die ersten Häuser der Vorstädte Prags tauchten auf, und eine helle Aufregung bemächtigte sich unserer. Wir fingen abwechselnd zu weinen und zu singen an. Viel konnten wir nicht sehen, denn es war stockdunkel, aber das Gefühl, nach soviel schwer Erlittenem wieder auf Heimatboden zu sein, war überwältigend.

Inzwischen hatte sich in Prag ein Repatriierungsamt gebildet, welches ganz hervorragende Arbeit in dieser kurzen Zeitspanne zwischen Kriegsende und Frieden leistete. Wir wurden in einem großen Haus untergebracht, wo uns saubere Betten, Essen, ein Bad und sehr freundliche Leute willkommen hießen. Viel geredet wurde nicht, denn wir waren alle todmüde. Am nächsten Morgen wurden wir zunächst registriert, bekamen ein Taschengeld von fünfhundert Kronen, und es wurde uns mitgeteilt, daß wir bleiben könnten, so lange wir wollten.

Berta hatte vor ihrer Verhaftung in Prag gelebt, und unser erster Weg führte uns in ihre Vorkriegswohnung nach Prag-Libeň. Zu unserer großen Überraschung stellten wir fest, daß diese Wohnung leerstand. Während des Krieges hatten Deutsche dort gewohnt, welche sofort nach der Friedensverkündung aus der Wohnung und auch aus der Tschechoslowakei geflohen waren. Wir liefen aufs Wohnungsamt, damit man Berta die Schlüssel zu der versiegelten Wohnung aushändigte, was auch geschah, nachdem Berta einen Auszug aus dem Polizeiregister erhalten hatte, welcher bestätigte, daß sie diese Wohnung vor dem Krieg bewohnt hatte. Ganz aufgeregt öffnete Berta die Wohnungstür und brach in bitteres Weinen aus, denn die Erinnerung an ihren Mann und ihren Sohn Pavliček wurde nun ganz wach. Wie gut war es, daß wir zwei zusammen waren, denn Berta benötigte dringend einen guten Freund in diesem Moment. Wie schwer war doch unsere Rückkehr. Mit wieviel Leid verbunden.

Zu ihrem Erstaunen fand Berta ihre Wohnungseinrichtung komplett vor. Es fehlte beinahe nichts, und Berta konnte ihr Leben in ihrer Wohnung beginnen. Sie lud mich ein, bei ihr zu bleiben. Wir meldeten uns aus dem provisorischen Auffanglager ab, und ich zog unter Hinterlassung meiner neuen Adresse sofort zu Berta. Diese Wohnung war von jetzt an der Treffpunkt für einige unserer Freunde, welche nirgendwohin gehen konnten. Kurt zog zu einem Freund aus Theresienstadt in dessen Wohnung, aber den Tag über hielt er sich bei uns in Bertas Wohnung auf.

Unser nächster Weg führte uns auf die jüdische Kultusgemeinde, um zu erfahren, ob Juden zurückgekommen waren, ob Listen vorlagen. Wie groß war die Enttäuschung, als wir nach Vorlegung der Listen feststellen mußten, daß niemand von unseren Lieben sich gemeldet hatte. Wir gaben auch da unsere Adressen an und bekamen, nachdem wir wieder registriert waren, Essensmarken ausgeliefert. Es wurde von der Gemeinde eine große Küche für die Rückkehrer eingerichtet, wo wir uns kostenlos verpflegen konnten. Wir nahmen aber nur das Mittagessen in Anspruch, denn diese Küche war von unserer Wohnung zu weit abgelegen.

Nach wenigen Tagen in Prag, welche ich für die nötigsten amtlichen Erledigungen benützte, faßte ich den Entschluß, nach Brünn und Posorschitz zu fahren, um ausfindig zu machen, wer von meiner Familie zurückgekommen war. Als wir in Theresienstadt voneinander Abschied nahmen, hatten wir Posorschitz und Miloš als ersten Treffpunkt nach dem Krieg vereinbart. Der zweite Treffpunkt war die Wohnung von Tante Alma in Brünn. Die letzte Möglichkeit war Ostrau.

Leider mußte ich feststellen, daß Nachkriegsreisen eine Sache der Unmöglichkeit war. Es herrschte ein großes Durcheinander, es gab keinen Fahrplan, und wollte man mit dem Zug irgendwohin gelangen, mußte man den vorhergehenden Tag auf dem Bahnhof verbringen, um eventuell einen Platz in einem in der gewünschten Richtung fahrenden Zug zu ergattern. Dennoch beschloß ich, dieses Abenteuer zu riskieren, denn ich wollte unbedingt meine Familie treffen. Doch mußte ich diese Reise der kommenden Ereignisse wegen um einige Tage verschieben.

Als wir von unserer Erkundung der Reisemöglichkeiten in Bertas Wohnung zurückkamen, wartete dort ein Freund Kurts, welcher seinen Namen bei der Kultusgemeinde gelesen hatte. Dieser teilte Kurt mit, daß er gesehen hatte, wie Kurts Frau Lisa mit ihrer kleinen Tochter Evička bei der Selektion auf die zur Vergasung bestimmte Seite geschickt worden war. Zuerst konnten oder wollten wir diese Hiobsbotschaft nicht verstehen, doch nach und nach erfaßten wir alle die Bedeutung dieser schrecklichen Worte. Kurt brach in bitteres Weinen aus und verließ panikartig die Wohnung. Ich rannte ihm nach, denn wir befürchteten, daß er in seiner Verzweiflung etwas Unüberlegtes tun könnte. Ich ließ ihn zunächst mit sich allein, und er merkte nicht, daß ich ihm in einem gewissen Abstand folgte. Er ging ans Moldau-Ufer, und als er sich an die Kaimauer lehnte, trat ich auf ihn zu und begann mit ihm zu reden.

Wir waren beide, kaum daß wir Hoffnung schöpften, wieder ein normales Leben beginnen zu können, aufs neue mit dem unermeßlichen Leid konfrontiert, das uns Juden, dem jüdischen Volk überhaupt, zugefügt worden war. Kaum waren wir selbst, welche durch diese Hölle gegangen waren, befreit worden, trafen uns die nächsten Schicksalsschläge. Wieviel kann ein Mensch ertragen? Kann man bei all dem noch normal bleiben? Kurz nachdem Kurt davon erfahren hatte, daß seine Frau und sein Töchterchen vergast worden waren, bekam er auch noch die Nachricht, daß seine Mutter und sein jüngerer Bruder Leo auf die gleiche Weise getötet worden waren. Niemand, aber auch niemand konnte ihn in diesem Leid trösten. Ein jeder von uns mußte selbst dieses Schreckliche und Unfaßbare zu begreifen versuchen. Niemand, welcher nicht selbst das Lager überlebt hat, kann sich eine blasse Vorstellung von dem machen, was uns geschehen ist. So konnte es allein die Aufgabe von uns Mithäftlingen sein, welche aber sehr viel Kraft von uns erforderte, unseren Freunden durch unser Verstehen Rückhalt und langsam auch wieder Mut zu geben, welchen sie so dringend benötigten. Wie oft saßen wir uns schweigend, aber verständnisvoll gegenüber, denn wir spürten, daß Schweigen, Anwesenheit und Beistand viel mehr halfen als banale Worte. Wo wir diese Kraft hernahmen, kann ich bis heute nicht verstehen. Es entwickelte sich dadurch ein Freundschafts- und Kameradschaftsband, welches nie mehr zerreißen sollte.

Noch einige Tage blieb ich Kurts Zustand wegen in Prag, und als ich sah, daß er sich langsam von dem großen Schock erholte, trat in meinen Kreuzweg an. Um ehrlich zu sein, ich fürchtete mich davor sehr und hätte diesen Weg am liebsten auf ewig vor mir hergeschoben. In der Nacht fuhren damals in Prag keine Straßenbahnen. Wir brachen um zwei Uhr früh zu Fuß auf, um den Zug, welcher um zehn Uhr vormittags Richtung Brünn abfahren sollte, zu erreichen. Da ich als eine der ersten dort ankam, hatte ich das große Glück, noch einen Sitzplatz zu bekommen. Der Zug war derart überfüllt, daß Leute sogar draußen auf den Waggontreppen saßen, was eigentlich strengstens verboten war, doch in dieser Zeit des Chaos war so ein Verbot bedeutungslos. Nach einer langen Bummelfahrt blieb der Zug ganz weit draußen, einige Kilometer vor Brünn stehen. Die Dunkelheit brach herein, und wir hatten keine andere Möglichkeit, als uns zu Fuß der Stadt zu zu begeben. Wir kamen durch ein Dorf, und zu meinem großen Glück fragte ich einen Bauern, wie weit es nach Posorschitz sei und welche Richtung ich dorthin einschlagen müsse. Er antwortete, ich sei nur etwa zehn Kilometer von Posorschitz entfernt. Da ich in Brünn nicht gewußte hätte, wohin und an wen ich mich hätte wenden können, und die Entfernung beinahe die gleiche war, beschloß ich, mich in dieser Nacht alleine auf den Weg nach Posorschitz zu begeben.

Es war späte Nacht, als ich vor dem Haus der Familie Žalman ankam. Ich war fest entschlossen, die Nacht draußen im Freien zu verbringen, denn ich konnte doch unmöglich so spät stören. Wie viele schöne Stunden hatte ich in diesem Hause zugebracht, wie vertraut war mir doch dieses Haus. Da bemerkte ich Licht in Miloš' Fenster und stieß unseren Signal-Pfiff aus. Es dauerte nur Sekunden bis Miloš das Gartentor geöffnet hatte, und schon lagen wir uns in den Armen.

»Wo ist Edith, wo ist Edith?« stieß Miloš ungeduldig hervor.

»Ich hoffte, ich würde sie hier finden«, sagte ich, »hat sie sich bis jetzt nicht gemeldet?«

Ich hatte erwartet, daß es irgendein Lebenszeichen von meiner Familie in Posorschitz geben würde, doch bis jetzt hatte sich noch niemand gemeldet, und meine Hoffnung begann, nachdem ich selbst so viel gesehen und mitgemacht hatte, sofort zu schwinden. Plötzlich hörte ich mich sagen: »Wahrscheinlich wurden alle vergast.«

Dieser Satz hat sich in den drei Jahren ganz tief in mich eingeprägt. Für uns, welche Auschwitz erlebt hatten, war dies eine trockene und wahre Feststellung, eine Tatsache, eine Selbstverständlichkeit. In den Sekunden, in denen ich diesen Satz aussprach, dachte ich gar nicht daran, daß ihn andere nicht verstehen könnten. Noch heute sehe ich das Entsetzen in Miloš' Miene. Sicher hielt er mich in diesem Augenblick für wahnsinnig oder für gefühllos. Waren mir wirklich meine Gefühle genommen worden?

Miloš brachte mich ins Gästezimmer, ohne die Eltern aufzuwecken. In der Frühe erwartete mich ein ganz warmes Willkommen. Ich war die erste unserer Familie, welche sich gemeldet hatte. Alle versicherten mir, daß bestimmt in den nächsten Tagen weitere Familienmitglieder erscheinen würden. Die Familie Žalman stellte mir ein Zimmer zur Verfügung und schlug mir vor, solange bei ihnen zu bleiben, bis sich jemand melden würde, was ich zuerst ganz dankbar annahm.

Am nächsten Morgen nahm mich Miloš zu einer ganz langen Wanderung durch die Wälder von Posorschitz mit, und er zwang mich, ihm über alles zu berichten. Ich redete und redete und fand in Miloš einen verständnisvollen Zuhörer, welcher mich stundenlang nicht unterbrach. Wir wanderten an all den Stellen vorbei, welche ganz eng mit der Erinnerung an die gemeinsam verbrachten Stunden verbunden waren. Wir kamen an den Hütten, dem Liebesnest von Miloš und Edith und dem späteren Obdach der jüdischen Baumfällergruppe vorbei. Wie viele glückliche Stunden hatten wir dort verbracht. Wo waren sie alle? Werden sie zurückkommen? Da war der Bach, an welchem ich alleine Stunden verbracht hatte, um Forellen zu fischen und um Edith und Miloš die Gelegeneit zu geben, sich inzwischen in der Hütte zu lieben. Wir kamen an dem Baum vorbei, unter welchem Koni und ich seiner Eltern Familienschmuck vergraben hatten, doch wir fanden diesen nicht wieder. Schmuck und andere Sachen haben in meinen Augen an Wert völlig verloren, denn für mich war damals nur ein einziger Wert geblieben – LEBEN.

Am nächsten Tag unternahm ich einen Spaziergang durchs Dorf. Mein Herz zerriß unter den schmerzlichen Erinnerungen. Da haben wir gewohnt, dort haben wir gearbeitet, da waren Edith, Vater, Lore, kurz alle. Die wenigen glücklichen Monate, welche uns noch in Posorschitz vergönnt gewesen waren, rollten vor meinen Augen ab. Die Dorfbewohner begrüßten mich ganz scheu und waren in Verlegenheit, ob sie nach meinen Lieben fragen sollten. Auch ihnen war die Nachricht über die Judenvernichtung zu Ohren gekommen. Ich hörte sie immer wieder sagen:

»Wie gut, daß Sie zurückgekommen sind. Was ist mit Ihrer Familie geschehen?«

Immer wieder gab ich zur Antwort:

»Wahrscheinlich sind alle vergast worden.«

Wieder diese entsetzten Blicke, welche ich nicht verstehen konnte, erst als mich Miloš beiseite nahm und mich bat, diesen Satz zu ändern, denn er werde bestimmt von denen, welche nicht da waren, schlecht ausgelegt werden, was später auch geschah.

In Posorschitz hatten wir alle Sachen zurückgelassen, welche wir nicht nach Theresienstadt hatten mitnehmen können. Unter diesen Sachen befand sich auch mein Akkordeon. Dieses Instrument war das einzige, was ich zurückhaben wollte. Sonst interessierte mich gar nichts; wahrscheinlich wollte ich auch keine Sachen sehen, die meiner Familie gehörten. Zu meinem Erstaunen erfuhr ich, daß nicht die Deutschen, sondern die Russen, welche Posorschitz besetzt hatten, mein Akkordeon mitgenommen hatten, dafür aber ein ganz wertloses altes Instrument dagelassen hatten. Ich hatte also dieses Instrument verloren, welches mit meiner Jugend so fest verbunden war und mir so ans Herz gewachsen war. Langsam kristallisierte sich in mir die Erkenntnis heraus, daß mir alles, was an meine Vergangenheit geknüpft war, genommen worden war. Nur die Erinnerungen blieben mir.

Miloš erzählte mir, daß er sofort abgeholt worden war, nachdem wir nach Theresienstadt transportiert worden waren. Der Grund dafür: Verbindung zu Juden. Er verbrachte drei Jahre in tschechischen Gefängnissen, und mich tröstete der einzige Gedanke dabei, daß er nicht durch die Hölle eines Konzentrationslagers hatte gehen müssen. Miloš hatte vor dem Krieg Medizin studiert und nun, da die Universitäten wieder geöffnet waren, sofort sein Studium wieder aufgenommen. Er war über das Nichtwiederkehren von Edith verzweifelt. Er wartete und wartete, denn er liebte Edith ganz tief und konnte und wollte nicht begreifen, daß Edith, diese wunderschöne Edith, nie wieder zurückkommen kann. Das Gefängnisleben hatte er nur ertragen, weil ihm die Hoffnung auf Ediths Rückkehr die Kraft dazu gab.

Drei Tage verbrachte ich in Posorschitz, drei schwere, aber auch schöne Tage, und nachdem ich meine Prager Adresse zurückgelassen hatte, verabschiedete ich mich schweren Herzens von meinen Freunden dort, um die nächste Etappe meines Suchens anzutreten. Diesmal war das Ziel Ostrau. Wieder das Warten auf dem Masaryk-Bahnhof in Brünn, bis endlich ein überfüllter Zug ankam, welcher Richtung Ostrau fuhr. Diesmal bekam ich nur einen Stehplatz, aber der Gedanke, daß dieser Stehplatz im Vergleich zu den Viehwaggons ein Luxusplatz war, tröstete mich.

Am Spätnachmittag kam ich in meiner Geburtsstadt an; der Zug hielt in Oderfurt im Bahnhof. Ein kurzer Weg von etwa zehn Minuten brachte mich zum Haus von Onkel Hugo, welches ganz in der Nähe des Bahnhofs lag. Das Haus stand zwar noch da, aber alles, was es je beinhaltet hatte, war geraubt. Leere Wände starrten mir entgegen. Aus der Fabrik war alles, was nur entfernt werden konnte, verschwunden. Nichts, aber auch gar nichts war übriggeblieben, nur die nackten Wände starrten mich spöttisch an.

Es dunkelte und ich fing an, mich nach einer Schlafgelegenheit umzusehen. Da mich die Žalmans mit etwas Geld versehen hatten, ging ich fest entschlossen auf das erste Hotel zu, welches ich sah. Alle Hotelbesitzer in Oderfurt kannten uns gut, da mein Vater ihr Lieferant gewesen war. Doch als ich im ersten Hotel fragte, bekam ich zur Antwort:

»Wir freuen uns wirklich, daß Sie zurückgekommen sind, Fräulein Huppert, aber wir können Ihnen kein Zimmer geben, denn diese sind alle von den Russen besetzt.«

Es waren im ganzen drei Hotels, in welchen ich dieselbe Antwort bekam, und die Verzweiflung packte mich: Hier stehe ich am Ringplatz, in meiner Heimatstadt, in welche ich nach sechs Jahren Exil und Konzentrationslager zurückgekehrt bin, als völlig Fremde und weiß nicht, wohin ich gehen kann, um die anrückende Nacht unter einem Dach zu verbringen. Hilflos stand ich mitten auf dem Marktplatz, und ein Weinen schüttelte mich. Am liebsten wäre ich auf die jüdische Kultusgemeinde gelaufen, doch wußte ich, daß zu dieser späten Stunde dort niemand mehr sein würde. Ich wußte, wenn ich einem einzigen Juden begegnet wäre, hätte mich dieser für die Nacht aufgenommen.

Plötzlich hörte ich eine Stimme neben mir:

»Fräulein Rutinko, sind Sie das?«

Neben mir sah ich ein ganz altes, gebeugtes Mütterlein stehen, welches ich gar nicht kannte.

»Ja, das bin ich«, sagte ich erstaunt.

»Warum weinen Sie denn?« fragte mich diese Frau.

»Weil ich aus dem Konzentrationslager endlich in meine Heimatstadt komme und nirgendwohin gehen kann, um die Nacht zu verbringen.«

»Fräulein Rutinko, ich bin die Hebamme, welche Ihrer Mutter geholfen hat, Sie und Ihre Schwester zum ersten Male zur Welt zu bringen – und jetzt, wo Sie zum zweiten Male geboren sind, will ich Ihnen wieder helfen. Sie kommen eben zu mir ins Haus zum Schlafen.«

Der Tränenstrom vergrößerte sich, doch nahm ich dankbar dieses Angebot an. So viel Einfühlungsvermögen und Verständnis kann man nur bei ganz einfachen und herzensguten Menschen erwarten. Frau Polaček führte mich in ihre Wohnung, welche nur aus einem Zimmer und Küche bestand. Die Nacht verbrachten wir gemeinsam im Zimmer, in einem riesengroßen Bett mit einer riesengroßen Federdecke. Frau Polaček erzählte mir von meiner Familie, mit welcher sie, als wir noch in Ostrau lebten, in ständiger Verbindung gestanden hatte und sich jede Woche ihre Wurst- und Fleischration aus dem Geschäft geholt hatte. Seit wir aus Ostrau weg waren, hatte sie diese Ration sehr vermißt, da sie nicht genug Geld hatte, um sich Fleisch und Wurst kaufen zu können. Sie hoffte ebenso wie ich, daß ich meine Familie wiederfinden würde und bat mich, sie auf dem laufenden zu halten. Ich fand keine passenden Dankesworte und versprach wiederzukommen. Als ich mein Versprechen einige Monate später einhielt, fand ich Frau Polaček nicht mehr vor. Sie war, nachdem sie ihre letzte gute Tat begangen hatte, ganz selig und ruhig von dieser Welt gegangen.

Am Morgen fuhr ich zur jüdischen Kultusgemeinde in Ostrau, um dort die Listen nachzusehen und zu erfahren, ob sich nicht doch jemand von meiner Familie gemeldet hatte. Je näher ich kam, desto zaghafter wurde ich, denn ich ahnte schon das Ergebnis. Bis jetzt hatte sich niemand gemeldet. Sollte es möglich sein, daß von meiner so riesengroßen Familie niemand zurückgekommen ist? Kann es möglich sein, daß alle vergast wurden? Noch war die Wunde in mir viel zu frisch, um die Tragweite all dessen erfassen zu können. Es blieb mir nichts anderes übrig, als auch hier meine Adresse zurückzulassen und meiner mir nun so fremden Heimatstadt den Rücken zu kehren.

Bevor ich jedoch Ostrau verließ, fuhr ich zu Gustav, unserem ehemaligen Gesellen, welcher ein eigenes großes, villenartiges Haus besaß, und bei welchem wir beinahe alle unsere Sachen sowie auch den Schmuck zum Aufbewahren hinterlegt hatten. Auch Ediths und meine Aussteuer in den zwei eigens angefertigten Truhen war dort hinterlassen worden. Wo ist der freundliche Empfang und das Lächeln geblieben, mit welchem wir in diesem Hause immer begrüßt worden waren? Man empfing mich sehr kühl, und ich konnte die Enttäuschung über meine Rückkehr in den Gesichtern der Familie lesen. Ich wurde ins Wohnzimmer geführt, in welchem sich alle unsere Wohnzimmermöbel befanden. Und dort, an diesem Ort, zwischen den Sachen meiner Familie, wurde mir ins Gesicht gelogen, daß die Russen alles weggenommen hätten. Für alle eine sehr bequeme Ausrede. Gustav log mich weiter an, daß sich nur ganz wenige Sachen in ihrem Besitz befänden, welche sie mir selbstverständlich gerne zurückgeben wollten, wenn ich es verlangte. Wahr ist, daß mich in diesem Augenblick eine tiefe Gleichgültigkeit packte, und ich zu mir selbst sagte: Ich verzichte von Herzen gerne auf diese Gegenstände, wenn doch nur jemand zurückkäme. Was sind schon Dinge? Die sind ersetzbar, aber nichts kann mir meine Familie ersetzen.

Gustav und seine Familie konnten ja doch nicht verstehen, was sich mit mir ereignet hatte, wie gebrochen ich zu ihnen kam. Wie konnten sie, welche trotz deutscher Besatzung ein normales Leben in ihrem Hause weitergeführt hatten, sich in das von uns Erlebte einfühlen? Zum Schluß brachte ich noch dieser Familie mein Verständnis entgegen und verabschiedete mich mit den Worten, daß sie bitte unsere Sachen beiseite geben mögen, weil ich sie mir eines Tages abholen käme.

Unweit von Gustavs Haus, in Marienberg, befand sich das Haus meiner Großmutter, und ich entschloß mich, auch dieses Haus zu besuchen. Dort fand ich lauter fremde Bewohner vor, denen ich nicht einmal verriet, warum ich den Hof unerlaubterweise betreten hatte. Gegenüber Großmutters Haus befand sich das Haus von Onkel Otto, Vaters jüngstem Bruder. Verlassen und ausgeraubt stand es da. Mir fiel in diesen Tagen nicht ein, mich bei den Behörden um die Rückgabe dieser Häuser zu bemühen, denn mein Schmerz war viel zu groß und die materielle Seite interessierte mich überhaupt nicht. Überall hinterließ ich Bertas Adresse in Prag und trat dann meine Rückreise an, zu meinen Freunden, welche mir am nächsten waren.

In Prag angekommen, erwartete mich eine Überraschung. Koni hatte sich gemeldet! Riesige Freude überkam mich bei der Nachricht, daß es ihm gelungen war, zu überleben. Gleichzeitig jedoch grub sich bei mir ein Schmerz tief ein. Wie werde ich Koni, nachdem auch er der Hölle entronnen ist, mitteilen können, daß es für mich kein Zurück zu ihm geben wird? Niemand, auch nicht Kurt und Berta, konnten mir raten, sie konnten mir nur, wie immer, zur Seite stehen und mich moralisch unterstützen. Mir tat Koni sehr leid, doch ich wußte, daß ich ganz festbleiben mußte, auch wenn es Koni sehr schmerzen sollte.

Am nächsten Morgen erschien Koni, und ich bat Kurt und Berta, mich doch mit ihm alleine zu lassen. Heute noch wundere ich mich, wie hart ich damals mit Koni umgegangen bin. Kam es von dem im Konzentrationslager Erlebten? Hatte man mir denn wirklich alle Gefühle genommen? Ich finde keine Antwort auf diese Fragen. Ich weiß nur, daß meine ersten Worte Koni gegenüber wie Peitschenhiebe schmerzhaft gewesen sein mußten. Ich sagte ganz einfach:

»Koni, ich freue mich zwar schrecklich, daß es dir gelungen ist zurückzukehren, doch ich selbst kehre zu dir nicht mehr zurück.«

So, in einem Atemzug, stieß ich diese harten Worte hervor. Noch heute sehe ich Konis entsetztes Gesicht vor mir. Er konnte meine Haltung ihm gegenüber nicht begreifen, und mir fiel es wirklich schwer, nach dieser schrecklichen Zeit ihm meinen endgültigen Entschluß mitzuteilen. Bis heute weiß ich nicht, ob Koni meine Erklärungen und Beweggründe damals verstehen konnte, denn mir machte es Mühe, die richtigen Worte zu finden und mich klar auszudrücken. Wir verbrachten einen ganzen Tag zusammen in Prag. Koni erzählte mir von seinen Erlebnissen im Arbeitslager, und ich erwähnte nur ganz kurz meine Entbindung. Es war ja schließlich auch sein Kind gewesen und ich wußte nicht, was für eine Haltung Koni einnehmen wird, ob er das, was geschehen ist, auch wird begreifen können. Wird er mich für meine Tat verurteilen? Es lag eine gewisse Verlegenheit zwischen uns, beide suchten wir nach Worten, welche sehr schwer über unsere Lippen kamen. Wie ist es zu all dem gekommen? Wir haben uns doch vor diesen fürchterlichen Ereignissen wirklich geliebt. Koni war es gewesen, welcher in Theresienstadt vorgeschlagen hatte zu heiraten und mir dadurch eigentlich mein Leben rettete. Wäre ich damals wie meine Familie mit dem Osttransport gegangen, hätte ich ihr Schicksal geteilt. Ja, ich habe Koni mein Leben zu verdanken. Doch dann kam Auschwitz, die Entfremdung und Enttäuschungen, welche ich nicht vergessen und verschmerzen konnte. Es fiel mir wirklich schwer, damals, gleich nach unserer Rückkehr und noch immer unter dem Einfluß dieser schrecklichen Erlebnisse, ihm zu vergeben. Mir tat Koni aufrichtig leid, als ich ihn so unglücklich dastehen sah. Auch er war damals alleine, verlassen und brauchte Freunde – und ich, in welche er alle Hoffnungen gesetzt hatte, verließ ihn. Am liebsten hätte ich in diesem Augenblick Koni in meine

Arme genommen, um ihm die für ihn so nötige Wärme zu geben. Doch wußte ich, wenn ich dies tun würde, würde ich sofort schwach werden und mit ihm zusammenbleiben. Meine Logik siegte, denn sie war es, welche mir meine weiteren Schritte diktierte. Wenn wir wieder zusammen wären, würde zwischen uns immer ein Schatten sein, welcher Auschwitz-Familienlager heißt. Besser, jetzt allem Gewesenen ein Ende bereiten, wo wir noch jung sind und unser ganzes Leben vor uns haben. Im Moment ist es sicher schwer, doch so ist es besser für beide. Der momentane Schmerz wird sicher mit der Zeit geheilt werden. Am nächsten Morgen verließ Koni Prag, um wieder nach seiner Heimatstadt Brünn zurückzufahren.

Ich erhielt von Koni noch einige Briefe, in welchen er mich immer wieder bat, doch zu ihm zurückzukehren, aber ich blieb hart. Seinen letzten Brief sandte ich ihm sogar ungeöffnet zurück, denn ich wollte dieses Kapitel in meinem Leben beenden, das in mir viel zu schmerzhafte Erinnerungen hervorrief. Koni traf in Brünn eine sehr gute frühere Freundin, welche er später heiratete. Er gründete eine neue Familie und führte mit ihr, wie ich später erfuhr, ein wirklich glückliches Leben.

In den ersten zwei Monaten nach unserer Befreiung lebten wir in einem Zustand größter innerer Unruhe. Die ständige Suche nach unseren Familien, welche immer hoffnungsloser wurde, war unser Lebensinhalt. Einigen tschechischen Juden war es gelungen, sofort nach dem Einmarsch der deutschen Truppen in die Tschechoslowakei zuerst nach Polen und dann nach Rußland zu fliehen. Nach langen Entbehrungen, Qualen und Internierung wurden sie schließlich doch in das russische Militär aufgenommen, bildeten eine Brigade, und viele von ihnen kehrten heim. Als die ersten Soldaten dieser Brigade in Prag ankamen, liefen wir zu ihnen, denn es war die letzte Hoffnung, daß vielleicht jemand von unseren Lieben in deren Reihen sein könnte. Man versprach mir, alles nur Mögliche zu tun, um mir Auskunft geben zu können. Eines Tages bekam ich die erste positive

Antwort, daß sich ein Huppert bei ihnen befände. Tagelang suchte ich diesen Mann, und in mir wuchs die Hoffnung, daß es vielleicht doch Vater sein könnte. Wie groß war dann die Enttäuschung, als ich erfuhr, daß dieser Huppert nicht mit uns verwandt sei.

Bei all diesem Suchen begleitete mich Kurt, um mir treu zur Seite zu stehen und um meinen Gefühlen einen Halt zu geben. Es waren nervenaufreibende Tage. Auch Kurt war völlig alleine geblieben, denn sein Vater war bei einer Razzia in Brünn, noch vor dem Abtransport von Kurt und seiner Familie nach Theresienstadt, aufgegriffen und ins KZ Mauthausen geschickt worden. Von dort kam nur noch eine mit ganz zittriger Hand unterschriebene offene Karte mit folgendem, größtenteils vorgedruckten Text:

»Befinde mich ab 8. X. (mit der Hand geschrieben, ohne Jahresangabe) im Konzentrationslager Mauthausen (Oberdonau).

Meine Adresse: Elias Heinrich, Nr. 5274, geb. 11. XI. 1890. Block: 15, Stube: 1 (Wieder mit zittriger Hand geschrieben) (vgl. Abb.)

Wenig später kam dann nur noch die Todesnachricht nach Brünn. Man schrieb das Jahr 1942. Drei Monate nach dieser Todesnachricht traf das so ersehnte Affidavit von einem Onkel aus Amerika ein, welches der ganzen Familie die Auswanderung nach Amerika ermöglicht hätte. Zu spät.

Kurts Mutter und sein Bruder Leo waren, als Brünn »judenrein« gemacht wurde, direkt ins Gas geschickt worden. So auch alle Geschwister mütterlicherseits. Von Kurts Familie überlebte nur ein einziger Onkel, Karl, welcher noch rechtzeitig nach England entkommen war, doch hatten wir bis jetzt nichts von ihm oder seiner Familie gehört. Kurt versuchte mit aller Kraft, Onkel Karls Aufenthalt ausfindig zu machen, doch in dem Nachkriegschaos, in welchem wir uns befanden, war das keine leichte Aufgabe.

Berta, Kurt und ich fingen an, Pläne für die Zukunft zu schmieden. Wir alle wurden vorläufig vom Repatriierungsamt »ausgehalten«, welches uns ein kleines Taschengeld und das tägliche Mittagessen gab. Wir wußten, daß diese Unterstützung uns nicht lebenslänglich erhalten bleiben würde, außerdem wollten wir auch nicht von einer Unterstützung leben. Wir wollten endlich auf unseren eigenen Füßen stehen und uns um unseren eigenen Lebensunterhalt sorgen. Auch konnte ich nicht ständig bei Berta wohnen. Sie hatte inzwischen einen Freund gefunden, welcher auch alleine war und bei Berta einzog. Also beschlossen Kurt und ich, uns endlich um eine Wohnung zu bemühen. Da nach dem Krieg in Prag ganz große Wohnungsnot herrschte, konnten wir vorläufig nur in ein kleines, möbliertes Zimmer ziehen. Wir kamen überein, daß wir vorläufig ein gemeinsames Leben beginnen wollten, doch wußten wir beide, daß Kurt, wenn sich herausstellen sollte, daß seine Frau Lisa doch lebte, sofort zu ihr zurückkehren würde. Kurt war, so wie ich, ganz alleine geblieben, und dieses Zusammenleben gab uns beiden den Halt, welchen wir so dringend benötigten. Wir gaben das Suchen nach unseren Verwandten nicht auf, verfolgten jede kleinste Nachricht, und gleichzeitig wußten wir, daß dieses Suchen immer aussichtsloser wurde. Wir waren der Verzweiflung nahe.

Langsam sank mein Lebensmut, er sank so tief, bis ich ihn völlig verlor. Die ganze lange und schwere Konzentrationslagerzeit hielt mich die einzige Hoffnung am Leben, daß ich meine Familie wiedersehen würde. Das war der Leitfaden, welcher nicht reißen durfte. Die Aussicht auf ein Wiedersehen mit meinen Lieben ließ mich nicht aufgeben, ließ mich durchhalten. Und jetzt, wo ich endlich frei war und ein normales Leben beginnen konnte, riß dieser Faden. Ich wollte nicht mehr weiterleben.

Man schickte mich in ein Sanatorium nach Pisek; ich sollte mich dort erholen. Die Ärzte wußten sich keinen Rat mit mir: Man schrieb mir verschiedene Bäder und viele Spaziergänge in der herrlichen Umgebung des Sanatoriums vor. Doch nichts nützte. Mein Lebensmut sank weiter, denn ich war alleine.

Die Ärzte führten mit mir lange Gespräche, und ich fand

diese Behandlung sehr verwunderlich. Heute weiß ich, daß die Ärzte, welche dort arbeiteten, Psychiater waren, doch damals wußte ich von diesem Spezialfach der Medizin nichts. Sie waren wirklich bemüht, mir zu helfen, doch in keinem Lehrbuch der Psychiatrie stand geschrieben, wie man Menschen mit einem KZ-Trauma behandeln soll, denn so eine Tragödie hatte die Menschheit bisher noch nicht erlebt. Die Ärzte erkannten schließlich, daß ich eine drastische Behandlung benötigte. Als ich eines Tages wieder zu einer Aussprache beim Arzt erschien, lag auf seinem Schreibtisch ein ganz dickes, starkes Seil; er begrüßte mich folgendermaßen:

»Sehen Sie dort draußen im Park diesen großen und starken Baum? Er hat ganz feste Äste. Wenn Sie nicht mehr leben wollen, dann wird es für Sie wohl das beste sein, wenn Sie diesen Strick nehmen und sich dort aufhängen. Wenn Sie sich aber doch entschließen sollten weiterzuleben, dann müssen Sie anfangen, ganz dicke Striche unter das, was gewesen ist, zu ziehen. Dann müssen Sie von neuem beginnen. Das sind die zwei Möglichkeiten, welche Sie haben. Eine andere gibt es nicht. Teilen sie mir binnen einer Stunde mit, wie Sie sich entschieden haben.«

Viel zu überlegen hatte ich nicht. Meine Jugend siegte; nun empfand ich es als wirklich sinnlos, meinem Leben ein Ende zu setzen, gerade jetzt, wo es erst vor kurzem gerettet worden war und wo es mir nun endlich wieder offenstand. Die Logik und der Lebenswille siegten, und ich entschloß mich, sofort zu Kurt nach Prag zurückzukehren. Kurt erwartete mich schon sehnsüchtig und wir erkannten beide, daß wir zusammengehörten, daß wir ganz eng aneinander gebunden waren, daß wir, da wir ganz alleine geblieben waren, nun ganz aufeinander angewiesen waren. Das in den letzten sieben Monaten gemeinsam Bewältigte, das letzte Lager, die Flucht und die Heimkehr waren ein festes Band, welches, so versprachen wir einander, nie reißen dürfe, was immer auch geschehe. Wir spürten, daß wir uns ganz aufrichtig und tief liebten. Unsere große Liebe hatte durch das gemeinsam Erlebte eine ganz feste Basis bekommen.

Unser nächster Schritt war, daß wir etwas tun mußten, um unseren Lebensunterhalt zu verdienen. Beide hatten wir keinen Beruf, denn Ausbildung und Schule waren durch den Einmarsch der Nazis unterbrochen worden. Kurt wollte auf keinen Fall weiter Medizin studieren; er dachte, daß er sich um den Unterhalt der neugegründeten Familie kümmern müsse. Er wollte eine Stelle suchen. Ich hingegen schlug vor, daß ich eine Stelle annehmen würde und er sein Studium fortsetzen sollte. Was immer, besser gesagt, wie wenig auch immer ich verdienen würde, es würde uns bestimmt für einen bescheidenen Lebensunterhalt genügen, denn verwöhnt waren wir bei Gott nicht. Als Kurt von seinem ersten Universitätsbesuch zurückkam, war er fest entschlossen, sein Medizinstudium nicht wieder aufzunehmen, denn es hätte fünf Jahre in Anspruch genommen. Man schlug ihm auf der Universität statt eines Medizin- ein Pharmaziestudium vor und versprach ihm als ehemaligem Konzentrationslager-Häftling verschiedene Erleichterungen. Die Menge des Stoffes wurde zwar nicht reduziert, dafür aber konnte er sich jederzeit, wenn er ein Thema durchgearbeitet hatte, außerhalb der Semesterzeit zur Prüfung melden. Kurt studierte Tag und Nacht, um möglichst bald sein Studium beendet zu haben. Es gelang ihm auch. Ein vier Jahre dauerndes Studium bewältigte er in zwei Jahren.

Die erste große Freude und Aufregung! Kurts Onkel aus England traf mit Frau und Kind in Prag ein. Endlich etwas Familie. Ein zweiter Vetter meines Vaters kam mit der Palästina-Brigade in Prag an. Als er in unser kleines, möbliertes Zimmer kam, war er entsetzt. In seiner Uniform ging er aufs Wohnungsamt und wich dort nicht, bevor er für Kurt und mich nicht eine kleine Einzimmerwohnung erhalten hatte, was in dieser Zeit äußerst schwierig war.

Kurt und ich zogen ganz stolz in unsere Wohnung ein. Sie bestand aus einem Zimmer und einem kleinen Badezimmer. Eine Küche gab es nicht, doch konnte ich ein großes Brett auf die Waschschüssel im Badezimmer legen, auf dieses einen elektrischen Kocher oder eine kleine Backröhre stellen –

und die ideale Küche war geschaffen. Die Wohnung war von einem deutschen Offizier bewohnt worden, welcher diese wahrscheinlich fluchtartig verlassen hatte. Wir fanden eine komplette Wohnungseinrichtung vor, so daß wir gar nichts Neues anschaffen mußten. Dies wäre auch ein Ding der Unmöglichkeit gewesen, da wir ja gar kein Geld hatten.

Nachdem wir eingezogen waren, fing ich an, mich nach einer Stellung umzusehen, was wieder sehr schwierig war. Überall fragte man mich nach meinen Erfahrungen. Ja, Erfahrungen hatte ich viele gemacht, doch einen Beruf, etwas Nützliches, hatte ich dort, im KZ, nicht gelernt. Aber ich mußte doch etwas verdienen, damit Kurt studieren konnte. Es blieb mir nichts anderes übrig, als die erste, sehr schlecht bezahlte Stellung in einem Büro anzunehmen, wo meine Aufgabe darin bestand, Briefe und Akten dem Alphabet nach zu ordnen. Es war eine ganz blöde Arbeit, und ich entschloß mich deshalb, einen Abendschnellkurs für Sekretärinnen zu absolvieren, wo ich binnen zwei Monaten Stenographie und Schreibmaschineschreiben lernte. Ich begann, mich auf alle Inserate, welche in Frage kamen, als Sekretärin zu melden; nach einer kurzen Prüfung sagte man mir immer wieder, daß man mich verständigen würde, doch nie bot man mir, meiner Unkenntnis wegen, eine Stelle an – was mich absolut nicht wunderte.

Mein großes Glück war, daß man eine neue internationale Speditionsfirma gründete und dort sehr viele Beamte und auch Sekretärinnen brauchte. Hätte ich eine Prüfung bestehen müssen, wäre ich wahrscheinlich nie aufgenommen worden. Doch fehlte es zu dieser Zeit an Fachkräften, und das war der Grund, daß ich meinen ersten Posten als Sekretärin bekam. Der Referent rief: »Fräulein, bitte zum Diktat!« Und ich, ausgerüstet mit Stenoblock und gespitztem Bleistift, nahm seine Diktate auf, wobei ich mehr schrieb als stenographierte. Meinen ersten Brief ins Ausland schrieb ich vielleicht zehnmal um, doch mit viel Geduld, hauptsächlich von seiten der Referenten, bekam ich etwas Praxis und damit auch mehr Selbstbewußtsein. Dieser Posten war ganz gut bezahlt, und Kurt und ich konnten, wenn auch einfach, doch etwas sorgenloser leben.

Kurt studierte ganz fleißig, und jeden Tag, wenn ich von meiner Arbeit nach Hause kam, bat er mich, das täglich von ihm bestrittene Pensum nochmals mit ihm zu wiederholen. Wir saßen bis in die frühen Morgenstunden über den Büchern zusammen, und sehr oft geschah es, daß Kurt mich wecken mußte, denn ich war vor Müdigkeit über diesen Büchern eingeschlafen.

Kurt war der einzige Student in seinem Jahrgang, welcher schon ein Heim hatte, und es ergab sich deshalb, daß seine Kollegen oft und gerne zu uns kamen, denn sie fanden bei uns eine gemütliche und häusliche Atmosphäre, welche ihnen das Studium erleichterte.

Wir gaben das Suchen nach unseren Familien nicht auf, hinterließen überall unsere Adressen, damit man uns finden konnte. Eines Tages läutete es an unserer Wohnungstür, und ein Vetter meines Vaters, von welchem ich wußte, daß er zurückgekommen war, stand da. Es war Dr. Paul Wurzel, an welchen ich mich in Theresienstadt um Hilfe zur Schwangerschaftsunterbrechung gewandt hatte. Seinen Namen hatte ich auf der Liste der jüdischen Kultusgemeinde gefunden, doch hatte ich mich geschämt, ihn aufzusuchen, da ich ja, ohne verheiratet zu sein, mit einem anderen Mann zusammenwohnte. Immer noch verfolgte mich die Konvention meiner Erziehung. Jetzt, als er vor meiner Tür stand, war es mir sehr unangenehm, daß nicht ich es war, welche ihn schon viel früher besucht hatte. Paul verstand sofort meine Verlegenheit, denn er hatte unsere beiden Namen auf der Wohnungstür gelesen; er fand diesen Zustand jedoch ganz selbstverständlich. Er verstand mich aber nur deshalb sofort, weil er selbst zuerst in Theresienstadt und dann in dem fürchterlichen Gefängnis des Ghettos, der kleinen Festung, eingesperrt gewesen war. Ich freute mich so sehr mit ihm, denn er verkörperte für mich mein Zuhause. Aber noch viel mehr freute es mich, daß es ihm gegönnt war, seine Frau und seine zwei Töchter wiederzusehen, denn auch sie, welche in

Theresienstadt geblieben waren, kehrten zurück. Er lud Kurt und mich sofort zu sich ein, und er bot mir an, die Vaterstelle bei mir zu übernehmen. Von diesem Zeitpunkt an hatten Kurt und ich ein zweites Zuhause gefunden, und Paul stand uns jederzeit mit Rat und Tat beiseite.

Pauls Haus wurde zu einem Treffpunkt aller Verwandten, auch seitens seiner Frau. Leider waren es von unserer Seite ganz wenige. Ein Brief von Tante Regina, Vaters Schwester, aus Palästina kam an. Tante Regina schrieb, daß sie versuchen wolle, so bald als möglich die Tschechoslowakei, vor allem aber uns zu besuchen. Sofort schrieb ich ihr und bot ihr an, doch mein Gast zu sein; außerdem bat ich sie, mir mitzuteilen, wann sie ankommen würde.

Inzwischen fuhren Kurt und ich nach Ostrau, um die wenigen Sachen zu holen, welche Gustav uns zurückgeben wollte. Ohne unseren Besuch vorher anzukündigen, fuhren wir zu seiner Villa nach Marienberg. Ganz groß war mein Erstaunen, als ich noch auf der Straße stand und aus dem Hause Klavierspiel erklang. Als Gustav öffnete, sah ich Erstaunen in seinem Blick, wahrscheinlich war ihm unser Erscheinen unangenehm. Ich fragte ihn sofort, wer denn da bei ihnen Klavier spiele? Es blieb ihm nichts anderes übrig, als mich auf mein Drängen zum Klavier hinzuführen, und wie groß war meine Überraschung, dort mein Klavier von zu Hause zu entdecken. Dieses Klavieres wegen wollte ich gerne auf alle anderen Sachen verzichten. Gustav war bereit, etwas an uns abzugeben, und so fielen in unseren Besitz: die Hälfte von Ediths und meiner so wunderschönen Aussteuer, ein Perserteppich, etwas von dem vielen Schmuck und kleine Andenken, wie Porzellanfiguren aus Onkel Hugos und unserem Haus. Die Bilder, welche ich an den Wänden hängen sah, die Möbel und das Porzellan hinterließ ich ohne Sentiments bei Gustav. Hätte ich in diesem Hause doch lieber meine Familie als die für mich wertlosen Sachen angetroffen.

Unsere nächste Station war Kurts Heimatstadt Prerau. Kurt suchte das Haus seiner Großeltern auf, in welchem er das Licht der Welt erblickt hatte, und wurde mit allen den so schmerzlichen Erinnerungen konfrontiert. Außer Onkel Karel war bis jetzt niemand zurückgekommen. Kurt wußte, daß irgendwo im Hause Schmuck seiner Eltern eingemauert war. Er bat einen alten Familienfreund, welcher sich in der Okkupationszeit sehr anständig gegenüber der Familie benommen hatte, zu versuchen, den Schmuck irgendwo zu finden. Es gelang diesem guten Manne, und Kurt gab ihm wahllos die Hälfte des Schmuckes. Werte haben für uns eine ganz andere Bedeutung erhalten. Sachen und Geld sind keine Werte gegenüber Leben, Menschen und Charakter.

Mein größter Schatz ist mir aber doch geblieben, und zwar in Form von zwei kleinen Dingen: mein Goldkettchen mit dem Talisman, welches ich in Auschwitz von dem Schwerverbrecher geschenkt bekommen hatte, und mein Hufeisen aus Taucha, welches nun in unserer Wohnung über der Badezimmertür hing. Leider riß mir das Kettchen eines Tages, und ich steckte es ins Portemonnaie, welches mir aber an demselben Tag in der Straßenbahn gestohlen wurde. Nicht über das wenige Geld, aber über den Verlust meines Talismans war ich lange Zeit untröstlich. Dieser Diebstahl mußte gerade in dem Moment in der Straßenbahn geschehen sein, als mir jemand zurief:

»Ruth, du lebst!? Bist du das?!«

Es war Houština, mit welcher ich im Familienlager auf der gemeinsamen Pritsche gelegen hatte, wo wir uns immer mit unseren zwei Decken zugedeckt hatten, damit uns wärmer würde. Wir fielen einander weinend in die Arme, die Welt um uns herum verschwand, und wir wurden uns erst viel später der erstaunten und unverständigen Blicke der anderen Fahrgäste bewußt. Es war dies die erste Begegnung mit jemandem aus dem Familienlager, welche auch dann später mit mir in Hamburg gewesen war.

Houština erzählte mir, daß alle in Hamburg Zurückgebliebenen der festen Überzeugung waren, daß man Berta und mich sofort zur Vergasung nach Auschwitz geschickt habe. Gott, wie leicht schreibt sich dieser Satz, und wieviel

Schweres liegt doch in ihm! Sie konnte es einfach nicht glauben, daß ich lebe. Sie war sprachlos.

Seit dieser Begegnung waren wir unzertrennliche Freunde. Houština fand ihre große Liebe, Erich, wieder, welchen sie in Theresienstadt kennengelernt hatte, und genauso wie Kurt und ich zogen die zwei in eine gemeinsame Wohnung. Kurt verstand sich mit den beiden ganz ausgezeichnet, und wir zwei Paare verbrachten unvergeßlich schöne Stunden miteinander.

Houštinas Reaktion machte mir deutlich, daß, wann immer ich jemandem aus dem Familienlager oder aus dem Hamburg-Transport begegnen würde, ich damit würde rechnen müssen, zweifelnd bestaunt zu werden. Einige Male, leider viel zu selten, geschah es, daß mich Leute erkannten, die zunächst nicht glauben wollten, daß wirklich ich es bin, und denen ich dann immer wieder beteuern mußte, daß es sich nicht um meinen Geist handelt, sondern daß ich wirklich überlebt habe.

Eines Abends kam ich aus dem Büro zurück und fand ein schlafendes Etwas auf dem Treppenabsatz vor meiner Wohnungstür: ein Mensch, welcher mit einer Decke zugedeckt war. Als ich diesen Menschen weckte, schälte sich aus der Decke unsere Ženka heraus. Ženkerle, meine treue Ženka, wie hast du da gelegen und auf mich gewartet! So treu, wie du immer warst, als du noch in unserer Familie gelebt hast. Du mein Stück Zuhause. Wie glücklich waren wir beide bei diesem Wiedersehen. Ženka, welche meine Entbindung miterlebt hatte, Ženka, welche mir in meinen so schweren Stunden beigestanden hat. Wie ein Blitz fuhren diese Augenblikke durch mein Gehirn. Wir beide waren keines Wortes fähig. Wir lagen uns in den Armen und weinten, weinten.

In Auschwitz war Ženka der Union, dem Pulverraum zugeteilt, wo sie Pulver in Gewehre füllen mußte. Von Auschwitz transportierte man sie nach Ravensbrück, und von dort aus ging sie auf den Todesmarsch, bis sie von den Russen befreit wurde. Mit großer Mühe und unter schwierigen Umständen erreichte sie Prag, ging auf die Kultusgemeinde und fand dort meinen Namen. Ich war für sie der rettende Anker, und sie für mich ein Stück Zuhause. Sie verbrachte einige Tage bei uns und zog dann weiter, um, so wie wir alle, Ausschau nach ihrer eigenen Familie zu halten.

In den ersten Monaten unserer Rückkehr aus den Lagern strebten wir alle einerseits ein normales Leben an, andererseits war es eine Sache der Unmöglichkeit, plötzlich dieses Trauma abzuschütteln. Wir befanden uns in einem ständigen Suchen, um unsere Verwandten zu finden, die am Leben geblieben waren. Wir mußten Wohnungen suchen, um ein neues Heim zu gründen, wirtschaften, ein neues Leben beginnen, verdienen – wo doch die meisten von uns keine Berufe hatten –, lernen, studieren; wir wollten Familien gründen, uns einkleiden, einkaufen lernen und, was am schwersten zu erlernen war, uns in das gesellschaftliche Gefüge einordnen. Wir benahmen uns oft ganz anders, als man von uns erwartete, was uns häufig der Kritik aussetzte. Doch wir waren uns dessen gar nicht bewußt, und das Leben nimmt eben keine Rücksicht auf die Vergangenheit der Menschen.

Wir waren aber jung, und deshalb wollten wir uns auch ins Leben stürzen. Was immer wir taten, machten wir mit einem Drang zu genießen, erfolgreich zu sein und zu siegen. Wir taten es, um vielleicht das, was wir so lange entbehrt hatten, nachzuholen. Kurt und ich, wir liebten uns ganz leidenschaftlich, wir staunten über jede Blume, welche wir entdeckten, wir bewunderten jeden Vogel, den wir sahen, wir gingen stundenlang wandern, schwimmen, spazierten durch die herrlichen Straßen Prags, auf die Burg und deren Gärten, besuchten Theater, Kinos und konnten von allem nicht genug bekommen. Eines Tages sah ich, daß die Philharmonie die »Heimat« von Smetana spielen würde. Mit dem Geld, welches ich so knapp hatte, erstand ich eine Karte, und nach so vielen Jahren war es mir wieder vergönnt, in einem Konzertsaal zu sitzen und dieser herrlichen Musik zu lauschen. Die Musik versetzte mich in eine Art Trance, aus welcher ich erst beim Applaus nach dem Konzert aufwachte; ich fühlte, daß mir die Tränen die Wangen herunterliefen. Unsere Einstellung dem Leben gegenüber hatte sich gewandelt, und wir fingen an, alles Schöne zu sehen und uns überhaupt des Lebens bewußt zu werden. Wir schätzten jede Kleinigkeit, welche uns Freude bereitete, die Werte des Lebens und deren tieferen Sinn. Unser Freundeskreis vergrößerte sich immer mehr, doch alle unsere Freunde waren ehemalige Lagerinsassen. Mit Menschen, welche nicht durchs KZ gegangen waren, taten wir uns schwer, in näheren Kontakt zu kommen. Unsere Ansichten und unsere Lebenseinstellungen waren viel zu verschieden.

So wie Kurt und ich waren auch andere Paare gezwungen, unverheiratet miteinander zu leben. Fast alle Ehepaare waren ja auseinandergerissen worden, und in vielen Fällen war anzunehmen, daß der noch nicht zurückgekehrte Partner vergast worden war. Deshalb mußten alle zwei Jahre mit dem Wiederheiraten warten, da die Möglichkeit bestand, daß der vermißte Partner doch noch auftauchen könnte. Wir alle wußten, daß dies eine Sache der Unmöglichkeit war, nahmen aber die Wartezeit mit vollem Verständnis hin. Wer uns nicht verstehen konnte, das waren eben diejenigen, welche nicht im KZ gewesen waren und ihr konventionelles Leben weitergelebt hatten.

Wir erwarteten nun jeden Tag, daß Tante Regina aus Palästina ankommen würde. Wir beschlossen, Kurts Namen an der Wohnungstür zu entfernen, damit Tante Regina nicht sofort mit der Tatsache konfrontiert würde, daß ich mit einem Mann die Wohnung teilte. Wir wollten es ihr schonend beibringen. Der Zufall wollte es aber anders, denn Tante Regina kam früher als erwartet und unangemeldet bei uns an. Ich war überglücklich, als ich die Tür öffnete und diese stattliche, gutaussehende Frau da stehen sah. Endlich die erste nahe Verwandte, die Schwester meines Vaters, meine richtige Tante, endlich die Familie, nach welcher ich mich so sehr sehnte. Kaum war die erste Begrüßung vorbei und Tante Regina stand in unserem einzigen Zimmer, stellte ich ihr Kurt vor – und schon kam die erste Frage aus ihrem Mund geschossen:

»Ruth, was sollen die zwei Namen an der Wohnungstür bedeuten?«

Mit Selbstverständlichkeit erklärte ich Tante Regina, daß Kurt und ich unverheiratet zusammenlebten. Wie entgeistert starrte mich Tante Regina an:

»Das heißt also, daß du Schande über unsere Familie bringst!« war die Reaktion von Tante Regina.

Kurt und ich verstanden nicht, warum sie so reagierte. Wie konnten wir meiner Familie Schande antun? Wir liebten uns doch aufrichtig. Unsere Liebe war rein und ehrlich. Was haben wir zwei denn verbrochen? Warum fragt uns Tante Regina nicht nach dem, was wir mitgemacht haben? Warum fragt Tante Regina denn nicht nach dem Schicksal ihrer Geschwister? Ist denn diese unschuldige »Familienschande« das wichtigste? Wir waren uns damals, am Anfang unseres normalen Lebens, noch nicht dessen bewußt, daß eben Menschen ihr Leben ohne drastische Unterbrechungen weiterleben durften und uns absolut nicht verstehen konnten. Wie habe ich auf diese Familienvereinigung gewartet. Der Gedanke an meine Familie war der einzige dünne Faden gewesen, welcher mich die Zeit im Konzentrationslager durchhalten ließ. Jetzt, mit dem Auftauchen von Tante Regina, auf welche ich mich so unendlich gefreut hatte, weshalb ich auch so viele Erwartungen in dieses Treffen gesetzt hatte, riß der Faden endgültig. Diese Enttäuschung!

Ich rückte näher an Kurt heran, als ob ich bei ihm Schutz gegen diesen Angriff suchen wollte. Kurt war sprachlos, sagte kein Wort, doch ich wußte genau, wie sehr er sich zum Schweigen zwingen mußte. Tante Regina sah sich inzwischen in unserem bescheidenen Wohnzimmer um, in welchem ich die wenigen Sachen aufgestellt hatte, welche ich von Gustav zurückbekommen hatte. Auch ein kleiner Perserteppich, welcher Onkel Hugo gehört hatte, lag auf dem Fußboden. Es war dies das einzige Andenken, welches ich mir von Onkel Hugos Sachen angeeignet hatte. Tante Reginas Blick blieb auf diesem Teppich haften, und schon hörten Kurt und ich:

»Hat dieser Teppich nicht dem Onkel Hugo gehört? Wo nimmst du dir eigentlich das Recht her, sich seine Sachen anzueignen? Die Nachlässe müssen doch dem Gesetz entsprechend an die Erben verteilt werden.«

Kurt und ich sprangen bei diesen Worten auf. Wir brachten nur eines hervor:

»Hinaus, hinaus mit dir aus unserem Heim!« Wir sagten es nicht, sondern wir schrien es, und Tante Regina blieb nichts anderes übrig, als uns, ohne uns noch eines Wortes zu würdigen, zu verlassen.

Schmerz, Enttäuschung, Tränen und Scham über das Verhalten meiner einzigen Tante, welche überlebt hat. Erst als Tante Regina bei ihrem Vetter Dr. Paul Wurzel vorsprach, erklärte dieser ihr, was eigentlich hinter uns lag, wie frisch diese Wunden noch waren, und daß sie wenigstens etwas Verständnis dem so Unverständlichen entgegenbringen sollte.

Tante Regina konnte das jedoch nicht begreifen. Sie war ja nicht die einzige, welche sich absolut keine Vorstellung von dem Geschehenen machen konnte. Sie leitete sofort alle juristischen Schritte ein, denn sie wollte wahrscheinlich möglichst viel aus der Hinterlassenschaft ihrer vergasten Geschwister erben. Mich interessierte gar nichts in dieser Beziehung, sollte sie sich doch auch den Teppich nehmen, wenn sie wollte, denn das Andenken an Onkel Hugo ist nicht der Teppich, sondern es ist ganz tief im Herzen aufbewahrt. Für mich war das Ausschlaggebende, daß Tante Regina Gefühl und Vorstellungskraft fehlten, weil es ihr und ihrer Familie gelungen war, den Krieg in Palästina zu überleben und sich zu retten. Ihre beiden Söhne erlernten Berufe, und Tante Regina hatte mit ihrem Mann Josef eine Hemdenfabrikation in Tel Aviv.

Langsam, ganz langsam drangen Nachrichten von Überlebenden unserer Familie zu uns. Die Tochter von Tante Resi, Stella, war nach England geflohen und hatte dort den Krieg überlebt; auch ihr Sohn wurde in England geboren.

Ein weiterer Vetter meines Vaters, der Bruder von Paul,

welcher die Vaterstelle bei mir übernommen hat, Sigi, lebte mit seiner Frau ebenfalls in England, wohin er vor Kriegsausbruch geflohen war. Er besuchte des öfteren seinen Bruder Paul, und somit kamen auch Kurt und ich mit ihm in engeren Kontakt.

Kurts Onkel Karel, ein Bruder seiner Mutter, kam mit seiner Frau und dem kleinen Sohn Tommy endgültig mit der tschechischen Exilregierung aus London in Prag an. Wir waren glücklich, daß endlich ein engeres Familienband mit Onkel Karel geschlossen wurde. Der Onkel war Landwirtschaftsingenieur und erhielt sofort einen ganz hohen Posten beim Landwirtschafts-Ministerium, wo er es bis zum stellvertretenden Minister brachte. Wir waren die ganze Zeit in sehr engem Kontakt, denn Kurt war der einzige Überlebende von Onkel Karels Geschwistern.

Wenn wir jemanden von unserer Verwandtschaft entdeckten, auch wenn es nur ein weitläufiger Verwandter war, freuten wir uns maßlos. Andererseits aber stimmte es uns traurig, denn es brachte uns auch immer wieder zu Bewußtsein, was für ein schreckliches Schicksal unsere weitverzweigte Familie erlitten hat; so wenige hatten diese Katastrophe überlebt. Wir wußten außerdem überhaupt nicht, wo und auf welche Weise unsere Nächsten ums Leben gekommen waren. Wohin waren sie gebracht worden? Wurden sie ermordet? Vergast? Haben sie sehr gelitten? Wann ist das geschehen? Bis heute gibt es keinen Grabstein, keinen Friedhof, wohin wir pilgern oder einen kleinen Blumenstrauß legen könnten.

Eine sehr schwierige Angelegenheit war es, unsere persönlichen Dokumente zusammenzubringen. Alle unsere Ausweise mußten wir bei unserer Registrierung nach Theresienstadt den deutschen Behörden abliefern. Jetzt kam es uns wieder zu Bewußtsein, daß wir eigentlich gar keine Identität hatten. Ich hätte einfach eines Verschollenen Identität annehmen können, und man hätte es mir geglaubt. Wir mußten auf Ämter laufen. Der Geburtsschein und Heimatschein war in Ostrau, und wieder mußte ich dorthin fahren, denn nur ich persönlich konnte ihn gegen Bezahlung abholen. Letzter Wohnort und polizeiliche Meldung wurden mir in Posorschitz bestätigt. Ich mußte Zeugen zu den Ämtern in Prag bringen, welche unsere Identität bestätigten. Eine ganz lange Zeit war mit zeitraubendem Schreiben und Warten ausgefüllt. Doch schließlich hatten wir alle Ausweise zusammen, und wir konnten langsam ans Heiraten denken.

Die zweijährige Wartefrist, welche von den Tschechen verordnet worden war, war abgelaufen. Kurts Frau Lisa und die kleine Tochter Evička waren nicht aus dem Lager heimgekehrt, und es war nur zu wahrscheinlich, daß sie sich unter den Vergasten befunden haben.

Kurt und ich gingen mit all den Ausweisen, welche wir inzwischen gesammelt hatten, zum Standesamt in Prag, um einen Heiratstermin festzusetzen. Der Beamte fragte uns, wann wir heiraten wollten, woraufhin wir zur Antwort gaben:

»Das erste Datum, welches Sie frei haben.«

Der Beamte blätterte, blätterte und fand schließlich kurzfristig einen Termin.

»Das wäre also der 18. April, wenn es Ihnen recht ist«, sagte der Beamte.

Kurt und ich fingen zu lachen an. Der Beamte starrte uns verständnislos an, und wir erklärten ihm, warum dieses Datum für uns eine ganz besondere Bedeutung hat. Es ist der Geburtstag von Kurt, außerdem waren wir an diesem Tag beide aus dem Konzentrationslager befreit worden, und jetzt kommt noch der Hochzeitstag hinzu. Wir waren beide nur zu gerne bereit, dieses Datum anzunehmen, denn solange wir leben, werden wir immer an diesem Datum drei Jubiläen auf einmal feiern und an unsere Befreiung erinnert werden.

Paul, welcher die Vaterstelle bei mir übernommen hatte, bot sich an, den Hochzeitsschmaus bei sich zu Hause auszurichten. Wir waren nur eine ganz kleine Gesellschaft. Onkel Karel mit Frau, Pauls Familie und wir zwei. Zum Standesamt erschienen jedoch einige unserer Freunde, unter ihnen waren selbstverständlich Berta und Jirka, Houština und Erich.

Wieder überkam mich die Traurigkeit über den Verlust der

riesigen Familie, welche sich doch sicher an der Hochzeit beteiligt hätte. Immer machte sich bei solchen Gelegenheiten die vernarbt geglaubte Wunde wieder auf, und wir wurden, ob wir wollten oder nicht, in die Vergangenheit zurückgeworfen. Wir werden uns niemals von der Vergangenheit losreißen können, denn es gibt im Leben immer wieder Momente, die Assoziationen hervorrufen, und ohne es zu wollen werden wir wieder mit verschiedenen schon dagewesenen ähnlichen Situationen konfrontiert.

Für den Abend hatten wir einige wenige Freunde in unsere Wohnung zu einer kleinen Feier eingeladen. In dieser Zeit waren Essen und Kleidung sehr streng rationiert, und es war sehr schwer, außerhalb dieser Rationen etwas zu kaufen. Damals jedoch bekam ich ein wunderschönes Geschenk. Etwas, das ganz neu für die Tschechoslowakei war und nur vom Ausland mitgebracht werden konnte. Ich bekam zwei Paar Nylonstrümpfe. Nylon war ein ganz neu erfundenes Material, und ein Paar Strümpfe daraus waren nicht zu bezahlen. Jede meiner Freundinnen bewunderte diese Strümpfe und beneidete mich aufrichtig deswegen. Als alle unsere Gäste nach einem sehr vergnügten Abend unsere Wohnung verlassen hatten, fing ich an, die Wohnung aufzuräumen und bat Kurt, doch den Schmutzeimer im Hof auszuleeren. Kurt fuhr mit dem Lift aus unserer im sechsten Stockwerk gelegenen Wohnung hinunter und half mir danach noch, alles in Ordnung zu bringen. Plötzlich erinnerte ich mich an die so wertvollen Strümpfe. Wir stellten die Wohnung auf den Kopf, doch die Nylonstrümpfe waren nicht zu finden. Da kam mir der Gedanke, daß wir sie wahrscheinlich mit den Abfällen in die Schmutztonnen geworfen hatten. Also gingen wir hinunter und wühlten so lange in den Tonnen, bis wir endlich, schon bei Morgengrauen, die Nylonstrümpfe gefunden hatten. Eine wunderschön verbrachte Hochzeitsnacht!

Bei unserem ersten Frühstück nach unserer rechtsgültigen Heirat erinnerten wir uns an zwei Begebenheiten. Erstens an Tante Regina, welche, wenn sie in Prag wäre, uns sicher hocherfreut gratulieren würde und der Überzeugung wäre, daß sie nun stolz auf mich sein kann, da ich verheiratet bin und keine Schande mehr über unsere Familie bringe. Zweitens erinnerte ich mich an die kleine, alte Ärztin, welche mir in Taucha prophezeit hatte, daß ich im Lager einen Witwer kennenlernen und später heiraten würde. Damals hatte ich sie ausgelacht, denn unter Witwer hatte ich mir einen älteren Herrn mit Bart vorgestellt. Jetzt saß mir gegenüber ein junger, gutaussehender Mann, leider ein Witwer, und wir liebten uns heiß.

Kurt studierte sehr fleißig, legte eine Prüfung nach der anderen ab und fing gleichzeitig auch seine Praxis in einer Apotheke an. Auch mir gelang es, eine halbwegs gute Sekretärin in der Speditionsfirma zu werden. Nach einem Jahr Arbeit dort sprach ich beim Direktor der Firma vor und bat ihn, mir doch eine etwas verantwortungsvollere, selbständigere Arbeit zu geben, denn die Briefe, welche mir die verschiedenen Referenten diktierten, konnte ich schon ohne Diktat schreiben, und langsam verlor ich an der Sekretärinnenarbeit mein Interesse. Dies alles sagte ich dem Direktor und teilte ihm auch mit, daß ich gezwungen sein würde, falls keine interessante Arbeit für mich gefunden werden könnte, mir eine andere Stelle zu suchen. Der Direktor dachte etwas nach und entschloß sich schließlich, mir die kleinste Abteilung der Firma anzuvertrauen. Ich wurde Referentin für Paket- und Mustersendungen. Ich fing an, mit der ganzen Welt zu korrespondieren, stand mit vielen großen Betrieben in der Tschechoslowakei in Verbindung und fand wirklich viel Inhalt in meinem neuen Aktivitätskreis. Nach einem weiteren halben Jahr wurde ich zur Referentin für Sammelgut-Export nach den Häfen Amsterdam, Rotterdam und Antwerpen befördert. Ich war die einzige Frau in so einer Stellung im Speditionswesen und mußte mich immer sehr bemühen, um zu beweisen, daß auch Frauen in diesen Berufen arbeiten können. Mein Ehrgeiz wurde dadurch angefeuert, denn ich durfte nicht zulassen, daß nur der kleinste Fehler in meiner Abteilung geschah.

In der Nachkriegszeit war es sehr schwer, Waren zu transportieren. In Deutschland, welches ausgehungert war und unter so schweren Bombardements gelitten hatte, wurden öfter ganze Eisenbahnzüge auf ein Nebengeleise geschoben und ausgeraubt. Um das Verlorengehen der Waren zu vermeiden, kamen die Holländer auf die gute Idee, die Export- und Importwaren in großen Lastwagen zu transportieren. In diesen Lastern saßen immer zwei Chauffeure, welche sich beim Fahren abwechselten und deshalb die Waren ohne Zwischenstation – und hauptsächlich sicher – beförderten. Eines Tages erschien einer der Inhaber dieser Lastwagen, ein Holländer, in unserer Firma und wollte mit dem für die Laster zuständigen Referenten sprechen. Der Direktor brachte ihn persönlich in meine Abteilung, und der Holländer blieb wie angewurzelt stehen, als er eine Frau da sitzen sah. Er wandte sich an den Direktor und fragte:

»Was, die Kleine versteht etwas von Spedition?«

Nach einem weiteren Jahr, in welchem dieser Holländer einige Male unsere Firma besuchte, bot er mir an, die Leitung und Vertretung seiner Firma für die ganze Tschechoslowakei zu übernehmen. Gerne willigte ich ein, denn dieser Posten war mit sehr guten Bedingungen verbunden, was Kurt und mir half, unseren Lebensstandard zu verbessern.

Kurt hatte indessen sein Studium mit Auszeichnung beendet. Wir waren alle überglücklich, daß es ihm in so einer kurzen Zeit gelungen war, die Stoffülle zu bewältigen. Speziell war dies nach der langen Studienunterbrechung und nach dem Trauma der Internierung bewundernswert. Kurt hatte dadurch wieder bewiesen, daß es unseren Feinden nicht gelungen war, uns geistig zu vernichten, so wie sie es geplant hatten.

Stolz lud ich unsere Verwandten, Onkel Karel mit Frau, Paul mit Frau und Ženka, zur Promotion in die so berühmte alte Karls-Universität in Prag ein. Es war dies das erste Mal, daß ich einer Promotion beiwohnte. Es war ein sehr feierlicher Akt, welcher durch die alten Räume einen ganz würdigen Rahmen erhielt. Ich war wirklich mit großem Stolz erfüllt, als ich Kurt so bescheiden dastehen sah. Als er die rote Rolle seines Diploms entgegennahm, begannen mir wieder die Tränen zu rollen, denn ich erinnerte mich an Kurts Eltern und an meine Lieben. Wie stolz wären sie wohl gewesen, diesem Akt beizuwohnen. Warum konnten sie nicht mit uns sein? Wäre nicht die Judenverfolgung gewesen, hätte Kurt, welcher vor dem Krieg Medizin studiert hatte, anstatt dem Apotheker- ein Medizin-Diplom erhalten.

Wir fielen uns in die Arme. In diesem Moment existierten nur wir zwei füreinander. Wer von den Anwesenden konnte unsere Rührung verstehen? Wer von ihnen konnte auch nur ahnen, unter welchen Umständen es Kurt geschafft hatte, sein Studium zu Ende zu führen? Wer von ihnen wußte, was für ein festes Band Kurt und mich verband? Diese gemeinsam erlebten Monate im letzten Lager, das gemeinsame Zurückkehren, der Anfang eines gemeinsamen, normalen Lebens, die ganze schwere Umstellung, die Vernichtung unserer Familien, die finanziellen Schwierigkeiten und das gemeinsame, bis in die frühen Morgenstunden dauernde Studium. Es war ein Kampf gewesen, und je schwerer er war, desto fester waren wir verbunden und desto mehr traten wir einer für den anderen ein. Wir gingen ganz unbeugsam gemeinsam durchs Leben und teilten miteinander jede Kleinigkeit, jeden Eindruck, alles Schöne und auch Häßliche, ehrten einander und liebten uns innig. Alle diese Gedanken schossen mir in dieser feierlichen Stunde durch den Kopf. Ein unermeßlicher Stolz erfüllte uns, daß wir es trotz der Verfolgung geschafft hatten, daß wir uns auf keinen Fall – nie und nimmer – beugen und aufgeben dürften. Ich weiß nicht mehr, wie lange diese Umarmung dauerte, doch hätte ich diesen Augenblick noch lange festgehalten, wären nicht die wenigen Verwandten und Freunde ungeduldig gewesen und hätten sie nicht ihren Anspruch auf ihre Glückwünsche für Kurt geltend gemacht.

Die ganze Gesellschaft hatte ich schon vorher zu einem Festessen nach der Promotion zu uns, in unser Zuhause eingeladen. Zu diesem Zwecke hatte ich mir auf dem blühenden Schwarzmarkt herrliches Fleisch besorgt und dieses samt allen Beilagen mit viel Liebe und großer Aufregung vorbereitet. Es sollte dies das erste Mahl sein, bei dem ich Kurts und meiner Familie meine Kochkunst vorführen wollte. Bevor wir unsere Wohnung verlassen hatten, hatte ich Ženka gebeten, doch den Braten ins elektrische Rohr auf Warmhaltetemperatur zu geben, damit wir bei unserer Rückkehr sofort mit dem Essen beginnen könnten.

Wie im Traum trat ich nach der Promotion unseren Rückweg an, hörte und sah nichts, was rings um uns herum geschah. Aus diesem Traum erwachte ich erst, als ich über eine Stiege stolperte, welche ich vorher nicht gesehen hatte, und mit einem Aufschrei und Krach der Länge nach hinfiel. Eine Kristalldose, ein Promotionsgeschenk für Kurt, welche ich in der Hand gehalten hatte, zerschmetterte, doch mit dem Sprichwort »Scherben bringen Glück« kamen wir über den Verlust hinweg. Leider hatten meine so wertvollen Nylonstrümpfe ein riesiges Loch und etliche Laufmaschen, und ich spürte einen schrecklichen Schmerz in meinem Knie. Doch da wir gelernt hatten, unsere Schmerzen zu beherrschen, biß ich die Zähne aufeinander und ging weiter, sogar ohne zu hinken, denn ich wollte auf keinen Fall die gute Stimmung, in welcher wir uns befanden, trüben. Schon waren meine Gedanken bei dem Festessen, welches uns zu Hause erwartete. Die Tafel in unserem Wohnzimmer war feierlich gedeckt, das Essen schön warm gehalten, damit wir sofort mit dem Schmaus beginnen könnten.

Ženka und ich fuhren gemeinsam vor allen anderen mit dem Lift in den sechsten Stock zu unserer Wohnung hinauf, und schon als wir auf dem Gang draußen waren, empfing uns Rauch, welcher aus unserer Wohnungstür quoll. Ehe wir noch aufschließen konnten, kamen auch schon die anderen Gäste an. Ich stürmte in die Küche, konnte kaum atmen, denn die ganze Wohnung war voller Rauch. Ich riß die Fenster auf und lief in die Küche zurück. Zu meinem Entsetzen stellte ich fest, daß der elektrische Ofen auf Höchsttemperatur anstatt auf Warmhalten eingestellt war, und das so schwer und teuer erworbene Fleisch mit allen Zutaten war ganz verkohlt. Ratlos stand ich da, wußte nicht, was ich in diesem Moment unternehmen sollte. Ich schämte mich vor Kurts Tante und Onkel, daß ich mich in so einem negativen Licht seiner Familie vorstellte. Doch mein praktischer Sinn für improvisierte Lösungen verließ mich nicht. Es war knapp vor Geschäftsschluß, so lief ich eben hinunter in einen Wurstladen, kaufte Würstchen und Brötchen, welche nun unser Festessen waren. Wir waren alle in so einer Hochstimmung über Kurts Erfolg, daß das Essen wirklich Nebensache war. Das wichtigste für uns alle war das Zusammensein und das erreichte Ziel, das hatte Vorrang vor all den anderen unwichtigen Sachen.

Die politische Lage in der Tschechoslowakei veränderte sich. Der russische Einfluß und das Beitreten zu der Union der Ostblockländer gaben uns immer mehr zu denken. Wir führten endlose Debatten über unsere Zukunft in der Tschechoslowakei und kamen zu der Alternative: entweder hundertprozentige Assimilierung oder Auswanderung. Wir verbrachten Stunden, welche oft zu durchwachten Nächten wurden, um uns mit unserer Lage auseinanderzusetzen und zu einem Entschluß zu gelangen. Die, welche das Lager mitgemacht hatten, wußten, daß eine Assimilierung nur einseitig sein würde, denn auch in diesen Nachkriegsjahren und nach all dem, was über die Judenvernichtung bekannt wurde, blieben die meisten Tschechen weiter Antisemiten. Der Judenhaß war ihnen viel zu lange und viel zu tief eingeprägt worden, so daß sie ihre Meinung nicht in den wenigen Monaten umstellen konnten. Wie oft hörte ich:

»Ja, wenn alle Juden so wären wie du, aber...«

Bei diesem »Aber« unterbrach ich sie immer, denn dieses kleine Wörtchen besagte mehr als alle Worte, welche diesem »Aber« folgen würden. Langsam festigte sich in uns der Entschluß, Europa, welches uns so viel Leid zugefügt hat, zu verlassen. Wir verfolgten die Nachrichten über Palästina und die Bestrebungen, einen freien, selbständigen Judenstaat zu gründen.

Kurt und ich wußten eines: Für uns gab es kein anderes Land als Israel, wohin wir gehen konnten. Wir wußten beide, welche wir zionistische Erziehung genossen hatten, daß wir in keinem anderen Land der Erde würden leben können als in unserem eigenen Land. Um zwischen Nichtjuden zu leben, brauchten wir doch nirgendwohin auszuwandern, sondern konnten in der Tschechoslowakei, in welcher wir aufgewachsen und zu Hause waren, bleiben. Wenn wir auswandern würden, dann hätten wir nur ein einziges Ziel: ISRAEL.

Leider mußten wir mit unserer Auswanderung noch warten, denn Kurt mußte zuerst seine Militärpflicht ableisten, welche einige Monate dauern sollte. Es war für uns eine schwere Zeit, da wir auseinandergerissen wurden. Am Anfang konnte ich zwar Kurt im Militärlager in Prag besuchen, doch später wurde er weiter von Prag entfernt untergebracht, so daß wir uns nur sehr selten sehen konnten.

Hier muß ich nocheinmal an Maca denken. Zwanzig Jahre später, 1965, kam ich nochmals nach Prag. Dort bekam ich dann einen Telefonanruf: Maca lebt und befindet sich sogar in Prag. Ich ließ alles liegen und fuhr zu der angegebenen Adresse. Maca öffnete die Tür und ich sah, wie alle Farbe aus ihrem Gesicht wich – und schon im nächsten Augenblick lagen wir uns in den Armen. Sie dachte so wie alle, daß wir nicht überlebt hätten, und konnte nicht fassen, daß wir wirklich lebten.

Maca berichtete mir, daß sie nach unserer Abfahrt aus Auschwitz noch eine gewisse Zeit dort geblieben war und in der Entwesung, beim Läusevernichten, weitergearbeitet hatte. Später wurde sie in ein Konzentrationslager nach Bernatice bei Trautenau (Tschechoslowakei) transportiert. Sie sollte dort als Zahnärztin arbeiten, doch ihre Arbeit war dann das Bügeln der Uniformen der SS-Frauen. Als sich die Russen näherten, wurde sie nach dem KZ Groß-Rosen transportiert, wo sie wirklich als Zahnärztin mit einer fußbetriebenen Bohrmaschine arbeitete und mit einer Zange Zähne herausriß.

Nachdem die Nazis der näherrückenden Russen wegen das Lager fluchtartig geräumt hatten, konnte Maca mit noch drei anderen Mädchen fliehen. Sie kamen auf einen Bauernhof, wo schon russische Soldaten waren, und als die Mädchen sagten, daß sie Jüdinnen seien und aus einem Konzentrationslager geflüchtet, meinten diese zu ihnen:

»Juden, geht nach Palästina.«

Zu ihrem großen Glück war unter den Soldaten ein jüdischer Major, welcher sie vor den Soldaten schützte und den Soldaten drohte, daß sie schwere Strafen zu erwarten hätten, falls den vier Mädchen etwas geschehe. Die Mädchen wurden in einer Scheune auf Stroh untergebracht, und sofort nach Kriegsende gelang es ihnen, nach Prag zu kommen, wo auch sie die Suche nach ihren Verwandten aufnahmen. Maca stellte fest, daß ihr einziger Bruder als Partisan gekämpft hatte, nachdem er gefaßt wurde, ins Lager Novaky kam und von dort aus mit unbekanntem Ziel abtransportiert worden war. Ihre Schwester war noch vor Kriegsausbruch nach Palästina ausgewandert und lebte in Israel.

Maca und ich sind seitdem einander innig verbunden; sie war es ja, welche mir mein Leben gerettet hat. Sie heiratete in Prag zum zweitenmal, doch konnte sie ihres Alters wegen keine Kinder mehr bekommen. Maca nannte mich ihre Lagertochter und ich sie meine Lagermutter. Ein ganz festes Verhältnis entwickelte sich zwischen uns, welches bis zum heutigen Tage besteht und, wie ich hoffe, noch viele lange Jahre anhalten wird.

Ich arbeitete während Kurts Militärzeit weiter, doch meine Gedanken waren immer mehr auf unsere Auswanderung konzentriert. Wir trafen uns mit jüdischen Freunden und Bekannten, und in allen Kreisen wurde ausnahmslos die Auswanderung diskutiert. Immer mehr breitete sich die Unruhe in uns aus, als wir über die Lage der Juden in Palästina, die bevorstehenden Kämpfe um die Befreiung und die Bedrohung von seiten der Araber erfuhren. In der Tschechoslowakei bildete sich eine Gruppe der Haganah, der jüdischen Untergrundarmee. Soldaten und Flieger wurden in einem eigens dafür geschaffenen Camp ausgebildet. Es waren nicht nur junge tschechische Juden, sondern auch junge Leute aus Palästina. Letztere erzählten uns über Erez Israel, und wir lasen ihnen jedes Wort von den Lippen ab. Wir konnten es kaum erwarten, nach Palästina auszuwandern, und wir sowie auch unsere Freunde fingen nun ganz ernsthaft an, die Auswanderung voranzutreiben. Wir hatten nur einen Wunsch: endlich eine Heimat zu bekommen, welche wir bisher nicht besessen hatten und welche nun für uns Erez Israel hieß. Wir wußten ganz genau, um an dieses Ziel zu gelangen, mußten wir kämpfen, und ausnahmslos nahmen es die jungen Leute, welche erst vor kurzem dem Tod entkommen waren, auf sich, ihr Leben für die Errichtung einer neuen Heimat zu riskieren.

Inzwischen waren in Polen wieder Juden-Pogrome im Gange[13]. Juden, welche das Lager überlebt hatten und in ihre Heimatorte zurückkehrten, um sich da wieder niederzulassen, wurden angegriffen und auch ermordet. Es setzte ein Flüchtlingsstrom aus Polen in die Tschechoslowakei ein. Wir, welche Wohnungen besaßen, räumten diese, um den jüdischen Flüchtlingen aus Polen ein Unterkommen zu ermöglichen. Da diese geflüchtet waren und deshalb keine Pässe oder anderen Ausweise bei sich hatten, konnten sie in keinem Hotel oder irgendeinem anderen offiziellen Platz untergebracht werden. Uns wurde von den schrecklichen Tragödien, welche sich in Polen nach dem Krieg abgespielt haben, erzählt. Wie wenige hatten sich doch gerettet und waren heimgekehrt, und diese Wenigen, kaum haben sie die Hölle der Konzentrationslager und der Todesmärsche überlebt, wurden wieder angegriffen und sogar gemordet! Wo ist die Menschlichkeit geblieben? Wo ist das Iinternationale

13 Die überlebenden Juden, die nach Kriegsende in die polnische Stadt Kielce zurückgekehrt waren, wurden am 4. Juli 1946 Opfer eines Pogroms. Hierbei wurden insgesamt 42 Menschen durch polnische Antisemiten ermordet. Dieses Ereignis bildete den Anlaß für die dann beginnende massive Auswanderung polnischer Juden. (Anm. des Verlages)

Rote Kreuz? Wo sind die Kirche und der Papst? Wo die anderen Nationen? Wie wenige Menschen haben sich während der Kriegsjahre und auch nachher gefunden, um den Juden zu helfen. Sechs Millionen unserer Brüder wurden ermordet oder vergast, und als die überlebenden Juden in ihre Wohnungen zurückkehren wollten oder sich ihr Eigentum abholen wollten, welches Nichtjuden zum Aufbewahren gegeben worden war, da mußten sie auch noch Stimmen anhören, die schamlos verlauten lassen konnten:

»Schade, daß man nicht auch euch vergast hat. Warum mußtet gerade ihr zurückkommen?«

Der Organisation Hias in Prag, wo sich alle meldeten, gelang es, diese Flüchtlinge mit den nötigen Dokumenten auszustatten und nach Palästina zu schicken. In Palästina war zu dieser Zeit der Befreiungskrieg in vollem Gange, und so wurden viele junge Männer sofort beim Ausschiffen mobilisiert und ohne viel Ausbildung im Kampf gegen die uns angreifenden Araber eingesetzt. Viele der KZ-Überlebenden erlebten die Befreiung unserer Heimat nicht, für welche sie noch gekämpft hatten. Kaum hatten sie ihr Leben vor den Nazis retten können, gaben sie dieses Leben für die Errichtung des eigenen Staates, welcher ihre neue Heimat hatte werden sollen.

In unserem Hause fand eine sehr wichtige Begegnung statt. Ein junger Jude aus Haifa, David Taussig, traf mit dem Auftrag in der Tschechoslowakei ein, die Möglichkeit der Errichtung einer Filiale der berühmten Bleistiftfabrik Hardtmuth Koh-i-noor in Israel zu eruieren. Die Verhandlungen und die Aussicht dieses Projektes waren vielversprechend. Um dieses Projekt zu verwirklichen, suchte David eine Gruppe junger Männer, welche in der Fabrik selbst die Bleistifterzeugung erlernen sollten, um dann in Israel eine Nebenniederlassung zu errichten. Er berichtete uns, daß inzwischen in Israel mit dem Bau der Fabrik begonnen worden sei und auch schon Wohnungen für die Experten, welche in der Tschechoslowakei ausgebildet würden, bereitstünden. Für uns war dieses Projekt sehr vielversprechend, denn es gab uns ein Gefühl der Sicherheit, nach Israel schon mit einem festen Wohnort und mit einer Arbeitsmöglichkeit auszuwandern. Von vielen Freunden und Bekannten wurden wir deshalb beneidet.

Nachdem Kurt vom Militär zurückgekommen war, hatte er ohne weiteres einen Posten als Apotheker bekommen und schon glücklich zu arbeiten begonnen; er gab diesen Posten jedoch sofort des Projekts und der Auswanderung wegen auf. Eine Gruppe von elf Männern fuhr nach Budějovice, wo sich die Fabrik befand, und begann die Ausbildung. Kurt, welcher durch sein Studium in Chemie bewandert war, sollte die ganze Verantwortung für das Färben und Imprägnieren übernehmen. Wir Frauen, welche in Prag zurückgeblieben waren, begannen die verschiedenen Dokumente einzureichen, was ein richtiger Dornenweg war.

Die Tschechen gestatteten jeder Familie, einen Lift, eine große Kiste, mit Möbeln und Ausstattung mitzunehmen. Wir mußten genaue Listen anlegen, wo jeder einzelne Teller, jeder Löffel und jedes Taschentuch unter einer Registriernummer angeführt sein mußte. Diese Listen wurden dem Zollamt zur Kontrolle eingereicht und kamen dann zu uns zurück. Zu unserem Entsetzen mußten wir feststellen, daß alles, was nur irgendeinen Wert hatte, von den Listen gestrichen worden war: Bilder, Teppiche, Musikinstrumente, Kristall oder etwas besseres Porzellan. Mit viel Mühe, Geld und Geduld hatte sich ein jeder von uns nach der Rückkehr ein neues Zuhause gegründet und eingerichtet. Die Deutschen hatten uns zuerst um unser ganzes Vermögen gebracht, nun versuchten es die Tschechen. Uns wurden die Sachen zwar nicht weggenommen, wir konnten sie verkaufen. Doch die Tschechen nützten das aus und bezahlten uns ganz niedrige Preise. Das Geld durften wir sowieso nicht mitnehmen, und fremde Valuta auf dem Schwarzmarkt konnten nur ganz reiche Leute kaufen. Wir durften offiziell nur fünf englische Pfund mitnehmen, welche wir bei der Nationalbank erwerben konnten. Unsere bittere Erfahrung in den Lagern hatte uns jedoch gelehrt, daß Geld und Sachen gegenüber dem

Leben wertlos sind, deshalb kamen wir sehr schnell über den materiellen Verlust hinweg. Der Gedanke, in unsere neue Heimat, in unser Vaterland zu fahren, gab uns Kraft, Mut und Zuversicht. Nur der Abschied von meinem Klavier fiel mir sehr schwer. Seit ich es bei mir in der Wohnung hatte, spielte ich darauf, doch immer nur, wenn ich alleine war. Es war wieder mein guter Freund geworden, denn ich erzählte ihm alles, ob Freud oder Leid. Und jetzt, kaum daß ich es zurückerhalten hatte, mußte ich mich aufs neue von ihm trennen.

Wieder fing ein Abschiednehmen an. Berta und Jirka wollten nicht auswandern, denn inzwischen wurde auch ihr kleiner Sohn geboren. Houština und Erich blieben zurück, denn Erich war ein ganz begeisterter Kommunist geworden, und er wunderte sich über uns, daß wir dieses herrliche Regime verlassen wollten. Unser Auswandern nahm er als Verrat an unserem Vaterland auf. Von Dr. Paul Wurzel, welcher die Vaterstelle bei mir übernommen hatte, fiel mir der Abschied besonders schwer, denn er war meine Familie, welche ich nun wieder durch die Emigration verlor. Kurts Onkel Karel hatte inzwischen den hohen Posten beim Landwirtschafts-Ministerium inne, und da auch er ein begeisterter Anhänger des kommunistischen Regimes geworden war, hätte er nie sein Vaterland verlassen. Der Abschied von Kurts und meinen Arbeitskollegen fiel mir gar nicht schwer – im Gegenteil, denn mit keinem von ihnen sind wir je in engeren Kontakt gekommen.

Doch nie werde ich den Abschied von dem damaligen Direktor der Speditionsfirma Intrasped vergessen, meinem Chef, einem Juden, welchen ich bat, mir doch ein Arbeitszeugnis in englischer Sprache auszustellen. Er bestellte mich in sein Arbeitszimmer und bat mich zu warten. Ich war ganz verwundert, als er zum Radio ging und ganz laut Musik spielen ließ. Er erkundigte sich nach unserer Auswanderung. Seine Worte drückten seine Sehnsucht aus mitzukommen, doch auf meine Frage, warum er nicht an Emigration denke, antwortete er mir nicht. Seine letzten

Worte, welche von einem festen Händedruck begleitet waren, lauteten:

»Wie gerne möchte ich jetzt an Ihrer Stelle sein, denn ich ahne, daß mein Ende naht.«

Was er mit dem Ende gemeint hatte, wußte ich nicht, denn er war ja verhältnismäßig jung. Seine bösen Ahnungen bewahrheiteten sich. Beim Slansky-Prozeß[14] wurde er zum Tode verurteilt.

Ein Möbelwagen kam und brachte unsere Sachen in ein Sammellager, wo Zöllner jedes einzelne Stück unter die Lupe nahmen und nach der Registriernummer abzeichneten, bevor sie erlaubten, es in den Lift zu packen. Es dauerte viele Stunden, bevor der Lift versiegelt und auf einen holländischen Laster aufgeladen wurde, um über Rotterdam nach Haifa zu gelangen. Dies war meine letzte Arbeit als internationale Speditionsreferentin.

Die ganze Hardtmuth-Gruppe wohnte für drei Tage in einem Hotel, um dann am 1. April 1949 in den Zug einzusteigen, in welchem sich noch etwa 1000 Auswanderer befanden. Unser Ziel war Neapel, und von dort wollten wir uns nach Haifa einschiffen. Der Zug setzte sich in Bewegung. Ein letztes Händeschütteln mit unseren Freunden, welche uns begleitet hatten, eine letzte Träne, und schon fingen wir Emigranten, welche in ihre Heimat fuhren, ganz stolz und laut die Hatikvah zu singen an, unsere Nationalhymne. Für ein paar wenige Sekunden erschienen vor meinen Augen zwei Situationen: das Aufladen in die Viehwaggons, als wir von Theresienstadt nach Auschwitz fuhren, und der Gesang der Hatikvah der Familienlager-Insassen, als diese vergast wurden. Welch ein Vergleich!

Der Zug hielt an der tschechischen Grenze und es erschienen Zöllner, um zu fragen, ob wir unerlaubte Dinge dabei

14 Rudolf Slansky, geb. 1901, seit 1945 Generalsekretär der tschechoslowakischen KP, wurde im November 1951 in einem Schauprozeß als Kopf einer angeblichen Verschwörung wegen »titoistischer und zionistischer Umtriebe« zum Tode verurteilt und ein Jahr später hingerichtet. (Anm. des Verlages)

hätten. Da sich niemand meldete, suchten sie sich einige Leute aus und führten sie ab. Wir warteten ungeduldig auf deren Rückkehr, denn wir wußten nicht, was mit ihnen geschah. Dies wiederholte sich einige Male, und die Rückkehrer erzählten, daß sie sich nackt hatten ausziehen müssen und daß man sie ganz gewissenhaft nach Schmuggelware durchsucht hatte. Wieder diese fürchterlichen Assoziationen: nackt ausziehen – Mengele – Selektion. Wann werde ich endlich davon befreit sein?

Wir atmeten erleichtert auf, als sich der Zug in Bewegung setzte und wir langsam aus der Tschechoslowakei nach Österreich einfuhren. (Einige Jahre später erfuhren wir, daß gegen die Hardtmuth-Leute ein Haftbefehl ausgestellt worden war, da wir eigentlich ein Produktionsgeheimnis nach dem Ausland brachten. Dieser Haftbefehl verfehlte uns nur um ganz wenige Stunden.) Ein kurzer Aufenthalt in Wien, wo wir den Zug nicht verlassen durften, und weiter ging es nach Italien. Es war für uns ehemalige Häftlinge, welche in der Freiheit lebten und weiter in die Freiheit fuhren, in unsere neue Heimat, ein ganz elendes Gefühl, daß wir nicht aussteigen durften und daß man den Zug von außen bewachte. Wieder drängten sich uns die Vergleiche auf, welche wir doch loswerden wollten. Wieder mußten wir eine Nacht im Zug verbringen, mit dem einzigen Unterschied, daß wir in einem Personenabteil und nicht im Viehwaggon verladen fuhren. Jeder von uns hatte eine Tasche mit Lebensmitteln mitgenommen, denn einen Speisewagen gab es nicht, und aussteigen, um etwas zum Essen zu kaufen, durften wir nicht; auch hatten wir ja kein Geld dafür. Trinkwasser wurde uns jedoch gebracht.

Wir kamen im Hafen von Neapel an, wo wir auf ein Nebengeleise geschoben wurden und warteten. Neben uns kam ein weiterer Zug zum Stehen. Wir hörten Gesang und sehr laute Stimmen, sahen viele Menschen, etwas dunkelhäutiger als wir, welche eine uns unverständliche Sprache sprachen. Wir suchten nach einer gemeinsamen Sprache und stellten fest, daß einige von diesen Leuten entweder französisch oder italienisch sprachen. Jetzt erst, nachdem wir eine gemeinsame Sprache gefunden hatten, erfuhren wir, daß in diesem Zug unsere Brüder aus Marokko und Tunis waren, welche so wie wir nach Israel einwanderten. Gemeinsam wurden wir eingeschifft.

VII Mein Israel

Ein kleiner Dampfer, »Galilah«, wartete auf uns, auf welchem – was für ein Wunder für uns – die ganze Besatzung aus Israelis bestand. Lauter Juden. Ob Matrosen, Offiziere oder der Kapitän. Schon bei dieser Feststellung bemächtigte sich meiner ein unendlich stolzes Gefühl. Uns wurden unter Deck, wo etwa 2000 Menschen ganz eng zusammengepfercht untergebracht waren, Schlafhängematten zugewiesen. Wir konnten uns jedoch ganz frei bewegen und verbrachten die meiste Zeit oben an Deck. Immer hatte aber einer von unseren Männern Wache bei unserem Handgepäck, denn es kam leider sehr oft zu Diebstählen. Das Essen wurde uns auf Blechtellern auf groben Holztischen in Etappen serviert. Ich glaube, daß ich die ganze Zeit der Überfahrt außer etwas Brot nichts zu mir nahm, denn das Essen bestand aus Oliven und Chalva, zwei uns völlig unbekannten Speisen, an welche wir uns aber dann schnell gewöhnten.

Den ersten Abend hörte ich Akkordeon-Musik, die mich wie ein Magnet anzog. Ich bat, etwas spielen zu dürfen, und war sofort von einem Kreis Israelis und Tschechen umgeben. Wir sangen und spielten bis in die frühen Morgenstunden, und dank der Musik wurde meine Gruppe sofort mit allen anderen bekannt. Den Rest der Nacht verbrachten wir mit der Besatzung und hörten wie gebannt ihren Erzählungen von unserer neuer Heimat: über das schwere Leben, die schwere Pionierarbeit, das heiße Klima, über das Meer, über die Berge, die Wüste; sie sprachen von den Städten, den Dörfern, den Kibbuzim – alles von Juden errichtet. Sie erzählten vom gerade beendeten Befreiungskrieg, über die Heldentaten der Israelis, welche beinahe ohne Waffen ihre

Heimat verteidigt hatten. In uns wuchs von Stunde zu Stunde der sehnliche Wunsch, so bald wie irgend möglich in unserer neuen Heimat zu sein. Warum schreibe ich eigentlich neue Heimat? Es gab ja keine alte Heimat für uns. Überall, in der ganzen Welt, waren wir bisher bestenfalls eine geduldete Minderheit. Aber Heimat? Die hat es für uns bis jetzt nicht gegeben. Wir waren Mitbürger in der Tschechoslowakei. Zum erstenmal, nach 2000 Jahren, haben wir endlich unsere Heimat. Unser Land! Erez Israel!

Nach einigen durchwachten Stunden in der Hängematte, denn an Schlaf war bei der Hitze unter Deck, dem Stimmengewirr und der ungewohnten Liegestätte wegen gar nicht zu denken, kamen wir an Deck, wo wir zu unserem Erstaunen und zu unserem Schrecken sahen, daß sich unsere nordafrikanischen Brüder dort ein Feuerchen gemacht hatten und sich anschickten, eine Mahlzeit zu kochen. Dies wurde ihnen sofort untersagt, was sie absolut nicht verstehen wollten. Es waren meist sehr freundliche Menschen, und es tat mir wirklich leid, daß wir der Sprache wegen nicht in näheren Kontakt kommen konnten. Zum ersten Male begegneten wir einer ganz anderen Kultur und kamen aus unserem Staunen nicht heraus. Es wurden Musikinstrumente an Deck gebracht, welche durchwegs aus Blechbüchsen in allen möglichen Größen bestanden. Ein kunstvolles Trommeln mit den Fingern und Handballen in einem phantastischen Rhythmus setzte ein. Zuerst war dieses Trommeln von einem ganz leisen Summen der Leute begleitet. Der Gesang – lauter orientalische Melodien – und das Trommeln wurden immer stärker und stärker. Einer nach dem anderen erhob sich langsam, fing zu tanzen an, und dieser Tanz entwickelte sich zu einer Ekstase. Wir Europäer standen beiseite und staunten über so viel natürliche Freude und Lebenslust. Ich, welche nach europäischer Konvention erzogen worden war, beneidete im stillen diese Menschen um ihre Offenheit und Natürlichkeit.

Das Meer war ganz ruhig, herrliche Sonne strahlte von einem wolkenlosen Himmel auf uns nieder. Für viele unter uns war diese Reise ein großes Erlebnis, denn sie sahen zum ersten Male das Meer, und es war ihre erste Schiffsfahrt. Das Schiff passierte langsam die griechischen Inseln, doch wir nahmen die Umgebung kaum wahr. Unsere Gedanken waren auf die Zukunft gerichtet. Der dritte und letzte Abend auf dem Schiff; und wieder spielte ich Akkordeon, die Europäer sangen auf der einen Seite, während die Nordafrikaner auf der anderen Seite des Schiffes trommelten und tanzten. Es wurde uns verkündet, daß wir bei Tagesanbruch Israel sehen würden. Eine Unruhe breitete sich aus, und an ein Schlafengehen war absolut nicht zu denken. Jeder von uns wollte einen Platz an der Reeling erwischen. Die nächtliche Kälte spürten wir in diesem Zustand überhaupt nicht. Es begann zu tagen, und immer noch konnten wir nicht Meer von Land unterscheiden. Es wurde immer heller und heller, die Sonne ging über den Karmel-Höhen auf, und endlich sahen wir von weitem Haifa. Majestätisch erhob sich diese herrliche Stadt vom Meer hinauf bis in die Berge des Karmel, und in der Mitte dieses Bildes leuchtete die goldene Kuppel des Bahai-Tempels. Beim Anblick unserer Heimat begannen uns allen die Tränen zu rollen, und wieder stimmten wir ganz laut unsere Nationalhymne an, die Hatikvah. Unsere Heimat! Unser gelobtes Land!

Langsam, ganz langsam näherte sich das Schiff dem Hafen, wurde vom Lotsen übernommen, und mit ganz lautem Gesang fuhren wir ein. Gespannt verfolgten wir jede Bewegung des Schiffes, und schon konnten wir auch das Treiben im Hafen selbst unterscheiden. Wir sahen Gestalten, welche ganz geschäftig hin und her liefen, Lasten auf ihren gebeugten Rücken beförderten oder schwer beladene Handwagen vor sich herschoben. Wir sahen Kräne, welche Waren verluden, kurz ein Bild enormer Tätigkeit zu dieser frühen Morgenstunde. Fasziniert schaute ich abwechselnd auf die herrliche Stadt Haifa und auf die Arbeiter im Hafen. Einer der israelischen Offiziere unseres Schiffes kam auf uns zu und sagte:

»Diese Leute, diese Arbeiter, welche Sie dort unten sehen, das sind durchwegs Israelis.«

Zum ersten Male sah ich, daß Juden wie alle anderen Völker so schwere körperliche Arbeit verrichten, und ein unendlich großer Stolz erfüllte mich. Das ist mein Volk, meine Brüder, endlich sind wir auch wie alle Völker und nicht eine Minderheit. Das ist mein Land. Und insgeheim schwor ich mir, daß ich alles für mein Land tun wollte, um dieses für die Juden zu erhalten. Wie oft mußte ich mich in Europa ducken, wie oft wurde ich wegen meines Judentums angerempelt, wie viel hat mein Volk deshalb gelitten, wie viele wurden getötet, weil sie als Juden geboren waren. Endlich haben wir eine Heimat, unser eigenes Land, sind keine Minderheit mehr. Ich hob den Kopf, ein unermeßlicher Stolz erfüllte mich, und mit erhobenem Haupt ging ich die Stufen vom Schiff herunter und schwor mir, mich nie wieder zu ducken, sondern zu kämpfen.

Für unseren Empfang war alles vorbereitet worden. Zuerst einmal wurden wir desinfiziert: Wir kamen in einen ganz kleinen Raum, wo DDT auf uns gestäubt wurde, so daß wir ganz weiß und mit einem komischen Geruch versehen da herauskamen. Als nächstes wurden wir auf Lastwagen verladen – oh, welche Assoziationen – und nach wenigen Kilometern kamen wir in einem mit Stacheldrahtzaun umgebenen Lager an, St. Lux bei Haifa. Wir waren entsetzt. Hatte man hier denn nichts von KZs gehört? Warum bringt man uns in ein Lager? Warum hinter Stacheldraht? Wir bekamen darüber von niemandem Auskunft. In Wellblech-Baracken mit runden Dächern wurden wir untergebracht. Dort standen Eisenbetten ohne Matratzen, welche uns erst viel später ausgehändigt wurden. Unsere Gruppe war gemeinsam in so einer Baracke untergebracht, und einige von unseren Frauen brachen in bitteres Weinen aus. Das hatten wir uns nicht vorgestellt. So ein Empfang! Wieder hinter Stacheldraht. Wie weggeblasen war der Stolz und das Gefühl der Glückseligkeit, welches wir vor nicht ganz zwei Stunden beim Verlassen des Schiffes so stark empfunden hatten.

Wir konnten das Verhalten der Leute nicht verstehen. Wußte man denn nicht, was wir hinter uns hatten? Was wir in den KZs durchgemacht haben? Kam denn niemandem zu Bewußtsein, was Stacheldraht für uns bedeutet? Warum, warum müssen wir dies alles wieder in unserem eigenen Land erleben? Unsere Vergangenheit interessierte sie gar nicht, denn sie waren noch ganz trunken von ihrem eigenen bewundernswerten Sieg und der Errichtung Israels. In ihren Augen waren wir feige, weil wir, anstatt zu kämpfen, uns dem Feind willig ergeben hatten. Kam ihnen gar nicht zu Bewußtsein, wie heldenhaft wir die schwere Nazizeit durchstanden hatten, wie wir uns nicht haben unterkriegen lassen, ob durch körperlichen oder geistigen Widerstand? Erst viel später fing man an, uns zuzuhören, uns zu begreifen. Doch bei unserer Ankunft unterschieden sich unsere Behörden in nichts von allen anderen Immigrationsbehörden auf der ganzen Welt.

Obzwar ich manches Mal nach meiner Vergangenheit gefragt wurde, spürte ich doch, wenn ich anfing zu erzählen, daß man mich absolut nicht versteht oder verstehen will, und verschloß mich immer mehr. Ich war nicht mehr bereit, über meine so bittere Vergangenheit auch nur ein einziges Wort zu verlieren. Mit meinen Freunden, welche gleichzeitig mit uns angekommen waren, sprachen wir auch nicht über die Vergangenheit, sondern über die Zukunft. Wir dachten, wenn wir die Vergangenheit aus unserem Gedächtnis streichen würden, könnten wir bald vergessen, und dieses Vergessen würde uns helfen, unsere Zukunft und hauptsächlich unsere Familie aufzubauen. Wie sehr wir uns geirrt hatten, stellten wir erst im Laufe der kommenden Jahre fest, denn man kann ein Trauma nicht ganz einfach einkapseln und es vergessen. Immer wieder, in ganz verschiedenen Situationen und zu verschiedenen Zeiten, melden sich die Erinnerungen. Es gibt kein Entkommen.

Unsere Männer gingen zur Lagerleitung, welcher sie zu verstehen gaben, daß wir eigentlich gekommen waren, um in Zfat eine Bleistiftfabrik zu errichten. Es gelang ihnen, eine Genehmigung für die Reise nach Zfat zu erhalten, denn wir waren überzeugt, daß die Behörden dort an unserem Kommen interessiert wären.

Wir Frauen durften indessen das Lager Shaar Aliyah (Tor der Einwanderung) nicht verlassen, was unsere Verzweiflung noch viel mehr steigerte. Endlich, durch viel Herumfragen, entdeckte ich den Grund unserer Internierung: ärztliche Untersuchungen, um das Einschleppen von ansteckenden Krankheiten zu verhindern. Hätte man uns darauf sofort aufmerksam gemacht, hätten wir Verständnis aufgebracht, doch die Unwissenheit steigerte unseren Ärger. Langsam richtete mich mein angeborener Optimismus wieder auf, und ich fing an, mich den Verhältnissen anzupassen und mich, so gut es ging, häuslich einzurichten. In meinem Gepäck befanden sich zwei Leintücher und zwei Kopfkissen; ich überzog fein säuberlich die Betten, verschaffte mir ein kleines Brettchen, welches ich mit den beiden Betten so verband, daß ein kleines Nachtkästchen entstand, auf welches ich zuerst ein Deckchen und nachher unsere Toilettensachen stellte. Die Frauen sahen mir entgeistert zu, doch bald half ich jeder, auch etwas für die Bequemlichkeit zu tun. Langsam überwanden wir unsere Traurigkeit und Gleichgültigkeit durch Geschäftigkeit.

Doch als unsere Männer am Abend aus Zfat zurückkehrten, sank unsere Laune aufs neue. Keine Fabrik, keine für uns bereiten Häuser, die Behörden von Zfat wußten von nichts. Wir konnten uns das alles nicht erklären. Warum dann die Umstände mit der Umschulung? Warum dieser Israeli in Prag? Die Empfehlungsschreiben, welche uns das israelische Konsulat in Prag ausgestellt hatte, halfen nichts – sie erwiesen sich als nutzloses Papier. Es blieb uns deshalb nichts anderes übrig, als das Los aller anderen Neueinwanderer zu teilen und abzuwarten. Erst viel später, als David aus Prag zurückkehrte, bekamen wir eine teilweise Erklärung, wie alles seinen Ausgang genommen hatte. Es gelang David nur mit ganz großer Mühe, aus Prag herauszukommen. Die Maschinen, welche schon eingepackt und zum Abtransport bereitstanden, wurden beschlagnahmt. Einige Jahre später las ich in einem Mitteilungsblatt aus London, daß der Direktor des Hardtmuth-Betriebes wegen Verrates von

Produktionsgeheimnissen verurteilt worden war. Es war ihm auch vorgehalten worden, mit dem Maschinenexport Devisenschmuggel beabsichtigt zu haben. Der Fall der Bleistiftfabrik in Israel wurde auch im Slansky-Prozeß zur Sprache gebracht.

Inzwischen trafen in Israel noch weitere drei oder vier Transporte mit jeweils etwa 1000 Menschen ein, und die letzten Ankömmlinge erzählten, daß die tschechischen Behörden weitere Transporte untersagt hätten. Ich dankte Gott, daß es uns noch gelungen war, rechtzeitig die Tschechoslowakei zu verlassen, und war nun gerne bereit, alle Schwierigkeiten der Einordnung in einem neuen Lande auf mich zu nehmen. Immer – und dies gilt bis zum heutigen Tage – hielt ich mir vor Augen, daß ich eine viel schwerere Zeit habe durchmachen müssen, daß ich nun hier in meinem eigenen Lande unter meinen eigenen Leuten bin und daß ich alle Kräfte anstrengen werde, um dieses Land aufbauen zu helfen.

Wir waren weiter gezwungen, im Lager Shaar Aliyah zu bleiben, wo wir absolut nichts arbeiteten und nur damit beschäftigt waren, das Essen zu holen und unsere Wäsche zu waschen, was für uns alle sehr demoralisierend war. Wir rauchten alle, rauchten aus Langeweile viel zu viel, und bald war unser Geld, die fünf englischen Pfund, für Zigaretten und Schokolade ausgegeben. Wir benötigten dringend etwas Geld.

Ich erinnerte mich an eine Geschäftsverbindung mit Herrn Wolfgang Lesser, welcher Holz aus der Tschechoslowakei nach Israel importierte und welchem ich beim Export aus Prag behilflich gewesen war. Er hatte mir bei seinem letzten Aufenthalt in Prag seine Adresse in Haifa gegeben, damit ich, falls ich in Israel etwas benötigen würde, mich jederzeit an ihn wenden könnte. Er wohnte am Karmel, und unser Lager war ganz unten beim Meer. Kurt und ich machten uns zu Fuß auf den Weg, durchkrochen mühsam ein Loch im Stacheldrahtzaun und erklommen den Karmel. Wir debattierten den ganzen Weg über, wer von uns beiden

Herrn Lesser um eine kleine Anleihe ersuchen sollte. Wir wurden wirklich sehr nett und herzlich empfangen, bekamen einen guten Kaffee und Kuchen. Beim Abschied fragte uns Herr Lesser, ob wir etwas bräuchten, ob er uns mit etwas helfen könne. Unisono brachten wir beide hervor:

»Danke, wir brauchen wirklich absolut nichts.«

Bisher hatten wir noch nie in unserem Leben ein Almosen angenommen und konnten es auch diesmal nicht. Es blieb mir aber nichts anderes übrig, als am nächsten Tag wieder aus dem Lager auszubrechen, zu Fuß nach Haifa ins Büro von Herrn Lesser zu gehen und ihn direkt um eine kleine Anleihe zu bitten. Höchst bereitwillig gab er mir zehn Pfund und wunderte sich, warum ich ihn nicht schon gestern um das Geld gebeten hatte. Ich glaube, daß ich mich nicht einmal bedankte, als ich das Geld annahm, denn ich war tief beschämt, in so eine Lage gekommen zu sein, und die Tränen rannen, als ich fluchtartig Herrn Lesser verließ. Vom ersten verdienten Geld zahlten wir die Anleihe zurück und blieben noch viele Jahre in sehr guter Freundschaft zueinander.

Nachdem wir nun schon zwei Wochen in Shaar Aliyah verbracht hatten, ärztlich untersucht waren und festgestellt worden war, daß wir keine ansteckenden Krankheiten ins Land gebracht hatten, mußten wir dieses Auffanglager verlassen, um Platz für weitere Neueinwanderer zu schaffen. Israel hatte sofort nach der Gründung des Staates seine Pforten für alle Juden in der ganzen Welt geöffnet und ihnen die Möglichkeit gegeben, in ihre Heimat zu kommen und den Staat aufbauen zu helfen. Es setzte ein Riesenstrom von Einwanderern ein, und es ist bewundernswert, wie dieser Zustrom bewältigt wurde. Das erste, was man tun mußte, war, die Menschen unterzubringen und sie zu ernähren, was keine leichte Aufgabe war. Es gab keine Häuser, und man mußte die Neueinwanderer in Zeltlagern unterbringen. Es war in Israel Nachkriegszeit, es fehlte an Lebensmitteln, doch die Menschen mußten essen. Es war bemerkenswert, wie von seiten der Sochnut, der Jewish Agency, in so kurzer Zeit alles organisiert wurde. Von seiten der Neueinwanderer war es aber grauenhaft, in Zelten ohne Licht und fließendes Wasser zwischen den vielen Fliegen und Mücken zu hausen. Schließlich kamen wir ja aus einem zivilisierten Lande und hatten uns mit der Zeit schöne Heime geschaffen. Das Essen war fürchterlich schlecht, und es gab nur einen einzigen Duschraum für Hunderte von Menschen. Die Frühjahrs-Chamsine, heiße Luftströme, wehten von der Wüste her, und man mußte sich einige Male täglich den Schweiß, welcher mit Staub vermischt war, herunterwaschen. Um jeden Platz nach stundenlangem Warten wurde in den Duschräumen gekämpft.

Wir kamen in so ein Zeltlager, Brandeis bei Chederah. Chederah war damals eine ganz kleine Stadt, und weit draußen lag das Lager. Diesmal fehlte der Stacheldrahtzaun, wir waren also schon freie Menschen. Welch ein Fortschritt! Unübersehbare Reihen von Zelten, welche an der Seite, des Luftzustromes wegen, hochgerollt wurden. Unsere Gruppe bekam zwei Zelte zugewiesen, in welchen für alle Eisenbetten mit Matratzen standen. Unsere Koffer schoben wir unter die Betten, und immer mußte jemand im Zelt bleiben, um zu wachen, denn es wurde viel gestohlen.

Nach einer kurzen Beratung kam unsere Gruppe zu dem Schluß, daß wir alles unternehmen müßten, um so bald als möglich aus dieser Situation herauszukommen. Unsere Männer zogen aus, um Arbeit zu suchen. Kurt ging geradewegs aufs Gesundheitsministerium, um einen Posten als Apotheker zu erhalten. Wir wußten nicht, daß damals ein Überschuß an Akademikern im Lande war und absolut keine Arbeit für Apotheker zu haben war. Die Beamtin, an welche sich Kurt wandte, eine Alteingesessene, schaute Kurt ganz verwundert an, als er sein Anliegen vortrug, und antwortete:

»Zuerst gehen Sie einige Jahre mit der Turiah (eine große schwere Schaufel, kombiniert mit einer Hacke) arbeiten, und dann werden wir vielleicht etwas finden können. Und wenn Ihnen das nicht paßt, dann gehen Sie zum Jam (Meer).«

Entgeistert starrte Kurt diese Frau an; er konnte dem Gehörten keinen Glauben schenken. Wieder stieß Kurt auf Verständnislosigkeit und Interesselosigkeit, welche so demütigend für uns waren. Kurt kam ganz unglücklich zurück, erstens über die Behandlung, zweitens über die Aussichtslosigkeit, sich eine Existenz zu schaffen. Am nächsten Tag fuhr Kurt mit seinen Kollegen von unserer Hardtmuth-Gruppe nach Tel Aviv, wo Frau Alice Eisner wohnte, eine gute Freundin von Kurts Mutter, um diese zu besuchen. Er wurde dort, in ihrer kleinen Zweizimmerwohnung, wie ein Sohn aufgenommen und blieb einige Tage, um Arbeit zu suchen. Er fand auch Arbeit als Apotheker bei der Krankenkasse in einem entlegenen Vorort von Tel Aviv. Frau Eisner bot ihm unterdessen Unterkunft in ihrer Wohnung an, während ich in Chederah im Zelt die Koffer hütete und Kurt nur am Wochenende sah. Wir waren über die Trennung unglücklich und erfuhren von verschiedenen Seiten, daß es ganz aussichtslos für uns sei, eine Wohnung zu finden, denn es waren nur Eigentumswohnungen zu haben, und wir hatten kein Geld, um uns eine zu kaufen.

Eine alteingesessene Tschechin erschien in unserem Zelt, um Freunde zu besuchen, und erzählte von einem kleinen tschechischen Dorf, Nirah bei Nathania, welches von Juden aus dem Sudetenland gegründet worden sei. Sie hatte gehört, daß man dort Holzhäuser für Neueinwanderer errichte. Eines unserer Gruppenmitglieder, Kurtl Louda, stammte aus dem Sudetenland, und er und ich borgten uns Geld für den Autobus nach Nathania, um dieses Dorf aufzusuchen. In Nathania angekommen, fragten wir nach Nirah, und zu unserem Schreck erfuhren wir, daß wir vorbeigefahren waren und nun einige Kilometer zurückgehen müßten. Es war ein heißer Tag im Mai, es war Mittagszeit, aber wir waren jung und fingen zu marschieren an. Wir mußten zuerst ein anderes Dorf, Beth Jitzchak, passieren, um nach Nirah zu gelangen. Es war drei Uhr nachmittags, und das Dorf war wie ausgestorben, keine Menschenseele war zu sehen, bis wir endlich einem Mann auf einem Fahrrad begegneten, welcher uns ganz erstaunt anblickte. Ich ging auf ihn zu und fragte ihn, ob wir in Nirah seien. Er bejahte und fragte gleichzeitig, was wir denn um diese Zeit in Nirah wollten? Damals wußten wir noch nicht, daß zwischen zwei und vier Uhr »Heilige Schlafstunde« ist und niemand in seiner Siesta gestört werden darf.

»Wir sind Neueinwanderer aus Prag und suchen Tschechen, damit wir Auskunft über Bekannte und auch Arbeit bekommen können.«

»Was, ihr seid aus Prag? Kommt sofort herein«, und er führte uns in ein kleines Häuschen, weckte seine Frau aus ihrem heiligen Schlaf, und diese schien zunächst etwas mürrisch über den Überfall. Sofort hellte sich aber ihre Laune auf, als sie erfuhr, daß wir neu aus Prag eingewandert seien. Wir wurden von Freda und Else Weiß auf das ganz allerherzlichste aufgenommen, wurden bewirtet und mußten erzählen und erzählen. Else war Pragerin, und Freda hatte dort sehr lange gelebt. Beider Herz gehörte noch immer dorthin, trotzdem sie begeisterte Zionisten waren. Kurtl fragte, wer denn aus dem Sudetenland da sei, und als der Name Konirsch fiel, wollte Kurtl sofort hinlaufen, denn dies waren sehr gute Freunde und Nachbarn seiner Eltern gewesen. Wir mußten bis vier Uhr warten, und ich wurde Zeuge einer rührenden Begrüßung nach so vielen Jahren der Trennung. Der Schwiegersohn, Lixi Schönhof, sah meine eintätowierte Nummer auf dem Arm und fragte mich nach dem Lager. Unter anderem erzählte er mir, daß auch sein Bruder Heini Schönhof ins Lager hatte gehen müssen.

Als dieser Name fiel, fuhr ich zusammen, denn Heini hatte der Baumfällergruppe in Posorschitz angehört, war sehr oft Gast in unserem Hause gewesen; wir waren ganz eng befreundet und auch noch zusammen in Theresienstadt gewesen. Er hatte mir sehr oft von seinem Bruder in Palästina erzählt und immer gehofft, ihm nachfahren zu können. Statt dessen kam er nach Auschwitz und kehrte von dort nie mehr zurück. Wieder wurde ich, ohne zu wollen, in die Vergangenheit zurückversetzt, erzählte von Heini und konnte beim besten Willen meine Tränen nicht aufhalten. Nachher aber staunte ich, mit welcher Kühle meine Information über das Lager aufgenommen wurde, und wieder stellte ich die Interesse- und Verständnislosigkeit der Leute fest.

Herr Konirsch berichtete uns, daß Holzhäuser für Neueinwanderer auf einer Anhöhe hinter Nirah aufgestellt würden, und wir uns um diese bewerben sollten. Er brachte uns zum Gemeindevorstand, Herrn Dr. Fleischmann, einem früheren Advokaten, welcher jetzt Landwirt war. Dessen erste Frage lautete:

»Wieviel Geld habt ihr? Wir sind eine Mittelstandssiedlung, und um in diese hineinzukommen, benötigt ihr Geld.«

Lieber Herrgott, sind diese Leute verrückt oder bin ich es? Wo sollen wir Geld hernehmen? Wissen denn die Menschen überhaupt von nichts, was sich draußen abspielt? Leben sie auf einer Insel in Isolation? Im Moment entschloß ich mich zum Lügen, denn ich wollte nichts anderes, als aus dem Zelt heraus und unter ein Dach kommen. Ich fragte, wieviel Geld ich denn benötige. Mir wurde eine für mich astronomische Summe genannt, und mit einer Selbstverständlichkeit behauptete ich, daß es für mich nicht schwierig sein würde, diese Summe aufzubringen. Ich hatte keine Ahnung, was eine Mittelstandssiedlung oder jede andere Form von Dörfern sein sollte, denn ich wußte nur eines: Heraus aus dem Zelt und endlich auf eigenen Füßen stehen. Ich erzählte Dr. Fleischmann von unserer Gruppe, und wir vereinbarten, daß unsere Gruppe zu einem Informationsabend nach Nirah kommen sollte, welcher dann im Hofe von Familie Rudl und Grete Hirsch stattfand, und wo wir wieder ganz herzlich aufgenommen wurden.

Von unserer Gruppe entschloß sich niemand, auf dem Lande zu bleiben, alle strebten ein Leben in der Stadt an. Auch Kurt wollte vom Lande nichts wissen, doch ich war bereit, in einen Kibbuz zu gehen oder schlimmstenfalls aufs Land, aber von Stadtleben wollte ich nichts hören. Im Unterbewußtsein leitet mich bis zum heutigen Tag der Gedanke, daß ich ein kleines Stückchen Boden besitzen muß, damit meine Familie und ich, wenn Hungersnot ausbrechen sollte,

sollte einen Platz haben, um Kartoffeln anzubauen. Dieser Gedanke läßt mich nie und nimmer los.

Nach langen Debatten willigte Kurt schließlich ein, seinen Posten in Tel Aviv aufzugeben, denn ewig konnte er doch nicht bei Familie Eisner oder im Zeltlager wohnen, und wir zogen nach Nirah. Das Dorf nahm uns ausnahmslos ganz freundlich auf. Wir wurden bei der Familie Gretl und Rudl Hirsch untergebracht und bewohnten das Zimmer der Tochter Susi, welche sich zu dieser Zeit beim Militär befand. Ich arbeitete im Haus und auf dem Feld mit, während Kurt sich sein erstes Gehalt als landwirtschaftlicher Arbeiter, später als Kutscher und dann noch viel später als Senkgrubenreiniger – darin wurde er ein wirklicher Experte – verdiente. Das Dorf organisierte sich derart, daß sich jeder Siedler verpflichtete, Kurt Arbeit zu geben. So kam es, daß Kurt jeden Tag bei einem anderen Siedler arbeitete und dadurch die Menschen kennenlernte. Später gab uns Nirah auch noch ein Stück Boden, so daß wir unser eigenes Gemüse anbauen und verkaufen konnten. Familie Sondheimer beriet uns fachgemäß und half uns beim Ernten.

Das Dorf war von etwa 25 Familien, alle Emigranten aus dem Sudentenland, gegründet worden. Da einige Siedler Textilexperten waren, wurde eine gemeinsame kleine Textilerzeugung errichtet, welche Vorhangstoffe fabrizierte. Jeder Siedler mußte eine gewisse Stundenanzahl in dieser Fabrik arbeiten. Ein jeder besaß ein Zweizimmer-Typenhaus, umgeben von einem kleinen Garten. Im Hinterhof hatte jeder Hühnerställe aus kleinen, von einem Drahtzaun umgebenen Häuschen. Dann kam das Feld, welches aus schmalen Flächen bestand, wo man verschiedene Gemüsearten anbaute. Da es den ganzen Sommer in Israel nicht regnet, müssen die Felder künstlich bewässert werden. Zu diesem Zweck ist eine ganze Installationseinrichtung notwendig, und die Eisenröhren, welche das Wasser leiteten, mußten immer von einer Stelle auf die andere befördert werden, was eine ziemlich schwere Arbeit war. Diese Miniaturfelder mit einem vom Pferd gezogenen Pflug zu ackern, war eine Kunst, welche Kurt mit der Zeit außerordentlich gut beherrschte. Es entwickelte sich ein besonders inniges Verhältnis zwischen Familie Hirsch und uns, so daß wir sie sogar »Tato« und »Mamo« ansprachen. Inzwischen wurde mit dem Bau der Holzhäuser auf der Anhöhe begonnen, und Kurt fand eine weitere Beschäftigung als Bauarbeiter. Nach zwei Monaten waren die Häuser fertiggestellt, und schweren Herzens verließen wir Tato und Mamo, welche uns ein wirkliches Heim gegeben hatten.

Auf der Anhöhe standen sechs ganz neue Holzhäuser, hebräisch »Zrifim« genannt, je drei auf jeder Seite und dazwischen ein breiter, ungepflasterter Weg. Jedes Häuschen hatte vier Wohnungen, besser gesagt vier Zimmer. Je zwei Zimmer hatten einen ganz kleinen, offenen Eingang, an dessen Ende sich zwei Türen befanden, deren eine auf eine Toilette, die andere hingegen in einen winzigen Duschraum führte, wo es nur kaltes Wasser gab. Von dem Entree gelangte man in einen ebenfalls sehr kleinen Vorraum, welcher ein Waschbecken für Geschirr besaß und als Küche diente, und endlich kam man in ein neun Quadratmeter kleines Zimmerchen. Die Wände waren mit einer Art Kunstpappe belegt, welche man nicht anstreichen konnte, ebenso bestand der Plafond aus diesem Kunststoff. Elektrisches Licht gab es nicht. Statt dessen beleuchteten Petroleumlampen romantisch unser kleines, aber eigenes Heim. Wir waren glücklich, überglücklich. Wir waren jung und wir waren überzeugt, daß auch wir uns in unserem Lande durchsetzen werden.

24 Neueinwanderer-Familien zogen in die Zrifim ein. Es herrschte ein Sprachengewirr, denn es waren zehn verschiedene Länder vertreten. Niemand von uns konnte die Landessprache – Ivrith – sprechen, denn wir waren viel zu kurz im Lande, um diese so schwere Sprache schon zu beherrschen. Es ist mir unverständlich, wie wir uns verständigten, aber die meisten sprachen doch etwas Deutsch oder Jiddisch. Meine direkten Nachbarn waren zwei englische Familien, welche ausschließlich Englisch sprachen, und bis heute bin ich Joe und Fey Isaacs, Coral Benjamin und Grandma

Lions dafür dankbar, denn sie waren so nette Leute, daß ich mit ihnen in Kontakt kommen wollte und dadurch gezwungen war, ihre Sprache zuerst zu stottern und später zu sprechen. Sie waren meine geduldigen Lehrer, und eine innige Freundschaft entwickelte sich dadurch. Die Abende waren die schönste Zeit in den Zrifim. Da wir kein Radio und kein elektrisches Licht hatten, war es mein Akkordeon, welches beinahe jeden Abend die Menschen zusammenbrachte. Während der heißen Sommerabende saßen wir draußen und sangen und tanzten zu seinen Klängen. Diese Abende sind für uns alle unvergeßlich geblieben, denn sie befestigten neue Freundschaften.

Wirtschaftlich ging es dem Staat und auch uns miserabel. Es war die sogenannte Zena-Zeit, alles war rationiert, Fleisch, Zucker, Fett und Mehl auf Zuteilung, doch da wir auf dem Lande lebten, gab es genug Gemüse und Kartoffeln, so daß wir diese Zeit wirklich nicht so wie die Städter spürten. Auch ich fing zu arbeiten an, zuerst auf den Feldern, dann im Haushalt als Dienstmädchen und zum Schluß bekam ich eine Arbeit als Spulerin in der Fabrik in Nirah.

Grete Brunn aus Shaar Chefer, einem Nebendorf, besuchte mich eines Tages und fragte mich, ob ich bereit wäre, Volkstänze zu begleiten. Sie brachte eine Volkstanzlehrerin mit, Ivrijah Wurm.

»Ich bin sehr gerne bereit, Volkstänze zu begleiten, doch kenne ich absolut keine israelische Musik, da ich kein Radio habe und diese deshalb nicht hören kann«, sagte ich. »Bitte verschafft mir Noten, dann kann ich euch begleiten.«

»Leider gibt es noch keine Noten«, war die Antwort von Ivrijah. »Aber weißt du, ich mache dir einen Vorschlag. Wir werden singen und du wirst spielen, ich weiß, daß du die Melodien schnell lernen wirst.«

Skeptisch sah ich Ivrijah an, sah vor mir zum ersten Male eine Sabre, eine im Lande geborene Israeli, deren Familie schon einige Generationen hier war. Ihr offener Blick, ihre Warmherzigkeit und ihre so sympathische Erscheinung zogen mich sofort zu ihr hin, so daß ich ohne viel nachzudenken zustimmte. Nie bedauerte ich, diesen Schritt getan zu haben. Für mich begann die schönste Zeit in Israel. Ich wurde Ivrijahs Akkordeonistin, zog mit ihr von Dorf zu Dorf, von Kibbuz zu Kibbuz, lernte dadurch Menschen, Orte, Israel und Folklore kennen, was mich meinem Land noch viel näher brachte. Wir lebten primitiv im Zrifim, viel zu essen hatten wir nicht, Geld hatten wir nicht, doch wir waren glücklich, sehr glücklich.

Zu den Zrifim führte ein Sandweg, welcher nicht mit einem Auto befahrbar war; nur ein Jeep konnte durch diesen tiefen Sand. Wir wateten jeden Morgen, um unsere Milch auf dem Hof von Moses zu holen. Um in den nächsten und einzigen Laden zu gelangen, welcher von Familie Nehab geleitet wurde, mußten wir etwa zwanzig Minuten Sandweg zu Fuß in jede Richtung zurücklegen, denn Autos hatten wir nicht, sie wären ja sowieso steckengeblieben. Dafür aber hatten wir Schakale in Mengen, welche jeden Abend ihr Weinkonzert verbreiteten. Es war sehr gefährlich, am Abend alleine zu gehen, denn man konnte von diesen Biestern angegriffen werden. Deshalb gingen wir wenigstens zu zweit und immer mit Stöcken ausgerüstet.

Wir hatten uns vom ersten ersparten Geld ein kleines Hühnerhäuschen mit einem Drahtzaun angeschafft und waren glücklich, die ersten eigenen Eier und Hühner zu haben. Doch eines Nachts gelang es den Schakalen, ein Loch unter dem Zaun zu graben und einige Hühner aus dem Holzhäuschen herauszuholen. Wie unglücklich waren wir doch über den Verlust. Nicht nur Schakale besuchten uns des Nachts, auch Fedajun-Gruppen, welche aus dem acht Kilometer entfernten Nachbarland Jordanien kamen. Das waren regelrechte Überfalltruppen, welche Menschenleben bedrohten und Riesenschäden in den benachbarten Siedlungen anrichteten. Sie raubten, wo und was sie konnten, man war vor ihnen nie sicher, wußte nie, wann und wo sie erscheinen könnten. Wie oft geschah es, daß Wäsche von der Wäscheleine, Bewässerungsrohre und Werkzeug verschwanden. Wir waren gezwungen, Wachen aufzustellen, und unsere Männer, welche tagsüber schwer arbeiteten, mußten auch noch des Nachts abwechselnd wachen.

Wir waren so von unserem neuen Leben in Beschlag genommen, daß wir langsam die Vergangenheit vergaßen, besser gesagt – glaubten, diese vergessen zu haben. Kurt und ich schmiedeten Zukunftspläne, und unser erster Schritt dazu war, eine neue Familie zu gründen. Beide sehnten wir uns danach, Kinder in die Welt zu setzen. Wir rechneten zunächst nicht damit, daß mir, wahrscheinlich bei der Entbindung in Auschwitz, etwas zugestoßen sein könnte, was diesen Wunsch unerfüllbar machen könnte. Aber ich konnte und konnte nicht schwanger werden. Ärzte, welche ich konsultierte, versprachen mir, alles zu tun, damit ich Kinder haben könnte, aber nichts gelang, und langsam fanden Kurt und ich uns mit dem Gedanken ab, nie mehr Kinder zu haben. Ich arbeitete weiter auf den Feldern und im Haushalt, anstrengende körperliche Arbeit, denn ich wollte durch diese schwere und intensive Arbeit meinen Schmerz vergessen. Eines Tages jedoch stellte ich fest, daß ich doch schwanger war. Überglücklich rannte ich zu einem Arzt, welcher mir jedwede körperliche Arbeit verbot, wenn ich das Kind zur Welt bringen wollte. Ich bestellte meinen kleinen Haushalt und unternahm ganz lange Spaziergänge in die Umgebung von Beth Jitzchak–Nirah–Shaar Chefer, überglücklich, daß es mir doch vergönnt sein wird, Kinder in eine normale Welt zu setzen. Ich freute mich beim Anblick jedes Blümchens und jubilierte und sang mit den Vögeln. Schaute froh und zuversichtlich in die Zukunft, ohne an die Vergangenheit auch nur den kleinsten Gedanken zu verlieren.

Kurt fuhr sehr selten, aber doch mindestens einmal in drei Monaten nach Tel Aviv, um mit dem Gesundheitsministerium in Verbindung zu bleiben, denn er hoffte, daß es ihm gelingen würde, doch einmal als Apotheker arbeiten zu können. Im fünften Monat meiner Schwangerschaft erfuhr Kurt, daß die Armee Apotheker suchte. Sofort meldete er sich und bekam seinen ersten Posten in seinem Fach. Mit einem riesigen Sack beladen kam er nach Hause und fing an, diesen auszupacken. Uniformen, Unterwäsche, Socken, Schuhe, Handtücher – kurz, ein ganzes Vermögen in dieser Zena-Zeit kam zum Vorschein und zum Schluß auch noch ein dickes Buch, welches Maßregeln und Vorschriften enthielt, alles in Ivrith geschrieben. Kurt kaufte sich ein Wörterbuch, und tage- und nächtelang entzifferte er das Geschriebene. Er mußte um fünf Uhr früh die Zrifim verlassen, um um acht Uhr an seinem Arbeitsplatz in einem sehr weit entfernten Militärlager zu sein. Abends kam er nach acht Uhr todmüde, aber zufrieden nach Hause. Sein erstes Gehalt sollte 40 israelische Pfund betragen, etwas mehr, als er mit der Tagelöhnerarbeit verdient hatte.

Leider stellte sich heraus, daß das Militär keine Geldmittel besaß und daß das erste Gehalt mit Verspätung von drei Monaten eintreffen würde, was gerade am Ende meiner Schwangerschaft sein würde. Ich mußte die allernötigste Ausstattung für das Baby kaufen, Windeln, ein Bettchen, und wußte nicht wovon, denn langsam zehrten wir unsere wenigen Ersparnisse auf. Wieder war ich gezwungen, mir etwas Geld auszuleihen, was mir sehr unangenehm war. Ich selbst verdiente ganz wenig, denn meine körperliche Arbeit hatte ich aufgeben müssen; es blieb mir nur die Arbeit mit Ivrijah, welche sehr unregelmäßig war. Aber zum Teufel mit Geld, was es bedeutet, hatten wir kennengelernt. Mein Optimismus siegte, ich wußte, daß wir unsere Schulden würden zurückzahlen können. Wir durften keine Sorgen zulassen, denn ein so freudiges Ereignis erwartete uns doch.

Langsam schaffte ich mit dem geborgten Geld in der nahegelegenen Stadt Nathania die Babyausstattung und das Bettchen an. Mit dem Bettchen war ein großes Problem verbunden, denn in unserem winzigen Zimmer standen ein Bett, ein Schrank, ein Tisch und zwei Stühle, wo nimmt man Platz für ein Babybett her? Durch kunstvolles Ver- und Zusammenrücken der Möbel gelang es uns schließlich, auch noch Platz für das Babybett zu schaffen.

Vergessen war die Vergangenheit, zuversichtlich blickten wir der Zukunft und der Errichtung einer neuen Familie entgegen. Ich hatte nur eine Angst, daß Kurt, welcher manches Mal seiner Arbeit wegen nicht nach Hause kommen konnte, bei dem Ereignis nicht zugegen sein könnte.

Am 7. März um drei Uhr morgens verspürte ich die ersten Wehen und weckte sofort Kurt, um ihm die freudige Nachricht mitzuteilen. Kurt war so aufgeregt, daß er mir befahl, sofort aufzustehen, um ins Krankenhaus zu fahren. Ich bat, mich noch ein bißchen schlafen zu lassen, denn ich wußte, daß mir ein sehr langer Tag bevorstehen würde. Kurt war unerbittlich, und so blieb nichts anderes übrig, als sich anzuziehen, die schon vorher sorgsam gepackte Tasche zu nehmen und mit einem Stock ausgerüstet in die dunkle Nacht hinaus durch den tiefen Sand den Hügel hinunterzugehen, begleitet vom Geheul der Schakale. In Nirah gab es nur ein einziges Telefon, welches in der Fabrik installiert war, und so mußten wir in der Kälte warten, bis der erste Siedler zu seiner Arbeit in die Fabrik käme, damit er uns telefonieren ließe. Wir brauchten ein Taxi, welches uns in die Entbindungsanstalt nach Chederah bringen sollte, etwa zwanzig Kilometer entfernt.

Kurt mußte zur Arbeit fahren und ließ mich alleine zurück. Wie sehr hätte ich mir gewünscht, daß er bei mir geblieben wäre. Nur nicht alleine sein, wieder alleine sein. Kurt versprach mir, daß er ganz bestimmt, so schnell er nur könnte, wieder bei mir sein würde. Sofort vergaß ich Kurt, denn die Krankenhausroutine erfaßte mich. Auskleiden – Einkleiden, Wehen, Einschreiben, Baden, Essen, welches ich, der Schmerzen wegen, nicht mehr zu mir nehmen konnte. Ich bekam ein großes, schönes, weiß überzogenes Bett zugewiesen, doch immer, wenn mich die Wehen packten, stand ich auf und fing zu gehen an. Ich konnte es auf dem Bett nicht aushalten. Die Wehen kamen häufiger, und ich marschierte fleißig den Korridor hinauf und hinunter. Immer, wenn ich starke Schmerzen hatte, krallte ich mich an einem alten Kühlschrank fest, welcher auf dem Korridor stand. Auf keinen Fall wollte ich vor Schmerzen aufschreien, denn ich wußte, daß jede Wehe, jeder Schmerz, mich dem freudigen Ereignis, auf welches Kurt und ich so sehnsüchtig gewartet hatten, näherbrachte. Es war schon am späten Nachmittag, als mich eine Schwester aufforderte, zu einer Untersuchung zu kommen, mich in einen Saal brachte und, nachdem ich auf dem Bett war, beinahe aufschrie, eine andere Schwester zu Hilfe rief und sich erzürnt an mich wandte:

»Warum hast du nicht gesagt, daß du Preßwehen hast!?«

Ich hatte mich, im Gegensatz zu anderen Wöchnerinnen, ganz ruhig verhalten, und hätte mich die Schwester nicht gerufen, hätte ich das Baby bestimmt am Korridor entbunden, auf welchem ich viele Kilometer zurückgelegt hatte. Das Baby verließ mit einem Riesenschmerz meinen Körper, und eine enorme Erleichterung bemächtigte sich meiner.

»Du hast einen schönen, gesunden Sohn zur Welt gebracht«, verkündete mir die Hebamme, »Mazal Tov.«

Ich konnte nicht danken, denn mein Hals war wie zugeschnürt, und Tränen rollten über meine Wangen hinunter. Freudentränen. Eine Ruhe überkam mich, eine Zufriedenheit, ein ganz glückliches Gefühl, daß es uns endlich gelungen ist, eine neue Familie zu gründen. Ich sehnte mich nur nach Kurt, um mit ihm diese Freude teilen zu können, denn ich wollte in diesen Augenblicken nicht alleine sein. Um mich herum war geschäftiges Treiben, die Krankenschwestern und die Hebamme waren mit mir unverständlichen Dingen beschäftigt. Mich aber interessierte absolut nicht, was sie taten, nur das Glück, welches ich spürte, erfüllte mich vollauf, so daß ich gar keine anderen Gedanken fassen konnte. Eine Krankenschwester trat auf mich zu, in der Hand hielt sie ein kleines Bündel, welches im Gesicht ganz rot angelaufen war und weinte.

»Das ist dein Sohn, ein wirklich schönes Baby.«

Stolz erfüllte mich, und die Tränen flossen weiter, so daß ich nicht imstande war, etwas zu antworten. Die Krankenschwester nahm eine Windel von einem nahestehenden Tisch, deckte das Baby damit zu und machte sich auf, um den Raum mit dem Bündel zu verlassen. In diesem Moment, als sie schon ganz nahe an der Tür war, fing ich wie verrückt zu schreien an:

»Nehmt mein Kind nicht weg! Laßt mein Kind leben! Mein Kind soll leben! Leben! Nehmt mir mein Kind nicht weg!!!!«

Ein schreckliches Weinen und Schluchzen, welches ich beim besten Willen nicht zurückhalten konnte, erschütterte meinen Körper. Ich war keines klaren Gedankens fähig. Mit einer Kraft, welche ich nicht erwartet hatte, drangen Erinnerungen auf mich ein, die ich glaubte vergessen zu haben. Ich schrie und weinte noch, als die Krankenschwester mit dem Baby auf dem Arm schon den Raum verlassen hatte:

»Gebt mir mein Kind! Nehmt mir mein Kind nicht weg! Ihr wollt mein Kind vernichten! Laßt mein Kind leben!«

Ich hatte gar nicht bemerkt, daß ein Arzt neben mein Bett getreten war, mir etwas zuschrie, was ich nicht verstehen konnte, und mir zwei schallende Ohrfeigen versetzte, sich einen Stuhl an mein Bett stellte und, nachdem ich diese Anti-Hysterie-Therapie erhalten hatte und mich langsam beruhigte, zu mir sprach:

»Dein Kind wird leben, niemand wird es dir wegnehmen. Man wird es dir sofort bringen.«

Er rief eine Schwester herbei und gab ihr den Auftrag, sofort mein Kind wieder hereinzubringen.

Man legte meinen Sohn neben mich hin, ich weinte noch immer, doch die Aufregung war von mir gewichen. Mit großem Einfühlungsvermögen fragte der Arzt:

»Was ist dir zugestoßen? Ich sehe die eintätowierte Nummer auf deinem Arm. Es wird für dich eine Erleichterung sein, wenn du mir jetzt alles erzählst.«

Es war dies das erste Mal seit ich in Israel war, daß jemand aufrichtiges Interesse dem entgegenbrachte, was ich erlebt hatte. Die Worte ergossen sich, und je länger ich sprach, desto ruhiger wurde ich. Mein Sohn, mein Kind, welchem ich gerade das Leben geschenkt habe, darf leben und soll nie von all dem wissen, was seine Eltern erlebt haben. Es soll als glücklicher und freier Mensch in seiner

Heimat aufwachsen. Ich beendete meine Erzählung an den Arzt mit folgendem Satz:

»Heute ist der 7. März. In dem Augenblick, als man mein Baby hinausgetragen hat, hörte ich die Hatikvah der 2000 Menschen aus dem Familienlager, als diese, auch am 7. März, vergast wurden. Was für eine Symbolik, daß gerade heute mein Sohn das Licht der Welt erblickt.«

Rafi, mein Sohn, durfte tagsüber neben mir sein, nur die Nacht verbrachte er in der Babyabteilung, damit ich ruhig schlafen konnte. Als Kurt nach seiner Arbeit zu mir kam, brachte er mir einen kleinen Strauß selbstgepflückter Feldblumen mit. Er wollte mir gerne ein Geschenk kaufen, doch hatten wir damals absolut kein Geld; dieser kleine Strauß bedeutete mir mehr als der schönste Schmuck.

Auf der Fahrt nach den Zrifim kamen Kurt und ich überein, daß wir unserem Sohn und auch allen weiteren Kindern, welche wir in die Welt setzen wollten, nichts von unserer Vergangenheit erzählen werden, damit wir sie damit nicht beschweren. Sie sollen als freie, glückliche und unbeeinflußte Menschen aufwachsen und sich erst später, wenn sie erwachsen sein werden, ihre eigene Meinung bilden. Unsere Elternschaft nahm uns beide völlig gefangen, so daß wir gar nicht mehr an die Vergangenheit dachten. Die Gegenwart nahm alle unsere Gedanken in Anspruch. Wir fingen an, weitere Pläne für die Zukunft zu schmieden.

Rafi war schon eineinhalb Jahre alt. Wir erhielten von Beth Jitzchak eine Parzelle zugeteilt. Ich war im dritten Monat schwanger, als wir endlich in unser kleines, aber eigenes Haus einzogen.

Unser zweiter Sohn Gabi erblickte das Licht der Welt. Diesmal gab es keine Assoziationen, die Vergangenheit lag weit hinter mir. Ich spürte nur die unbeschreibliche Freude über den Familienzuwachs. Stolz erfüllte unsere Herzen, als wir Gabi in unser neues Heim brachten, in welches Kinderstimmen, Kinderlachen, aber manchmal auch Kinderweinen ihren Einzug hielten.

Draußen im Garten pflanzten wir unsere ersten Bäume,

einen Klementinen-, einen Grapefruit-, einen Zitronen- und einen Orangenbaum. Unsere eigenen Bäume, unsere richtigen Wurzeln in unserem eigenen Land.

Danksagung

Gideon Greif, Ramat Hasharon (Israel), gab mir den Anstoß zum Schreiben dieses Textes. Sein Interesse und unaufhörlicher Druck trieben mich ständig weiterzuschreiben. Dafür danke ich ihm sehr.

Der Historikerin Dr. Livia Rothkirchen, Jerusalem, gilt mein besonderer Dank für ihre Aufmunterung und den Rat, daß dieses Manuskript zur Veröffentlichung gelangen müsse.

Wen ich nie in meinem Leben vergessen kann und werde, ist Dr. Maca Steinberg, nun Dr. Margit Bleyer, Tel Aviv, meine Lagermutter. Sie half mir in den schwersten Stunden meines Lebens. Ohne sie hätte dieses Buch nicht geschrieben werden können – ganz einfach deshalb, weil ich ohne sie Auschwitz nicht überlebt hätte.

Ruth Elias

Editorische Notiz

Um den authentischen Charakter dieses Textes, der zunächst nicht für die Öffentlichkeit gedacht war, zu erhalten, wurde er nur behutsam redigiert. Unser Dank gilt der Autorin für ihre verständnisvolle Zusammenarbeit.

Die historischen Anmerkungen wurden von Dr. Peter Longerich, Institut für Zeitgeschichte München, erarbeitet. Der Leser, der die hier geschilderten Erlebnisse der Ruth Elias in Auschwitz in die genaue Chronologie des Lagers Auschwitz einordnen möchte, sei verwiesen auf: Danuta Czech, Kalendarium der Ereignisse im Konzentrationslager Auschwitz-Birkenau, Hefte von Auschwitz 2–8, hrsg. vom Staatlichen Museum Auschwitz 1959–1964.

Die Fotos stammen aus dem Besitz von Ruth Elias. Ausnahme ist das Bild auf S. 3 oben des Bildteils; es ist entnommen aus: The Auschwitz Album, Lili Jacobs Album, ed. by Serge Klarsfeld, New York 1980.

Der Verlag

Nachwort zur Taschenbuchausgabe

Dieses Buch zu schreiben war schwer – sehr schwer. Denn man kann seine Erinnerungen nicht zu Papier bringen, ohne das Geschehene noch einmal zu erleben. Wie oft mußte ich mein Schreiben unterbrechen und weinen. Viele Seiten dieses Buches sind mit meinen Tränen getränkt. Allein der Gedanke an meine Familie, der ich diese Familienchronik hinterlassen wollte, ermutigte mich immer wieder, weiterzuschreiben.

Nur durch puren Zufall gelangte mein Manuskript in die Hände meines Verlegers, Herrn Dr. Ernst Reinhard Piper, der mich um das Recht zur Veröffentlichung bat. Als ich seinem Vorschlag zustimmte, war ich mir der Bedeutung, ein Buch zu veröffentlichen, gar nicht bewußt, noch wußte ich, was für ein komplizierter Vorgang dies ist.

Für mich begann eine verrückte Zeit: Textkorrekturen überprüfen, unzählige Telefonanrufe, alte Fotografien heraussuchen, den Titel finden, Einband, Grafik, Umschlagtext mitbestimmen, etc... und das alles zwischen Israel und Deutschland. Eines Tages jedoch wurde ich gebeten, zur letzten Korrektur nach München zu kommen. Erst jetzt kam mir voll zu Bewußtsein, daß ich von nun an wahrscheinlich des öfteren nach Deutschland würde fahren müssen, und dies löste in mir große Bedenken aus.

Nach meiner Rückkehr aus den Konzentrationslagern hatte ich mir geschworen, nie wieder einen Fuß auf deutschen Boden zu setzen. Aber als ich aufgefordert wurde, eine israelische Jugend-Austauschgruppe nach Deutschland zu begleiten, habe ich mein Gelöbnis zum ersten Mal gebrochen. Es wurde mir damals nahegelegt, daß diese Reise keine Urlaubsreise sei, sondern eine Pflicht sei, die zur deutsch-israelischen Verständigung beitragen solle. Diese Erklärung war der Beweggrund für meine Zusage, denn als Vertreterin meiner Heimat war ich bereit, diesen für mich so schweren Schritt zu tun.

Eine zweite Deutschlandreise kam 1985 zustande, als ich zu einer Reihe von Vorträgen eingeladen wurde. Der Zeitpunkt: der Besuch von Präsident Reagan in Bitburg. Diesmal sagte ich ohne Bedenken zu. Das Motiv war: Wenn Reagan den SS-Gräbern seine Ehre erweist, spreche ich eben von den Greueltaten der SS. Ich war eine ganze Woche unterwegs und besuchte fünf Schulen und drei Abendveranstaltungen.

Zum ersten Mal wurde ich mit der deutschen Nachwuchsgeneration konfrontiert, hörte deren Reaktion auf meine Vorträge, sah deren Betroffenheit. Betroffen war aber auch ich, als ein etwa 17jähriger zu mir kam, mich beiseite nahm und sagte: »Frau Elias, im Kleiderschrank meines Vaters hängt bis heute seine SS-Uniform. Bitte geben Sie mir einen Rat. Wie kann ich nach dem, was ich eben gehört habe, meinem Vater gegenübertreten und überhaupt noch mit ihm reden?« Konnte ich diesem jungen Mann, der mir leid tat, einen Rat geben?

Und nun, im Mai 1988, mußte ich wieder nach Deutschland reisen, noch dazu nach München, in meinen Augen die frühere Hochburg der Nazis. Die wenigen Tage meines Aufenthaltes verbrachte ich in den Räumen des Verlags, ausgefüllt mit intensiver Arbeit, so daß mir gar keine Zeit blieb, die Stadt selbst zu besichtigen. Dafür begegnete ich im Verlag jungen Menschen – aus der Nachkriegsgeneration –, und es ergaben sich viele Gelegenheiten zu ganz offenen Gesprächen, welche mir meinen Aufenthalt sehr erleichterten. Auf die Straße ging ich kaum, besser gesagt: ich vermied es, denn immer, wenn ich älteren Menschen begegnete, durchzuckte mich *nolens volens* der Gedanke: Was hat dieser Mensch wohl zur Nazizeit gemacht? War er nicht einer meiner Aufseher in einem der Lager, in denen ich inhaftiert war?

Bevor ich München verließ, bat mich der Verlag, nach Erscheinen meines Buches eine Lesereise zu unternehmen. Ohne viel nachzudenken, stimmte ich zu. Erst als ich zu Hause den

Veranstaltungskalender sah – Auftritte in circa 20 Städten, Radio- und Fernsehinterviews, Anwesenheit auf der Buchmesse etc.! –, stiegen plötzlich Zweifel in mir auf. Wie werde ich, die ich so viel Grauenvolles erlebt habe, dem deutschen Publikum gegenüberstehen können? Wie alt werden meine Zuhörer sein? Wie deren Reaktion auf meine Leseproben? Welche Fragen werde ich zu beantworten haben? Werde ich vielleicht auch Angriffen ausgesetzt sein?

Mit sehr gemischten Gefühlen trat ich diese Reise schließlich an. Hunderte Gesichter, Züge, Autos, Betreuer und die verschiedensten Hotels wechselten einander ab. Von den Städten bekam ich nichts zu sehen, denn: Ankunft am Nachmittag, auspacken, anziehen, Lesung und am nächsten Vormittag weiter.

Endlich erhielt ich die Antwort auf meine Zweifel. Meine Zuhörer waren zu 90 Prozent Menschen, die entweder im Krieg oder noch später geboren waren. Aber manchmal waren auch ältere Menschen unter ihnen, und da wunderte ich mich über den Grund ihres Kommens. Aber gerade diese Generation wollte wissen, wie meine Einstellung ihnen gegenüber sei. Noch bevor ich zu den Lesungen fuhr, hatte ich mir fest vorgenommen, alle Fragen offen und ehrlich zu beantworten, denn geschwiegen habe ich lange genug. Demnach brachte ich in meinen Antworten meine Assoziationen und Zweifel über ihre Vergangenheit und Tätigkeit in der Nazizeit zum Ausdruck.

Nach den meisten Lesungen überschüttete man mich mit Fragen, doch in einigen – seltenen – Fällen wurde keine einzige Frage gestellt, herrschte nur ein ganz bedrücktes Schweigen.

Bei fast jeder Lesung kam eine Frage – ich verstand es als Vorwurf –, der mich zuerst in Staunen, später in Verlegenheit versetzte: »Warum haben uns unsere Eltern (oder auch Großeltern) nichts über ihre Vergangenheit und ihr Verhalten in der Nazizeit erzählt?« Wurde von mir wirklich erwartet, daß ich – der ehemalige KZ-Häftling – diesen Vorwurf aufnehme oder gar beantworte? Sollte ich es sein, die ihnen die Vergangenheit, die Begeisterung für Hitler oder gar die Teilnahme an Massenmord und Ausrottung eines Volkes, die von ihren Vorfahren begangen wurden, erklärt? Wie oft sah ich verzweifelte und bestürzte Blicke auf mir ruhen. Blicke, die manchmal vielleicht um ein Wort des Verständnisses, Verstehens, oder vielleicht der Versöhnung flehten. Beim besten Willen konnte ich diesen Trost keinem meiner Zuhörer geben.

Ich war auch einigen wenigen Ausschreitungen ausgesetzt. Ein Vorfall jedoch hat sich tief in meinem Gedächtnis eingegraben. Obwohl seitdem beinahe ein Jahr vergangen ist, steht dieses Bild noch immer glasklar vor meinen Augen:

Ein etwas kleinerer Ort (der Name ist mir in guter Erinnerung), circa 50–60 Zuhörer. Drückende Stille nach der Lesung. Um diese zu durchbrechen, fragte ich, ob jemand Fragen stellen möchte. Ein etwa 20–22jähriger Mann meldete sich: »Ich habe keine Frage, dafür aber eine Feststellung. Vielleicht ist Ihnen bekannt, daß Marx und Trotzki Juden waren. Ihr Juden tragt an Eurem Schicksal selbst die Schuld...« Und es folgte eine Tirade gegen die Juden. Ich blieb wie vom Blitz getroffen sitzen, war keines rationalen Gedankens fähig. Im Saal entstand ein Tumult, empört beschimpften die Anwesenden den jungen Mann und entfernten ihn gewaltsam aus dem Saal. Es stellte sich nachher heraus, daß er der Enkel eines Nazibürgermeisters war. Meine Reaktion? Tief verletzt und sprachlos nahm ich die Entschuldigungen der anderen Zuhörer entgegen. Ich überlegte, ob nach diesem Vorfall die Fortsetzung meiner Reise überhaupt noch möglich sei. Ob ich diesen Dornenweg weiter beschreiten solle. Ob der Rest dieser Reise seinen Sinn erfüllen würde.

Meine Entscheidung fiel positiv aus, denn ich kam zu der Überzeugung, daß ein Weglaufen zwecklos sein würde und daß nur ein offener und ehrlicher Dialog zu einem Resultat führen kann. Für mich ein sehr schwerer Entschluß.

Im allgemeinen aber wurde ich überall sehr herzlich empfangen, und immer wieder wurde mir gesagt, wie wichtig meine Lesungen sind, weil man diese dunkle Zeit nicht der

Vergessenheit anheimfallen lassen darf. Dies bewiesen mir auch etwas später die über hundert Leserbriefe (und circa 150 Buchrezensionen). Aus den Briefen möchte ich einige Passagen zitieren, nicht aus Eitelkeit, sondern um zu zeigen, daß diese »Botschaft« bei den allermeisten Deutschen gut angekommen ist:

H. H., Cuxhaven: »Ich kann es nicht ausdrücken, wie tief es mich bewegt, was Sie und alle Menschen im KZ mitgemacht haben. Jetzt schäme ich mich, Deutsche zu sein...«

M. B., Giessen: »...ich spüre, daß es ein ganz wichtiges Buch gerade auch für einen Deutschen ist. Ich denke, Ihr Buch kann helfen, daß sich Menschen dafür engagieren, daß niemals mehr derartiges Menschen Menschen antun werden...«

L. G., Rosenheim: »...welches Echo Ihre Veranstaltung hatte... Ich bin sicher, daß Ihre Gesprächsbereitschaft ein ganz entscheidender Beitrag zur Verständigung ist... Auch der Besuch der Ihrem Abend folgenden Veranstaltungen hat uns ermutigt, in unserem Bemühen um Aufklärung über diese dunkelste Epoche unserer Geschichte nicht nachzulassen. Es haben sich überraschend viele junge Leute zu diesen Vortragsabenden eingefunden...«

Dr. E. U., Hofheim: »Wir registrieren in Deutschland ein zunehmendes Bedürfnis der Jüngeren, sich mit der dunkelsten Zeit unseres Landes auseinanderzusetzen... Ich bemerke, daß ein guter Teil der Studenten sehr wach und interessiert und aufmerksam ist... Wenn ich darf, möchte ich in den nächsten Lesungen aus Ihrem Buch zitieren. Ich habe es bereits jetzt zu einer Art Pflichtlektüre für meine Kollegen und Mitarbeiter gemacht...«

K. S., München: »Aber Ihr Buch ist so wichtig für uns! Und ich kann nur hoffen, daß viele Deutsche, vor allem die Jüngeren und die meiner Generation (ich bin 1943 geboren), den Mut aufbringen, das Buch zu lesen... und was ist aus all diesen SS-Männern und -Frauen geworden? Wie viele haben nach Kriegsende unbehelligt unter uns weitergelebt? Kaum jemand ist zur Rechenschaft gezogen worden, und sie schweigen... Aber ich finde es ganz unerträglich, daß viele Deutsche, die, die es gemacht oder zugelassen haben, geschwiegen oder weggeschaut haben... Aber wirkliche Trauer darüber, was die Deutschen dem jüdischen Volke angetan haben, die habe ich nur selten bemerkt... Ich habe gehört, daß Sie mit vielen Jugendlichen in Deutschland sprechen und daß diese viel wissen wollen. Das ist ein wirkliches Stück Hoffnung für mich...«

W. T., Biberach: »...die Frage ›wie konnte das geschehen?‹, die wir auch heute, nach 50 Jahren, noch immer nicht schlüssig beantworten können... Kann in uns noch immer das gleiche Tier wohnen wie in jenen SS-Schergen... Wir wissen aus vielen Berichten, daß eine Reihe SS-Angehöriger im privaten Bereich, als liebende Ehegatten und treusorgende Väter usw., geschildert werden: ›Normale Menschen!‹ – Ich bin auch ein normaler Mensch: habe ich es vielleicht nur dem Glück zu verdanken, daß meine Hände sauber bleiben?... Meine Kinder fragen, was sie denn mit den Untaten ihrer Großeltern zu tun hätten... Gerade deswegen sind Bücher wie das Ihrige so wichtig: Sie helfen, die Fragen lebendig zu erhalten, und zwingen uns immer wieder, Antworten zu suchen...«

Dr. H. S., Ingelheim: »...wer die schrecklichen Verbrechen der Nazis in den KZ's bis heute in seinem Bewußtsein verdrängt hat, kann nach der Lektüre Ihres Buches zukünftig nicht ohne Scham als Deutscher leben... Es ist deshalb die wichtigste Aufgabe, insbesondere für uns Deutsche, das Gedenken und Erinnerungen an diese Grausamkeiten wachzuhalten im Interesse der heutigen und zukünftigen Generationen, damit derartige Verbrechen nie wieder geschehen...«

H. K., Schorndorff: »...ich habe aus eigener Erfahrung heraus Verständnis für die Jugendlichen der heutigen Zeit, die sich durch diese ›alten Geschichten‹ in ihrem Elan, sich ein eigenes Leben aufzubauen, nicht stören lassen wollen.

Aber ich hoffe sehr, daß diese Menschen dann bald mit Ihrem oder einem vergleichbaren Buch konfrontiert werden, damit keine neuen ›Täter‹ heranwachsen...«
M. S., Ebenhausen: »...es ist schrecklich, was unkontrollierter, fanatischer Haß anrichten kann. Wir verneigen uns vor einem Volke, daß zu keiner Zeit seine Kultur, seinen Glauben und seine Identität preisgegeben hat...«
L. H., Obernburg: »Ich glaube, daß man das Entsetzliche auch nur ein bißchen verstehen kann. Man hat schließlich immer nur die eigenen Kopfschmerzen, selbst wenn die ganze Welt Kopfschmerzen hat, jedem tut nur sein eigener Kopf weh... Wenn ich meine Eltern reden höre, da wird weniger unbewußter Antisemitismus deutlich als eine riesengroße, unvorstellbare Gedankenlosigkeit... Ich denke immer, daß das Leid dieser Juden zu einer Botschaft geworden ist, die alle Menschen auf der ganzen Welt vernehmen müssen...«
E. K., Schwelm: »Wir, die wir die Zeit von 1933–1945 nur als Kinder erlebten (ich bin Jahrgang 1934), wünschen uns mithelfen zu dürfen, eine Brücke zu schlagen zwischen Israel und Deutschland, zwischen Juden und Christen. Ob uns das gelingen wird?...«
M. S., Frankenthal: »Wenn ich meine Eltern fragte, warum habt ihr im Dritten Reich nichts unternommen, euch nicht gewehrt gegen Rassenhaß, Judenverfolgung und das ganze Elend? Sie sagten: ›Wir konnten nichts unternehmen – wer sich wehrte, wurde verhaftet‹. Es geht mir nicht in den Kopf, wie Nachbarn zusehen konnten, daß Juden einfach verschwanden, abgeholt wurden und nie wiederkamen... Ihr Buch ist spannend, wahnsinnig fesselnd, sehr ans Herz gehend. Es ist ein Stück Zeitgeschichte, die jeder, jung oder alt, in Deutschland lesen sollte, damit so etwas nie wieder geschieht.«
M.S., Biblis: »Ich werde bald 40 Jahre alt, und in der Schule wurde uns vom Dritten Reich und der Judenverfolgung nichts erzählt. Erst in der Berufsschule wurden wir von einer alten Lehrerin, durch das Buch von Eva von

Meyer Levin, auf diese Zeit und ihre Folgen aufmerksam gemacht... Auch heute hören unsere Kinder in der Schule sehr wenig über diese Zeit.«

M.P., Endorf: »Sehr geehrte Frau Elias, der berühmte Nobelpreisträger (Elie Wiesel), er ist ein Glaubensbruder von Ihnen, hat letztes Jahr bei einem Fernsehgespräch gesagt: Wenn wenigstens ein Deutscher sich öffentlich dem jüdischen Volke gegenüber entschuldigen würde. Da ich diesen berühmten Mann nicht erreichen kann, er lebt in den USA, möchte ich mich aus vollem Herzen für alle Greueltaten unseres Volkes bei Ihnen entschuldigen...«

Diese Leserbriefe gaben mir die Kraft und den Mut zu einer weiteren Reise im Januar/Februar 1989, bewiesen sie mir doch, daß meine Botschaft nicht auf taube Ohren gestoßen ist. Dieses Buch schrieb ich für die kommenden Generationen, damit diese fürchterliche Zeit nie in Vergessenheit gerät, und gleichzeitig als Warnung, daß das, was geschehen ist, sich niemals wiederholen darf. Gebe Gott, daß diese meine Bitte erhört wird.

Elisabeth Endres

Die gelbe Farbe

Die Entwicklung der Judenfeindschaft aus dem Christentum
263 Seiten. Geb.

Seitdem es Christen gibt, werden Juden verfolgt: Die Judenfeindschaft sitzt tief in den christlichen Gesellschaften. Elisabeth Endres zeichnet in diesem Buch von der Bibel bis an die Schwelle des 20. Jahrhunderts die Entstehung und Entwicklung des christlichen Judenhasses nach.

»So durchzieht die gelbe Farbe ›unsere Kultur, der die Judenfeindschaft zum Unglück geworden ist‹. Mit dieser Feststellung beendet Elisabeth Endres ihre fesselnde Studie.«
Das Parlament

Edith Stein

Christliche Philosophin und jüdische Märtyrerin
303 Seiten. Leinen

»Elisabeth Endres ist eine exzellente Biographie gelungen, sehr anschaulich geschrieben, mit bemerkenswert breiter Sachkompetenz. Mit intellektueller Brillanz und Anmut erreichte sie hier das Einfache, das (deshalb) so hochkompliziert in der Bewältigung ist. Mit diesem Band existiert nun nicht nur die erste umfassende Biographie der Edith Stein. Dieser Band realisiert zugleich auch das Bestmögliche: Person und Familie, Philosophie und Theologie, Kirche und Welt zur Zeit der Edith Stein gewinnen markante Konturen. Werden erfreulich begreifbar.«
Münchner Merkur

PIPER

Trudi Birger
(zusammen mit Jeffrey M. Green)

Im Angesicht des Feuers

Wie ich der Hölle des Konzentrationslagers entkam
Aus dem Englischen von Christian Spiel. 215 Seiten. Geb.

Trudi Birger wird in letzter Sekunde – »im Angesicht des Feuers« – gerettet: eine von vielen Situationen, in denen das junge Mädchen, dessen einzige »Schuld« es ist, Jüdin zu sein, nur knapp dem Tod entkommt. Wie sie mit Mut und ungeheurem Selbstbehauptungswillen die Hölle der KZs überlebt, erzählt Trudi Birger in ihrer Lebensgeschichte. Geboren in Frankfurt, eine Tochter aus gutem Hause, verbringt sie eine behütete Kindheit – bis 1933. Die Familie flieht vor den Nazis nach Memel, bis diese auch dort die Macht übernehmen. Sie zieht weiter nach Litauen, wo sie 1941 erneut von den Nazis eingeholt wird. Bis 1943 leben die Birgers im Ghetto Kovno. Dort verliert Trudi ihren Vater, der erschossen wird, als er versucht, jüdische Kinder zu retten. Um so enger schließt sich Trudi mit ihrer Mutter zusammen, als beide nach Auflösung des Ghettos ins KZ Stutthof geschickt werden. Durch ebenso mutige wie selbstlose Manöver gelingt es Trudi immer wieder, ihre Mutter vor der Selektion zu bewahren. Aber am letzten Tag des Krieges hätte der Tod sie beinahe doch noch eingeholt, als das Schiff, mit dem die beiden Frauen und hundert andere Häftlinge über die Ostsee evakuiert werden sollen, von einer Granate getroffen wird und die Besatzung, um das Schiff leichter zu machen, kurzerhand die Jüdinnen über Bord werfen will – was ein mitleidiger deutscher Bewacher verhindert. »Meine Lebensgeschichte«, sagt Trudi Birger, »ist wie eine Aneinanderreihung von Wundern.«
Es ist nicht nur die Dramtik dieses Lebens, die dieses Buch über viele andere Schilderungen des Holocaust hinaushebt, sondern auch die Plastizität und Anschaulichkeit, mit der dieses Schicksal dem Leser nahegebracht wird.

Fey von Hassell

Niemals sich beugen

Erinnerungen einer Sondergefangenen der SS
Aus dem Italienischen von Beatrice Andres.
240 Seiten mit 7 Faksimiles und 29 Abbildungen auf Tafeln. Geb.

»Im Grunde ein ganz einfacher Erlebnisbericht, aber was für einer: Fey von Hassell, jüngstes Kind des Diplomaten *Ulrich von Hassell*, führte schon als junges Mädchen Tagebuch. Es spiegelt, noch ganz harmlos, zunächst die Welt einer Diplomatentochter in *Rom* wider – und die entschiedenen Ansichten eines stets zu offener Konversation bereiten Vaters, der nach dem Hitler-Attentat am 20. Juli 1944 zum Tode verurteilt und hingerichtet werden sollte …
Bestens bekannt sind auch Pläne und Absichten der Widerstandskreise, weniger bekannt dagegen das Schicksal der Angehörigen, von denen viele völlig ahnungslos waren – so etwa Fey von Hassell. Seit 1940 verheiratet mit Detalmo Pirzio Biroli, lebte sie auf einem Gut unweit von Udine im *Friaul*. Dort wurde sie im September 1944 mit ihren beiden Kindern verhaftet und nach Innsbruck ins Gefängnis eingeliefert. Die beiden Kleinen wurden ihr genommen und, wie sich Monate nach Kriegsende herausstellte, unter falschem Namen in einem Heim untergebracht.« Neue Zürcher Zeitung

»Die überaus bewegenden Erinnerungen einer Frau, die als Tochter eines der wichtigsten Männer des 20. Juli von den Nazis verhaftet wurde und während der letzten Monate des ›Dritten Reiches‹ von einem Konzentrationslager zum anderen verschleppt wurde … Die Porträts ihrer Mitgefangenen sind überaus anrührend; ihr Mut und die Geschichte ihrer Rettung und der Suche nach ihren Kindern lassen niemanden kalt.« Kirkus Review

Andrzej J. Kamiński

Konzentrationslager 1896 bis heute

Geschichte, Funktion, Typologie
289 Seiten. Serie Piper 954

Persönliche Leidensberichte über die grausame Haft in Konzentrationslagern überall in der Welt empören fast täglich das Gewissen der Menschen. Dennoch ist bisher noch nie der Versuch unternommen worden, die verschiedenen Strukturen und Funktionen von Lagern wissenschaftlich, systematisch und vergleichend zu untersuchen. Der Autor, als polnischer Widerstandskämpfer in nationalsozialistischen Konzentrationslagern inhaftiert, 1973 aus Polen emigriert, erarbeitet in diesem Buch eine erste Typologie von Lagern seit Ende des 19. Jahrhunderts nach ihren Funktionen (Terror-, Vernichtungs-, Sklavenarbeitslager).
In einem zweiten Teil analysiert er die unterschiedlichen Situationen der Beteiligten (Häftlinge und ihre Kategorien, Bewacher, Nutznießer). Von der rigoros moralischen Position ausgehend, daß die Wahrung der Menschenrechte über jedem Anspruch gesellschaftlicher Ideologien zu stehen hat, macht Kamiński deutlich, daß die Lager als typische Erscheinung bestimmter politischer Systeme definiert werden müssen.

Bücher zur Zeitgeschichte

Uwe Backes / Karl-Heinz Janßen / Eckhard Jesse
Henning Köhler / Hans Mommsen / Fritz Tobias
Reichstagsbrand – Aufklärung einer historischen Legende
Mit einem Vorwort von Louis de Jong und einem Nachwort
zur Taschenbuchausgabe. 332 Seiten. Serie Piper 785

Karl Dietrich Bracher
Die totalitäre Erfahrung
274 Seiten. Kt.

Karl Dietrich Bracher
Zeitgeschichtliche Kontroversen
Um Faschismus, Totalitarismus, Demokratie. 159 Seiten. Serie Piper 142

Martin Broszat / Elke Fröhlich
Alltag und Widerstand – Bayern im Nationalsozialismus
702 Seiten. Serie Piper 678

Raymond Cartier
Vom Ersten zum Zweiten Weltkrieg
1918–1939. Aus dem Franz. von Ulrich F. Müller.
652 Seiten mit 205 Abbildungen und 15 Karten. Geb. im Schuber

Raymond Cartier
Der Zweite Weltkrieg
Aus dem Franz. von Max Harries-Kester, Wolf D. Bach und Wilhelm Thaler,
unter wissenschaftlicher Beratung von Hellmuth Dahms, Hermann Weiss
und Wolfgang Kneip. 1322 Seiten, 462 Abbildungen und 55 Karten.
Serie Piper 280

PIPER